芯片战争

世界最关键技术的争夺战

CHIP WAR

The Fight for the World's Most
Critical Technology

［美］克里斯·米勒 / 著
Chris Miller

蔡树军 / 译

浙江人民出版社

图书在版编目（CIP）数据

芯片战争：世界最关键技术的争夺战 /（美）克里斯·米勒著；蔡树军译. — 杭州：浙江人民出版社，2023.5（2023.11 重印）

ISBN 978-7-213-10995-9

Ⅰ．①芯… Ⅱ．①克… ②蔡… Ⅲ．①芯片 – 电子工业 – 工业史 Ⅳ．①F407.63

中国国家版本馆 CIP 数据核字（2023）第 058039 号

浙江省版权局
著作权合同登记章
图字:11-2023-018号

芯片战争：世界最关键技术的争夺战

XINPIAN ZHANZHENG: SHIJIE ZUIGUANJIAN JISHU DE ZHENGDUOZHAN

[美] 克里斯·米勒 著 蔡树军 译

出版发行：浙江人民出版社（杭州市体育场路 347 号 邮编：310006）

市场部电话：（0571）85061682 85176516

责任编辑：尚 婧 方 程 陈 源 潘海林

策划编辑：陈世明

营销编辑：陈雯怡 张紫懿 陈芊如

责任校对：汪景芬 陈 春

责任印务：程 琳

封面设计：东合社·安宁

电脑制版：北京之江文化传媒有限公司

印　　刷：杭州富春印务有限公司

开　　本：680 毫米 ×980 毫米　1/16　　　印　　张：26

字　　数：290 千字　　　　　　　　　　　插　　页：5

版　　次：2023 年 5 月第 1 版　　　　　　印　　次：2023 年 11 月第 6 次印刷

书　　号：ISBN 978-7-213-10995-9

定　　价：88.00 元

如发现印装质量问题，影响阅读，请与市场部联系调换。

献给莉亚（Liya）

今天的电脑和智能手机都运行在含有数十亿个微型晶体管的芯片上，这些微型电子开关可以用"开"或"关"来表达信息。因此，它们比美国军方的埃尼阿克（ENIAC）计算机的能力要高得多。埃尼阿克是1945年最先进的计算机，仅包含18 000个"开关"。——盖帝图像（Getty Images）

罗伯特·诺伊斯（中）与其他创始人于1957年共同创立了仙童半导体公司，目标是制造硅晶体管。图中还有诺伊斯的长期合作伙伴戈登·摩尔（左一）和尤金·克莱纳（左三），后者后来创立了美国最强大的风险投资公司克莱纳·珀金斯。——韦恩·米勒（Wayne Miller）/玛格南图片社

1958年，TI的杰克·基尔比在一块半导体材料上制造了多个电子元件——第一个"集成电路"或"芯片"。——《达拉斯晨报》（*Dallas Morning News*）

罗伯特·诺伊斯意识到，推动芯片需求的是民用计算机市场，而不是军方。他大刀阔斧地降价，使芯片可以用于民用计算机，推动了芯片产业的发展。——特德·斯特雷辛斯基（Ted Streshinsky）/盖帝图像

TI芯片的第一个大订单，是左图所示"民兵II号"导弹上的制导芯片。——戴夫·菲尔兹（Dave Fields）

克格勃情报人员艾尔弗雷德·萨兰特和乔尔·巴尔都在纽约长大，他们逃到苏联，帮助苏联建立计算机工业。尽管苏联人搜集机密，但还是没能找到最前沿的技术。——巴尔·帕佩尔斯（Barr Papers）/史蒂文·乌斯丁（Steven Usdin）

TI的韦尔登·沃德利用微电子技术制造了第一枚激光制导炸弹，这枚炸弹首次用于炸毁越南的一座桥梁，此前数百枚"笨弹"没能击中它。——马克·珀尔斯坦（Mark Perlstein）/盖帝图像

20世纪80年代，日本挑战美国的半导体主导地位。索尼的联合创始人盛田昭夫和井深大率先推出了像索尼随身听这样的革命性产品，这证明了亚洲公司不仅可以有效地制造产品，还可以赢得利润丰厚的消费市场。——索尼

美国在亚洲的半导体组装工厂为美国的盟友提供了数千个工作岗位。右图为1972年在马来西亚槟城开设的英特尔工厂的女工。英特尔解释道："工人主要是女性，因为她们在灵巧测试中表现更好。"——英特尔

张忠谋在落选TI首席执行官后搬到了中国台湾，在那里创立了台积电，并建立了台湾的芯片产业。台积电是亚洲最有价值的上市公司之一。——彭博社/盖帝图像

面对来自亚洲的压力，美国芯片制造商在创新方面展开竞争。在英特尔，接替戈登·摩尔担任首席执行官的安迪·格鲁夫，20世纪80年代初与比尔·盖茨结盟。40年后，微软的Windows软件和英特尔的x86芯片继续主导个人电脑业务。——保罗·萨库马（Paul Sakuma）/美联社

事实证明，英特尔拒绝史蒂夫·乔布斯为苹果手机制造芯片的提议是一个非常糟糕的决定。英特尔首席执行官保罗·欧德宁后来说："我没想到。"——卡尔·蒙顿（Karl Mondon）/阿巴卡通讯社

　　荷兰公司阿斯麦制造了最先进的EUV光刻机，用于对数以亿计的微型晶体管进行图案化，每个晶体管都远小于人体细胞。每台EUV机器由数十万个部件组成，成本远超1亿美元。——阿斯麦

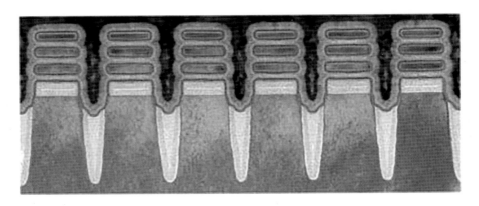

　　如今，先进的芯片采用微小的三维晶体管结构，每个晶体管都比冠状病毒小，尺寸只有几纳米。——IBM

多年来，这是我读过的最棒的书之一——引人入胜，写得漂亮。

——罗伯特·卡根（Robert Kagan）

布鲁金斯学会高级研究员，《华盛顿邮报》专栏作家

米勒的大脑就像他所写的电脑芯片一样工作，充满了令人眼花缭乱却指向清晰的复杂电路。他不仅写了一个令人惊叹的故事，而且写了一个非常重要的故事，跌宕起伏，视野宏大。

——罗伯特·D. 卡普兰（Robert D. Kaplan）

美国地缘政治专家，

《即将到来的地缘战争》（*The Revenge of Geography*）作者

这本书对于理解我们的现代世界至关重要。克里斯·米勒全面叙述了芯片驱动的世界是如何被创新者与技术之间、公司之间、国家之间，尤其是中美两国之间的不断竞争塑造的。

——丹尼尔·耶金（Daniel Yergin）

美国剑桥能源研究会主席，普利策奖获得者，

《奖赏》（*The prize*）作者

这本书很出色。米勒讲述的芯片历史涵盖了各个方面：技术、金融，尤其是政治……这本书是当今最重要的行业之一的参考。

——王丹（Dan Wang，音译）

龙洲经讯科技分析师

半导体霸权之战是地缘政治、国家安全和经济繁荣中最重要的故事之一，也是最不为人所知的故事之一。谢天谢地，我们现在有了这本书，因而可以对这一重要主题有一个清晰的认识和解读。

——安德鲁·麦卡菲（Andrew McAfee）

《第二次机器革命》（*The Second Machine Age*）合著者，

《极客之路》（*The Geek Way*）和《从少到多》（*More from Less*）作者

这本书太棒了。克里斯·米勒以非凡的广度和引人入胜的故事，追溯了统治世界的芯片的全球历史。这个故事恰逢其时，讲述了我们如何走到现在，阐明了将决定下一步走向的高政治风险。

——玛格丽特·奥马拉（Margaret O'Mara）

华盛顿大学历史系教授，《硅谷密码：科技创新如何重塑美国》（*The Code : Silicon Valley and The Remaking of America*）作者

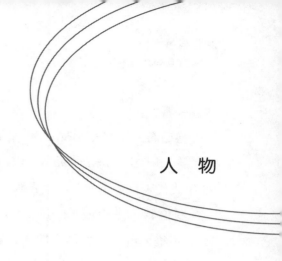

人　物

张忠谋：全球最重要的芯片制造商台积电（TSMC）创始人，曾任德州仪器（Texas Instruments，以下简称"TI"）高级执行官。

安迪·格鲁夫（Andy Grove）：20 世纪 80 年代和 90 年代英特尔（Intel）前总裁兼首席执行官，因其咄咄逼人的风格和复兴英特尔的成功而著名，著有《只有偏执狂才能生存》（*Only the Paranoid Survive*）。

帕特·哈格蒂（Pat Haggerty）：TI 总裁，曾领导该公司专门从事微电子制造，客户包括美国军方。

杰克·基尔比（Jack Kilby）：1958 年集成电路的共同发明人，TI 长期员工，诺贝尔物理学奖得主。

杰伊·莱思罗普（Jay Lathrop）：光刻技术的共同发明人，曾在 TI 工作。

卡弗·米德（Carver Mead）：美国加州理工学院教授，仙童半导体公司（Fairchild Semiconductor，以下简称"仙童"）和英特尔顾问，对未来技术富有远见的思想家。

戈登·摩尔（Gordon Moore）：仙童和英特尔联合创始人，1965 年"摩尔定律"的创造者，该定律预测一颗芯片的计算能力每两年翻一番。

盛田昭夫（Akio Morita）：索尼（SONY）联合创始人，《日本可以说"不"》（*The Japan That Can Say No*）合著者，在 20 世纪 70 年代和 80 年代代表日本企业登上世界舞台。

罗伯特·诺伊斯（Robert Noyce）：仙童和英特尔联合创始人，1959 年集成电路的共同发明人，被称为"硅谷市长"，Sematech（半导体制造技术联合体）首任领导人。

威廉·佩里（William Perry）：1977—1981 年任五角大楼官员，1994—1997 年任美国国防部部长，提倡使用芯片来制造精确打击武器。

杰瑞·桑德斯（Jerry Sanders）：AMD（超威半导体公司）创始人兼首席执行官，硅谷最耀眼的推销员，对 20 世纪 80 年代日本不公平的贸易行为进行了激烈的批评。

查理·斯波克（Charlie Sporck）：推动芯片组装的离岸外包，同时领导仙童的制造业务，后来担任美国国家半导体公司（National Semiconductor）首席执行官。

任正非：中国电信和芯片设计巨头华为创始人。

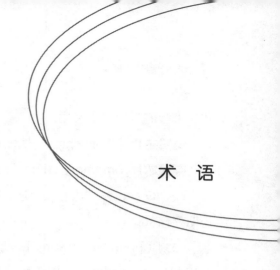

Arm：一家英国公司，授权芯片设计师使用其指令集架构——一套控制给定芯片操作方式的基本规则。Arm 架构在移动设备中占据主导地位，并正在慢慢赢得个人电脑（PC）和数据中心的市场份额。

芯片（chip）：也称"集成电路"（integrated circuit）或"半导体"（semiconductor），一小块半导体材料，通常是硅，上面制造了连接在一起的数百万或数十亿个微型晶体管。

CPU：中央处理器，一种"通用"芯片，是个人电脑、手机和数据中心的计算主力。

DRAM：动态随机存取存储器，是两种主要类型的存储芯片之一，用于临时存储数据。

EDA：电子设计自动化，用于设计数百万或数十亿个晶体管如何排列在芯片上并模拟其操作的专用软件。

FinFET：一种新的 3D（三维）晶体管结构，首次在 21 世纪前十年的早期实施。晶体管在尺寸缩小到纳米级后需要这种结构实现更好的性能。

GPU：图形处理器，一种能够进行并行处理计算的芯片，对图形和人工智能应用非常有用。

逻辑芯片（logic chip）：处理数据的芯片。

存储芯片（memory chip）：记忆数据的芯片。

NAND：也称"闪存"（flash），是第二种主要的存储芯片，用于长期存储数据。

光刻（photolithography）：利用光与光刻胶化学物质反应的机理，采用紫外光、深紫外光或极紫外光将掩模上的图形转移到硅晶圆片上的过程。光的波长越短，可以光刻出的图形尺寸就越小。

RISC-V：一种开放源代码架构，与 Arm 和 x86 不同，它的使用是免费的，因此越来越受欢迎。RISC-V 的开发部分由美国政府资助，但现在在中国很受欢迎，因为不受美国出口管制。

硅晶圆片（silicon wafer）：一种圆形的超纯硅材料薄片，直径通常为 8 英寸（1 英寸为 2.54 厘米）或 12 英寸，用于在上面制造芯片。

晶体管（transistor）：数字世界里微小的半导体电子"开关"，可以打开（产生 1）或关闭（产生 0），大量的晶体管可以产生大量的支持全数字计算的 1 和 0。

x86：在个人电脑和数据中心中占主导地位的指令集架构。英特尔和 AMD 是生产此类架构芯片的两家主要公司。

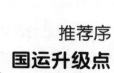

克里斯·米勒的《芯片战争》十分精彩，有科技冒险，有商战故事，更有大国博弈，还获得《金融时报》2022年最佳商业图书奖，在世界范围内都很受欢迎。但我们中国读者读这本书会有更复杂的情绪，理应也有更重要的收获。

因为现在芯片已经是一件事关中国国运的大事。

众所周知，近几年中美芯片战愈演愈烈，美国政府打定主意在芯片上卡中国脖子。中国当然不能服输，但我们需要理解，这不是一场寻常的争夺。这里争的绝不仅仅是技术，更是创新文化、市场、制度、做事方法和冒险精神。也许米勒这本书能刺激我们思考，让我们对当今世界有更深的认识。

在某些人心目中，中国经过40多年的改革开放，经济高度发展，拥有世界最强的供应链体系，中国制造已经统治全球，中国的量子信息、5G技术等正在引领"第四次工业革命"……中国已经"赢麻"了。而我相信你读了这本《芯片战争》，会有完全不同的看法。

客观地说，当今中国的经济和科技发展水平，不但比不了美国，而且连20世纪80年代正在崛起中的日本都比不了。当时日本已经有索尼、夏普、丰田、本田、东芝、佳能、尼康等一系列拥有自己的核心技术、自己的设计、自己的品牌，且受到全世界消费者追捧的公司。日本曾经在芯片上把美国打到近乎绝望。就连韩国，早在一二十年前，也已经有了三星、LG、现代这样的全球知名企业。

而当今中国除了华为和字节跳动，全球品牌还很少，独家技术也很少。中国排在前列的大公司都是像石油、银行、电网和电信这些国有企业，一些国产品牌只在中国能做到家喻户晓。中国经济体量大、数字好看，而我们的真实经济实力，特别是创新能力，距离发达国家还很远。

中国被"卡脖子"的绝不仅仅是芯片。我们在工业母机、医疗仪器、农牧业育种等很多领域都受制于人。我们的产业升级远远没有完成。芯片只是一个聚焦点，但是透过芯片，我们也许可以反思一下一些人过去那种比较幼稚的世界观。

简单说，米勒这本书能纠正我们三个错误认知。

＊

第一个错误认知是任何高科技都可以用"堆积"的方法获得。我们常常默认而未经审视的一个观念是只要你投入足够多的人力物力资源，就可以做成别人能做成的任何事情。

既然别人能搞出高端芯片，那我们只要领导重视、政府支持、不计成本地投钱，就也能把芯片搞出来，是吗？不是。世间很多事情的确是"可堆积的"，比如修个桥、铺个路，只要人多势众，总能做成；但有些事情是"不可堆积的"，比如中国足球。不可堆积的东西往往要求高水平人才的奇思妙想，要求复杂的环境，要求可遇不可求的机遇。

很多人喜欢把芯片战和中国以前研发核武器类比：都是高科技，中国以前能搞出核武器，现在为啥不能搞出高端芯片呢？

因为核武器其实是个"简单"技术，是可堆积的。中国当初研发核武器的时候，美国和苏联已经有现成的成功经验，大家比较清楚基本原理，研发方向非常明确，涉及的技术项目非常有限。而且搞核武器不需要考虑商业上的盈利——只要能做出来就足以形成核威慑。

搞核武器，你只需要在最核心的地方，有几位像邓稼先、于敏这样最聪明的、不可堆积的人才，他们下面再配上几百名善于做计算、能根据他们的思路完成任务的工程师和科学家，其余都是工人和士兵等可替换的人，要多少有多少，都是可堆积的。

而要造芯片，从芯片设计软件到光刻机，再到硅材料，每一个步骤都需要很多个聪明人的奇思妙想，这里没有"大力出奇迹"。你需要成千上万个"邓稼先"和"于敏"，而且他们必须都在自己的行业里做得树大根深。

芯片的科学原理没有秘密，都是公开的。但是要做到技术上的可行性，尤其是商业上的可盈利性，那可就太难了。花一亿元人民币造出一颗芯片是没有意义的，我们必须保证大规模制造、保证良品率、保证更新速度，还得保证做出来很便宜才行。

为此，我们需要的不是一个大项目，而是一整个生态系统。而这样的系统，只能由全世界顶尖科技公司共同完成。

米勒在书中不厌其烦地讲当今世界芯片技术的格局。就拿能生产5纳米以下芯片的EUV（极紫外光）光刻机来说，最初的设计原理来自美国，实际形成产品的是荷兰的阿斯麦（ASML）公司，它用了30年的研发才完成了商业化。而阿斯麦并不是自己研发，它始终需要各大公司的投资和合作，尤其是需要上千家小型高科技公司做零部件供应商。比如EUV光刻机中的激光器是德国一家公司受命研发出来的，它有457 329个部件——所有这些零部件哪怕有一个性能不达标，光刻机的总体性能就会大打折扣。

请问中国有没有可能以一己之力把所有这些东西做出来？现实是中国制造从未离开过全世界的技术支持。

是，我们现在有一些像量子信息、碳纳米管芯片之类的领先研究，但是这些都还处于探索科学可能性的阶段——全世界有无数个类似的研究在赌，它们距离技术可行性、商业可盈利性还差十万八千里，根本谈不上"第四次工业革命"。

※

第二个错误认知是创新应该由政府来主导。我们有些人倾向于把政府想象成无所不能的力量，仿佛政府说要有光，于是就有了光。

考察美国、日本和苏联研发芯片的历程可以发现，恰恰是政府参与度越高，就越不成功。

美国政府的确在芯片公司的成长中起到过重要作用，但芯片研发也好，生产也好，主体从来都是企业而不是政府。政府最多是在"上面"拉一把，比如提供军方的订单、资助国家实验室和大学的科研——但是从来没有"挑选赢家"、没有直接扶植哪家公司，创新从来都是各个公司像生物演化一样自行冒险探索、优胜劣汰出来的。

日本的做法可以称为"亚洲模式"。政府从"下面"推，给贷款、给政策，不计成本帮你做大做强。如果你有后发优势，这个做法在初期也许能取得快速成功，但是后期都会遭到反噬，因为被推起来的公司缺乏成本意识和冒险精神，也就没有真正的创新能力。

苏联就不用说了，政府直接操作，从未经受市场考验，败得最惨。

如果让政府主导创新，那就不是创新。政府就不是一个创新部门。创新，首先是有风险的事情，需要奇思妙想，需要你在各个方向自由探索。创新意味着浪费，意味着对现有格局的颠覆，意味着无情的破产和淘汰……这些都不是政府喜欢的。政府做事总是求稳、求保守、不冒险。

我们整天说创新，殊不知谈创新不谈风险、不谈颠覆的，都是伪创新。

米勒在这本书里讲了很多科学家、发明家，特别是企业家的故事，充满了个人英雄主义，都是不可堆积的。这其中我最佩服的是台积电创始人张忠谋。此人凭一己之力，靠远见卓识，不但给中国台湾地区带来了一个芯片产业，更是直接改变了全世界芯片制造的格局。试问一项由政府主导的事业中能出这样的人物吗？

然而政府有个闲不住的手。如果你掌握强大力量又希望得到一个什么结果，你会忍不住出手。芯片是个政府容易出昏着儿的领域。

米勒在书里说，从一开始，美国的分析师就知道中国一些产业政策纯粹就是"浪费钱"。

当初特朗普叫得欢，但美国真正害怕的是华为。华为是一家民营公司，非常理解国际市场，赚的是外国人的钱，其研发经费与美国最顶尖的公司在一个量级，是一家配得上做英特尔和三星的竞争对手的中国公司。美国打芯片战的首要攻击目标是华为，而不是"大基金"。

政府主导创新最好的结果可能是扶植起来几家没有竞争力的本土公司，最差的结果是制造一大堆债务。

✳

第三个错误认知是我们应该独立自主。独立自主是一个美好的词汇，人人都希望独立自主，尤其是当你在外面受了欺负的时候。

独立自主的本质是我不依赖任何人。但是这种追求在全球化时代已经过时了。

现实是就芯片技术而言，连美国都不能独立自主。美国必须依赖荷兰的光刻机、日本的硅片和中国台湾的制造。

而所谓的芯片战，美国卡中国脖子，恰恰就是逼着中国去独立自主。这叫作"把互相依赖武器化"：为了打击你，我不让你依赖我。

互相依赖是一种生存条件，被孤立是一种打压。现代化已经形成了一个全球"圈子"，只有圈里人得到这个圈的各种好处和帮助，互相依赖，才能把事情做成，独立于圈外没有任何前途。

不被卡脖子的正确做法不是独立自主，而是让自己变得更值得依赖，让包括美国在内的全世界不得不依赖我们，以此跟美国讨价还价，若你要再敢卡我脖子我就卡你脖子。

本来中国可以用独一无二的供应链和中国制造卡美国脖子，美国政府对此是非常难受的。可是近几年我们没有完全做到。

＊

理解了三个错误认知，那么真实世界的大图景是什么呢？

中国改革开放以来经济增长，重要的原因是中国有丰富的年轻劳动力，有一个大市场，而且恰好赶上了全球化的历史机遇，是我们发挥了"后发优势"。

当你落后的时候，最大的好处就是你可以模仿。你知道改进的方向在哪儿，你可以直接引进技术，你可以"抄作业"。这个时期的技术升级当然是可堆积的，投入人力物力就行。亚洲模式相当好使。

然而进入 21 世纪，中国经济就到了下一个阶段。允许引进的技术已经引进完毕，剩下的得自己研发，创新走到了无人区。人口步入老龄化，劳动力越来越贵。全球化在退潮，美国等国家已经不拿中国当发展中国家，开始对抗。

在这种情况下，如果我们还继续以前的发展模式，那么用经济学家杨小凯当初的话说，中国的后发优势就会变成"后发劣势"。中国就有可能陷入"中等收入陷阱"。

所以中国需要一次国运的升级。我们需要建立在冒险精神上的真正创新。我们需要像华为那样走出中国，理解国际市场，树立全球品牌。我们需要无数个像张忠谋和任正非那样气度非凡的大人物。我们需要产生不可堆积的优势。

芯片战争正好是一个契机。

＊

现在局面非常清楚，美国政府绝对不会主动给中国机会。产业政策是缘木求鱼，自力更生是梦幻泡影，弯道超车也只是愿望思维。在芯片问题上一蹴而就是不可能的。

但千金之子，不死于市。中国有自身的战略优势，美国政府也不能为所欲为。最大的优势就是中国是当今世界第一大芯片使用国。全世界的芯片公司——包括美国公司——都想跟中国合作，美国政府搞脱钩，其实是不可持续的。

有了这点定力，我们就可以有本手和妙手。

本手，是从低端芯片做起，慢慢往上攀爬。现在7纳米以上的芯片中国是可以做的，而且这种芯片的需求量也很大。先拿低端芯片练手，中国完全可以出现一批有真正竞争力的公司。

本手还包括按照发达国家的标准，建立一个真正适合创新的环境，培养真正的创新型人才。最起码的，中国的民营科技公司有没有足够的安全感，敢不敢做长期的投资？中国有没有一个让高水平人才成长的环境？别忘了像邓稼先、钱学森、于敏这些人物都是早期的大学生。我们能不能先别用死记硬背式的教育和研究生考试中英语那种项目卡自己人的脖子。

更重要的本手则是进一步改革开放，让全世界像现在都依赖美国一样越来越依赖中国。

做好本手，我们就可以等待妙手了。米勒在书中提到，世界芯片行业曾经遭受过若干次重大危机。2008年全球金融危机，芯片都卖不出去；2021年因为疫情危机，汽车芯片突然买不到。像这样的机会如果再来一次，而中国当时正好有一个战略高手，使用一些方法，我们就可以得到想要的技术，可以大有作为。

所以要做好本手，等待妙手，而且还得注意少用那些光花钱不办事的俗手。

世界芯片产业的格局是脆弱的，关键节点只有那么几个，美国只是其中一员。中国能参与进去，是因为我们体量大，只要我们一直留在牌桌上，就一定有好牌可以打。

如果我们能从芯片战争中学到任何东西的话，我认为首先是这些道理。战争会改变我们。不要辜负这场战争。

万维钢

科学作家

2023.02.06

译者前言

　　半导体技术已成为当今世界持续高速发展时间最长、投入最大、最为复杂和先进的技术之一。半导体芯片产品型号数以万计，其渗透性、应用的广泛性及不可替代性深刻影响了我们的生活和世界。半导体芯片已成为当今大国博弈的重要筹码。

　　本书基于作者大量的史料研究和采访，兼具科普性、专业性、故事性和洞察力。在芯片武器化的今天，本书有助于我们从他人视角解读西方有关政策及其走向。历史是一面镜子，可供参照，西方新的抵消战略尤其值得关注。美国 2022 年 8 月推出《芯片和科学法案》，美国商务部在原作 2022 年 10 月 4 日出版后的第三天祭出对中国芯片全方位的精准管制手段，以及同年 12 月台积电在美国亚利桑那州总投资 400 亿美元的二期项目开工，等等，看似巧合，实非偶然，其中的逻辑在本书中都有清晰描述。

　　知己知彼，百战不殆。本书可供所有关心芯片并希望赢得芯片这场战争的同人和决策者参考，最终希望有助于我们找准位置，有效应对，为全球半导体的发展做出更大的中国贡献。

因时间仓促，见谅可能存在的译校错误并欢迎指正。此外，译者并非完全同意书中观点，请读者自行甄别。

最后特别感谢翻译过程中同事和朋友们的帮助。

蔡树军

2022.12.20

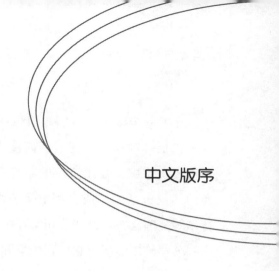

我很高兴为本书的中文版作序，希望本书能帮助中国读者了解半导体产业的发展及其与国际政治和军事的关系。过去几年表明了半导体在国际经济中的中心地位，因为芯片短缺，欧洲、亚洲和美洲的汽车和其他产品生产不时中断。同样，很多领导人开始将半导体视为不仅是繁荣的关键，也是未来的关键。

2022 年，美国总统拜登签署了《芯片和科学法案》，将拨款 520 亿美元用于激励美国芯片制造，同时拨款数百亿美元用于未来的科学和研发投资。白宫发布了一份新闻稿，承诺这项立法将"降低成本""创造就业机会""加强供应链"，但这些都值得商榷。美国国会通过这项立法的原因其实很简单：在中国以外的地区提供额外的芯片制造能力，作为战时保险。

520 亿美元的政府激励措施是吸引新投资的一根有意义的"胡萝卜"。美国商务部计划通过一系列资助和贷款担保，直接向芯片制造业提供 390 亿美元，以补贴建造新芯片厂的巨额成本。此外，《芯片和科学法案》提供了超过 120 亿美元的资金，用于创建国家半导体技术中心和资助其他举措，以促进芯片行业的研发。

除了资金政策，美国政府也在准备新的"大棒"。《芯片和科学法案》包括一项条款，规定任何接受《芯片和科学法案》资金的公司都不得投资中国，技术落后的芯片厂除外。大多数主要的全球芯片制造商，不仅包括三星或台积电等亚洲公司，还包括美光（Micron）和英特尔等美国巨头，这些公司都在中国有芯片厂或封装设施。美国政府向这些公司施压，要求它们在中国和美国之间做出选择。

与此同时，在美国，《芯片和科学法案》导致了一系列半导体新设施建设的启动。台积电并非唯一一家宣布在美国建新工厂的非美国公司。据报道，三星正在考虑在得克萨斯州建立一个新的工厂。生产原材料硅片的中国台湾的环球晶圆（GlobalWafers）也计划在得克萨斯州新建一座价值50亿美元的工厂。而阿斯麦正在扩建其在康涅狄格州的生产设施。

与此同时，美国本土芯片制造商也宣布了一系列扩建计划。美光承诺在纽约新建一座价值200亿美元的工厂，该工厂距离IBM（国际商业机器公司）历史悠久的纽约州生产中心不远，该中心还承诺进行耗资200亿美元的升级。英特尔表示，将在俄亥俄州的一家新工厂投资类似的金额。TI、科锐（Wolfspeed）和格芯（GlobalFoundries）等芯片公司也有新的投资计划。当然，并非所有这些新设施都是因为《芯片和科学法案》而兴建的。即使没有它，这些设施还是会建造一些。也不确定一份承诺投资200亿美元的新闻宣传，是否能保证这笔投资会真正到位。这些项目建设周期长达数年，在此期间，市场条件和优先事项都可能发生变化。尽管如此，《芯片和科学法案》对美国制造业的激励很明显，这将促进美国芯片制造能力的提升。

这让其他拥有主要芯片产业的国家和地区感到紧张。欧盟正以自己的"芯片法案"做出回应，承诺提供数百亿欧元的资金，但该计划的细节还没有公布。在韩国，政府正在计划出台一套新的税收激励措施，以与《芯片和科学法案》竞争。在日本，政府成立了一家名为 Rapidus 的新公司，其独特的商业模式是生产低产量的尖端芯片。与此同时，在中国台湾，政治辩论的焦点集中在台积电在美国亚利桑那州、日本以及其他地方的投资是否会"掏空"台湾地区最关键的产业。

美国不关心低端芯片的过剩，由于芯片制造的离岸化，现在美国生产此类芯片并不多。然而，中国台湾不一样。一方面，虽然台积电的大部分收入通常来自其最先进的节点，但生产 5 纳米或 3 纳米芯片的成本非常高，制造这些芯片的设备和设施都是全新的，台积电支付了昂贵费用。另一方面，台积电仍在生产 20 年前"尖端"的芯片，这些芯片使用的工具是几十年前购买的。因此，用会计术语来说，这些工具已经完全折旧。换言之，中国台湾地区的公司生产低端芯片并不需要成本，所以销售这些芯片的业务利润很高。如果中国大陆企业能够凭借政府支持或补贴赢得这一市场，那么这些台湾地区的芯片制造商将面临损失。

当然，不能保证中国会继续投入数十亿美元来发展芯片产业。2014 年优先发展芯片的决定是一个政治决定，因此，中国的新政治风向可能会导致优先级的转变。中国企业取得了一些有意义的成功，比如中芯国际的先进逻辑生产或壁仞科技令人印象深刻的 GPU 设计。但几乎每一项中国的重大进步都遭到美国新的出口管制，这使得中国推动半导体自给自足的努力在某种程度上对实现北京的战略目标更加重要，但也更加困难和昂贵。因此，芯片行业悬而未决的问题是，中国将如何应对芯片战争的最新升级：退缩还是加倍努力？

克里斯·米勒

2023.01.18

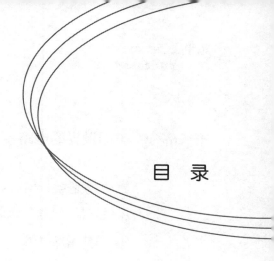

目　录

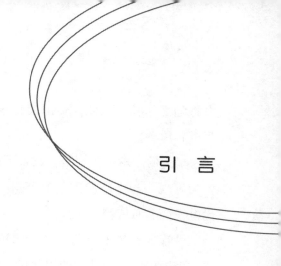

2020 年 8 月 18 日，美国海军驱逐舰"马斯廷"号（USS Mustin）从台湾海峡北端穿过。[1]当它驶向南方时，一股强劲的西南风吹过甲板，高高的云层在水面上投下阴影，水面似乎一直延伸到福州、厦门、香港等大港口城市以及中国南部沿海的其他港口。东面的台湾岛遥遥相望，一片宽阔、人口稠密的沿海平原让位给隐藏在云层中的高耸山峰。这片水域布满着从亚洲的工厂向全球消费者运送货物的商业货轮。

当"马斯廷"号驱逐舰向南航行时，中国人民解放军宣布在中国台湾周围举行一系列实弹演习。[2]但在同一天，美国商务部发布一项名为"实体清单"的规定，限制了美国技术在海外的转让。此前，"实体清单"主要用于防止销售导弹部件或核材料等军事物资，而现在，美国政府正在大幅收紧计算机芯片的管控规则，这种芯片在军事系统和消费品中已经无处不在。

美国这次的目标是中国科技巨头华为，该公司销售智能手机和电信设备，提供云计算服务和其他先进技术。华为产品的定价非常诱人，美国担心华为很快就会成为下一代电信网络的骨干，担心美国在世界科技基础设施中的主导地位被削弱，同样担心中国的地缘政治影响力将随之增长。因此，美国禁止华为购买采用美国技术制造的先进计算机芯片。

华为的全球扩张放缓，收入下滑。一家巨头企业面临着技术窒息。华为发现，与中国所有其他公司一样，华为严重依赖境外制造所有现代电子产品所依赖的芯片。

尽管硅谷的地位已经被严重削弱，但就像硅谷的名字起源于硅一样，美国仍然拥有硅片的控制权。中国现在每年进口芯片的花费比进口石油还要多。中国在国内消费的或出口到世界各地的各种产品，从智能手机到冰箱，都有半导体。坐在椅子上的战略家们对中国的"马六甲困境"（这里的马六甲指太平洋和印度洋之间的主要航运通道），以及中国在危机中获得石油和其他大宗商品的能力进行了理论分析。中国更担心的是以字节而不是以桶为单位的封锁。中国正投入最优秀的人才和巨额资金开发自己的半导体技术，以摆脱美国芯片扼制（chip choke）。[3]

如果中国成功，那么中国将重塑全球经济，重新平衡军事力量。第二次世界大战是由钢铁和铝决定的，此后不久的冷战是由核武器定义的。美国和中国之间的竞争很可能由计算能力决定。中国和美国的战略家现在都意识到，从机器学习到导弹系统，从自动车辆到武装无人机，所有先进技术都需要尖端芯片（更正式的名称为"半导体集成电路"）。只有少数公司控制着它们的生产。

我们平时很少想到芯片，但芯片创造了现代世界。各国的命运取决于它们驾驭算力的能力。如果没有半导体和它们所制造的电子产品的贸易，我们所熟悉的全球化就不可能存在。美国的军事优势主要来自其将芯片应用于军事的能力。亚洲在过去半个世纪的迅猛崛起也是建立在硅的基础上的，因为其不断增长的经济体已开始专门制造芯片，并用这些必需的集成电路组装计算机和智能手机。

计算的核心是需要大量的1和0。整个数字世界由这两个数字组成。

比如 iPhone（苹果手机）上的每一个按钮、每一封电子邮件、每一张照片和每一段 YouTube（优兔）视频，所有这些最终都是由 1 和 0 组成的大量字符串来编码的。但这些数字实际上并不存在，它们只是表示电流开（1）或关（0）。芯片是由几百万个甚至几十亿个晶体管组成的网络，通过一个个微小的晶体管电子开关来处理和存储这两个数字，并将图像、声音和无线电波等真实世界的感知转换成无数个 1 和 0。

台湾海峡两岸的工厂和装配厂正在为距离 2020 年 10 月发布期只有两个月时间的 iPhone 12 生产零部件。芯片行业约四分之一的收入来自手机。[4] 一部新手机的大部分成本来自里面的半导体。在过去十年中，每一代 iPhone 都采用了世界上非常先进的处理器芯片。总的来说，一部智能手机需要十几个半导体芯片才能工作，这些芯片分别管理电池、蓝牙、Wi-Fi（无线网络）、蜂窝网络连接、音频、摄像头等。

苹果完全不生产这些芯片，只是采购大部分现成芯片，比如日本铠侠公司（Kioxia）的存储芯片、美国加利福尼亚州思佳讯公司（Skyworks）的射频芯片、美国得克萨斯州奥斯汀思睿逻辑公司（Cirrus Logic）的音频芯片。[5] 苹果自己设计了运行 iPhone 操作系统的超复杂的处理器。但这家位于美国加利福尼亚州库比蒂诺的巨头无法生产这些芯片。美国、欧洲和日本的任何公司都无法制造这些芯片。如今，苹果最先进的处理器，也可以说是世界上最先进的半导体，只能由一家公司在一座厂房里生产，这是人类历史上最昂贵的工厂。[6]

半导体的制造和微型化一直是我们这个时代最大的工程挑战。如今，没有一家公司能比台积电更精确地制造芯片。2020 年，当一种直径约为 100 纳米（1 纳米等于十亿分之一米）的病毒导致世界陷入慌乱时，台积电最先进的 18 号工厂正在制造微型晶体管的迷宫，刻蚀的特征尺寸小于冠状病毒的一半或线粒体的 1%。台积电以人类历史上前所未有的规模重复这一过程。苹果售出了超过 1 亿部 iPhone 12 [7]，每部手机由含有 118 亿个微型晶体管的 A14 处理器芯片驱动。换句话说，在几个月的时间里，台积电的 18 号工厂仅为 iPhone 中十几个芯片中的一个就制造了超过 100 亿亿个晶体管。2021 年，芯片行业生产的晶体管数量，超过了人类历史上所有其他行业的公司生产的所有产品总和。没有其他什么产品能比得上这种数量规模。

60 年前，一个尖端芯片上的晶体管数量不是 118 亿个而是 4 个。[8] 1961 年，在旧金山南部，一家名为"仙童"的小公司发布了一种名为"微型逻辑"（Micrologic）的新产品，这是一款嵌入了 4 个晶体管的硅芯片。很快，该公司就设计出了在芯片上放置十几个（然后是 100 个）晶体管的方法。仙童联合创始人戈登·摩尔在 1965 年注意到，随着工程师们学会制造越来越小的晶体管，每个芯片上可安放的元器件数量每年都会翻倍。这种芯片计算能力指数级增长的预测被称为"摩尔定律"，并导致摩尔预测了在 1965 年看似不可能的未来产品的发明，比如"电子手表""家用电脑"，甚至"个人便携式通信设备"。摩尔预测了 1965 年以后十年的指数级增长，而这种惊人的增长速度已经持续了半个多世纪。1970 年，摩尔创立的第二家公司英特尔推出了一款能够存储 1 024 条信息（比特）的存储芯片，它的价格约为 20 美元，大约每比特 2 美分。[9] 如今，20 美元可以买一个存量超过 10 亿比特的拇指 U 盘。

当我们想到今天的硅谷时，我们的脑海中浮现的是社交网络和软件公司，而不是硅谷名字的来由。然而，互联网、云、社交媒体和整个数字世界之所以存在，是因为工程师们学会了控制电子在硅片上最微小的运动。如果在过去半个世纪里，处理和存储 1 和 0 的成本没有下降至原来的十亿分之一，"大科技"就不会存在。

这一令人难以置信的进步，部分归功于杰出的科学家，特别是获得诺贝尔奖的物理学家。但并不是每一项发明都能创造出一个成功的创业公司，也不是每一个创业公司都能激发出一个改变世界的新产业。半导体之所以在社会上传播开来，是因为公司发明了新技术，并以百万计的数量制造它们，是因为强硬的管理者们极力降低成本，也是因为富有创造性的企业家们想出了使用半导体的新方法。摩尔定律的发展既是一个关于物理学家或电气工程师的故事，也是一个关于制造专家、供应链专家和营销经理的故事。

旧金山以南的城镇直到 20 世纪 70 年代才被称为硅谷，这些城镇是这场科技革命的中心，因为它们结合了科学专业知识、制造技术和富有远见的商业思维。加利福尼亚州有大量从斯坦福大学或加州大学伯克利分校毕业的航空或无线电专业工程师。随着美国军方寻求巩固其技术优势，他们每个人都得到了大量国防资金的资助。加利福尼亚州的文化与经济结构一样重要。决定离开美国东海岸、欧洲和亚洲而移居硅谷以投身芯片产业的人，常会感到机会无限。对于世界上最聪明的工程师和最有创造力的企业家来说，没有比这里更令人兴奋的地方了。

芯片产业一旦成型就不可能脱离硅谷。今天的半导体供应链需要许多城市和国家的部件，但几乎每一个芯片都与硅谷有关联，或者直接是用加利福尼亚州设计和制造的工具生产的。美国的庞大科学知识储备（由政府研究资金培育，并通过从其他国家挖走最优秀科学家而得到加强）为推动技术进步提供了核心知识。美国的风险投资公司网络及股票市场为新公司提供了成长所需的创业资本，并无情地淘汰失败的公司。与此同时，美国是全球最大的消费市场，推动了数十年来新型芯片研发资金的增长。

其他国家发现凭一己之力不可能跟上潮流，但当它们将自己彻底融入硅谷的供应链时，它们就能成功。欧洲拥有半导体专业知识孤岛，尤其是在生产芯片所需的机器和设计芯片架构方面。韩国、日本和中国台湾等亚洲国家或地区，通过补贴企业、资助培训项目、采取汇率低估政策以及对进口芯片征收关税等方式，挤进了芯片行业。这一战略产生了其他国家或地区无法复制的某些能力（但它们实现的是与硅谷合作才能取得的成就），同时也需要继续从根本上依赖美国的工具、软件和客户。与此同时，美国最成功的芯片公司已经建立了遍布全球的供应链，降低了成本，并产生了使摩尔定律成为可能的专业技术。

如今，多亏了摩尔定律，半导体能被嵌入每一台需要计算能力的设备中（在物联网时代，这几乎意味着每一台设备都离不开芯片）。即使像汽车这样有百年历史的产品，现在也常常包含价值上千美元的芯片。世界上大部分国家和地区的 GDP（国内生产总值）是由依赖含半导体的设备创造的。对于一个75年前还不存在的产品来说，这是一次非凡的跃进。

2020 年 8 月，当"马斯廷"号向南航行时，人们开始认真考虑世界对半导体的依赖以及对中国台湾的依赖，台湾地区制造的芯片每年产生的新计算能力占人们使用的三分之一。[10] 台积电制造了世界上几乎所有最先进的处理器芯片。2020 年，当新冠疫情席卷全球时，它也扰乱了芯片行业。一些工厂暂时关闭，汽车芯片的购买量大幅下降。随着世界上大部分人准备在家工作，个人电脑和数据中心的芯片需求猛增。之后的 2021 年，发生的一系列事故——日本一家半导体工厂发生火灾，美国芯片制造中心得克萨斯州发生冰暴，以及马来西亚新一轮新冠疫情防控（许多芯片在那里组装和测试），加剧了芯片行业的破坏程度。突然间，许多远离硅谷的行业面临着严重的芯片短缺。从丰田到通用汽车，大型汽车制造商们不得不关闭工厂数周[11]，因为它们无法获得所需的芯片。即使是最简单的芯片短缺也会导致世界另一端的工厂倒闭。全球化的完美形象似乎出现了问题。

几十年来，美国、欧洲和日本的政治领导人和我们一样，对半导体没有太多考虑。他们认为"科技"是指搜索引擎或社交媒体，而不是硅片。当乔·拜登和安吉拉·默克尔（Angela Merkel）问他们国家的汽车工厂为什么要关闭时，答案被复杂得令人困惑的半导体供应链掩盖：一个典型的芯片可能是由美国加利福尼亚州和以色列的一个工程师团队，使用美国的设计软件，采用日本软银旗下英国 Arm 公司的 IP（知识产权）来设计；设计完成后，它被送到中国台湾的一家工厂，该工厂从日本购买超纯硅片和专用气体，采用世界上最精密的，并且可以蚀刻、沉积和测量几层原子厚的加工设备来制造。这些加工设备主要由五家公司生产，一家荷兰公司、一家日本公司和三家美国加利福尼亚州公司。没有这些公司的设备，人们基本上不可能制造出先进的芯片。然后，芯片通常在东南亚进行封装和测试，然后被送往中国组装成手机或电脑。

如果半导体生产过程中的任何一个环节被中断，世界新计算能力的供应就会受到威胁。在人工智能时代，人们常说数据就是新的石油。然而，我们面临的真正限制不是数据的可用性，而是数据的处理能力。可以存储和处理数据的半导体种类有限。这些产品的生产极其复杂，而且价格昂贵。与可以从许多国家购买的石油不同，计算能力的生产从根本上取决于一系列瓶颈，比如工具、化学品和软件，这些通常只能由少数公司提供，有时仅由一家公司生产。经济社会的任何其他方面都不会如此依赖这么少的公司。中国台湾地区的芯片每年提供全球 37% 的新计算能力。两家韩国公司生产的存储芯片占全球的 44%。[12] 荷兰公司阿斯麦制造了全世界 100% 的 EUV 光刻机，没有这些设备，尖端芯片根本不可能制造。相比之下，石油输出国组织在世界石油产量中所占的40%，似乎并不令人印象深刻。

每年以纳米规模生产 1 万亿只芯片的全球公司网络，在效率上无疑是成功的，但也有一个惊人的弱点。一场刚巧在半导体生产工厂区域的地震，可能会对全球经济造成更为强烈的影响，相较而言，新冠大流行的破坏只是小菜一碟。中国台湾地区位于一条地震断裂带上，于 1999 年发生过里氏 7.3 级地震。幸亏那次地震让芯片生产只中断了几天，但其遭受更强烈的地震袭击只是时间问题。一场毁灭性的地震也可能袭击日本或美国硅谷。日本是一个地震频发的国家，为世界生产17%的芯片。硅谷虽然现在几乎不生产芯片，却在圣安德烈亚斯断层上，建造了关键的制造芯片设备的工厂。

然而，如今危及半导体供应的最大因素，不是地质板块的崩塌，而是大国间的冲突。随着中国和美国竞争日益激烈，双方都专注于控制基于计算的未来，而且在某种程度上，未来取决于一个小岛。

美国、中国大陆和中国台湾在芯片产业中的关联无比复杂。没有什么比台积电的创立者更能说明这一点了。2020年之前，台积电一直依靠苹果和华为这两家最大的客户。张忠谋出生于中国大陆，成长于第二次世界大战时期的中国香港，曾就读于哈佛大学、麻省理工学院和斯坦福大学，在达拉斯为 TI 工作期间，帮助建立了美国早期的芯片产业。张忠谋持有美国最高机密安全许可证，为美国军方开发电子产品，推动了中国台湾成为世界半导体制造业的中心。[13] 华盛顿的一些外交政策战略家梦想将中美两国的科技脱钩，但像张忠谋这样的人，帮助建立的由芯片设计师、化学品供应商和设备制造商组成的超高效全球化半导体网络，是不可能轻易解开的。

先进的芯片制造业主要集中在中国台湾和韩国，以及东亚其他国家和地区，这并非偶然。政府官员和企业高管一系列深思熟虑的决定，创造了我们今天所依赖的庞大复杂的供应链。亚洲大量廉价劳动力吸引了芯片制造商寻找低成本工厂的工人。该地区的政府和企业利用芯片离岸组装设施进行学习，并最终将更先进的技术地区化国产化。美国的外交政策战略家，将复杂的半导体供应链视为把亚洲与美国主导的世界联系在一起的工具。资本主义对经济效率不可抗拒的追求，推动了成本削减和企业整合的不断前进。支撑摩尔定律的稳步技术创新，需要越来越复杂的材料、设备和工艺，而这些只能依靠全球市场提供或资助。我们对计算能力的巨大需求只会持续增长。

　　基于从中国台北到俄罗斯莫斯科等不同地区历史档案的研究，以及对诸多科学家、工程师、首席执行官和政府官员的 100 多次采访，本书作者认为半导体定义了我们生活的世界，决定了国际政治的形态、世界经济的结构和军事力量的平衡。然而，这种最现代的器件有着复杂而有争议的历史。它的发展不仅受到公司和消费者的影响，也受到雄心勃勃的政府和战争迫切性的影响。为了理解我们的世界是如何被无数个晶体管和极少数不可替代的公司定义的，我们必须从回顾硅时代的起源开始。

第一部分

冷战时期的筹码

从钢铁到硅片

日本士兵将第二次世界大战描述为"钢铁台风"。盛田昭夫[1]是一位勤奋的年轻工程师，来自一个富裕的清酒商人家庭。战时，他被分配到日本海军工程实验室，勉强躲过了前线。但随着美国 B-29 超级堡垒轰炸机袭击日本城市，摧毁了东京和其他城市中心，钢铁台风也袭击了盛田昭夫的故乡。除此之外，美国的封锁造成了日本大面积的饥荒，并迫使日本采取孤注一掷的措施。战争结束时，盛田昭夫的兄弟们正在接受"神风敢死队"飞行员的训练。

在东海对岸，童年的张忠谋[2]不时听到枪声和空袭警报。他在十几岁的时候从抗日战争时期日本军队的炮火下逃生，搬到了广州、香港和中国战时首都重庆，于日本战败后返回上海。即便如此，战争并没有真正结束，因为解放战争开始了。不久，上海战役爆发，张忠谋再次为躲避战火而前往香港。

虽然布达佩斯位于世界的另一边，但安迪·格鲁夫亦经历了席卷亚洲的钢铁风暴。[3]当时，被人们称为安德拉斯·格鲁夫（Andras Grof）

的他，在布达佩斯的多次被入侵战争中幸存了下来。匈牙利极右翼政府将像格鲁夫一样的犹太人视为二等公民。当欧洲爆发战争时，他的父亲被征召入伍，并被派遣与匈牙利纳粹盟友一起对抗苏联。据报道，他的父亲在斯大林格勒的行动中失踪了。之后的 1944 年，纳粹入侵了其名义上的盟友匈牙利，派遣坦克纵队穿过布达佩斯，并宣布计划将格鲁夫这样的犹太人运送到死亡集中营。几个月后，当苏联红军进军匈牙利首都，解放该国时，格鲁夫还是一个孩子，他再次听到了炮声。

无数成排的坦克，一波又一波的飞机，成千上万吨从空中坠落的炸弹，运送卡车、战车、石油产品、机车、轨道车、大炮、弹药、煤炭和钢铁的船队，第二次世界大战成为一场工业消耗冲突。正如美国所希望的那样，美国可以打赢一场基于工业的战争。在华盛顿，战时生产委员会的经济学家，从铜和铁、橡胶和石油、铝和锡等方面，评估了美国将制造业力量成功转变为军事力量的可能性。

美国建造的坦克比所有轴心国的加起来还要多，船只、飞机也更多，大炮和机枪的产量是轴心国的两倍。工业货物从美国港口源源不断地穿过大西洋和太平洋，为英国、苏联、中国和其他盟国提供关键物资。虽然这场战争是由斯大林格勒的士兵和中途岛的水手参与的，但战斗力是由美国恺撒造船厂和红河装配线产生的。

1945 年，世界各地的无线电广播宣布战争结束。在东京郊外，年轻的工程师盛田昭夫穿着全套制服，聆听日本裕仁天皇的投降宣言。他是独自聆听的，没有与其他海军军官在一起，这样他就不会被迫进行仪式性自杀。[4] 在东海对岸，张忠谋庆祝了日本的失败和战争的结束，并迅速回到了悠闲的少年生活，与朋友们一起打网球、看电影和玩纸牌。[5] 在匈牙利，安迪·格鲁夫和他的母亲慢慢地爬出了防空洞。

第二次世界大战的结果取决于工业产出，但很明显，新技术正在改变军事力量。大国制造了数以千计的飞机和坦克，也建造了研究实验室，开发了火箭和雷达等新装备。摧毁广岛和长崎的两枚原子弹引发了许多猜测，一个新生的原子时代可能会取代一个由煤炭和钢铁构成的时代。

1945 年，张忠谋和安迪·格鲁夫还是学生，由于年纪太小，不会认真考虑技术或政治。但 20 多岁的盛田昭夫，在战争的最后几个月里一直在研制热寻导弹。[6] 日本远未部署可用的制导导弹，但该项目让盛田昭夫看到了未来。人们越来越意识到战争不是由装配线上的铆工赢得的，而是由能够识别目标并自动进行机动操作的武器赢得的。这个想法看起来像科幻小说，但盛田昭夫隐约意识到电子计算的新发展，这可能会让机器通过解决加法、乘法或求平方根等数学问题来"思考"。

当然，使用机器进行计算的想法并不新鲜。人类自从第一次学会计数以来，就开始上下翻转手指计数。古人发明了算盘，以操纵大量的数字。几个世纪以来，人们通过在这些木质网格上来回移动木珠进行乘法和除法的运算。19 世纪末和 20 世纪初，政府和商业中的大型官僚机构的发展需要大量的人类"计算机"[7]，办公人员配备了笔、纸，偶尔还配备了简单的机械计算器——可以进行加、减、乘、除运算和计算基本平方根的齿轮箱。

这些活生生的"计算机"可以制作工资单，跟踪销售数据，收集人口普查结果，并筛选出为保险单定价所需的火灾和干旱数据。在大萧条期间，美国工程进步管理局为了雇用失业的办公室员工，成立了数学表格项目。在曼哈顿的一栋办公楼里，数以百计的人类"计算机"坐在一排排的桌子旁，把对数和指数函数制成表格。该项目出版了 28 卷复杂函数的结果，比如《100 000 到 200 009 的整数倒数表》，其中 201 页全部是数据表。

有组织的人类计算小组展示了计算的前景，但也显示了使用大脑进行计算的局限性。即使使用机械计算器帮助大脑，人类的工作效率也很低。要想使用数学表格项目的结果，人们必须在 28 卷中找出一卷，才能找到特定对数或指数的结果。计算量越大，人们需要翻阅的页面就越多。

与此同时，对计算的需求在不断增长。甚至在第二次世界大战之前，资金就投入生产更强大的机械计算机项目上，战争加速了对计算能力的追求。几个国家的空军开发了机械炸弹瞄准镜，以帮助飞行员击中目标。轰炸机机组人员通过转动旋钮来输入风速和高度，旋钮则可以移动调整玻璃镜的金属杠杆。在飞机瞄准目标时将视野聚焦，这些旋钮和杠杆比任何飞行员都能更精确地"计算"高度和角度。但局限是显而易见的，这样的炸弹瞄准器只考虑了几个输入，只提供了一个输出——何时投掷炸弹。在完美的测试条件下，美国的炸弹瞄准器比飞行员的目测更准确。但当部署在德国上空时，只有20%的美国炸弹落在目标1 000英尺以内。[8]那场战争不是由试图引导炸弹但通常都失败的机械计算机上的旋钮决定的，而是由投掷的炸弹和发射的炮弹数量决定的。

更高的精度需要更多的计算。工程师们最终开始用电荷取代早期计算机中的机械齿轮。早期的电子计算机使用真空管。真空管是一种将金属丝密封在真空玻璃中的灯泡状器件。流经真空管的电流通过控制电极可以打开和关闭，这与珠子在木棒上来回移动的功能没有什么不同。打开的真空管编码为1，而关闭的真空管编码为0。这两个数字可以使用二进制计数系统产生任意数字，因此理论上可以执行多种类型的计算。

此外，真空管可以使这些数字计算机重新编程。机械齿轮，比如炸弹瞄准器中的齿轮，只能执行一种类型的计算，因为每个旋钮都与杠杆和齿轮物理连接，这与算盘上的珠子被来回移动的杆束缚住了一样。但真空管之间的连接可以重组，从而使计算机能够运行不同的计算。

如果不是因为飞蛾的话，这就是计算领域的一次飞跃。因为真空管像灯泡一样发光，会吸引昆虫，需要工程师定期"清理昆虫"

（debugging）。[9]此外，真空管和灯泡一样经常烧坏。1945 年，宾夕法尼亚大学为美国陆军建造了一台名为"埃尼阿克"的最先进的计算机，用于计算炮弹轨迹，该计算机有 18 000 只真空管。[10]平均每两天就有一只真空管发生故障，导致整个机器停止运转，技术人员每天忙碌地寻找并更换损坏的部件。埃尼阿克每秒可以计算数百个乘法，比任何数学家都快。但它占据了整个房间，因为它的 18 000 只真空管中的每一只都有拳头那么大。显然，真空管技术太烦琐、太慢、太不可靠。只要计算机是会被飞蛾缠身的怪物，它们就只能用于破解代码等少数应用，除非科学家能找到更小、更快、更便宜的开关。

开 关

威廉·肖克利（William Shockley）很早就认为，如果要实现更好的"开关"，那就需要借助一种叫作半导体的材料。[1]肖克利出生于英国伦敦一个满世界跑的采矿工程师家庭，他在美国加利福尼亚州的宁静小镇帕洛阿尔托（Palo Alto）的果树林中长大。作为独生子，他相信自己比周围任何人都优越——而且他让每个人都知道这一点。他在南加州的加州理工学院上了大学，在麻省理工学院取得物理学博士学位，之后在新泽西州的贝尔实验室（Bell Labs）工作。该实验室是当时领先世界的科学和工程中心之一。肖克利的所有同事都觉得他令人讨厌，但他们也承认他是一位杰出的理论物理学家。他的直觉是如此准确，以至于肖克利的一位同事说，他似乎真的能看见金属中嗖嗖飞行的、或把原子键合在一起的电子。[2]

肖克利的专业是半导体，这是一种独特的材料。大多数材料要么导电（如铜线）要么绝缘（如玻璃），半导体则不同。硅和锗等半导体材料本身就像绝缘体，几乎不导电。但当加入某些材料并施加电场时，电子就会开始流动。例如，硅或锗等半导体材料添加磷或硼后就可以导电。

用其他元素"掺杂"半导体材料来调节其导电性，为新型器件的诞生提供了可能，这些器件的电流可以被控制。但只要它们的电特性仍然神秘且无法解释，掌握电子在硅或锗等半导体材料中的流动就会是一个遥不可及的梦想。直到 20 世纪 40 年代末，贝尔实验室所有的物理学家也没能解释清楚半导体材料这种怪异的特性。

1945 年，肖克利首次提出了他所谓的"固态阀门"的理论[3]，在他的笔记本上画出了一块连接在 90 伏电池上的硅。他假设，如果在硅这样的半导体材料上施加电场，就可以吸引其内部的"自由电子"聚集在半导体边缘附近。如果电场吸引了足够多的电子，半导体的边缘就会变成导电材料（如同存在大量自由电子的金属一样），这样电流就可以流经之前根本不导电的材料。肖克利很快就搭建了这样一个装置，他希望在硅片上施加和移除电场，打开和关闭硅片上的电子流，使其可以像阀门一样工作。但在进行这个实验时，他无法检测到结果。"什么都没有测到，"他解释道，"相当怪异。"实际上，其原因是 20 世纪 40 年代的简单仪器不够精确，无法测量出微小电流。

两年后，肖克利的两位贝尔实验室同事设计了另一种装置，进行了类似的实验。与肖克利的自傲和令人厌恶不同，他的同事沃尔特·布喇顿（Walter Brattain）和约翰·巴丁（John Bardeen）很谦虚温和。前者是来自华盛顿农村牧场的杰出实验物理学家；后者是普林斯顿大学毕业的科学家，后来成为唯一一位获得两次诺贝尔物理学奖的人。受肖克利理论的启发，布喇顿和巴丁制造了一种装置，将连接电源的两条细金箔线设法放到锗材料上，与锗接触的两条金箔线的间距不到一毫米，并在锗片的底面接上电极。1947 年 12 月 16 日下午，在贝尔实验室总部，布喇顿和巴丁打开电源，观测到了流过锗的电流可以被控制并放大，从而证明了肖克利关于半导体材料的理论是正确的。[4]

拥有贝尔实验室的美国电话电报公司（AT&T）从事的是电话业务，而不是计算机业务，因而很快将这种器件命名为"晶体管"，因为它可以用于放大传输电话的信号。由于晶体管可以放大电流，人们很快就意识到晶体管可以用于助听器和收音机等产品，从而取代不太可靠的真空管。贝尔实验室很快就开始为这种新器件安排专利申请。

肖克利却对他的同事们发明了实验来证明他的理论感到不快，他下定决心要超越他们。在圣诞节期间的两周，他把自己关在芝加哥一家酒店的房间里，根据对半导体物理无与伦比的理解，开始设计不同的晶体管结构。到 1948 年 1 月，他构想出一种由三块掺有不同杂质的半导体材料组成的新型结构：外部两块有多余的电子，夹在中间的那块缺少电子。如果将一个微小的电流施加到"三明治"的中间层，它就会使流过整个器件的电流增大很多。这种将小电流转换为大电流的过程与布喇顿和巴丁的晶体管所展示的放大原理相同。但肖克利开始意识到其他的用途，就像他之前的理论"固态阀门"所设想的一样，他可以通过操纵施加在晶体管"三明治"中间的小电流来打开和关闭较大的电流。肖克利成功设计了一个开关。[5]

当贝尔实验室于 1948 年 6 月举行新闻发布会宣布其科学家发明了晶体管时，人们很难理解这连了几根线的锗块有什么值得特别宣传的。《纽约时报》（New York Times）在第 46 页刊登了这篇报道。《时代》（Time）杂志做得好一点，以《小小脑细胞》（Little Brain Cell）为题报道了这项发明。[6]但即使是从不低估自己重要性的肖克利，也无法想象，未来很快就会有成千上万、数十亿这样的晶体管在微观尺度上取代人脑来完成计算任务。

3 诺伊斯、基尔比和集成电路

晶体管如果能够简化并大规模销售，就能取代真空管。构建理论和发明晶体管仅仅是第一步，人们现在面临的挑战是大量制造它们。沃尔特·布喇顿和约翰·巴丁对商业或大规模生产几乎没有兴趣，因为他们本质上是研究者。在获得诺贝尔奖后，他们继续从事教学和实验工作。相比之下，肖克利的雄心壮志日益增长。他不仅想出名，还想发财。他告诉他的朋友们，他梦想着自己的名字不仅要出现在《物理评论》（*Physical Review*）等学术刊物上，也要出现在《华尔街日报》（*Wall Street Journal*）上。[1] 1955 年，肖克利在加利福尼亚州旧金山郊区山景城创办了肖克利半导体公司（Shockley Semiconductor），其公司设在帕洛阿尔托的一条街上，他年迈的母亲就居住在那里。

肖克利计划制造出世界上最好的晶体管，这是可能的，因为贝尔实验室和晶体管专利的拥有者美国电话电报公司提出以 25 000 美元的价格向其他公司许可该器件专利，这是一笔最尖端的电子技术的交易。[2] 肖克利认为，晶体管会有市场，至少是在取代现有电子产品中的真空管方面。不过，晶体管市场的潜在规模尚不清楚。每个人都认同晶体管是一种基于最先进物理学的聪明技术，但只有在比真空管做得更好或生产成本更低的情况下，晶体管才会被大规模应用。肖克利很快就因为他的半导体理论而获得了诺贝尔奖，但如何使晶体管变得更加实用是一个工程难题，而不是理论物理问题。

晶体管很快就开始取代电脑中的真空管，但数千个晶体管之间的布线如同丛林般复杂。1958 年，TI 工程师杰克·基尔比在他的得克萨斯州实验室里度过了一个夏天，专注于寻找一种方法来简化晶体管布线。[3] 基尔比说话温和，有学院精神，好奇而且很聪明。"他从不苛求，"一位同事回忆道，"你知道他想要什么发生，你会尽最大努力让它发生。"另一位同事喜欢和基尔比一起吃烧烤午餐，他说，"他是一个你最想见到的人"。

基尔比是贝尔实验室以外最早使用晶体管的人之一，他的第一个雇主（位于密尔沃基的中心实验室）从美国电话电报公司获得了这项技术的许可。[4] 1958 年，基尔比离开中心实验室，在 TI 的晶体管部门工作。TI 总部位于达拉斯，成立的目的是生产地震波探测设备，帮助石油工人决定在哪里钻探。在第二次世界大战期间，该公司被美国海军征召建造声呐设备以跟踪敌方潜艇。[5] 战后，TI 的高管们意识到这种电子技术在其他军事系统中也会很有用，于是他们雇用了像基尔比这样的工程师来研制这些系统。

基尔比大约在公司 7 月份的假期期间来到达拉斯，但他没有假可以休，所以他在实验室里独自待了几个星期。他一直琢磨如何减少将不同晶体管串在一起所需的导线数量。他没有用一块单独的硅或锗来制造每个晶体管，而是想到在同一块半导体材料上制造多个元器件。当他的同事们过完暑假回来时，他们意识到基尔比的想法是革命性的。多个晶体管可以内置在同一块硅或锗板中。[6] 基尔比称他的发明为"集成电路",但它被通俗地称为"芯片",因为每个集成电路都是由一块从圆形硅片上"切"下来的硅制成的。

大约一年前,在加利福尼亚州帕洛阿尔托,肖克利半导体公司雇用的八名工程师告诉他们的诺贝尔奖得主老板,他们要辞职。肖克利虽然有发现人才的本领,却是一个糟糕的经理。他矛盾的性格所制造的有害工作氛围,疏远了他所召集的聪明年轻的工程师。这八名工程师决定离开肖克利半导体公司,用东海岸一位百万富翁的种子资金创办自己的公司——仙童半导体。[7]

肖克利半导体公司的八名叛逆者被普遍认为是硅谷的创始人。八位中的一位——尤金·克莱纳(Eugene Kleiner),后来成立了世界上最大的风险投资公司之一克莱纳·珀金斯(Kleiner Perkins)。戈登·摩尔负责仙童的研发,后来提出了摩尔定律的概念,以描述计算能力的指数级增长。最重要的是罗伯特·诺伊斯,他是"八叛逆"中的领袖,对微电子有着超凡的热情和远见卓识,他直观地意识到需要哪些进步技术才能使晶体管变得更小、廉价和可靠。将新发明与商业机会相匹配,正是像仙童这样的初创公司成功所需要的,也是芯片行业起飞所需要的。

到仙童成立时,晶体管的科学已经基本清晰,但可靠地制造晶体管是一项巨大的挑战。第一个商业化的晶体管是由锗制成的,上面有多层不同的材料,呈亚利桑那沙漠般的台面形状。台面是通过用一滴黑色蜡覆盖一部分锗制成的:使用化学物质蚀刻掉未被蜡覆盖的部分,去除蜡后,锗上就形成了台面形状。

台面结构的一个缺点是,灰尘或其他颗粒等杂质容易附着在裸露的台面侧壁上并与之发生反应。诺伊斯的同事简·霍尔尼(Jean Hoerni)是一位瑞士物理学家,也是一位狂热的登山者,他意识到如果整个晶体管内置在锗中而不是在其上,台面就没有必要存在了。他发明了一种制造晶体管的方法:在一块硅片上沉积一层保护性二氧化硅,然后在需要的地方蚀刻孔并沉积额外的材料。沉积保护层避免了材料暴露在会导致缺陷的空气和杂质中，这是可靠性方面的一大进步。

几个月后，诺伊斯意识到霍尔尼的"平面工艺"可以用于在同一块硅材料上制备多个晶体管。诺伊斯并不知道基尔比，那时，基尔比在一块锗基片上制作台面晶体管并使用了键合线连接。诺伊斯在同一硅片上使用霍尔尼的平面工艺制作出了多个晶体管。[8] 由于平面工艺在晶体管上覆盖了一层二氧化硅绝缘层，诺伊斯可以通过在上面沉积金属线，将"导线"直接放在硅片上实现晶体管之间的连接。和基尔比一样，诺伊斯制造了一种集成电路：在一块半导体材料上放置多个电子元器件。但诺伊斯的版本完全没有键合线，晶体管和导线被制造在同一块材料上面。不久，基尔比和诺伊斯基于半导体材料开发的"集成电路"被简称为"半导体"，或者被更简单地称为"芯片"。

诺伊斯、摩尔和他们在仙童的同事知道，他们的集成电路将比其他电子设备所依赖的错综复杂的电线更加可靠。与台面晶体管相比，将仙童的"平面"设计小型化似乎要容易得多。与此同时，更小的晶体管意味着消耗更少的电力。诺伊斯和摩尔开始意识到小型化和低功耗是一个强大的组合：更小的晶体管和更低的功耗将为他们的集成电路创造新的应用。但刚开始，诺伊斯的集成电路的制造成本是用分立件搭建的 50 倍。[9] 每个人都认为诺伊斯的发明很聪明，甚至绝妙，但它需要一个市场。

4 起 飞

　　在罗伯特·诺伊斯和戈登·摩尔成立仙童三天后的晚上8点55分，谁会为集成电路买单的问题在加利福尼亚州的夜空中浮现。苏联发射的世界上第一颗人造卫星（Sputnik）以每小时18 000英里的速度从西向东环绕地球运行。《旧金山纪事报》（*San Francisco Chronicle*）的标题是《俄罗斯"月球"环绕地球》（Russ "Moon" Circling Globe）[1]，反映了美国人对这颗卫星给苏联人带来战略优势的担忧。四年后，宇航员尤里·加加林（Yuri Gagarin）成为第一个进入太空的人，苏联再次震惊了世界。

　　在整个美国，苏联的太空计划引发了一场信心危机。[2]控制太空将产生严重的军事影响。美国本以为自己是世界科技超级大国，但似乎已经落后了。华盛顿启动了一项紧急计划以赶上苏联的火箭和导弹，约翰·F.肯尼迪（John F. Kenndey）总统宣布美国将向月球派送一名宇航员。罗伯特·诺伊斯立即意识到他的集成电路有了一个市场：火箭。

　　诺伊斯芯片的第一笔大订单来自NASA（美国国家航空航天局）。

20 世纪 60 年代，NASA 有庞大的预算将宇航员送上月球。当美国将目光投向月球并计划在月球登陆时，NASA 委托麻省理工学院仪器实验室的工程师为阿波罗飞船设计制导计算机，这台设备肯定是迄今为止最复杂的计算机之一。每个人都认同，基于晶体管的计算机比在第二次世界大战期间破解密码和计算火炮弹道的真空管计算机要好得多。但是，这些设备中的任何一个真的能引导宇宙飞船到达月球吗？为了满足阿波罗任务的需要，麻省理工学院的一位工程师计算出，计算机需要有冰箱那么大，而且耗电量比设计的整个阿波罗太空船用电量还要多。[3]

1959 年，就在杰克·基尔比发明了第一款集成电路的一年后，麻省理工学院的仪器实验室收到了第一款由 TI 生产的集成电路，以 1 000 美元的价格购买了其中 64 只芯片，将其作为美国海军导弹计划的一部分进行测试。麻省理工学院的团队最终没有在导弹中使用芯片，但发现集成电路的想法很有意思。大约在同一时间，仙童开始销售自己的微型逻辑芯片。1962 年 1 月，麻省理工学院的一位工程师要求一位同事：“出去多买点，看看它们是不是真的。”[4]

仙童是一家全新的公司，由一群 30 岁左右的工程师经营，他们没有任何业绩纪录，但他们的芯片是可靠的，而且准时送达。1962 年 11 月，麻省理工学院实验室的著名工程师查尔斯·斯塔克·德雷珀（Charles Stark Draper）决定为阿波罗计划赌上仙童芯片，他计算出使用诺伊斯集成电路的计算机将比基于分立晶体管的计算机小三分之一，而且重量更轻，也更省电。最终将阿波罗 11 号带上月球的计算机重达 70 磅，占据了大约 1 立方英尺的空间，但比宾夕法尼亚大学的埃尼阿克计算机小 1 000 倍，后者在第二次世界大战期间用于计算火炮轨迹。

麻省理工学院认为，阿波罗制导计算机是其最值得骄傲的成就之一，但诺伊斯知道，正是他的芯片使阿波罗计算机正常运转。[5]诺伊斯吹嘘道，到 1964 年，阿波罗计算机的集成电路已经运行了 1 900 万小时，只有两次故障，其中一次故障是由于搬运时碰坏的。阿波罗计划的芯片销售将仙童从一家小型初创公司转变为一家拥有 1 000 名员工的公司，其销售额从 1958 年的 50 万美元飙升至两年后的 2 100 万美元。[6]

随着诺伊斯为 NASA 加大生产力度，他为其他客户大幅降价，1961 年 12 月以 120 美元的价格售出的集成电路，到了第二年 10 月被打折至 15 美元。[7] NASA 相信集成电路可以引导宇航员登月，这是一个重要的认可标志。仙童的微型逻辑芯片不再是未经验证的技术，它们已被用于最无情、最恶劣的环境：外太空。

这对基尔比和 TI 来说是一个好消息，尽管他们的芯片在阿波罗计划中只起了很小的作用。在 TI 总部达拉斯，基尔比和 TI 总裁帕特·哈格蒂正在为自己的集成电路寻找一个大客户。哈格蒂是一位来自南达科他州小镇的铁路电报员的儿子，他在第二次世界大战期间接受过电气工程师的培训，并在美国海军从事电子工作。自 1951 年来到 TI 的那天起，哈格蒂就专注于向军方销售电子产品。[8]

哈格蒂凭直觉知道，基尔比的集成电路最终可以用于美国军方使用的每一件电子产品中。[9] 哈格蒂是一位迷人的公众演讲者，他向 TI 的员工宣讲电子产品的未来，一位 TI 的老兵记得他"像一个从山顶上讲话的弥赛亚，似乎可以预知一切"。[10] 当美国和苏联在 20 世纪 60 年代初陷入核对峙（首先是因控制分裂的柏林，其次是古巴导弹危机）时，哈格蒂没有比五角大楼更好的客户。就在基尔比发明集成电路几个月后，哈格蒂向美国国防部工作人员简要介绍了基尔比的发明。第二年，美国空军航空电子实验室同意赞助 TI 的芯片研究。随后，TI 签订了几项小型军事设备合同，但哈格蒂在寻找一条大鱼。

1962 年秋天，美国空军开始寻找一台新的计算机[11]来引导其"民兵 II 号"导弹，该导弹的设计初衷是在太空中发射核弹头打击苏联。第一版"民兵"导弹刚开始服役时，由于太重，以致它几乎无法从美国西部的发射场击中莫斯科。它的机载制导计算机是一个基于分立晶体管制造的巨大怪物，目标打击程序通过打孔纸带输入计算机。[12]

哈格蒂向美国空军承诺，使用基尔比集成电路的计算机可以用一半的重量完成两倍的计算。他设想了一台使用 22 种不同类型集成电路的计算机。在他看来，95% 的计算机功能将由制作在硅上的集成电路来实现，这些集成电路总共重 2.2 盎司。剩下 5% 的计算机硬件重 36 磅，TI 的工程师们还不知道如何将这部分集成在芯片上。"这只是一个尺寸和重量的问题，"设计计算机的工程师鲍勃·尼斯（Bob Nease）在谈到使用集成电路的决定时解释道，"真的没有太多选择。"[13]

赢得"民兵 II 号"导弹合同改变了 TI 的芯片业务。TI 的集成电路销售以前是以几十块的数量来衡量的，但由于担心美国与苏联之间的"导弹差距"，该公司很快就以数千块的数量来销售。一年内，TI 向美国空军的发货量占到当时美国空军累计购买芯片所花费的 60%。到 1964 年底，TI 已经为"民兵"导弹计划提供了 10 万块集成电路，1965 年当年销售的所有集成电路中有 20% 用于"民兵"导弹计划。[14]哈格蒂向军方出售芯片的赌注正在得到回报，但唯一的问题是，TI 能否掌握大规模生产技术。

5 迫击炮和规模生产

1958 年 9 月 1 日，杰伊·莱思罗普驶入 TI 的停车场，开始他第一天的工作。[1] 此时，杰克·基尔比在 TI 的实验室里度过的对未来有重大影响的夏日假期快要结束了。莱思罗普从麻省理工学院毕业后，与罗伯特·诺伊斯共事过。他曾在美国政府实验室工作，负责设计一种近炸引信，使 81 毫米迫击炮弹能够在目标上方自动引爆。和仙童的工程师一样，他也在努力研制台面晶体管，但事实证明，这种晶体管很难小型化。现有的制造工艺包括在半导体材料的某些部位放置特殊形状的蜡球，然后使用专用化学品腐蚀未覆盖的部分。制造更小的晶体管需要更小的蜡球，但控制这些蜡球的形状很困难。

在通过显微镜观察其中一个晶体管时，莱思罗普和他的助手——化学家詹姆斯·纳尔（James Nall）有了一个想法：显微镜镜头可以拍摄一些小东西，让它们看起来更大。如果把显微镜颠倒过来，这些小东西看起来就更小。他们能用镜头把一个大图案"印"到锗上，从而在锗块上制作微型台面吗？相机公司柯达（Kodak）出售了一种叫作光致抗蚀剂的化学物质（俗称"光刻胶"），这种物质在受到光照时会发生化学变化。

莱思罗普用柯达的光刻胶涂在一块锗上。接下来，他将显微镜颠倒过来，用一个矩形图案覆盖目镜，这样光线就只能穿过一个矩形区域。光线通过目镜照射矩形图案，当光线通过物镜聚焦到光刻胶涂层的锗上时，倒置的显微镜缩小了矩形图案的尺寸，形成了完美的微缩版。当光线照射到光刻胶层时，化学结构发生了改变，使其显影时能被溶解，留下一个比任何一团手工蜡都要小得多的矩形小孔，其形状也更精确。很快，莱思罗普发现他也可以通过添加一层超薄的铝，将锗与外部电源连接起来，从而印出"电线"。

莱思罗普称这一过程为光刻。他生产的晶体管比以前小得多，直径只有 0.1 英寸，高度只有 0.000 5 英寸。光刻技术使人们可以构想大规模生产微型晶体管。1957 年，莱思罗普申请了这项技术的专利。随着军乐队的演奏，军方为他的工作颁发了一枚奖章，并给了他 25 000 美元的奖金，他用这笔奖金给家人买了一辆纳什·兰布勒旅行车。

哈格蒂和基尔比立即意识到，莱思罗普的光刻工艺比美国陆军给他的 25 000 美元奖金要值钱得多。"民兵 II 号"导弹计划需要数千块集成电路，阿波罗太空船需要数万块集成电路。而光和光刻胶可以解决大规模生产问题，以手工焊接导线无法解决的方式实现芯片制造的机械化和小型化。

在 TI 实施莱思罗普的光刻工艺需要新材料和新工艺。柯达的光刻胶纯度不足以保证大规模生产，因此 TI 自己购买了离心机，并对柯达提供的化学品进行再加工。莱思罗普乘坐火车在美国各地寻找"掩模"，这种掩模用于将精确的图案投射到覆盖光刻胶的半导体晶圆上。他最终得出结论，现有掩模公司的产品都没有足够的精度，因此 TI 决定自己制造掩模。基尔比的集成电路所需的硅片必须是超纯的，超出任何公司的销售品质范围。因此，TI 也开始自己生产硅片。

当一切都标准化时，大规模生产才有效。通用汽车公司能够将许多标准的汽车零件用于所有从装配线上下线的雪佛兰。在半导体方面，像 TI 这样的公司，缺少可检测出制造集成电路的原料是否符合标准的工具。化学品中含有当时无法检测到的杂质，温度和压力的细微变化可能会引起意外的化学反应，投射光线的掩模可能被灰尘颗粒污染，一点点杂质就可能使整批产品报废。唯一的改进方法是反复试验，TI 组织了数千次实验来评估不同温度与化学物质组合对生产工艺的影响。基尔比每周六都在 TI 的走廊上踱步，检查工程师的试验。[2]

TI 产品工程师玛丽·安妮·波特（Mary Anne Potter）花了几个月时间进行全天候试验。[3] 波特是第一位获得得克萨斯理工大学物理学学位的女性，她受雇于 TI，以扩大"民兵"导弹的芯片生产规模。她经常上夜班，从晚上 11 点工作到第二天上午 8 点，以确保试验按计划进行。收集数据需要数天的试验。然后，她用滑动尺计算指数和平方根，将结果绘制在图表上，并对数据进行回归分析，这一切都依靠手工操作。依靠人类"计算机"处理数字，是一个缓慢、费力、痛苦的过程。但试错是 TI 当时唯一的选择。

1958 年，张忠谋与莱思罗普同期来到 TI，负责晶体管的生产线。[4] 自从离开上海，张忠谋先是去了香港，然后又去了波士顿。他被哈佛大学录取，成为当时大学一年级里唯一的中国学生。在学习莎士比亚文学一年后，张忠谋开始担心自己的职业前景。"这儿有华裔美国人洗衣店，有华裔美国餐馆，"他回忆道，"20 世纪 50 年代初，一个华裔美国人能从事的唯一真正严肃的中产阶级职业是技术性的。"张忠谋认定机械工程似乎比英国文学更可靠，所以他转到了麻省理工学院。

毕业后，张忠谋被喜万年（Sylvania）聘用。喜万年是一家大型电子公司，在波士顿以外的地方设有工厂。他的任务是提高喜万年的制造成品率。张忠谋白天熟悉喜万年的生产工艺，晚上学习肖克利的《半导体中的电子和空穴》（*Electrons and Holes in Semiconductors*），这本书是早期半导体电子学的"圣经"。在喜万年工作三年后，张忠谋收到了TI的工作邀请，于是搬到了得克萨斯州的达拉斯。他回忆道，这里是"牛仔之乡"，是一片以"95美分牛排"为标签的土地。他负责经营一条用于IBM电脑的晶体管生产线，当时这种晶体管太不可靠了，TI的成品率几乎为零。几乎所有产品都有缺陷，会导致电路短路或故障，因而不得不被扔掉。[5]

作为一名桥牌高手，像玩他最喜欢的纸牌游戏一样，张忠谋有条不紊地从事制造业工作。到达TI后，他开始系统地调整不同化学物质组合的温度和压力，以确定哪种组合最有效，他的直觉让同事们感到惊讶和害怕。一位同事回忆道："你和他一起工作时必须小心。他坐在那里，吸着烟斗，透过烟雾看着你。"为他工作过的得克萨斯州人认为他"像一个佛陀"。在烟雾的背后，是一个无与伦比的大脑。一位同事回忆道："他对固体物理学有足够的了解，足以支配任何人。"他以"强硬的老板"标签著称。一名下属回忆道："张忠谋对待员工非常苛刻，如果你没有被张忠谋折磨过，你就没有在TI工作过。"[6]不过，张忠谋的方法产生了效果。几个月内，他的晶体管生产线的成品率跃升至25%。[7]美国最大的科技公司IBM的高管来到达拉斯研究他的方法。[8]很快，他被任命为TI整个集成电路业务的负责人。

和张忠谋一样，诺伊斯和摩尔认为芯片产业的发展没有止境，只要他们能搞清楚如何大规模生产。诺伊斯意识到，他的麻省理工学院同学莱思罗普发现了一种可以改变晶体管制造业的技术。他在研究生院时曾和他一起爬过新罕布什尔州的山。诺伊斯迅速采取行动，聘请了莱思罗普的实验室合作伙伴——化学家詹姆斯·纳尔来仙童开发光刻技术。诺伊斯解释道："除非我们能做到，否则我们的公司就会完蛋。"[9]

仙童的制造工艺由像安迪·格鲁夫一样的生产工程师来改进。格鲁夫于 1956 年逃离匈牙利政府，以难民的身份先抵达纽约，后在加州大学伯克利分校攻读博士学位。1962 年，他写信给仙童要求面试，但被告知稍后再试一次。拒绝信解释道："我们希望我们的年轻人在完成其他所有面试后再来我们这里面试。"格鲁夫回忆，仙童的拒绝信"令人厌恶"，这是硅谷自大的早期迹象。但随着市场对仙童产品的需求增加，该公司突然迫切需要化学工程师。一位公司高管打电话给加州大学伯克利分校，要求提供化学系最好的学生名单。格鲁夫名列榜首，被召唤到帕洛阿尔托与摩尔会面。格鲁夫回忆道："那是一见钟情。"[10] 他于 1963 年被聘用，并将与诺伊斯和摩尔一起打造芯片产业，度过余生。

发明晶体管的诺贝尔奖授予了肖克利、巴丁和布喇顿。基尔比后来因发明了第一个集成电路而获得诺贝尔奖。如果诺伊斯没有在 62 岁时去世，那么他会与基尔比分享这个奖项。这些发明是至关重要的，但光靠科学还不足以建立芯片产业。半导体的传播既得益于学术物理，也得益于巧妙的制造技术。麻省理工学院和斯坦福大学等学校在发展半导体知识方面发挥了关键作用，但芯片产业之所以起飞，是因为这些院校的毕业生花了多年时间优化生产流程，使大规模生产成为可能。正是工程和直觉，以及科学理论，使贝尔实验室的专利变成了一个改变世界的行业。

肖克利被公认为是他那一代最伟大的理论物理学家之一，他最终放弃了成为富翁和让自己的名字登上《华尔街日报》的努力。他对晶体管理论的贡献很重要。但正是那叛逆的八名年轻工程师抛弃了肖克利半导体公司，以及后来在 TI 的一个类似团体，将肖克利的晶体管变成了一种有用的产品——芯片，并将其出售给美国军方，同时学会了如何大规模生产。凭借这些能力，仙童和 TI 进入了 20 世纪 60 年代中期，开始面临一个新的挑战：如何将芯片转变为大众市场产品。

6

"我……要……发……财"

引导阿波罗飞船和"民兵 II 号"导弹的计算机助力了美国集成电路工业的腾飞。到了 20 世纪 60 年代中期，从卫星到声呐，从鱼雷到遥测系统，美国军方在各种武器中采用了芯片。[1] 罗伯特·诺伊斯知道，军事和太空计划对仙童的早期成功至关重要，他在 1965 年承认，军事和航天应用将使用"今年生产的 95% 以上的电路"。[2] 但他一直设想，他的芯片将有一个更大的民用市场，尽管在 20 世纪 60 年代早期还没有这样的市场。他开始设计并实现这个构想，这意味着他要与军方保持一定距离，以便由他（而不是五角大楼）来制定仙童的研发重点。诺伊斯拒绝了大多数军事研究合同，估计仙童的研发预算依赖美国国防部从未超过 4%。诺伊斯自信地解释道："世界上能够胜任评估仙童研究工作的主管很少，而且他们通常不会是军队里的职业军官。"[3]

诺伊斯刚从研究生院毕业时，曾在东海岸无线电制造商飞歌（Philco）工作，那里拥有一支庞大的国防团队。诺伊斯回忆道："研究的方向是由能力较差的人决定的。"他抱怨自己浪费时间为军方撰写进度报告。现在他经营着一家由信托基金继承人创办的仙童半导体公司，他可以灵活地将军队视为客户而不是老板。他选择将仙童的大部分研发目标瞄准大众市场产品，而不是军方。他认为，用于火箭或卫星的大多数芯片也必须有民用用途。第一个为商业市场生产的集成电路用于真力时（Zenith）助听器[4]，最初是为 NASA 卫星设计的。挑战将是制造民众能够负担得起的芯片。军方支付了高价，但消费者对价格敏感。诱人的是，民用市场的利润远大于冷战时期五角大楼臃肿的预算。诺伊斯宣称："向政府出售研发产品就像把你的风险资本投入储蓄账户。风险就是风险，你得承担风险。"[5]

在帕洛阿尔托，仙童被给五角大楼供货的公司包围，从航空航天到弹药，从无线电到雷达。尽管军方从仙童购买了芯片，但美国国防部与大型官僚机构合作，比与灵活的初创公司合作更舒适。五角大楼低估了仙童和其他半导体初创公司改造电子产品的速度。美国国防部 20 世纪 50 年代末的一份评估报告，称赞无线电巨头美国无线电公司（RCA）"正在进行最雄心勃勃的微型化计划"；同时不屑一顾地指出，仙童只有两名科学家在研究先进电路。美国国防部报告称，国防承包商洛克希德·马丁公司（Lockheed Martin）在帕洛阿尔托有一处研究设施，其微型系统电子部门有 50 多名科学家，这意味着洛克希德·马丁公司遥遥领先。[6]

但在戈登·摩尔的指导下，仙童的研发团队不仅开发了新技术，还开辟了新的民用市场。1965 年，《电子学》（Electronics）杂志邀请摩尔写了一篇关于集成电路未来的短文。他预测，至少在接下来的十年里，仙童每年都会将硅芯片上的器件数量增加一倍。如果是这样的话，到 1975 年，集成电路中将有 65 000 个微型晶体管。这不仅会创造更多的计算能力，还能降低每个晶体管的价格。随着成本下降，用户数量也会增加。这种计算能力指数级增长的预测，后来很快被称为"摩尔定律"。[7] 这是 20 世纪最伟大的技术预测。

摩尔意识到，如果每颗芯片上的计算能力呈指数级增长，那么集成电路将不仅仅改变火箭和雷达，还将彻底改变社会。1965 年，美国国防部仍然购买了当年生产的所有集成电路的 72%。军方要求的功能在商业应用中也很有用。一份电子出版物宣称，"小型化和耐用意味着好的生意"。[8] 国防承包商认为，芯片是一种可以升级所有旧军事电子设备的产品。在仙童，诺伊斯和摩尔已经在梦想着个人电脑和手机的出现。

20 世纪 60 年代初，美国国防部部长罗伯特·麦克纳马拉（Robert McNamara）改革军事采购以削减成本，引发了电子行业一些人所称的"麦克纳马拉萧条"，仙童对平民芯片的设想似乎具有先见之明。仙童是第一家为民用客户提供现成集成电路的完整产品线的公司。诺伊斯大幅降价，因为他认为这将大大扩大芯片的民用市场。20 世纪 60 年代中期，仙童芯片的售价从 20 美元降至 2 美元。有时，仙童甚至以低于制造成本的价格销售产品 [9]，希望说服更多的客户试用。

由于价格下调，仙童开始赢得私营公司的大合同。美国计算机年销售量从 1957 年的 1 000 台增长到十年后的 18 700 台。到 20 世纪 60 年代中期，几乎所有这些计算机都依赖于集成电路。1966 年，计算机公司柏拉夫斯（Burroughs）从仙童订购了 2 000 万只芯片，这是阿波罗计划消耗的 20 多倍。到 1968 年，计算机行业购买的芯片数量与美国军方一样多。仙童芯片服务于这个计算机市场的 80%。[10] 诺伊斯的降价策略取得了回报——为民用计算机开辟了一个新的市场，这将推动未来几十年的芯片销售。[11] 摩尔后来辩称，诺伊斯的降价策略与仙童集成电路技术是同样重大的创新。

20 世纪 60 年代末，经过十年的发展，阿波罗 11 号终于准备好使用仙童驱动的制导计算机将第一个宇航员送上月球。加利福尼亚州圣克拉拉谷的半导体工程师从太空竞赛中受益匪浅，这为他们提供了一个重要的早期客户。但到第一次登月时，硅谷的工程师对国防和太空合同的依赖程度已经大大降低。现在，他们关注的是更为现实的问题：芯片市场的蓬勃发展。仙童的成功已经激励了几名顶级员工投奔竞争对手。风险资本正涌入初创公司，这些公司的重点不是火箭，而是电脑。

但仙童仍归东海岸的一位百万富翁所有，这位百万富翁给员工丰厚的薪酬，却拒绝给他们股票期权，他把股权赠予视为一种"渐进的社会主义"。[12] 最终，就连仙童的联合创始人诺伊斯也开始怀疑自己在公司是否有未来。很快，每个人都开始寻找出路。原因很明显，除了新的科学发现和新的制造工艺之外，这种制造金融杀戮的能力是推动摩尔定律的根本力量。正如仙童的一名员工在离开公司时填写的离职问卷中所说："我……要……发……财。"[13]

第二部分

美国世界的电路

7 苏联硅谷

在罗伯特·诺伊斯于仙童发明集成电路几个月后，一位意想不到的访客来到了帕洛阿尔托。1959 年秋天，在人造卫星首次绕地球运行两年后，苏联的半导体工程师阿纳托利·特鲁特科（Anatoly Trutko）搬进了斯坦福大学的一个名为克罗瑟斯纪念馆（Crothers Memorial Hall）的宿舍。[1] 尽管冷战时期的竞争接近巅峰，但这两个超级大国已同意开始通过交换生交流，特鲁特科是少数几个由苏联挑选并通过美国国务院审查的学生之一。他在斯坦福大学花了一年时间与美国顶尖科学家一起研究美国最先进的技术。他甚至参加了威廉·肖克利的讲座，肖克利放弃创业，当时是斯坦福大学的教授。一堂课结束后，特鲁特科请这位诺贝尔奖得主在他的巨著《半导体中的电子和空穴》上签名。肖克利向这位年轻的科学家大声抱怨苏联拒绝为教科书的俄文版支付版税后签下"致阿纳托利"。

考虑到美国担心苏联正在科学技术方面追赶，美国让特鲁特科等苏联科学家在斯坦福大学研究半导体的决定着实令人惊讶。但每个国家的电子行业都越来越朝向硅谷，硅谷完全决定了创新的标准和速度，以致世界的其他国家别无选择，只能效仿，甚至包括美国的对手。苏联人没有向肖克利支付版税，但他们理解半导体的价值，并在肖克利的教科书出版两年后将其翻译成俄语。早在1956年，美国情报人员就被命令购买苏联半导体器件，以测试其质量并跟踪改进情况。1959年，美国中央情报局（CIA）的一份报告表明，在晶体管的质量和数量上，美国只比苏联领先两到四年。[2] 当时，美国怀疑至少有几名早期苏联交换生是克格勃特工，但直到几十年后才得到证实，苏联把交换生和国防工业目标捆绑在了一起。

就像五角大楼一样，克里姆林宫意识到晶体管和集成电路将改变制造、计算和军事力量。从20世纪50年代末开始，苏联在全国各地建立了新的半导体工厂，并指派最聪明的科学家来建立这一新产业。对于尤里·奥索金（Yuri Osokin）这样雄心勃勃的年轻工程师来说，很难想象还有比这更令人兴奋的工作。[3] 奥索金童年的大部分时间在中国度过，他的父亲在黄海沿岸大连市的一家苏联军事医院工作。从年轻的时候起，奥索金就以他对地理和名人生日的百科全书般的记忆脱颖而出。毕业后，他进入莫斯科一所顶级学术机构专攻半导体。

不久，奥索金被分配到里加的一家半导体工厂，这里招募了苏联最好大学的应届毕业生，让他们为苏联太空计划和军队制造半导体芯片。工厂负责人要求奥索金在一块锗上制造含有多个器件的电路，这在苏联是没有人做过的。1962年，他研制出了集成电路原型。奥索金和同事们知道他们处于苏联科学的前沿。他们白天在实验室里忙碌，晚上讨论固体物理理论，奥索金偶尔会弹吉他为同事们伴奏。他们还年轻，他们的工作令人兴奋，苏联科学正在崛起，每当奥索金放下吉他仰望夜空时，肉眼就能看到在头顶上飞行的苏联人造卫星。[4]

苏联领导人尼基塔·谢尔盖耶维奇·赫鲁晓夫（Nikita Sergeyevich

Khrushchev）致力于在各个领域超越美国，从玉米生产到卫星发射。赫鲁晓夫本人在集体农场比在电子实验室更自在。他对技术一无所知，却痴迷于"追赶并超越"美国（正如他一再承诺的那样）。苏联国家无线电电子委员会第一副主席亚历山大·肖金（Alexander Shokin）意识到，赫鲁晓夫与美国竞争的冲动可以用来赢得更多的微电子投资。有一天，肖金对赫鲁晓夫说："想象一下，尼基塔·谢尔盖耶维奇，电视可以做成香烟盒那么大。"[5] 这就是苏联硅的承诺。"追赶并超越"美国似乎是一种真正的可能性。就像苏联赶上美国的另一个领域——核武器，苏联有一个秘密武器：情报集团。

乔尔·巴尔（Joel Barr）的父母是俄罗斯犹太人。[6] 他们为了逃离沙皇的迫害移民到了美国。巴尔在布鲁克林贫困区长大，后来被纽约城市学院录取，学习电气工程。作为一名学生，他结识了一群共产主义者，发现自己同意他们对资本主义的批评，以及他们认为苏联最适合对抗纳粹的观点。通过与共产主义者的接触，他被介绍给了艾尔弗雷德·萨兰特（Alfred Sarant），萨兰特是一名电气工程师，也是共青团的成员。他们将用余生共同努力推动共产主义事业。

20 世纪 30 年代，巴尔和萨兰特被纳入了朱利叶斯·罗森伯格（Julius Rosenberg）领导的苏联情报集团。40 年代，巴尔和萨兰特在美国两家领先的技术公司——西部电器（Western Electric）和斯佩里陀螺仪（Sperry Gyroscope）从事机密雷达和其他军事系统的研究工作。与罗森伯格圈子中的其他人不同，巴尔和萨兰特并不拥有核武器秘密，但他们已经对新武器系统中的电子设备有了深入的了解。20 世纪 40 年代末，当联邦调查局开始瓦解克格勃在美国的情报网络时，罗森伯格与妻子埃塞尔（Ethel）一起受审并被判处电刑。在联邦调查局抓到他们之前，萨兰特和巴尔逃离了美国，最终抵达了苏联。

到达苏联时，他们告诉克格勃的管理人员，他们想制造世界上最先进的计算机。巴尔和萨兰特不是计算机专家，苏联其他人也不是。他们作为情报人员的身份本身就是一个备受钦佩的凭证，他们的光环让他们能够获得资源。20 世纪 50 年代末，巴尔和萨兰特开始制造他们的第一台电脑——UM（在俄语中是"头脑"的意思）。他们的工作引起了管理苏联电子工业的官员肖金的注意，他们与肖金合作，让赫鲁晓夫相信苏联需要一个专门生产半导体，并拥有自己的研究人员、工程师、实验室以及生产工厂的城市。甚至在美国旧金山南部半岛上的城镇于 1971 年被称为硅谷之前，巴尔和萨兰特在莫斯科郊区就想出了他们自己的版本。[7]

为了说服赫鲁晓夫为这座新的科学城市提供资金，肖金安排苏联领导人访问列宁格勒的电子工业第二特殊设计局。苏联人从不擅长营销，这个庞大官僚的名称背后是一个处于苏联电子前沿的研究所。设计局花了数周时间准备赫鲁晓夫的访问，前一天举行了彩排，以确保一切按计划进行。1962 年 5 月 4 日，赫鲁晓夫抵达。[8] 为了欢迎这位苏联领导人，萨兰特穿了一套深色西装，这与他浓密的眉毛和精心修剪的胡子的颜色相配。巴尔紧张地站在萨兰特身边，金属的眼镜架在他秃顶的头上。在萨兰特的带领下，他们二人向赫鲁晓夫展示了苏联微电子技术的成就。赫鲁晓夫试了试一台装在耳朵里的小收音机，然后摆弄了两下一台可以打印出他名字的简单电脑。萨兰特自信地告诉赫鲁晓夫，半导体器件将很快被用于航天器、工业、政府、飞机，甚至"用于制造核导弹屏障"。然后，萨兰特和巴尔把赫鲁晓夫带到一个画架前，画架上有一座未来城市的图片，这座城市专门生产半导体芯片，其中心有一座 52 层的摩天大楼。

赫鲁晓夫痴迷于宏大的项目，尤其是那些他可以因之声名鹊起的项目，因此他热情地支持建立苏联半导体城市的想法。他拥抱了巴尔和萨兰特，承诺全力支持。几个月后，苏联政府批准了在莫斯科郊区建造一座半导体城的计划。"微电子是一个机器大脑，"赫鲁晓夫向同行的其他苏联领导人解释道，"这是我们的未来。"[9]

苏联很快就破土动工修建了泽列诺格勒（Zelenograd），这在俄语中是"绿色城市"的意思。事实上，它被设计成一个科学天堂。肖金希望它完美，有研究实验室和生产工厂，还有学校、日托所、电影院、图书馆和医院，这些都是半导体工程师所需要的。靠近中心的是一所大学——莫斯科电子技术学院，其砖墙立面模仿了英国和美国的大学校园。从外面看，这座城市就像硅谷，只是少了一点阳光。

8 "复制"策略

大约在赫鲁晓夫宣布支持建造泽列诺格勒的同一时间，一位名叫鲍里斯·马林（Boris Malin）的苏联学生从宾夕法尼亚州学习一年后回来，他的行李箱里装着一个小东西——TI 的 SN-51 芯片，这是美国销售的首批集成电路之一。马林拥有瘦削的身材、深色的头发和深邃的目光，是苏联半导体器件领域的主要专家之一。他把自己看作科学家，而不是情报人员。负责苏联微电子的官员亚历山大·肖金认为，SN-51 是苏联必须通过任何手段都要获得的芯片。肖金把马林和其他一组工程师叫到他的办公室，把芯片放在显微镜下，通过镜头观察。肖金命令他们："复制它，一一对应，不能有任何偏差。我给你们三个月的时间。"[1]

苏联科学家对他们只是复制外国先进技术的说法做出了愤怒的反应。他们的科学理解与美国化学家和物理学家一样先进。在美国的苏联交换生报告说，他们从威廉·肖克利的讲座中学到的东西很少[2]，很遗憾没能在莫斯科学习。事实上，苏联拥有一些世界领先的理论物理学家。2000年,杰克·基尔比因发明集成电路而最终获得诺贝尔物理学奖(当时集成电路的共同发明人罗伯特·诺伊斯已去世),他与一位名叫佐瑞斯·阿尔费罗夫(Zhores Alferov)的俄罗斯科学家分享了该奖项,后者在20世纪60年代对半导体器件产生光的机理进行了基础研究。1957年发射的人造卫星,1961年尤里·加加林的首次太空飞行,以及1962年制造的奥索金集成电路,为苏联正在成为一个科学超级大国提供了无可争议的证据。就连美国中央情报局都认为苏联微电子产业正在迅速赶上。

但是,肖金的"复制"策略从根本上是有缺陷的。"复制"在制造核武器方面发挥了作用,因为美国和苏联在整个冷战期间制造了数万枚核武器。但在美国,TI和仙童已经在学习如何大规模生产芯片。规模化生产的关键是可靠性,这是芯片制造商张忠谋和安迪·格鲁夫在20世纪60年代就关注的一个挑战。与苏联同行不同,他们可以借鉴其他公司的专业知识,制造先进的光学、化学、净化材料以及其他生产机械。如果没有美国公司提供帮助,仙童和TI还可以求助于德国、法国或英国,这些国家都有自己的先进产业。

苏联虽然生产大量的煤炭和钢铁,但在几乎所有类型的先进制造业中都落后。[3]苏联在数量上表现出色,但在质量和纯度上表现不佳,这两个方面都是大规模芯片制造的关键。此外,西方盟国通过一个名为COCOM(出口管制统筹委员会,因总部设在巴黎,简称"巴统")的组织禁止向苏联等社会主义国家转让包括半导体部件在内的许多先进技术。苏联人通常可以利用中立的奥地利或瑞士的空壳公司绕过"巴统"限制,但这种途径很难大规模使用。因此,苏联的半导体工厂经常不得不使用不太复杂的机器和不太纯净的材料,生产出能工作的芯片也便少得多。

情报搜集活动只能让肖金和他的工程师们走这么远。仅仅得到一块芯片并不能知道它是如何制作的，就像得到一块蛋糕无法知道它是怎么烤出来的一样。芯片制造工艺极为复杂。在斯坦福大学向肖克利学习的外国交换生可以成为聪明的物理学家，但安迪·格鲁夫或玛丽·安妮·波特等工程师知道某些化学物质需要加热到什么温度，或者光刻胶应该曝光多长时间。芯片制造过程的每一步都涉及专业知识，而这些知识很少在特定公司之外共享。这类专门知识往往没有写下来。苏联情报人员是该行业中最好的情报人员之一，但半导体生产过程需要更多的细节和知识，即使是最有能力的情报人员也无法搜集到。

此外，按照摩尔定律规定的速率，技术前沿不断在变化。即使苏联人设法复制了一个设计，获得了材料和机械，并复制了生产过程，这也需要时间。TI 和仙童每年都会推出更多晶体管的新设计，到 20 世纪 60 年代中期，最早的集成电路已经过时了，因为太大且太耗电，所以没有多大价值。与几乎任何其他技术相比，半导体技术都在飞速发展。晶体管的尺寸和能量消耗也在降低，而每平方英寸硅上的计算能力大约每两年增加一倍。没有其他技术发展得如此之快，因此只有半导体行业会把搜集去年的设计当成如此无望的策略。

苏联领导人从未明白"复制"策略是如何使他们落后的。整个苏联半导体行业的运作就像一个保密的、自上而下的、面向军事系统的国防承包商，在几乎没有创新的情况下完成订单。肖金的一名下属回忆道，复制过程由肖金"严格控制"。实际上，复制是硬连接到苏联半导体行业的，尽管苏联使用公制，然而一些芯片制造机器使用的是英寸而不是厘米，以便更好地复制美国的设计。[4] 由于"复制"策略，苏联在晶体管技术方面落后美国几年，一直也没有赶上。

泽列诺格勒可能看起来像缺少阳光的硅谷。它拥有苏联最好的科学家和搜集的技术秘密。但是，美苏两国的半导体系统完全不同。硅谷的创业者跳槽并获得了实际的"工厂"经验，而肖金在莫斯科的部长办公室里发号施令。与此同时，奥索金在里加默默无闻，受到同事们的高度尊重，但无法与任何没有安全许可的人谈论他的发明。[5] 年轻的苏联学生想成为奥索金那样的人，但没有人攻读电气工程学位，因为没有人知道奥索金的存在。职业发展需要他们成为一个更好的官僚，而不是设计新产品或开拓新市场。民用产品总是在军事生产的压倒性关注中被后置。

与此同时，奇怪的是，"复制"策略意味着苏联半导体的创新道路是由美国设定的。因此，作为苏联最敏感、最秘密的行业之一，它就像硅谷一个运营不善的前哨。泽列诺格勒只是以美国芯片制造商为中心的全球化网络中的另一个节点。

9 晶体管推销员

1962 年 11 月，当日本首相池田勇人（Ikeda Hayato）在华丽的爱丽舍宫拜会法国总统戴高乐时，他给戴高乐带来了一件小礼物：一台索尼晶体管收音机。戴高乐不仅是一个形式主义者和礼节主义者，还是一个有传统思想的军人，他认为自己是法国贵族的化身。相比之下，池田勇人认为他的国家的选民是直截了当的物质主义者，并承诺在十年内将他们的收入翻一番。戴高乐在会后对一名助手说，日本只不过是一个"经济大国"，池田勇人表现得像一个"晶体管推销员"。[1]但不久之后，全世界都会羡慕日本，因为日本将通过半导体产品的成功销售，比戴高乐想象的更加富裕和强大。

集成电路不仅以创新的方式将电子元件连接起来，还将以美国为中心的国家连接成一个网络。苏联通过复制硅谷的产品，无意中成为这个网络的一部分。相比之下，日本有意融入美国的半导体产业，这一过程得到了日本商界精英和美国政府的支持。

第二次世界大战结束时，一些美国人曾设想剥夺日本的高科技产业，作为对日本发动残酷战争的惩罚。但在日本投降的几年内，华盛顿的国防官员采取了一项官方政策，即"一个强大的日本比一个弱小的日本风险更小"。[2]除了短暂关闭过日本核物理研究外，美国政府支持日本作为一个科技大国复兴。[3]其中的挑战在于，帮助日本重建经济，同时将日本与美国主导的体系捆绑在一起。让日本成为晶体管推销员是美国冷战战略的核心之一。

晶体管发明的消息最初是通过占领日本的统治者美国军事当局传到日本的。菊池诚（Kikuchi Makoto）是位于东京的日本政府电工实验室的年轻物理学家，该实验室雇用了一些日本顶尖的科学家。有一天，他的老板把他叫到办公室，透露了一个有趣的消息，说美国科学家把两个金属针连接到一块晶体上，能够放大电流。[4]菊池诚明白这是一项非凡的发明。

在被轰炸的东京，人们很容易感到与世界顶尖物理学家隔绝，但位于东京的美国占领军总部为日本科学家提供了查阅《贝尔系统技术期刊》（*Bell System Technical Journal*）、《应用物理学杂志》（*Journal of Applied Physics*）和《物理评论》等期刊的途径，这些期刊发表了约翰·巴丁、沃尔特·布喇顿和威廉·肖克利的论文。这些期刊在战后的日本是不可能直接获得的。菊池诚回忆道："我会翻阅内容，每当我看到半导体或晶体管这个词时，我的心跳就会加快。"[5]几年后，1953年，当美国科学家在一个炎热潮湿的 9 月前往东京参加纯粹与应用物理国际联合会的会议时，菊池诚遇到了巴丁。巴丁被当作一个名人对待。对于想给他拍照的人数，他感到震惊。巴丁在给妻子的信中写道："我这辈子从没见过这么多闪光灯。"[6]

在巴丁访问东京的同年，盛田昭夫从羽田机场起飞前往纽约。盛田昭夫的父亲是日本著名的清酒酿酒厂第十五代继承人，曾希望他的儿子成为第十六代继承人，管理清酒生意。盛田昭夫从出生起就被培养来接管家族企业。但盛田昭夫儿时喜欢摆弄电子设备，长大后获得了物理学学位，这为他指向了另一个方向。在战争期间，这种物理专业知识可能挽救了他的生命，使得他被送往研究实验室，而不是前线。

盛田昭夫的物理学学位在战后的日本也被证明是有用的。1946 年 4 月，日本仍处于废墟之中，盛田昭夫与一位前同事井深大（Masaru Ibuka）合作，创立了一家电子公司，该公司很快被命名为"Sony"（索尼），其名字来自拉丁语"sonus"（声音）和其美国昵称"sonny"。他们的第一台产品电饭煲是一个"哑弹"，但他们的录音机工作良好，销量更好。1948 年，盛田昭夫了解到贝尔实验室发明了晶体管，并立即抓住了晶体管的潜力。盛田昭夫回忆道，这似乎是"奇迹"[7]，他梦想着彻底改变消费电子产品。

1953 年，抵达美国后，盛田昭夫对美国的幅员辽阔和非凡的消费能力感到震惊，尤其是与战后东京的贫困相比。盛田昭夫想，这个国家似乎什么都有。[8] 在纽约，他会见了美国电话电报公司的高管，他们同意向盛田昭夫颁发生产晶体管的许可证。他们告诉盛田昭夫不需要制造比助听器更有用的东西。

盛田昭夫清楚戴高乐所没有意识到的：电子是世界经济的未来，晶体管嵌入硅芯片中将使难以想象的新产品成为可能。盛田昭夫意识到，晶体管的更小尺寸和更低功耗将改变消费电子产品。他和井深大决定将公司的未来押在不仅面向日本客户，而且面向世界上最富有的美国客户销售这类产品上。

日本政府表示支持高科技。同年，盛田昭夫前往美国贝尔实验室，日本皇太子访问了美国无线电研究实验室。日本强大的通商产业省也希望支持电子公司，但该部门的影响好坏参半，一度将索尼从贝尔实验室获得晶体管许可证的申请推迟了几个月，理由是该公司未经该部门同意，就与一家外国公司签订合同是"不可原谅的暴行"。[9]

索尼在日本具有人力成本低的优势，但其商业模式最终是创新、产品设计和营销。盛田昭夫的获得"许可"策略与苏联官员肖金的"复制"策略大相径庭。许多日本公司以无情的制造效率著称。索尼利用硅谷最新的电路技术识别新市场，并以令人印象深刻的产品瞄准新市场，表现出色。"我们的计划是用新产品引领公众，而不是问他们想要什么样的产品，"盛田昭夫表示，"公众不知道什么是可能的，但我们知道。" 10

索尼的第一个主要成就是晶体管收音机的发明，比如池田勇人送给戴高乐的收音机。几年前，TI 曾试图销售晶体管收音机，尽管它拥有必要的技术，但在定价和营销上搞砸了，随后放弃了这项业务。11 盛田昭夫却抓住了这个机会，很快就销售了数万台索尼收音机。

但像仙童这样的美国芯片公司继续主导着芯片生产的前沿领域，比如与企业主流计算机相关的业务。在整个 20 世纪 60 年代，日本公司在知识产权方面支付了相当高的许可费，将芯片销售总额的 4.5% 交给了仙童，3.5% 交给了 TI，2% 交给了西部电器。12 美国芯片制造商很乐意转让它们的技术，因为日本公司似乎落后了几年。

索尼的专长不是设计芯片，而是设计消费类产品和定制人们需要的电子产品。计算器是日本公司改造的另一类产品。1967 年，TI 董事长帕特·哈格蒂要求杰克·基尔比制造一台手持半导体计算器。但 TI 的营销部门认为，廉价的手持计算器没有市场，因此该项目搁浅。日本夏普不同意这一观点，将加利福尼亚州生产的芯片用于计算器，比任何人想象的都要简单和便宜得多。夏普的成功保证了 20 世纪 70 年代生产的大多数计算器是日本制造的。哈格蒂后来感叹道，如果 TI 早一点找到销售自己品牌产品的方法，TI "就会成为消费电子产品的索尼"。13 但复制索尼的产品创新和营销专业知识，被证明与复制美国的半导体专业知识一样困难。

　　美国和日本之间出现的半导体共生关系涉及复杂的平衡行为。每个国家在供应和客户方面都相互依赖。到 1964 年，日本在分立晶体管的生产上超过了美国，而美国公司生产了最先进的集成电路芯片。美国公司制造了最好的电脑，而索尼和夏普等电子制造商生产的消费品推动了半导体消费。日本的电子产品（包括半导体和依赖它们的产品）出口从 1965 年的 6 亿美元激增到 20 年后的 600 亿美元。[14]

　　相互依赖并不总是顺利的。1959 年，美国电子工业协会呼吁美国政府提供帮助，以免日本进口产品损害"国家安全"和协会的底线。[15]但让日本建立电子产业是美国冷战战略的一部分，因此在 20 世纪 60 年代，华盛顿从未就此问题向东京施加过多压力。原本可能会站在美国公司一边的《电子学》等出版物指出，"日本是美国太平洋政策的基石……如果日本不能与西半球和欧洲进行健康的商业往来，日本将在其他地方寻求经济支持"，比如中国或苏联。[16]美国的战略决策要求日本获得先进技术，建立尖端企业。理查德·尼克松（Richard Nixon）总统后来表示："一个有着悠久历史的民族不会满足于制造晶体管收音机。"[17]他们必须被允许甚至鼓励开发更先进的技术。

　　日本高管也同样致力于让这种半导体共生关系发挥作用。当 TI 试图成为第一家在日本开设工厂的外国芯片制造商时，公司面临一系列监管障碍。索尼的盛田昭夫碰巧是哈格蒂的朋友，他表示愿意提供帮助，以换取部分利润。他吩咐 TI 的高管们要隐姓埋名地访问东京，用假名在酒店登记，不要离开酒店房间。盛田昭夫秘密去了酒店，并提议成立一家合资企业。TI 将在日本生产芯片，与官僚打交道的工作则交给索尼。盛田昭夫告诉 TI 的高管们："我们会为你们打掩护。"[18]得克萨斯州人认为索尼是一家"无赖公司"，这在某种程度上是一种恭维。

　　在盛田昭夫的帮助下，在经历了许多烦琐手续之后，日本官员终于授予了 TI 在日本开设半导体工厂的许可。对于盛田昭夫来说，这是另一场"政变"，使他成为太平洋两岸最著名的日本商人之一。对于华盛顿的外交政策战略家来说，两国之间更多的贸易和投资联系，使得东京与美国领导的体系联系得更加紧密。对于像池田勇人这样的日本领导人来说，这也是一次胜利。池田勇人提前两年实现了日本收入翻一番的目标。[19] 日本在世界舞台上赢得了一个新的席位，这要归功于像盛田昭夫这样勇敢的电子企业家。晶体管推销员的地位远比戴高乐想象的更有影响力。

⑩ "晶体管女孩"

1964 年，澳大利亚的一部垃圾小说《晶体管女孩》（*The Transistor Girls*）的封面上写道："他们的衣服是西方的，但他们的爱情仪式建立在东方古老的快乐之中。"[1] 故事情节涉及国际阴谋和女性装配线工人，她们"通过工作之外的夜间活动增加收入"。《晶体管女孩》封面上的图片是一位年轻的日本女性，衣着暴露，背景是一座宝塔的剪影，封底是更具东方色彩背景下的一位穿着更少的女性。

最早的半导体是由男性设计的，而组装半导体的主要是女性。摩尔定律预测计算能力的成本将大幅下降。但让戈登·摩尔的愿景成为现实不仅仅需要缩小芯片上每个晶体管的尺寸，还需要更多、更便宜的工人来组装它们。

仙童的许多员工加入该公司是为了寻找财富或是因为热爱工程。查理·斯波克在被迫辞掉前一份工作后来到仙童。斯波克是一个抽雪茄、精力充沛的纽约人，他一心想着效率。[2] 在一个充满才华横溢的科学家和技术幻想家的行业中，斯波克的专长是从工人和机器中榨取生产效率。[3]多亏了像斯波克这样强硬的管理者，计算能力成本才符合摩尔预测的时间表。

斯波克曾在康奈尔大学学习工程学。20世纪50年代中期，他被通用电气（GE）在纽约哈德孙福尔斯（Hudson Falls）的工厂聘用。他负责改进通用电气的电容器制造工艺，并提议改进工厂的装配线流程。他相信他的新技术会提高生产率，但控制通用电气装配线工人的工会认为，他威胁到他们对生产过程的控制。于是，工会组织了一场反对斯波克的集会，并焚烧了他的肖像。工厂管理层胆怯地退缩了，向工会承诺斯波克的改革永远不会实施。

斯波克想："见鬼去吧！"那天晚上，他回到家，开始另找工作。1959年8月，他在《华尔街日报》上看到一则广告，一家名为仙童的小公司招聘生产经理，他递交了申请。不久，他被邀请到纽约市莱克星顿大道的一家酒店面试。面试他的两名仙童员工在一顿午餐后喝醉了，当场给了他一份工作。这是仙童做出的最好的招聘决定之一。虽然斯波克此前从未去过俄亥俄州以西，但他立即接受了邀请，并在不久后前往山景城报到。

斯波克回忆说，他到加利福尼亚州后，即刻感到惊讶的是，公司"实际上没有处理劳工和工会的能力，我把这种能力带到了我的新雇主那里"。很多公司不会把导致管理层的肖像被烧毁的劳资关系战略当成"有能力"。但在硅谷，工会很弱，斯波克被承诺保持这种状态。他宣称，他和他在仙童的同事们"坚决反对"工会。斯波克是一个务实、脚踏实地的工程师，他不是一个典型的工会遏制者。他把自己的办公室保持得如此简朴，以至于他的办公室被比作军营。斯波克为给大多数员工股票期权感到自豪，这种做法在东海岸的老电子公司几乎是鲜为人知的。但作为交换，他会无情地坚持让这些员工最大限度地提高生产力。

不像东海岸的电子公司，其劳动力往往是男性主导的，而旧金山以南的大多数芯片初创公司的装配线工人是女性。[4] 几十年来，女性一直在圣克拉拉山谷的装配线工作，首先是 20 世纪 20 年代和 30 年代推动该地区经济发展的水果罐头厂，然后是第二次世界大战期间的航空业。1965 年，美国国会决定放宽移民规定，使许多在外国出生的女性加入了硅谷的劳动力队伍。

芯片公司之所以雇用女性，是因为她们的工资可以比男性低，而且要求改善工作条件的可能性更小。生产经理还认为，女性的小手使她们更擅长组装和测试成品半导体。20 世纪 60 年代，将硅芯片贴在基片上的过程，首先需要通过显微镜将芯片定位在基片上，再通过机器施加热、压力和超声波振动，将两者黏合在一起。然后，键合细小的金线也要用手工操作。最后，芯片必须通过插入仪表进行测试，这是当时只能用手工完成的另一步。[5] 随着对芯片的需求猛增，对能够组装芯片的双手的需求也随之飙升。

无论在加利福尼亚州的哪个地方，像斯波克这样的半导体高管都找不到足够的廉价工人。仙童在美国进行了巡查，最终在缅因州开设了工厂。斯波克称，那里的工人"憎恨工会"。新墨西哥州纳瓦霍人保留地则给出了税收优惠。但即使在美国最贫穷的地区，劳动力成本也很高。罗伯特·诺伊斯在香港地区的一家无线电装配厂进行了个人投资。当时，香港还在英国的统治下，员工工资是美国平均水平的十分之一——大约每小时 25 美分。诺伊斯告诉斯波克："你为什么不去看看呢？"斯波克很快就登上了去香港的飞机。[6]

仙童的一些同事对斯波克表示担心。但诺伊斯投资的无线电工厂证明了这是一个好机会。斯波克的一位同事回忆道："中国工人，在那里工作的女孩，超越了以往一切认知。"一位高管报告称，仙童高管认为香港地区的装配工人似乎比美国人快一倍，而且更"愿意忍受单调的工作"。[7]

仙童在香港恒业街的一家凉鞋厂租了一个地方，恒业街紧挨着旧机场，就在九龙湾岸边。不久，一个几层楼高的巨大的仙童招牌挂上了大楼，其灯光照亮了环绕香港港口航行的帆船。仙童继续在加利福尼亚州生产硅片，但开始将半导体运往香港进行最终装配。1963 年，香港工厂在投产第一年，组装了 1.2 亿只产品，质量非常好。因为香港劳动力成本低，所以仙童可以雇用训练有素的工程师来运营香港装配线，而这在加利福尼亚州是非常昂贵的。[8]

仙童是第一家在亚洲进行海外组装的半导体公司，TI、摩托罗拉（Motorola）和其他公司迅速跟进。十年内，几乎所有美国芯片制造商都在国外拥有组装工厂。斯波克开始放眼香港以外的地方。中国香港每小时 25 美分的工资仅为美国工资的十分之一，但这个水平在亚洲名列前茅。20 世纪 60 年代中期，中国台湾的工人每小时工资 19 美分，马来西亚的工人 15 美分，新加坡的工人 11 美分，而韩国的工人只有10 美分。[9]

斯波克的下一站是新加坡，这是一个以华裔为主的城市国家。正如一位仙童的老员工所记得的那样，新加坡领导人李光耀（Lee Kuan Yew）"几乎禁止"工会。[10] 随后不久，仙童在马来西亚槟城开设了一家工厂。半导体行业在几十年前就已经全球化了，这为我们今天所知的以亚洲为中心的供应链奠定了基础。

像斯波克这样的经理人没有全球化的计划。如果在美国缅因州或加利福尼亚州建造工厂的成本相同，那么他会很高兴。但亚洲有数以百万计的农民在寻找工作，这导致了低工资并促使他们在一段时间内保持低工资水平。斯波克把他们视为资本家的梦想。"我们在硅谷遇到了工会问题，"斯波克指出，"但我们在东方从未遇到过任何工会问题。"[11]

精准打击

20 世纪 70 年代初，在位于新加坡和中国香港的半导体工厂之间的飞行途中，TI 的员工偶尔会从飞机舷窗向外张望，俯瞰从越南沿海平原战场升起的一股股浓烟。[1] TI 在亚洲的员工专注于芯片组装，而不是战争，但他们在得克萨斯州的许多同事什么都没想。TI 的第一个集成电路主要合同是制造像"民兵 II 号"这样的大规模核导弹，但越南战争需要不同类型的武器。越南早期的轰炸行动，比如 1965—1968 年的"滚雷行动"，投掷了超过 80 万吨炸弹，比第二次世界大战期间太平洋战区投掷的炸弹还要多。[2] 但是这种火力对北越军队的影响微乎其微，因为大多数炸弹没有击中目标。

空军意识到需要更聪明地战斗。美国军方试验了多种技术来引导导弹和炸弹，从遥控器到红外导引头。其中一些武器，比如"百舌鸟"导弹，从飞机上发射，使用简单的制导系统瞄准敌方雷达设施，将导弹指向雷达的无线电波源，这被证明是相当有效的。但是，许多其他的制导系统几乎从未起过作用。1985 年，美国国防部的一项研究发现，只有四个例子表明空对空导弹在可视范围外击落了敌机。[3] 由于某些局限的存在，制导弹药似乎不可能决定战争的结果。

军方总结出，许多制导弹药的问题出在真空管上。美国战斗机在越南上空使用的"麻雀Ⅲ型"防空导弹依靠的是手工焊接的真空管。东南亚潮湿的气候、起飞和着陆时的冲击以及战机的颠簸造成导弹经常失效。"麻雀"导弹的雷达系统平均每使用 5 到 10 个小时就会出现一次故障。战后的一项研究发现，在越南发射的"麻雀"导弹中，66% 的导弹出现了故障，只有 9.2% 的导弹命中目标，其余的都打偏了。[4]

然而，军方在越南面临的最大挑战是打击地面目标。根据空军数据，越南战争开始时，炸弹平均落在目标 420 英尺以内。[5] 因此，用炸弹袭击车辆基本上是不可能的。当时，34 岁的 TI 项目工程师韦尔登·沃德（Weldon Word）想要改变这一状态。沃德有着敏锐的蓝眼睛，响亮深沉的嗓音，以及善于思考战争未来的特长。他刚刚结束了在一艘海军舰艇上长达一年的工作，为 TI 开发的新声呐搜集数据，这是一项令人麻木的单调任务，但这证明了军事系统可以用正确的传感器和仪器搜集很多数据。早在 20 世纪 60 年代中期，沃德就已经设想使用微电子技术来改变军队的打击链。卫星和飞机上的先进传感器将捕获、跟踪目标，引导导弹朝目标飞去，并确认目标已被摧毁。这听起来像科幻小说，但 TI 已经在其研究实验室生产了必要的部件。[6]

TI 为使用其芯片的洲际弹道导弹提出了一个相对简单的制导策略，让导弹从地面上的固定位置发射，而不是在为机动躲避敌人火力而以每小时几百英里的速度飞行的飞机上发射。洲际弹道导弹的目标也是固定的。因为导弹以数倍于音速的速度从外层空间向下俯冲，导弹本身仅受到风和天气条件的轻微影响，并且携带的弹头足够大，即使有小的偏差也会造成巨大的破坏。比如，当从蒙大拿州袭击莫斯科时，这种方法要比用一架 F-4 飞机在几千英尺高空投下炸弹来袭击卡车容易得多。

这是一项复杂的任务，但沃德明白，最好的武器要"既便宜又熟悉"。[7]他的一位同事解释道，要保证武器可以经常用于训练和战场。微电子的设计必须尽可能简化。每多一个焊点都会增加可靠性风险。电子设备越简单，系统就越可靠，效率也就越高。

许多国防承包商试图销售给五角大楼昂贵的导弹。沃德告诉他的团队，要制造像廉价的家用轿车一样既便宜又可靠的武器。[8]他正在寻找一种简单易用的装置，使其能够快速部署在每种类型的飞机上，能被每种军事服务接受，并能迅速被美国盟友采用。

1965 年 6 月，沃德飞到佛罗里达州的埃格林空军基地，并在那里遇到了乔·戴维斯（Joe Davis）上校（他是一名负责采购越南美军新装备的军官）。戴维斯在 15 岁时就学会了驾驶飞机，之后加入了军队，并在第二次世界大战和朝鲜战争期间驾驶过战斗机和轰炸机。之后，他指挥过欧洲和太平洋的一些空军部队。他比任何人都更清楚什么类型的武器能在空军任务中发挥作用。当沃德在他的办公室坐下时，戴维斯打开抽屉，拿出了一张清化大桥的照片。清化大桥是一座 540 英尺长的金属结构桥，横跨越南北部的马江，周围环绕着防空系统。沃德和戴维斯数了数大桥周围的 800 个麻点，每个麻点都是由美国炸弹或火箭造成的。还有数十枚甚至数百枚炸弹落在河里，没有留下任何痕迹。那座桥仍然矗立着。"TI 能帮上忙吗？"[9]戴维斯问道。

沃德认为，TI 在半导体电子方面的专业知识可以使美国空军的炸弹执行任务更加精确。TI 对炸弹的设计一无所知，因此沃德从一枚 750 磅重的 M-117 标准炸弹开始研究[10]，也就是那个已经在清化大桥周围投下 638 枚却没有成功击中目标的炸弹型号。他为炸弹增加了一组小翅膀，当炸弹从空中坠落时，小翅膀可以引导炸弹飞行。最后，他安装了一个简单的激光制导系统来控制机翼。一个小的硅片被分成四个象限，放在透镜后面。从目标反射的激光将通过透镜照射到硅上。如果炸弹偏离轨道，一个象限将比其他象限接收更多的激光能量，电路将移动机翼修正炸弹的飞行轨迹，直到准确击中目标。

戴维斯上校给了 TI 九个月的时间和 9.9 万美元来交付这枚激光制导炸弹，由于设计简单，它很快就通过了美国空军的测试。1972 年 5 月 13 日，美国飞机在清化大桥上投下了 24 枚炸弹。在那天之前，清化大桥一直矗立在数百个弹坑之中，就像一座纪念碑，纪念着 20 世纪中叶的轰炸战术的偏差。这一次，美国炸弹直接命中。数十座桥梁、铁路枢纽和其他战略要地被新型的高精度炸弹击中。一个简单的激光传感器和两个晶体管将一个命中率为 0/638 的武器变成了精确打击的工具。[11]

归根结底，越南农村的游击战并不是一场依靠空中轰炸能赢的战斗。TI 的"宝石路"（Paveway）激光制导炸弹的到来与美国在战争中的失败是一个巧合。当像威廉·威斯特摩兰（William Westmoreland）将军这样的军事领导人预测"作战区域处于实时或接近实时监视之下"和"自动火力控制"时[12]，许多人听到了当初将美国拖入越南泥沼的狂妄自大的回声。因此，除少数军事理论家和电气工程师之外，几乎没有人意识到越南是一个成功的武器试验场，它将微电子和爆炸物结合在一起，将彻底改变战争，从而改变美国的军事实力。

12 供应链策略

尽管 TI 高管马克·谢泼德（Mark Shepherd）在第二次世界大战期间曾在亚洲海军服役，但张忠谋打趣道，他在那里的专长不会超出"酒吧和舞女"。[1] 谢泼德的父亲是达拉斯警察，六岁时组装了他的第一个真空管。[2] 他在建立 TI 的半导体业务中发挥了核心作用，包括在第一个集成电路发明时，监督杰克·基尔比所在的部门。谢泼德肩膀宽阔，衣领挺直，头发光滑，笑容紧绷，看起来像得克萨斯州的企业巨头。现在，他准备领导 TI，实施将部分生产外包到亚洲的战略。

张忠谋和谢泼德于 1968 年首次访问中国台湾——作为亚洲之旅的一部分，为新的芯片组装工厂选择地点。这次访问再糟糕不过了，谢泼德的牛排被淋上了酱油，而不是得克萨斯州通常的做法，他对此非常愤怒。他与台湾精明的实力派经济事务主管部门负责人李国鼎（K. T. Li）的第一次会面灾难性地结束了，当时这位负责人宣称，知识产权是"帝国主义者用来欺负欠发达国家和地区的东西"。[3]

李国鼎将谢泼德视为美帝的代理人并没有错。但与试图将美国赶出自己国家的北越不同，李国鼎最终意识到，中国台湾将从与美国更深入的融合中受益。自 1955 年以来，中国台湾和美国一直有"盟约"，但在越南战争失败的背景下，美国的安全承诺显得摇摇欲坠。从韩国到中国台湾，从马来西亚到新加坡，这些国家和地区都在寻求美国从越南撤军后不会让它们孤立无援的保证。它们也在寻找工作和投资，以解决经济上的不满，这些不满驱使他们中的一些人倾向共产党。李国鼎意识到，TI 可以帮助台湾同时解决这两个问题。

华盛顿的战略家担心，美国支持的南越即将崩溃，这将给整个亚洲带来冲击。外交政策战略家认为，东南亚的华裔社区已经成熟，随时会出现多米诺骨牌效应。

没有人比中国台湾地区领导人更担心越南共产党即将到手的胜利。20 世纪 60 年代对中国台湾的经济来说是一个不错的十年，但对其外事政策来说是灾难性的。蒋介石仍然梦想着夺回大陆，但军事平衡已经对他产生了决定性的影响。1964 年，中国大陆试验了第一枚原子弹，随后进行了热核武器试验。那时的中国台湾比以往任何时候都想要得到美国的"安全保障"。但随着越南战争的持续，美国削减了对包括中国台湾当局在内的亚洲盟友的经济援助。[4] 这对于一个如此依赖美国支持的地区来说是一个不祥的迹象。

李国鼎曾在剑桥大学学习核物理，经营过一家钢铁厂，在战后几十年指导中国台湾经济的发展，开始制订与美国经济融合的计划。[5] 半导体是这个计划的核心。李国鼎知道有很多美国华裔半导体工程师愿意提供帮助。在达拉斯，张忠谋敦促 TI 的同事在台湾设立一家工厂。张忠谋在斯坦福大学的两个博士同学来自台湾，他们让张忠谋相信，台湾有一个不错的商业环境：员工工资水平低。[6]

在最初指责谢泼德是帝国主义者之后，李国鼎很快改变了态度。他意识到，中国台湾地区与 TI 的关系可以改变台湾的经济状况、建设工业和获得技术诀窍。与此同时，电子组装将促进其他投资，帮助台湾地区生产更高价值的产品。随着美国人对亚洲的军事承诺越来越存疑，中国台湾迫切需要与美国的关系多样化。对"保卫台湾"不感兴趣的美国人可能愿意保卫TI。李国鼎认为，台湾岛上的半导体工厂越多，与美国的经济关系越密切，台湾地区就越"安全"。1968年7月，在缓和了与台湾地区的关系后，TI董事会批准在台湾建造新工厂。到1969年8月，这家工厂开始组装第一批器件，到1980年，它已出货10亿个器件。[7]

并非只有中国台湾认为半导体供应链可以促进经济增长和政治稳定。1973年，新加坡领导人李光耀告诉美国总统尼克松，他指望通过出口来"缓解新加坡的失业"。[8]在新加坡政府的支持下，TI和美国国家半导体公司在这个城市国家建造了装配厂。许多其他芯片制造商也紧随其后。到20世纪70年代末，美国的半导体公司在国际上雇用了数万名工人，主要在韩国、中国台湾和东南亚等国家和地区。[9]得克萨斯州和加利福尼亚州的芯片制造商，以及在亚洲许多半导体装配厂工作的华裔工人，形成了一个新的国际联盟。

半导体重塑了美国在该地区的盟友们的经济和政治。曾经滋生政治激进主义的城市被勤劳的装配线工人改造，他们乐于用放弃非固定职业或自给农业来争取工厂里的高薪工作。到20世纪80年代初，电子行业占新加坡GNP（国民生产总值）的7%，占制造业就业的25%。在电子产品生产中，60%的产品是半导体，其余大部分是没有半导体就无法工作的产品。在中国香港，电子制造业创造的就业机会比纺织业以外的任何行业都多。在马来西亚，槟榔屿、吉隆坡和马六甲的半导体生产蓬勃发展，新的制造业岗位为1970—1980年离开农场搬到城市的15%的马来西亚工人提供了工作。如此大规模的移民往往会在政治上造成不稳定，但马来西亚保持了低失业率，且拥有许多相对高薪的电子组装工作。[10]

从韩国到中国台湾，从新加坡到菲律宾，美国在亚洲形成了半导体组装工厂的工业布局，即使在美国最终承认在越南战败并撤回其在该地区的军事力量后，这些跨太平洋供应链仍然存在。到了20世纪70年代末，美国与亚洲的结合更加紧密。

1977年，谢泼德再次来到中国台湾。这是在与李国鼎第一次见面近十年后，二人的再次见面。台湾仍然面临着"风险"，但谢泼德告诉李国鼎并承诺："我们认为这种'风险'将被台湾经济的实力和活力抵消，TI将留在台湾并继续发展。"[11]该公司至今仍在中国台湾设有工厂，此时台湾已成为硅谷不可替代的合作伙伴。

13 英特尔的革命

1968 年似乎是一个革命性的时刻。从柏林到伯克利，激进分子和左翼分子都准备摧毁既定秩序。北越的新春攻势考验了美国军事力量的极限。也正是在这一年的某一天，《帕洛阿尔托时报》（*Palo Alto Times*）在第 6 页报道了当年最具革命性的事件："创始人离开仙童，成立自己的电子公司。"[1]

罗伯特·诺伊斯和戈登·摩尔的叛离看起来不像加利福尼亚州东湾的抗议活动，伯克利的学生和黑豹组织（Black Panthers）策划了暴力起义，并梦想废除资本主义。在仙童，诺伊斯和摩尔对他们没有股票期权感到不满，并厌倦了纽约总部公司的干预。他们的梦想不是摧毁既定的秩序，而是重塑它。

诺伊斯和摩尔十年前离开肖克利的初创公司，现在放弃仙童，成立英特尔——集成电子公司（Integrated Electronics）。在他们看来，晶体管将成为有史以来最便宜的产品，全世界将消耗数万亿的晶体管。人类将被半导体赋予力量，并从根本上依赖半导体。当世界与美国相连时，美国自己也在改变。工业时代即将结束，芯片技术将重塑世界经济。像帕洛阿尔托和山景城这样的加利福尼亚州小城镇已经准备好成为新的全球力量中心。

英特尔成立两年后，推出了第一款产品——一种叫作 DRAM 的芯片。在 20 世纪 70 年代之前，计算机"记忆"数据不使用硅芯片，而是使用一种称为磁芯的元件。磁芯是一种由金属丝网串在一起的微小磁环矩阵。当一个环被磁化时，它为计算机存储 1，而一个非磁化的环是 0。将环串在一起的电线矩阵可以打开和关闭每个环的磁性，并可以"读取"给定的环是 1 还是 0。但记忆 1 和 0 的需求正在爆炸式增长，电线和磁环不能做得再小了。用手工将它们编织在一起的装配工发现，更小的磁环不可能规模生产。随着计算机内存需求的激增，磁芯无法跟上时代。[2]

20 世纪 60 年代，IBM 的罗伯特·丹纳德（Robert Dennard）这样的工程师开始设想采用集成电路，它可以比小磁环更有效地"记忆"数据。丹纳德有一头长长的黑发，从耳朵下面垂下来，并以与地面平行的直角向外突出，这让他看起来像一个古怪的天才。他提出，将一个微型晶体管与一个电容器耦合起来。电容器是一种电荷存储器件，电容在充电时表示 1，不充电时表示 0。但随着时间的推移，电容器会泄漏，所以丹纳德设想通过晶体管反复给电容器充电。因此，该芯片被称为动态（由于重复充电）随机存取存储器或 DRAM。这种结构构成了迄今为止计算机存储器的核心。

DRAM 芯片的工作原理就像旧的磁芯存储器，借助电荷存储 1 和 0。但是，DRAM 电路没有依靠导线和环，而是制作在硅上。它们不需要手工编织，所以故障率低，而且可以做得更小。诺伊斯和摩尔打赌，他们的新公司英特尔可以利用丹纳德的洞察力，并将他的洞察力放在比磁芯密度更高的芯片上。我们只要看一眼摩尔定律的图表就知道，只要硅谷能够不断缩小晶体管，DRAM 芯片就能征服计算机存储器业务。

英特尔计划主宰 DRAM 芯片业务。存储芯片不需要专用化，同样的设计可以用于许多不同类型的设备。这使得存储芯片的大规模生产成为可能。相比之下，负责"计算"的另一种主要类型的逻辑芯片需要专门设计，因为每个计算问题都不同。例如，计算器的工作方式与导弹制导计算机不同，因此 20 世纪 70 年代之前，计算器一直使用不同类型的逻辑芯片。这种专用化提高了成本，因此英特尔决定将重点放在存储芯片上——大规模生产将产生规模经济。

但诺伊斯从来无法抗拒工程难题的诱惑。尽管他刚刚筹集了几百万美元，承诺他的新公司将生产存储芯片，但他很快就被说服增加一条产品线。1969 年，一家名为布西科姆（Busicom）的日本计算器公司与诺伊斯联系，要求为其最新的计算器设计一套复杂的电路。手持式计算器是 20 世纪 70 年代的 iPhone，功能强大，可以放在每个人的口袋里。这种产品使用了最先进的计算技术来降低价格。许多日本公司虽然制造了计算器，但经常依赖硅谷来设计和制造芯片。

诺伊斯请说话温和的工程师泰德·霍夫（Ted Hoff）来处理布西科姆的请求。霍夫在学习神经网络的生涯结束后，来到了英特尔。大多数英特尔员工是物理学家或化学家，他们专注于电子在芯片上的快速移动。与此不同，霍夫在计算机架构方面的背景，使他能够从受半导体驱动的系统角度来看待半导体。[3]布西科姆公司告诉霍夫，公司需要 12 个不同的芯片和 24 000 个晶体管，所有这些芯片都是定制设计的。霍夫认为，对于像英特尔这样的小型初创公司来说，这听起来太复杂了。

在考虑布西科姆的计算器时，霍夫意识到计算机面临着定制逻辑电路和定制软件之间的权衡。因为芯片制造是一项定制业务，需要为每个设备提供专门的电路，所以客户不会认真考虑软件。但英特尔在存储芯片方面的进步，以及存储芯片的功能将随着时间的推移呈指数级增强的前景，意味着计算机将很快拥有处理复杂软件所需的内存容量。霍夫打赌，设计一个标准化的逻辑芯片，再加上一个可用软件编程的功能强大的存储芯片，可以完成许多不同的计算，而且芯片价格很快就会变得更便宜。毕竟，霍夫知道没有人能制造出比英特尔更强大的存储芯片。[4]

英特尔不是第一家考虑生产通用逻辑芯片的公司。一个国防承包商曾为 F-14 战斗机的计算机生产了一种与英特尔类似的芯片，该芯片的存在一直保密到 20 世纪 90 年代。英特尔推出了一款名为 4004 的芯片，并声称这是世界上第一款微处理器——正如该公司的广告宣传所说的"芯片上的微型可编程计算机"。该芯片可用于许多不同类型的设备，并在计算领域掀起一场革命。[5]

1972 年，诺伊斯在父母的 50 周年结婚纪念派对上打断了庆祝活动，举起一块硅片，向家人宣布："这将改变世界。"[6] 现在，通用逻辑芯片可以大规模生产了，计算机为自己的工业革命做好了准备，英特尔拥有世界上最先进的生产线。

最了解大规模生产的计算能力将如何改变社会的人，是加州理工学院教授卡弗·米德。米德有着山羊胡子和锐利的眼神，看起来更像伯克利的哲学家，而不是电气工程师。在仙童成立后不久，他与摩尔建立了友谊。摩尔轻快地走进米德的加州理工学院办公室，拿出一只装满雷神（Raytheon）2N706 晶体管的袜子，将其交给了米德，供他在电气工程课上使用。[7] 摩尔很快聘请了米德担任顾问。多年来，这位加州理工学院的梦想家每周三都在硅谷的英特尔工厂度过。摩尔在 1965 年发表的著名文章中首次描绘了晶体管密度的指数级增长，而米德创造了"摩尔定律"一词来描述这一现象。

1972 年，米德预言："未来十年，我们社会的每一个方面都将在一定程度上实现自动化。"随着这些硅芯片的普及和降价，他设想"在我们的电话、洗衣机或汽车内部，都会有一台微型计算机"。米德计

算道："在过去的 200 年里，我们的生产能力和运输能力提高了 100
倍。但在过去的 20 年中，我们处理和检索信息的速度增加了 100 万到
1 000 万倍。"数据处理的革命性爆炸时刻即将到来。米德指出："我
们耳朵里会冒出电脑的力量。"[8]

米德预言的革命将带来深远的社会和政治影响。在这个新的世界
中，影响力将集中到那些能够产生计算能力并用软件操纵它的人身
上。硅谷的半导体工程师拥有专业知识、网络和股票期权，他们能够
制定让其他人都必须遵守的未来规则。工业社会正在让位给数字世界，
在遍布整个社会的大量硅片上存储和处理 1 和 0。科技大亨的时代即将
到来。米德宣称："社会的命运将悬而未决。催化剂是微电子技术，及
其把越来越多的部件放进越来越小的空间的能力。"行业局外人只能模
糊地看到世界正在发生怎样的变化，但英特尔的领导者知道，如果他
们成功地大幅扩大计算能力的可用性，世界就会发生根本性的变化。
1973 年，摩尔宣称："我们真的是当今世界的'革命者'，不再是几
年前破坏学校的那些留着长发和胡须的孩子。"[9]

14 五角大楼的抵消战略

没有人比五角大楼这一旧秩序的基石更能从罗伯特·诺伊斯和戈登·摩尔的革命中受益。1977 年，当抵达华盛顿时，威廉·佩里感觉自己"就像一个在糖果店里的孩子"。对于佩里这样的硅谷企业家来说，他认为担任负责研究和工程部门的美国国防部副部长是"世界上最好的工作"。没有人比五角大楼有更大的预算来购买技术。在华盛顿，几乎没有人对微处理器和强大的存储芯片如何改变美国国防部所依赖的所有武器和系统有如此清晰的认识。

诺伊斯和摩尔无视政府，通过销售大众市场计算器和大型计算机芯片而发财，但佩里与五角大楼关系密切。身为宾夕法尼亚州一名面包师的儿子，佩里作为一名硅谷科学家开始了自己的职业生涯，他在喜万年电子防御实验室工作。这个实验室的另一个部门雇用了刚从麻省理工学院毕业的张忠谋。佩里在加利福尼亚州的喜万年工作时，负责设计监控苏联导弹发射的高度机密电子设备。1962 年秋天，佩里是被紧急召集到华盛顿检查 U-2 侦察机所拍新照片的十名专家之一，这些照片展示的是苏联在古巴的导弹。佩里很早就被视为美国最顶尖的军事专家之一。[1]

佩里在喜万年的工作使他迅速进入美国国防机构，但他仍然住在山景城。对于一个被创业公司包围的工程师来说，老派的喜万年开始显得官僚和呆板。喜万年的技术很快就过时了。在硅谷芯片制造商大量生产出集成电路之后，喜万年的消费品和军用产品都还在依赖于真空管。佩里非常熟悉他周围固态电子技术的进步。他和诺伊斯在同一个帕洛阿尔托牧歌合唱团演唱。因此，1963 年，佩里意识到正在进行的革命，便独自成立了自己的公司，为军方设计监控设备。为了获得他所需要的处理能力，佩里从他的歌唱搭档英特尔首席执行官那里购买芯片。[2]

在阳光明媚的硅谷，"一切都是新的，一切都是可能的"，佩里后来回忆道。1977 年，他到达五角大楼。从当时五角大楼的角度来看，世界看起来更加黑暗：美国刚刚输掉了越南战争。更糟糕的是，像安德鲁·马歇尔（Andrew Marshall）这样的五角大楼分析家警告说，苏联几乎完全侵蚀了美国的军事优势。马歇尔出生于底特律，身材矮小，秃头，鹰钩鼻，透过眼镜神秘地注视着世界。第二次世界大战期间，他在一家机床厂工作，后来成为 20 世纪下半叶最有影响力的政府官员之一。[3]马歇尔于 1973 年受雇成立五角大楼网络评估办公室，负责预测战争的未来。

马歇尔得出了严峻的结论：在东南亚经历了十年毫无意义的战争之后，美国已经失去了军事优势。他一心想夺回失去的军事优势。虽然华盛顿对"人造卫星"和古巴导弹危机感到震惊，但直到 20 世纪 70 年代初，苏联才建立了足够多的洲际弹道导弹储备，以保证能依靠足够的原子武器在美国核打击中幸存下来，从而用自己毁灭性的原子弹齐射进行报复。更令人担忧的是，当时苏联军队拥有更多的坦克和飞机，这些装备已经部署在欧洲潜在的战场上。美国在国内面临削减军费的压力，根本跟不上苏联的步伐。

像马歇尔这样的战略家知道，打败苏联数量优势的唯一途径是生产质量更好的武器。但如何做到呢？早在 1972 年，马歇尔就提出美国需要利用其在计算机领域的"实质和持久的领先优势"。[4]他写道："一个好的策略是发展这种领先优势，并利用这种优势转变战争概念。"他设想了导弹的"快速信息搜集""复杂的指挥和控制""终端制导"，以及能够以近乎完美的精确度打击目标的弹药。马歇尔打赌，如果战争的未来成为一场精确性竞赛，那么苏联将落后。

佩里意识到，由于计算能力的小型化，马歇尔对战争未来的愿景很快就能实现。他非常熟悉硅谷的半导体创新，曾在自己公司的设备中使用过英特尔的芯片。越南战争中使用的许多武器系统仍然依赖真空管，但最新的手持计算器中的芯片提供的计算能力已远远超过老式的"麻雀Ⅲ型"导弹。佩里担保，如果把这些芯片放在导弹上，美国的军队就会超越苏联。

他认为，制导导弹不仅会"抵消"苏联的数量优势，还会迫使苏联采取代价高昂的反导弹行动作为回应。佩里计算，莫斯科需要五到十年的时间以及 300 亿到 500 亿美元来防御五角大楼计划部署的 3 000 枚美国巡航导弹。[5]如果所有导弹都射向苏联，那么苏联也只能摧毁其中一半。

这正是马歇尔一直在寻找的技术类型。哈罗德·布朗（Harold Brown）、佩里、马歇尔与吉米·卡特（Jimmy Carter）的国防部合作，推动五角大楼大力投资新技术：使用集成电路而非真空管的新一代导弹。前者可以将位置坐标发送给任何地点的地球卫星。最重要的是，新计划将启动下一代芯片，以确保美国保持其技术优势。

在佩里的领导下，五角大楼向利用美国微电子优势的新武器系统投入了大量资金。像"宝石路"炸弹这样的精确武器项目得到了推广，从巡航导弹到火箭弹等各类型的制导弹药也得到了推广。随着微型计算能力的应用，传感器和通信也开始向前飞跃。例如，探测敌方潜艇在很大程度上是一个难题，需要开发精密的传感器，并通过更复杂的算法搜集信息。美国军方的声学专家担保，如果有足够的处理能力，军方就有可能从很远的地方分辨出鲸鱼和潜艇。[6]

制导武器变得更加复杂。像"战斧"导弹这样的新制导系统依赖于比"宝石路"炸弹更复杂的制导系统，其使用雷达高度计扫描地面，并将其与预装在导弹计算机中的地形图进行匹配。[7]这样，导弹如果偏离航线，就可以重新定向。这种类型的制导早在几十年前就已经理论化了，但只有在强大的芯片足够小到可以装进巡航导弹的情况下，才有可能实现。

单个制导弹药是一项强大的创新，如果能够共享信息，它们的影响力就会更大。佩里委托五角大楼的 DARPA（国防部高级研究计划局）执行一项特别计划，看看所有这些新的传感器、制导武器和通信设备都集成在一起会发生什么。该计划被称为"突击破坏者"，设想了一种空中雷达，可以识别敌方目标并向地面处理中心提供位置信息，该中心可以将雷达细节与其他传感器的信息融合。陆基导弹将与空中雷达通信，雷达引导它们朝着目标飞行。在最后一次下降时，导弹释放小型弹药，小型弹药可单独打击各自的目标。[8]

随着计算能力以前所未有的方式分配给各个系统，制导武器正在让位于自动化战争的愿景。正如佩里在 1981 年告诉一位采访者的那样，这之所以成为可能，是因为美国正在"将芯片密度提高十到一百倍"，并承诺将在计算能力方面实现类似的增长。"我们将能够把电脑放在芯片上"，并在各个层面上部署"智能"武器。[9]而十年前的一台电脑有整个房间那么大。

佩里的愿景和硅谷所做的事情一样激进。五角大楼真的能实施高科技计划吗？1981 年，当佩里卸任时，卡特总统任期结束，记者和国会议员都在抨击佩里对精确打击的赌注。1983 年，一位专栏作家问道："巡航导弹是神奇武器还是'笨弹'？"另一位认为佩里的先进技术是"花架子"，指出这种号称"智能"的武器类似基于真空管的"麻雀"导弹一样，故障频发，杀伤率低下。[10]

对于许多批评者来说，佩里的愿景所要求的计算能力似乎是科幻小说。他们认为，坦克和飞机的进步很慢，导弹技术的进步也会很慢，摩尔定律预测的指数级增长很难出现，也很难理解。但佩里并不是唯一一个预测提高"十到一百倍"的人。英特尔向客户承诺了同样的事情。佩里抱怨说，他的国会批评者是憎恨先进技术的"路德分子"，他们根本不明白芯片的变化有多快。[11]

即使在佩里卸任后，美国国防部仍继续向先进芯片及其所支持的军事系统投入资金。马歇尔继续在五角大楼工作，已经梦想着这些新一代芯片将使新系统成为可能。半导体工程师能否实现佩里所承诺的进步？摩尔定律预测他们可以实现，但这只是一个预测，并不能保证。此外，与集成电路最初发明时不同，芯片行业已经不再那么专注于军事生产。像英特尔这样的公司瞄准的是电脑和消费品，而不是导弹。只有消费市场才能为摩尔定律所要求的大规模研发项目提供资金。

20 世纪 60 年代早期，人们可以宣称五角大楼创造了硅谷。在此后的十年里，形势发生了变化。虽然美国军队在越南战争中失利，但芯片行业赢得了随后的"和平"——将新加坡、日本以及亚洲其他国家和地区，通过迅速扩大的投资和供应链，与美国更紧密地绑定在一起。整个世界与美国的创新基础设施联系更加紧密，甚至像苏联这样的对手也花时间复制美国的芯片和芯片制造工具。与此同时，芯片行业催生了一系列新的武器系统，这些系统正在重塑美国军队未来作战的方式。美国的力量正在被重塑。如今，美国整个国家都依赖硅谷的成功。

第三部分

失去领导能力？

15 "竞争很激烈"

"自从你写了那篇论文，我的生活变成了地狱！"[1]一位芯片销售员向负责芯片标准的惠普（Hewlett-Packard）高管理查德·安德森（Richard Anderson）抱怨。对整个美国半导体行业来说，20世纪80年代是地狱般的十年。硅谷原以为自己是世界科技行业的佼佼者，但在经历了20年的快速增长之后，它面临着一场生存危机：来自日本的残酷竞争。1980年3月25日，在华盛顿特区历史悠久的五月花酒店里，观众仔细地聆听安德森在行业会议上的演讲，因为每个人都试图向他推销芯片。20世纪30年代，安德森供职的公司惠普发明了"硅谷初创公司"的概念，当时斯坦福大学毕业生大卫·帕卡德（David Packard）和比尔·休利特（Bill Hewlett）开始在帕洛阿尔托的车库里鼓捣电子设备。现在，他们成立的惠普是美国最大的科技公司之一，也是最大的半导体买家之一。

安德森对芯片的判断可能会影响任何一家半导体公司的命运，但他从不允许硅谷的销售人员请他大吃大喝。他羞怯地承认："有时我也让他们带我出去吃午饭。"但整个硅谷都知道，他几乎是每家半导体公司的最重要客户的看门人。安德森的工作让他全面了解半导体行业，包括每家公司的表现。

除了像英特尔和 TI 这样的美国公司，就连东芝（Toshiba）和 NEC（日本电气公司）这样的日本公司，也在制造 DRAM 存储芯片，尽管硅谷的大多数人并不重视这些公司。美国芯片制造商是由发明高科技的人经营的。他们开玩笑说，日本是一个"咔嚓，咔嚓"的国家。[2] "咔嚓，咔嚓"是日本工程师带到会议上的照相机发出的声音，照相能更方便地记录新想法。美国主要芯片制造商都卷入了与日本竞争对手的知识产权诉讼，这一事实被引为硅谷仍遥遥领先的证据。

在惠普，安德森一开始并没有把东芝和 NEC 当回事，但在测试了它们的芯片后，他发现它们产品的质量比美国竞争对手的好得多。他报告说，三家日本公司的芯片在前 1 000 小时的故障率都没有超过0.02%，而三家美国公司的芯片最低故障率为 0.09%。这意味着，美国芯片故障率是日本芯片的四倍半。最差的美国芯片故障率为 0.26%，是日本芯片的十倍多。[3] 美国的 DRAM 芯片性能指标相同，价格一样，但故障率更高，为什么有人要买美国芯片呢？

芯片并不是美国唯一面对来自高质量、超高效的日本竞争对手压力的行业。战后几年，"日本制造"曾是"便宜"的代名词。但像索尼的盛田昭夫这样的企业家，已经摆脱了这种低价的名声，取而代之的是与任何美国竞争对手一样高质量的产品。盛田昭夫的晶体管收音机是美国经济霸主地位的第一个杰出挑战者，它的成功鼓舞了盛田昭夫和他的日本同行将目光放得更高。从汽车到钢铁，美国工业面临着日本的激烈竞争。

到了 20 世纪 80 年代，消费电子产品已成为日本的一个特产，索尼率先推出了新的消费品，从美国竞争对手的手中夺取了市场份额。起初，日本公司成功地复制了美国竞争对手的产品，并以更高的质量和更低的价格来制造这些产品。一些日本人认为，他们擅长实施，而美国则更擅长创新。"我们没有诺伊斯博士或肖克利博士。"一名日本记者写道。尽管日本诺贝尔奖得主的份额已经开始增长，但日本人继续淡化他们国家的科学成就，尤其是在对美国观众讲话时。索尼的研究总监、著名物理学家菊池诚告诉一名美国记者，日本的天才比美国少，美国是一个拥有"杰出精英"的国家。菊池诚还称，美国也有"一长串""智力低于正常水平"的人，这解释了日本为什么更擅长大规模制造。[4]

尽管相互矛盾的信息越来越多，但美国芯片制造商仍然坚信菊池诚对美国创新优势的看法是正确的。反对日本是"实施者"而不是"创新者"这一论点的最佳证据来自菊池诚的老板，即索尼首席执行官盛田昭夫。盛田昭夫知道复制只能获得二等地位和二等利润。因此，盛田昭夫驱使他的工程师不仅要制造最好的收音机和电视，还要制造全新的产品。

1979 年，就在安德森发表美国芯片质量问题演讲的几个月前，索尼推出了随身听，这是一款便携式音乐播放器[5]，彻底改变了音乐行业，每台设备集成了五块尖端集成电路。现在，全世界的青少年，都可以把他们最喜欢的音乐放在口袋里的随身听（使用了由硅谷首创、日本开发的集成电路）里。索尼在全球售出 3.85 亿台[6]，使随身听成为历史上最受欢迎的消费品之一。这是最纯粹的创新，是由日本制造的。

美国曾支持日本战后转变为晶体管销售员。美国当局将晶体管发明的知识传授给了日本物理学家，而华盛顿的决策者确保像索尼这样的日本公司，可以轻松地将产品销售到美国市场。对于美国来说，把日本变成一个民主资本主义国家的目标已经实现。现在，一些美国人质疑日本运作得太好了。赋予日本企业权力的战略，似乎正在削弱美国的经济和技术优势。

查理·斯波克，这位在管理通用电气生产线时，其肖像被工会焚烧过的高管，发现日本的生产力既令人着迷，又令人恐惧。斯波克在仙童开启他的芯片生涯，后来离开仙童，经营美国国家半导体公司。该公司当时是一家大型存储芯片生产商。日本企业所带来的竞争似乎肯定会让它破产。斯波克因其能够让装配线工人挤出效率而闻名，但日本的生产效率水平远高于他的工人所能达到的水平。

斯波克派他的一名工头和一组装配线工人去日本的半导体工厂参观了几个月。当他们回到加利福尼亚州时，斯波克拍了一部关于他们经历的电影。他们报告说，日本工人"非常支持公司"，"工头把公司放在比家庭更重要的位置"。斯波克宣称，这是一个"美丽的故事"，"让我们所有的员工都看看竞争是多么激烈"。[7]

16
"与日本的战争"

AMD 的首席执行官杰瑞·桑德斯抱怨道："我不想假装自己处于公平的竞争中，事实上也没有。"桑德斯对打架有些了解。18 岁时，他在芝加哥南区的一场斗殴中差点丧命。气息全无的他在垃圾桶边被发现，一位牧师还主持了临终仪式，三天后他竟奇迹般地从昏迷中苏醒过来。他最终在仙童找到了一份营销工作。在离开仙童成立英特尔之前，他与罗伯特·诺伊斯、戈登·摩尔和安迪·格鲁夫一起工作。尽管他的同事大多是谦虚的工程师，但桑德斯炫耀着昂贵的手表，开着劳斯莱斯。他每周从居住的南加利福尼亚州通勤到硅谷，因为他和妻子真正的家在贝莱尔（Bel Air），一位同事回忆道。1969 年，桑德斯成立了自己的芯片公司 AMD。此后 30 年的大部分时间里，他都在与英特尔就知识产权纠纷进行法律斗争。他向一名记者承认："我不能逃避战斗。"[1]

"芯片行业是一个竞争异常激烈的行业，"曾领导整个亚洲芯片组装离岸外包的高管查理·斯波克回忆道，"打击它们，击倒它们，杀死它们！"[2] 同时，斯波克用两只拳头猛击在一起来强调他的观点。美国内部芯片制造商之间的争吵往往是针对个人的，这关系到尊严、专利和巨额金钱，但仍有足够的回旋余地。这与日本的竞争不同。斯波克认为，如果日立、富士通、东芝或 NEC 成功了，那么它们将把整个行业推向太平洋。斯波克警告说，"我曾在通用电气开发电视"，"你现在开车经过那个地方，它仍然是空空的……我们知道有危险，我们绝不应该让这种事发生在我们身上"。一切都有危险，包括工作、财富、遗产和尊严。"我们正在与日本开战，"斯波克坚称，"这不是关于枪支弹药，而是一场关于技术、生产力和质量的经济战争。"[3]

斯波克认为，硅谷的内部竞争是公平的，但他认定日本的 DRAM 公司从知识产权盗窃、受保护的市场、政府补贴和廉价资本中获益。斯波克对间谍的看法有一点依据。1981 年 11 月，一个寒冷的凌晨 5 点，在康涅狄格州哈特福德的一家酒店的大堂里，日立员工成濑淳（Jun Naruse）用一个装有现金的信封，从一家名为格林马（Glenmar）的公司的"顾问"那里得到了一个门禁卡，该公司承诺帮助日立获取工业机密。拿着门禁卡，成濑淳进入了由飞机制造商普拉特·惠特尼（Pratt & Whitney）公司经营的一个秘密工厂，拍摄了该公司的最新电脑。

照片拍摄后，成濑淳在西海岸的同事林健治（Kenji Hayashi）给格林马发了一封信，提议签订"咨询服务合同"。日立的高级管理人员授权向格林马支付 50 万美元，以维持这一关系。但格林马是一家幌子公司，其雇员是 FBI（美国联邦调查局）特工。该公司发言人尴尬地承认："日立似乎陷入了圈套。"此前日立的员工已被逮捕，相关报道登上了《纽约时报》商业版的头版。[4]

日立并不是个案，三菱也面临着类似的指控。不仅在半导体和电脑领域，日本间谍和双重交易的指控层出不穷。20 世纪 80 年代中期，日本工业集团东芝已成为世界领先的 DRAM 生产商，该公司花了数年时间与外界抗争。事实证明，东芝把机器出售给了苏联，帮助苏联建造了更安静的潜艇。[5] 东芝在苏联的潜艇交易与该公司的半导体业务之间没有直接联系，但许多美国人将潜艇事件视为进一步揭露"日本肮脏交易"的证据。[6] 记录在案的日本非法工业间谍案件数量很少。那么，这是表明窃取机密在日本公司的成功中只起了很小的作用，还是证明日本公司擅长间谍活动呢？

潜入竞争对手的工厂是非法的，但在硅谷，监视竞争对手是正常的做法。同样，指责竞争对手挖走员工，以及窃取创意和知识产权也是如此。毕竟，美国芯片制造商一直在相互起诉。例如，仙童和 TI 花了十年的时间，才解决了诺伊斯和基尔比谁发明了集成电路的问题。芯片公司也经常挖走竞争对手的明星工程师，不仅希望获得经验丰富的员工，还希望了解竞争对手的生产流程。诺伊斯和摩尔在离开肖克利半导体公司后成立了仙童，然后离开仙童，成立了英特尔。他们在英特尔雇用了几十名仙童雇员，包括格鲁夫。仙童在断定不太可能赢得针对芯片产业天才的诉讼之前，曾考虑提起诉讼。追踪和模仿竞争对手是硅谷商业模式的关键。日本的战略有什么不同吗？

斯波克和桑德斯指出，日本企业也从受保护的国内市场中受益。日本公司可以向美国出售产品，但硅谷难以在日本赢得市场份额。[7]1974年之前，日本一直对美国公司在日本国内销售的芯片数量实行配额限制。即使后来这些配额被取消了，日本公司仍然很少从硅谷购买芯片，尽管日本消耗了世界上四分之一的半导体（索尼等公司将这些半导体用于销往全球的电视和录像机）。日本一些大型芯片消费者，比如垄断了日本国家电信业的公司 NTT（日本电信电话公司），几乎完全从日本供应商那里购买芯片。这表面上是一个商业行为，但 NTT 是归政府所有的，所以政治因素可能起了作用。硅谷在日本的低市场份额使美国公司损失了数十亿美元的销售额。

日本政府还补贴了芯片制造商。美国的反垄断法不鼓励芯片公司之间互相合作，而日本政府推动公司之间的合作，于 1976 年成立了一个名为"VLSI（超大规模集成电路）计划"的研究团体，政府的资金约占预算的一半。[8] 美国芯片制造商将此作为日本不公平竞争的证据，尽管 VLSI 计划每年用于研发的 7 200 万美元与 TI 的研发预算大致相同，而且低于摩托罗拉公司的研发预算。此外，美国政府本身也积极参与支持半导体，尽管华盛顿的资金来自 DARPA（五角大楼的一个部门）。投资初创技术，在资助芯片制造创新方面发挥了关键作用。

桑德斯认为，硅谷最大的劣势在于其高昂的资本成本。他抱怨道，日本人"支付 6% 或 7% 的资本金成本，而我运气好时也要支付 18%"。[9] 建造先进的制造工厂极其昂贵，因此信贷成本非常重要。下一代芯片大约每两年出现一次，需要新的设施和新的机器。20 世纪 80 年代，美国利率达到 21.5%，因为美联储试图对抗通货膨胀。

相比之下，日本 DRAM 公司获得了更便宜的资本。日立和三菱等芯片制造商是大型企业集团的一部分，它们与提供大型长期贷款的银行有密切联系。即使在日本公司无利可图的时候，银行也会在很长一段时间内通过发放信贷来维持它们的生存[10]，而美国贷款机构的做法通常是迫使公司破产。日本的社会结构倾向于产生大量储蓄，因为战后的婴儿潮和向独生子女家庭的迅速转变，造成了大量中年家庭专注于为退休储蓄。日本不健全的社会安全网进一步刺激了储蓄。与此同时，对股票市场和其他投资的严格限制让人们别无选择，只能将储蓄存入银行账户。结果，银行存款充裕，以低利率发放贷款，因为人们手头有太多现金。[11] 日本公司的债务比美国同行多，但借贷利率较低。

有了这些廉价的资本，日本公司展开了一场无情的市场份额争夺战。东芝、富士通和其他公司的竞争同样无情，尽管一些美国分析家描绘了它们合作的形象。但有了几乎无限的银行贷款，它们便能够在等待竞争对手破产的过程中承受住损失。20 世纪 80 年代初,日本公司在生产设备方面的投资比美国竞争对手高出 60%,尽管该行业的每家公司都面临着同样激烈的竞争,几乎没有人赢利。日本芯片制造商继续投资和生产,占据了越来越多的市场份额。正因为如此,在 64K DRAM 芯片推出五年后,曾于十年前率先推出 DRAM 芯片的英特尔只剩下 1.7%的全球 DRAM 市场份额,日本竞争对手的市场份额则飙升。[12]

随着硅谷被挤出,日本公司在 DRAM 生产上加倍努力。1984 年,日立在半导体业务上的资本支出为 800 亿日元,而十年前为 15 亿日元。东芝的支出从 30 亿日元增长到 750 亿日元,NEC 的支出则从 35 亿日元增长到 1 100 亿日元。1985 年,日本公司在半导体上的资本支出占全球的 46%,而美国为 35%。到 1990 年,这些数字更加不平衡,日本公司占全球芯片制造工厂和设备投资的一半。日本的首席执行官们一直在建造新的工厂,只要银行乐意买单。[13]

日本芯片制造商辩称,这一切并非不公平,美国的半导体公司也得到了政府的大量帮助,特别是通过国防合同得到帮助。无论如何,像惠普这样的美国芯片客户,有确凿的证据表明,日本芯片的质量更高。因此,20 世纪 80 年代,日本在 DRAM 芯片的市场份额每年都在增长,竞争对手美国的份额却在下降。不管美国芯片制造商的预言是什么,日本的半导体产业急剧发展似乎都是不可阻挡的。很快,整个硅谷都将被遗弃,就像当年十几岁的桑德斯被扔在芝加哥南区的垃圾桶边一样。

"运送垃圾"

当日本巨头撕裂美国高科技产业时，不仅仅是生产 DRAM 芯片的公司陷入困境，它们的许多供应商也面临同样问题。1981 年，被誉为美国"最热门的高科技公司"之一的 GCA（美国地球物理公司），通过销售使摩尔定律成为可能的设备而迅速发展。[1] 自从物理学家杰伊·莱思罗普首次将显微镜颠倒过来照射光刻胶，并在半导体晶圆上制作图案以来的 20 年里，光刻过程变得十分复杂。罗伯特·诺伊斯开着老爷车在加利福尼亚州 101 号公路上来回行驶，为仙童的临时照相设备寻找电影相机镜头的日子早已一去不复返了。[2] 现在，光刻技术是一门大生意，20 世纪 80 年代初，GCA 处于领先地位。

尽管光刻技术已经比当时莱思罗普的倒置显微镜精确得多，但原理仍然不变。光线穿过掩模和透镜，将聚焦的形状投射到涂有光刻胶的硅片上。在光线照射的地方，化学物质与光发生反应，然后被溶解，暴露出硅片上的微小凹痕，以去除凹痕下面的材料，或者淀积某种新的材料，再用特殊溶液去除剩余的光刻胶，最终让具有完美凹痕形状的新材料留在硅片上。这个光刻过程通常需要五次、十次或几十次，通过沉积、蚀刻和抛光才能制造出集成电路。每一次光刻都需要与上一次严格对准。随着晶体管的小型化，光刻工艺涉及的每一部分，从化学物质到透镜，再到使硅片与光源完美对准的激光器，都变得更加困难。

世界领先的透镜制造商是德国的卡尔·蔡司（Carl Zeiss）和日本的尼康（Nikon），尽管美国也有一些专业的透镜制造商。珀金埃尔默公司（Perkin Elmer）是康涅狄格州诺沃克的一家小型制造商，曾在第二次世界大战期间为美国军方制造炸弹瞄准器，并为冷战时期的卫星和间谍飞机制造透镜。该公司意识到这项技术可以用于半导体光刻，并开发了一种芯片扫描式光刻机，该光刻机可以凭借近乎完美的精度让光刻光源对准硅片，这一点至关重要。这台机器像复印机一样在晶圆上移动光线，将光刻胶覆盖的晶圆逐一曝光。珀金埃尔默公司的扫描式光刻机可以制造出栅长接近 1 微米（百万分之一米）的芯片。[3]

20 世纪 70 年代末，珀金埃尔默公司的扫描式光刻机主导了光刻市场，但到了 20 世纪 80 年代，它被 GCA 公司取代。GCA 公司由一位前空军军官领导。他后来成为地球物理学家，名叫米尔特·格林伯格（Milt Greenberg），他是一位雄心勃勃、固执、满嘴脏话的天才。第二次世界大战后，格林伯格和一位空军伙伴利用洛克菲勒兄弟的种子资金成立了 GCA。作为一名军事气象学家，格林伯格利用自己对大气层的了解和与空军的联系，成为一名国防承包商，生产高空气球等装备，用于测量和拍摄苏联照片。[4]

格林伯格的野心很快就变得更大了。半导体行业的增长表明，真正的资金来自大众市场，而不是特别的军事合同。格林伯格认为，其公司用于军事侦察的高科技光学系统可以用在制造民用芯片上。20 世纪 70年代，在 GCA 为芯片制造商宣传其产品的一次行业会议上，TI 的张忠谋走到 GCA 展台前，开始查看 GCA 的设备，并询问设备是否可以一步一步地移动，从而逐个将硅片上的每个芯片曝光，而不是一次扫描整个晶圆。[5] 这样的"步进式光刻机"比当时已有的扫描式准确得多。虽然以前从来没有设计过步进式光刻机，但 GCA 的工程师相信，他们可以创造出一个，以提供更高分辨率的成像，从而造出更小的晶体管。

几年后的 1978 年，GCA 推出了第一台步进式光刻机。[6] 销售订单开始滚滚而来。在步进式光刻机出现之前，GCA 每年的军事合同收入从未超过 5 000 万美元，直到 GCA 垄断了这种价值极高的机器，其收入很快达到 3 亿美元，公司股票价格也开始飙升。[7]

但随着日本芯片产业的崛起，GCA 开始失去优势。首席执行官格林伯格把自己想象成一个商业巨头，打赌自 20 世纪 80 年代初开始的半导体繁荣将无限期地持续下去，他破土动工兴建了一座大型的新制造厂。但他花在经营企业上的时间较少，更多的是与政客们来往。结果，管理不善，成本失控。一名员工竟在衣橱里偶然发现了价值 100 万美元的精密镜片。关于高管们用公司信用卡购买科尔维特（Corvettes）超级跑车的传闻流传开来。格林伯格的一位合伙创始人承认，公司花钱就像"喝醉了的水手"。[8]

公司的无节制行为还遭遇了不当时机。半导体行业一直是周期性的。当需求旺盛时，该行业会飙升；当需求不旺盛时，该行业又会回落。即使不需要设计火箭的高明科学家，GCA 也有少数工作人员清楚在 20 世纪 80 年代初的繁荣之后，经济衰退最终会随之而来。但格林伯格没有听进去。一名员工回忆道："他不想听到市场部说'经济将出现下滑'。"因此，该公司进入了 20 世纪 80 年代中期半导体行业的低迷期。1984—1986 年，光刻设备的全球销售下降了 40%。GCA 的收入下降了三分之二以上。一位员工回忆道："如果我们有一位称职的经济学家，那么我们可能会预测到这一点。但我们没有，我们只有米尔特·格林伯格。"[9]

就在市场暴跌之际，GCA 失去了可唯一制造步进式光刻机公司的地位。日本的尼康最初是 GCA 的合作伙伴，为其步进式光刻机提供精密镜头。但格林伯格决定放弃尼康，买下自己的镜头制造商——位于纽约的 Tropel（特罗佩尔）公司。该公司曾为 U-2 侦察机制造镜头，但难以生产出 GCA 所需的高质量镜头。与此同时，GCA 的客户服务萎缩。一位分析师回忆道，该公司的态度是"买我们造的东西就行了，不要烦我们"。该公司自己的员工承认"客户受够了"。[10] 这是一个垄断者的态度，但 GCA 不再是垄断者。在格林伯格停止购买尼康镜头后，这家日本公司决定制造自己的步进式光刻机。尼康从 GCA 获得了一台机器，对其进行了逆向工程。不久，尼康的市场份额就超过了 GCA。

许多美国人将 GCA 失去光刻领导地位归咎于日本的工业补贴。的确，日本的 VLSI 计划促进了该国 DRAM 芯片的生产，也帮助了尼康等设备供应商。随着美国和日本公司相互指责各自政府提供了不公平的帮助，商业紧张关系愈演愈烈。GCA 的员工承认，尽管他们的技术是世界级的，但该公司在大规模生产方面举步维艰。精密制造是至关重要的，因为光刻技术现在非常精密，室外阵阵雷雨可能会改变气压，从而改变光线的折射，足以扭曲制作在芯片上的图像。[11] 每年制造数百台步进光刻机需要有人专注于制造和质量控制，但 GCA 的领导人把注意力都放在了其他地方。

人们普遍将 GCA 的衰落当成日本崛起和美国衰落的缩影。一些分析家则看到了美国更普遍的制造业衰退证据，这种衰退始于钢铁行业，然后影响汽车行业，后来蔓延到高科技行业。麻省理工学院诺贝尔奖获得者、经济学家罗伯特·索洛（Robert Solow）是生产率和经济增长研究的先驱，他认为芯片行业受到了"不稳定结构"的影响，员工在公司和公司之间跳槽，公司拒绝对员工进行投资。著名经济学家罗伯特·赖克（Robert Reich）对硅谷的"纸上创业主义"表示惋惜，他认为这种做法过于注重对声望和财富的追求，而不是注重技术进步。[12] 他宣称，在美国大学里，"科学和工程项目正在失败"。

美国 DRAM 芯片制造商的困境在一定程度上与 GCA 的市场份额崩溃有关。那些在硅谷竞争中胜出的日本 DRAM 公司更愿意从日本工具制造商那里购买，这让尼康受益，GCA 却因此受损。但 GCA 的大多数问题是由不可靠的设备和糟糕的客户服务造成的。学者们用了详尽的理论来解释日本的大型企业集团如何比美国的小型初创企业更擅长制造业。但现实是，GCA 没有听取客户的意见，尼康却听取了客户的意见。与 GCA 打交道的芯片公司发现 GCA "傲慢" 且 "反应迟钝"。[13] 但没有人这样评价其日本竞争对手。

因此，到了 20 世纪 80 年代中期，尼康的设备比 GCA 的要好得多。尼康的机器所生产的产品成品率明显较高，而且故障率要低得多。例如，在 IBM 使用尼康步进式光刻机之前，IBM 期望的机器平均无故障时间是 75 小时，而尼康的平均无故障时间是它的十倍。[14]

GCA 的首席执行官格林伯格永远不知道如何使公司走上正轨。直到被解雇的那一天，他都没有意识到公司有多少内部问题。当他在头等舱喝着血腥玛丽环游世界进行销售访问时，客户认为该公司是在 "运送垃圾"。员工抱怨说，格林伯格欠了华尔街的债，公司与股票价格需要同时关注。为了编制年终报表，GCA 与客户串通，在 12 月份将装有用户手册的空板箱发货，然后在次年交付机器。但这也无法掩盖公司失去的市场份额。1978 年，以 GCA 为龙头的美国公司控制了全球 85% 的半导体光刻设备市场。十年后，这一数字下降到 50%。但 GCA 没有扭转局面的计划。[15]

格林伯格本人将批评矛头对准了公司的员工。一位下属回忆道："他会使用令人难以置信的四个字母的单词。"另一位员工回忆起了禁止穿高跟鞋的决定，格林伯格认为高跟鞋毁了公司的地毯。随着紧张气氛的加剧，公司接待员与同事们约定了一个暗号，打开天花板上的灯表示格林伯格在大楼里，他离开大楼时，天花板上的灯就会被关掉。当他外出时，每个人都可以呼吸得轻松一点。[16] 但是，这并不能阻止美国光刻技术领导者走向危机。

18 20 世纪 80 年代的原油

在帕洛阿尔托一个寒冷的春夜，罗伯特·诺伊斯、杰瑞·桑德斯和查理·斯波克在一座倾斜的宝塔式屋顶下相聚。[1] 明氏中餐馆（Ming's Chinese Restaurant）是硅谷午餐圈的首选，但美国科技巨头们来明氏中餐馆，并不是为了享用著名的中国鸡肉沙拉。诺伊斯、桑德斯和斯波克都在仙童开始了他们的职业生涯，诺伊斯是一位技术幻想家，桑德斯是营销演说家，斯波克则是对他员工大吼要更快、更便宜、更好地生产的制造业大老板。十年后，他们成为美国三家最大芯片制造商的首席执行官。但随着日本市场份额的增长，他们决定是时候再次团结起来了。这关系到美国半导体工业的未来。他们在明氏中餐馆的一间私密包间里，蜷缩在一张桌子旁，想出了一个新的策略来拯救美国半导体。在忽视政府十年之后，他们决定向华盛顿求助。

桑德斯宣称，半导体是"20 世纪 80 年代的原油"，"控制原油的人将控制电子行业"。[2] 作为美国最大的芯片制造商之一的 AMD 的首席执行官，桑德斯有很多自私自利的理由将其主要产品描述为具有战略重要性。他错了吗？在整个 20 世纪 80 年代，美国的计算机产业迅速扩张，个人电脑被制造得足够小、足够便宜，可以供家庭或办公室使用。每个企业都开始依赖计算机。如果没有集成电路，计算机就无法工作，20 世纪 80 年代的飞机、汽车、摄像机、微波炉或索尼随身听也无法工作。现在每个美国人的房子和汽车里都有半导体，许多人每天使用几十个芯片。就像石油一样，人们没有石油就无法生存。这不是"具有战略意义"吗？美国不应该担心日本正在成为"半导体的沙特阿拉伯"吗？ ³

1973 年和 1979 年的石油禁运向许多美国人证明了依赖外国的风险。当阿拉伯国家削减石油出口以惩罚美国支持以色列时，美国经济陷入了痛苦的衰退。接下来是十年的滞胀和政治危机。美国的外交政策关注波斯湾并确保其石油供应。卡特总统宣布该地区是"美利坚合众国的重大利益"所在之一。罗纳德·里根（Ronald Reagan）部署美国海军护送油轮进出海湾。乔治·H. W. 布什（George H. W. Bush）与伊拉克开战，部分原因是科威特的油田。当美国说石油是一种"战略"商品时，它会以武力支持这一主张。

桑德斯并没有要求美国派遣海军穿越半个世界以确保芯片的供应。但是，美国政府难道不应该找到一种方法来帮助陷入困境的半导体公司吗？ 20 世纪 70 年代，硅谷的公司已经忘记了政府，因为它们用民用计算机和计算器市场取代了国防合同。20 世纪 80 年代，硅谷的公司胆怯地回到华盛顿。在明氏中餐馆用餐后，桑德斯、诺伊斯、斯波克与其他首席执行官一起成立了美国半导体行业协会（SIA），游说华盛顿支持该行业。

当桑德斯将芯片描述为"原油"时，五角大楼完全明白他的意思。事实上，芯片比石油更具战略性。五角大楼的官员们知道半导体对美国军事优势的重要性。自 20 世纪 70 年代中期以来，利用半导体技术"抵消"苏联在冷战中的传统优势，一直是美国的战略。当时，诺伊斯的合唱搭档威廉·佩里负责五角大楼的研究和工程部门。美国国防公司接到指示，将其最新的飞机、坦克和火箭装上尽可能多的芯片，从而更好地实现制导、通信、指挥和控制。就产生军事力量而言，这一战略比佩里之外的任何人所认为的都要好。

当时只有一个问题。佩里曾假设诺伊斯和他的硅谷邻居将继续保持行业领先地位。但 1986 年，日本的芯片产量超过了美国。到 20 世纪 80 年代末，日本提供了全世界 70% 的光刻设备，美国所占的份额已经下降到 21%，而这个产业是基于杰伊·莱思罗普在美国军事实验室发明的技术。一位美国国防部官员告诉《纽约时报》，光刻机技术"简单地说，是我们不能失去的东西，否则我们会发现自己完全依赖海外制造商来制造我们最敏感的东西"。[4] 如果 20 世纪 80 年代中期的趋势继续下去，日本将主导 DRAM 行业，并迫使美国主要生产商停产。美国可能会发现自己对外国芯片和半导体制造设备的依赖程度，甚至超过在阿拉伯石油禁运最严重的时候对石油的依赖程度。突然间，日本对芯片产业的补贴似乎成了一个国家安全问题。人们普遍指责日本对英特尔和 GCA 等美国公司的损害。

美国国防部召集基尔比、诺伊斯和行业内其他知名人士，就如何振兴美国半导体产业编写一份报告。在华盛顿郊区，诺伊斯、基尔比与国防工业专家、五角大楼官员进行了数小时的头脑风暴。TI 是武器系统电子产品的主要供应商，基尔比长期以来一直与美国国防部密切合作。IBM 和贝尔实验室也与华盛顿有着密切的联系。但正如一位美国国防部官员所说，英特尔的领导人此前将自己描绘成"不需要任何人帮助的硅谷牛仔"。[5] 诺伊斯愿意在美国国防部花时间的事实表明，半导体行业面临的威胁有多严重，以及对美国军方的影响有多可怕。

美国军方比以往任何时候都更加依赖电子设备，因此也更加依赖芯片。报告发现，到 20 世纪 80 年代，美国有大约 17% 的军事开支用于购买电子产品，而在第二次世界大战结束时，这一数字为 6%。从卫星到预警雷达，再到自主制导导弹，一切都依赖于先进的芯片。五角大楼的特别工作组总结了四个要点，强调了关键结论：

● 美国军队在很大程度上**依靠技术优势**取胜。
● **电子技术**是最能发挥作用的技术。
● **半导体**是电子行业处于领先地位的关键。
● 美国国防部很快将**依靠外国资源**获得半导体的最先进技术。[6]

当然，日本至少是冷战时期美国的正式盟友。当美国在第二次世界大战后的几年占领日本时，美国帮助日本制定了宪法，使军国主义成为不可能。但在两国于 1951 年签署共同防御协议后，美国开始谨慎地鼓励日本重新武装，以寻求针对苏联的军事支持。东京同意将军费开支限制在日本 GDP 的 1% 左右。但由于日本没有在武器上花费太多，所以日本有更多的资金可以在其他地方投资。美国国防支出占其经济规模的比例是日本的五到十倍。日本专注于发展经济，美国则肩负着保卫经济的重任。

结果比任何人的预期都要惊人。曾经被嘲笑为晶体管销售员的日本，后来成为世界第二大经济体。日本挑战了对美国军事力量至关重要的一些领域的工业主导地位。长期以来，华盛顿一直敦促东京在日本扩大对外贸易的同时帮美国遏制共产主义者，但这种分工似乎不再对美国有利。日本经济以前所未有的速度增长，而东京在高科技制造业的成功正威胁着美国的军事优势。日本的进步让每个人都感到惊讶。斯波克对五角大楼表示："你们肯定不希望半导体行业发生与电视行业和相机行业相同的事情。没有半导体，你们就无足轻重。"[7]

19 死亡螺旋

1986 年，罗伯特·诺伊斯对一名记者说："我们正处于死亡螺旋中。你能说出一个美国没有落后的领域吗？"[1] 在更悲观的时刻，诺伊斯想知道硅谷是否会像底特律一样。在外国竞争的影响下，底特律的旗舰产业正在萎缩。硅谷与美国政府有着矛盾的关系。硅谷在要求独立的同时，希望美国政府提供帮助。诺伊斯举例说明了这一矛盾。他早年在仙童度过的日子里，既避免了五角大楼的官僚作风，也从太空竞赛的冷战中获益。现在，他认为美国政府需要帮助半导体行业，尽管他仍然担心华盛顿会阻碍创新。与阿波罗计划时代不同，到 20 世纪 80 年代，90% 以上的半导体是由公司和消费者购买的，而不是军方。[2] 五角大楼很难重塑这个行业了，因为美国国防部不再是硅谷最重要的客户。

此外，在华盛顿，对于硅谷是否值得美国政府帮助，人们几乎没有达成一致意见。毕竟，从汽车到钢铁，许多行业面临着日本的竞争。美国芯片行业和美国国防部认为半导体是"战略"行业。但许多经济学家认为，"战略"没有被很好地定义。半导体比喷气发动机更具"战略性", 还是工业机器人更具"战略性"？薯片和电脑芯片有什么区别？里根政府的一位经济学家的话被广泛引用："它们都是'薄片'。这一张 100 美元或另一张 100 美元都是 100 美元。"这位被质疑的经济学家否认曾将土豆与硅进行比较。[3] 有一点是合理的，如果日本公司能够以较低的价格生产 DRAM 芯片，那么美国最好购买它们并将节省的成本收入囊中。如果是这样的话，那么美国的计算机价格应该变得更便宜，计算机行业可能会发展得更快。

半导体的问题是由在华盛顿的游说团体解决的。硅谷和自由市场经济学家一致同意的一个观点是税收。诺伊斯向国会作证，希望国会支持将资本利得税从 49% 降至 28%，并主张放松金融监管，让养老基金投资于风险投资公司。[4] 在这些变化之后，大量资金涌入帕洛阿尔托沙山路的风险投资公司。接下来，美国国会通过《半导体芯片保护法》（Semiconductor Chip Protection Act），加强了对知识产权的保护。此前，英特尔的安迪·格鲁夫等硅谷高管向国会作证，日本公司的"合法复制"正在损害美国的市场地位。

但随着日本 DRAM 市场份额的增长，减税和版权变更似乎还不够。五角大楼不愿将国防工业基础押在版权法的未来影响上。硅谷的首席执行官们游说要求更多的帮助。诺伊斯估计，20 世纪 80 年代，他在华盛顿度过了一半时间。杰瑞·桑德斯抨击了日本所追求的"补贴、培育、瞄准和保护市场"。桑德斯宣称："日本的补贴已经达到了数十亿美元。"即使在美国和日本达成消除半导体贸易关税的协议之后，硅谷要向日本出售更多芯片仍很艰难。贸易谈判代表把与日本人的谈判比作剥洋葱。一位美国贸易谈判代表报告说："整个事情就像一种禅宗体验。"讨论以"洋葱是什么"等哲学问题结束。美国 DRAM 芯片在日本的销售几乎没有起色。[5]

在五角大楼的怂恿和工业界的游说下，里根政府最终决定采取行动。即使像里根的国务卿乔治·舒尔茨（George Shultz）这样的前自由贸易者也得出结论，只有在美国威胁征收关税的情况下，日本才会开放市场。美国芯片行业对日本公司在美国市场"倾销"廉价芯片提出了一系列正式投诉。日本公司销售低于生产成本的说法很难被证明。美国公司引用了日本竞争对手的低资本成本，日本回应称，整个日本经济的利率都较低。双方都有道理。

1986年，随着关税威胁的逼近，华盛顿和东京达成了一项协议。日本政府同意对其DRAM芯片的出口设定配额，限制向美国出售的DRAM芯片数量。该协议通过减少芯片供应，推高了日本以外所有地区的DRAM芯片的价格，从而损害了日本芯片最大买家之一的美国计算机生产商的利益。更高的价格实际上让日本的生产商受益，它们继续主导着DRAM市场。[6]大多数美国生产商已经在退出生产存储芯片市场的过程中。因此，尽管美国和日本达成了贸易协议，但只有少数美国公司继续生产DRAM芯片。贸易限制重新分配了科技行业的利润，但并不能挽救美国大部分存储芯片公司。

美国国会尝试了最后一种帮助方式。硅谷的抱怨之一是，日本政府帮助企业协调研发工作，并为此目的提供资金。美国高科技行业的许多人认为，华盛顿应该复制这些策略。1987年，美国一群领先的芯片制造商和美国国防部成立了一个名为Sematech的财团——一半由业界出资，一半由五角大楼出资。[7]

Sematech的理念是，该行业需要更多的合作才能保持竞争力。芯片制造商需要更好的制造设备，而生产这种设备的公司需要知道芯片制造商在寻找什么。设备公司的首席执行官抱怨说："像TI、摩托罗拉和IBM这样的公司……不愿意公开它们的技术。"设备制造商如果不了解这些芯片公司正在开发的技术，就不可能向它们出售制造设备。与此同时，芯片制造商抱怨它们所依赖的机器的可靠性。一名员工估计，20世纪 80 年代后期，英特尔的设备由于维护和维修只运行了 30% 的时间。[8]

诺伊斯自愿领导 Sematech。事实上，他已经从英特尔退休了。十年前，他将权力移交给了戈登·摩尔和安迪·格鲁夫。作为集成电路的共同发明者和两个美国最成功创业公司的创始人，他拥有业内最好的技术和商业资历。没有人能比得上他在硅谷的魅力和人脉。如果说有人能重振芯片产业，那只能是这位创造了芯片产业且名声显赫的诺伊斯。

诺伊斯领导下的 Sematech 是一个奇怪的混合体，它既不是一家公司，也不是一所大学，更不是一个研究实验室。没有人确切地知道它应该做什么。诺伊斯一开始试图帮助 GCA 等制造设备公司，其中许多公司拥有强大的技术，但难以创建持久的业务或有效的制造流程。Sematech 组织了关于可靠性和良好管理技能的研讨会，提供了小型的MBA（工商管理硕士）课程。[9] Sematech 还在设备公司和芯片制造商之间进行协调，以优化它们的生产计划。如果光刻或沉积设备没有准备好，芯片制造商就没有必要准备新一代芯片制造技术。设备公司不想推出新机器，除非芯片制造商准备好使用新机器。Sematech 帮助设备公司和芯片制造商就生产计划达成一致。这并不完全是自由市场，但日本最大的公司在这种协调方面表现出色。不管怎样，硅谷还有别的选择吗？

诺伊斯的重点是拯救美国的光刻业。在 Sematech 中，51% 的资金流向了美国的光刻机公司。诺伊斯简单地解释了这个逻辑：光刻机公司得到了一半的钱，因为光刻机公司是芯片行业面临的"一半问题"。[10]没有光刻机，公司就不能制造半导体，美国仅存的主要生产商仍在苦苦挣扎。美国可能很快就会依赖外国设备。1989 年，诺伊斯在美国国会作证时宣称："在很大程度上，Sematech 的成功与否，可能会由它在拯救美国光刻机制造商方面有多成功来判断。"

这正是光刻机制造商 GCA 的员工希望听到的。在该公司发明了步进式光刻机之后，五年的管理不善和运气不佳使 GCA 成为一个小公司，使其远远落后于日本的尼康和佳能（Canon）以及荷兰的阿斯麦。当 GCA 总裁彼得·西蒙（Peter Simone）打电话给诺伊斯，讨论 Sematech 能否帮助 GCA 时，诺伊斯直截了当地告诉他："你已经完了。"[11]

芯片行业几乎没有人能看到 GCA 如何复苏。诺伊斯创立的英特尔严重依赖 GCA 的主要日本竞争对手尼康。西蒙提议："你为什么不来一天呢？"他希望说服诺伊斯 GCA 仍然可以生产尖端机器。诺伊斯同意了，当他抵达马萨诸塞州时，他当天决定购买价值 1 300 万美元的 GCA 最新设备，并将这作为与美国芯片制造商分享美国制造的半导体设备，从而鼓励它们购买更多国产工具计划的一部分。[12]

Sematech 在 GCA 上下了巨额赌注，授予该公司生产深紫外光刻设备的合同，这是该行业最前沿的技术。GCA 的成绩远远超出预期，没有辜负其早期的技术辉煌声誉。不久，独立行业分析师将 GCA 最新的步进式光刻机描述为"世界上最好的光刻机"。该公司甚至赢得了客户服务奖，摆脱了平庸的名声。GCA 机器使用的软件比日本竞争对手的要好得多。一位测试 GCA 最新机器的 TI 光刻专家回忆道："它们走在时代的前列。"[13]

但 GCA 仍然没有一个可行的商业模式。"超前"对科学家有好处，但不一定对寻求销售的制造企业有好处。客户已经对尼康、佳能和阿斯麦等竞争对手的设备感到满意，他们不想冒险购买一家未来不确定的公司的新工具。[14] 如果 GCA 破产，那么客户可能很难获得备件。除非一个大客户能够被说服与 GCA 签订一份重要合同，否则该公司将陷入崩溃。尽管 Sematech 提供了 7 000 万美元的支持，但 GCA 在 1988—1992 年仍然亏损了 3 000 万美元。即使是诺伊斯，也无法说服他创立的英特尔放弃对尼康的忠诚。

　　诺伊斯是 GCA 在 Sematech 的最大支持者，他 1990 年在晨泳后死于心脏病。他创建了仙童和英特尔，发明了集成电路，并将支撑所有现代计算的 DRAM 芯片和微处理器进行商业化。但诺伊斯的魔法被证明对光刻机技术无能为力。到 1993 年，GCA 的所有者——一家名为通用信号（General Signal）的公司，宣布将出售或关闭 GCA。随着时间越来越接近所设定的最后期限，通用信号找不到购买 GCA 的买家。Sematech 已经为 GCA 提供了大量资金支持，因此决定退出。GCA 最后一次呼吁美国政府提供帮助，基于外交政策考虑，美国国家安全高级官员考虑是否需要拯救 GCA。他们得出的结论是什么也做不了。[15] 最后，该公司关门了，并将设备出售了，加入了一长串被日本竞争对手击败而消失的公司名单当中。

20
日本可以说"不"

几十年来，索尼的盛田昭夫通过销售给美国电子产品赚了大笔钱，他开始在美国朋友身上发现"某种傲慢"。[1] 当他在 20 世纪 50 年代首次得到晶体管技术授权时，美国是世界上的技术领导者。从那时起，美国面临着一场又一场的危机，比如灾难性的越南战争、种族关系紧张、城市动荡、"水门事件"的耻辱、十年的滞胀、巨大的贸易赤字，以及彼时的工业萧条。在每一次新的冲击之后，美国的吸引力都会减弱。

1953 年，盛田昭夫在第一次出国旅行时，把美国视为一个"似乎什么都有"的国家。服务员给他端上冰激凌，并告诉他，"这个冰激凌上的小纸伞是你们国家产生的"。服务员羞辱地提醒他日本落后了太多。但 30 年后，一切都改变了。20 世纪 50 年代，盛田昭夫首次访问纽约，当时纽约似乎"魅力四射"，但现在，它肮脏，犯罪猖獗，破产了。

与此同时，索尼已经成为一个全球品牌。盛田昭夫重新定义了日本在海外的形象。这个国家不再被视为冰激凌圣代纸伞的生产国。现在，日本制造了世界上最高科技的产品。盛田昭夫的家族拥有索尼的大部分股份,他已经发财了。他在华尔街和华盛顿拥有强大的朋友圈。他精心学习纽约晚宴的艺术,就像其他日本人对待传统茶道一样。每当盛田昭夫在纽约时,他都会在自己位于大都会艺术博物馆对面的第五大道 82 号的公寓里接待这座城市的富人和名人。盛田昭夫的妻子吉子(Yoshiko)甚至写了一本书名为《我对家庭娱乐的想法》(*My Thoughts on Home Entertaining*),向不熟悉美国的日本读者解释美国的晚宴习俗。(穿和服不被鼓励,因为"每个人都穿同样的衣服,和谐感就会增强"。)

盛田昭夫夫妻二人很享受娱乐,但他们的晚宴也有其职业目的。随着美国和日本的商业紧张关系加剧,盛田昭夫担任非正式大使,向美国权力掮客解释日本的政策。大卫·洛克菲勒(David Rockefeller)是他的私人朋友。每当美国前国务卿亨利·基辛格(Henry Kissinger)访问日本时,盛田昭夫都会与他共进晚餐。当私募股权巨头皮特·彼得森(Pete Peterson)带盛田昭夫去奥古斯塔(Augusta)国家高尔夫俱乐部时,他惊讶地发现,"盛田昭夫认识所有人"。不仅如此,盛田昭夫在奥古斯塔的时候,还安排了一次与熟人的晚餐。彼得森回忆道:"他在这里的时候,一天大概吃了十顿饭。"[2]

盛田昭夫起初发现他的美国朋友所代表的权力和财富很诱人。但随着美国从一场危机走向另一场危机,基辛格和彼得森等人周围的气场开始减弱。他们国家的制度不起作用,但日本的制度起了作用。到了 20 世纪 80 年代,盛田昭夫意识到了美国经济和社会的深层次问题。长期以来,美国一直把自己视为日本的老师,但盛田昭夫认为,美国在应对不断增长的贸易逆差和高科技行业的危机时,应该吸取教训。盛田昭夫讲道,美国在"忙着培养律师",日本则在"忙着培养工程师"。相比美国的企业高管们过于关注"今年的利润",日本企业管理层更关注"长期"的利润。美国的劳资关系等级分明,并且"老派",企业没有对车间员工进行足够的培训或激励。盛田昭夫认为，美国人应该停止抱怨日本的成功。他认为是时候告诉自己的美国朋友们了：日本的体制运行得更好。[3]

1989 年，盛田昭夫在一本题为《日本可以说"不"》的论文集中阐述了他的观点。这本书是与备受争议的极右翼政治家石原慎太郎（Shintaro Ishihara）合著的。石原慎太郎还是一名大学生时，因出版了一部名为《太阳的季节》（*Season of the Sun*）的充满色情的小说而成名。[4] 这部小说被授予日本最负盛名的新作家文学奖。作为当时执政党自由民主党的一员，石原慎太郎利用这一名声，通过对外国人的贬损性诽谤，赢得了议会席位。石原慎太郎在议会中鼓动日本在国际上维护自己的地位，并修改第二次世界大战后由美国占领当局制定的日本宪法，让日本建立强大的军队。

我们很难想象，盛田昭夫会选择这样一位更具挑衅性的合著者就美国的危机进行评论。这本书本身是一系列随笔散文，其中一些是盛田昭夫写的，一些是石原慎太郎写的。盛田昭夫的文章大多重述了他关于美国商业实践失败的论点，尽管《美国，你最好放弃某些傲慢》（America, You Had Better Give Up Certain Arrogance）等章节标题的语气，比盛田昭夫通常在纽约晚宴上表达的语气更为严厉。即使是一向和蔼可亲的盛田昭夫，也很难掩饰自己的观点，即日本的技术实力使其在世界大国中占据了一席之地。盛田昭夫当时告诉一位美国同事："在军事上，我们永远无法打败美国。但是，在经济上，我们可以战胜美国，成为世界第一。"[5]

石原慎太郎毫不犹豫地说出了自己的想法。他的第一部小说是一个关于不受约束的性冲动的故事。他的政治生涯包含了日本民族主义最令人厌恶的本能。他在《日本可以说"不"》一书中，呼吁日本宣布独立于霸道的美国，美国统治日本太久了。石原慎太郎在一篇文章中宣称：

"我们不要屈服于美国的虚张声势！"他在另一篇文章中宣称："约束美国！"在美国主导的世界中，日本极右翼一直对其国家的次要地位感到不满。盛田昭夫愿意与石原慎太郎这样的人合著一本书，让许多美国人感到震惊，这表明华盛顿培育的资本主义国家中仍然潜伏着威胁性的民族主义。自1945年以来，美国的战略是通过贸易和技术交流将日本与美国联系起来的。盛田昭夫可以说是美国技术转让和市场开放的最大受益者。如果连他都在质疑美国的主导作用，那么华盛顿也需要重新考虑游戏规则。

让《日本可以说"不"》真正令华盛顿感到恐惧的，不仅是这本书表达了日本的零和民族主义，而且石原慎太郎还找到了一种胁迫美国的方式。石原慎太郎认为，日本不需要服从美国，因为美国依赖日本的半导体。他指出，美国的军事实力需要日本的芯片。他写道："无论是中程核武器还是洲际弹道导弹，确保武器准确性的正是紧凑、高精度的计算机。如果不使用日本的半导体，这种精度就无法保证。"石原慎太郎推测，日本甚至可以向苏联提供先进的半导体，从而打破冷战期间的军事平衡。

石原慎太郎指出："电脑核心中使用的1兆位半导体，在一个只有小指甲三分之一大小的区域内承载着数亿个晶体管，只能在日本制造。"他继续说道："日本在这些1兆位半导体中占有近100%的份额。现在，日本在这一领域至少领先美国五年，差距正在扩大。"使用日本芯片的电脑是"军事力量的核心，因此也是日本力量的核心……从这个意义上讲，日本已经成为一个非常重要的国家"。[6]

其他日本领导人似乎也持类似的威胁性观点。援引一位外交部高级官员的话说，"美国人根本不想承认日本赢得了与西方的经济竞赛"。日本首相宫泽喜一（Kiichi Miyazawa）不久后公开表示，切断日本电子产品出口将导致"美国经济出现问题"，并预测"亚洲经济区将超越北美经济区"。一位日本教授宣称，在美国工业和高科技行业崩溃之际，美国的未来是"一个首要的农业大国，一个巨大的丹麦版本"。[7]

在美国，《日本可以说"不"》引发了愤怒。这本书由美国中央情报局翻译并以非官方形式分发。一位愤怒的国会议员，将这本以非官方出版的书整本载入《国会记录》，以进行宣传。书店称，华盛顿的顾客在寻找盗版图书时"简直疯了"。[8]盛田昭夫腼腆地让官方的英文翻译版本只出版石原慎太郎的文章，不要体现他的贡献。盛田昭夫告诉记者："我现在很后悔与这个有牵连，因为它造成了太多的混乱。我的观点与石原慎太郎的观点是有区别的，我觉得美国读者不理解这一点。[9]我的'随笔'表达了我的观点，他的'随笔'表达了他的观点。"

但《日本可以说"不"》引起了争议，并不是因为它的观点，而是因为事实。美国在存储芯片方面明显落后。如果这一趋势持续下去，那么地缘政治变化将不可避免地随之而来。像石原慎太郎这样的极右翼挑衅者没有意识到这一点，但美国领导人预见了类似的趋势。就在石原慎太郎和盛田昭夫合著出版《日本可以说"不"》的同一年，美国国防部前部长哈罗德·布朗发表了一篇文章，得出了几乎相同的结论。布朗在文章中写道："高科技是外交政策。"[10]如果美国的高科技地位正在恶化，那么美国的外交政策地位也将面临风险。

对于布朗来说，承认这一点是尴尬的。布朗曾是五角大楼领导人，于1977年雇用了威廉·佩里，并授权他将半导体和计算能力作为军方最重要的新武器系统的核心。布朗和佩里成功地说服美国军方接受微处理器，但他们没有预料到硅谷会失去领先地位。他们的战略在新的武器系统方面取得了回报，但其中许多东西依赖于日本。

布朗承认："日本在存储芯片方面处于领先地位，而存储芯片是消费电子产品的核心。日本在逻辑芯片和专用集成电路方面正在迅速赶上美国。"日本还在制造芯片所需的某些类型的工具比如光刻设备方面，取得了领先地位。布朗所能预见的最好结果是，美国将在未来保护日本，但要用日本技术支持的武器来保护日本。美国把日本变成晶体管销售员的战略似乎大错特错了。

日本，一个一流的技术大国，会满足于二等的军事地位吗？如果说日本在 DRAM 芯片方面的成功是一个指南的话，那么日本将在几乎所有重要的行业中超越美国。日本为什么不寻求军事优势呢？如果是这样的话，美国会怎么做呢？ 1987 年，美国中央情报局委托一组分析师预测亚洲的未来。[11] 他们将日本在半导体领域的主导地位视为一个新兴的"日式和平"（Pax Niponica）——一个由日本领导的东亚经济和政治集团——的证据。美国在亚洲的力量建立在技术优势、军事实力以及将日本、中国香港、韩国以及东南亚国家和地区联系在一起的贸易和投资联系之上。从中国香港九龙湾的第一家仙童组装厂开始，集成电路就成为美国在亚洲地位的一个组成部分。从中国台湾到韩国，再到新加坡，美国芯片制造商都在建工厂。

到 20 世纪 80 年代，美国供应链策略的主要受益者似乎是日本。日本贸易和外国投资大幅增长。东京在亚洲经济和政治中的作用正在不可逆转地扩大。如果日本能够迅速地确立对芯片行业的主导地位，那么又有什么能阻止日本取代美国的地缘政治优势呢？

第四部分
美国复兴

芯片之王

杰克·辛普劳（Jack Simplot）说过，美光制造了"全世界最好的小部件"。这位爱达荷州（Idaho）亿万富翁，对他公司的主要产品DRAM芯片的实际工作原理知之甚少。芯片行业挤满了博士，但辛普劳没有读完八年级。附近人人都知道，他的专长是经营土豆，他在博伊西开的白色林肯车的车牌上就写着"Mr. Spud"（土豆先生）。[1]但辛普劳以硅谷最聪明的科学家所没有的方式来理解商业。当美国芯片产业努力适应日本的挑战时，像他这样的牛仔企业家，在扭转罗伯特·诺伊斯所称的"死亡螺旋"和实现意外逆转方面，发挥了关键作用。

硅谷的复苏是由充满活力的创业公司和痛苦的企业转型推动的。美国超越日本的DRAM巨头们，不是通过复制，而是通过围绕它们进行创新。硅谷没有切断贸易，而是将更多的生产外包到中国台湾和韩国，以重新获得竞争优势。与此同时，随着美国芯片产业的复苏，五角大楼在微电子上的赌注开始得到回报，因为它部署了其他国家无法匹敌的新武器系统。20 世纪 90 年代和 21 世纪初，美国无与伦比的实力源于它在计算机芯片核心技术上的重新崛起。

在所有帮助振兴美国芯片产业的人中，辛普劳是最不可能的候选人。他在土豆上发了第一笔财，开创了使用机器对土豆进行分类、脱水和冷冻，以用于炸薯条的先河。这不是硅谷式的创新，但为他赢得了一份向麦当劳出售土豆的巨额合同。有一段时间，他提供了麦当劳用来做薯条的一半土豆。

辛普劳支持的 DRAM 公司美光，起初似乎注定会失败。1978 年，当双胞胎兄弟乔·帕金森（Joe Parkinson）和沃德·帕金森（Ward Parkinson）在博伊西一家牙医诊所的地下室创立美光时，正是创办一家存储芯片公司最糟糕的时候。日本公司正在加大高质量、低价格存储芯片的生产。美光的第一份合同是为得克萨斯州一家名为莫斯泰克（Mostek）的公司设计 64K DRAM 芯片。与其他美国 DRAM 生产商一样，美光被富士通击败了。不久，美光芯片服务的唯一客户莫斯泰克破产了。在日本公司竞争的冲击下，AMD、美国国家半导体公司、英特尔和其他行业领导者也放弃了 DRAM 芯片的生产。面对数十亿美元的损失和诸多企业的破产，似乎整个硅谷都可能破产。美国最聪明的工程师将被留下来做汉堡。至少这个国家仍然有大量的薯条。

随着日本公司抢占市场份额，美国最大的芯片公司的首席执行官们通过在华盛顿花费越来越多的时间来游说美国国会和五角大楼。在日本竞争加剧的那一刻，他们放弃了自己的自由市场信念，声称竞争是不公平的。硅谷愤怒地拒绝了薯片和电脑芯片没有区别的说法。他们坚称，他们的芯片值得政府帮助，因为芯片在某种程度上具有薯片所没有的战略意义。

辛普劳没有发现土豆有什么问题。硅谷理应得到特别帮助的说法在爱达荷州没有获得太多进展，因为该州几乎没有科技公司。美光不得不以艰难的方式筹集资金。美光联合创始人沃德·帕金森认识一位名叫艾伦·诺布尔（Allen Noble）的博伊西商人。当时，沃德身穿西装，在诺布尔泥泞的土豆田里，试图找到灌溉设备中出现故障的电气部件。帕金森兄弟利用这一关系，从诺布尔和他几个富有的博伊西朋友那里获得了 10 万美元的种子资金。当美光失去了为莫斯泰克设计芯片的合同，决定自己制造芯片时，帕金森兄弟需要更多的资金。于是，他们求助于该州首富辛普劳先生。[2]

帕金森兄弟在博伊西市中心的皇家咖啡厅与辛普劳见面。当第一次向这位爱达荷州的土豆大佬推销时，他们紧张得汗流浃背。晶体管和电容器对辛普劳来说意义不大，但他与硅谷风险资本家截然不同。之后，每周一早上 5 点 45 分，辛普劳就会出现在埃尔默，主持美光董事会即席会议。埃尔默是一家当地的经济小吃店，以 6.99 美元的价格提供一大堆酪乳煎饼。[3] 由于硅谷的所有科技巨头都在日本的冲击下逃离DRAM 芯片，辛普劳本能地明白，沃德·帕金森和乔·帕金森进入内存市场的时间是对的。像他这样的土豆种植者清楚地看到，日本的竞争已经把 DRAM 芯片变成了商品市场。他有足够多的经历，知道购买大宗商品业务的最佳时机是在价格低迷，且其他人都在清算的时候。辛普劳决定以 100 万美元支持美光。他后来又追加投入了数百万美元。[4]

美国的科技巨头们认为爱达荷州的乡下人根本不明白。"我不想说存储芯片已经结束了，"前 TI 工程师、后来成为一位有影响力的风险投资家的 L. J. 塞文说，"但它就是结束了。"在英特尔，安迪·格鲁夫和戈登·摩尔得出了同样的结论。TI 和美国国家半导体公司宣布了DRAM 部门的亏损和裁员。[5]《纽约时报》宣称，美国芯片行业的未来"严峻"。辛普劳一股脑儿地扎了进去。

帕金森兄弟渲染了他们的乡下人形象，用一种轻微的乡下口音讲述他们漫长而曲折的故事。事实上，他们和任何硅谷创业公司的创始人一样老练。他们二人都曾在纽约哥伦比亚大学学习，之后乔·帕金森成为一名公司律师，而沃德·帕金森在莫斯泰克设计芯片。他们接受了爱达荷州的局外人形象。[6] 他们的商业模式是进入美国最大的芯片公司正在放弃的市场，他们无论如何也不会在硅谷交到很多朋友，因为硅谷仍在与日本的 DRAM 之战中苦苦挣扎。

起初，美光嘲笑硅谷争取美国政府帮助对抗日本人的努力，并且道貌岸然地拒绝加入由罗伯特·诺伊斯、杰瑞·桑德斯和查理·斯波克发起的游说团体美国半导体行业协会。乔·帕金森宣称："我很清楚，半导体行业协会有不同的打算。半导体行业协会的策略是，无论日本人进入什么地方，他们都要离开。在半导体行业协会里占据主导地位的人，是不会与日本人较量的。在我看来，这是一种自我挫败的策略。"[7]

美光决定在自己的游戏中挑战日本 DRAM 制造商，但要做到这一点，必须大力削减成本。不久，该公司在意识到关税可能会有所帮助后改变了策略，率先游说政府对进口的日本 DRAM 芯片征收关税。美光等公司指责日本生产商在美国以低于成本的价格"倾销"芯片，损害了美国生产商的利益。辛普劳对日本伤害了他的土豆和存储芯片销售的贸易政策感到愤怒。"日本对土豆征收高额关税，"他抱怨道，"我们在土豆上付出了高昂的代价。我们可以在技术上超越日本，也可以在生产上超越日本。我们会彻底打败日本。但现在日本正把那些芯片白送。"这就是辛普劳要求政府征收关税的原因。他说："你问我们为什么游说政府？因为法律规定日本公司不能这样做。"[8]

关于日本公司降价幅度过大的指控，辛普劳的说法有点夸张。无论是土豆还是半导体，他总是说，商业成功需要"成本最低、质量最高的产品"。不管怎样，美光在削减成本方面的诀窍是硅谷或日本竞争对手无法比拟的。沃德·帕金森（"组织背后的工程头脑"，一位早期员工回忆道）在尽可能高效地设计 DRAM 芯片方面有天赋。虽然他的大多数竞争对手专注于缩小每块芯片上的晶体管和电容器的尺寸，但他意识到，如果缩小每块芯片的尺寸，美光就可以在每个晶圆上放置更多的芯片。这使得制造业的效率大大提高。沃德·帕金森开玩笑说："迄今为止，这是市场上最差的产品，但它的生产成本最低。"[9]

接下来，沃德·帕金森和他的助手们简化了制造过程。制造的步骤越多，每块芯片所花费的时间就越多，出错的空间就越大。到 20 世纪 80 年代中期，美光使用的生产步骤比竞争对手少得多，这使得美光使用的设备更少，从而进一步降低了成本。美光调整了从珀金埃尔默和阿斯麦购买的光刻机，使其比制造商认为的更精确。美光对炉管进行了改造，使其每批处理 250 个硅晶圆片，而不是行业标准的 150 个。制造过程中的每一步都可能处理更多的晶圆或缩短生产时间，这意味着价格更低。一位早期的员工解释道，他们与其他芯片制造商不同，"我们正在快速解决这个问题，我们准备做一些以前从未在论文中写过的事情"。[10] 与任何日本或美国竞争对手相比，美光员工的工程专业知识更倾向于削减成本。

美光拼命地关注成本，因为它别无选择。对于爱达荷州的一家小型初创公司来说，根本没有其他方法来赢得客户。博伊西的土地和电力比加利福尼亚州或日本便宜，这在一定程度上得益于低成本的水力发电。生存仍然是一场战斗。1981 年，美光的现金余额一度下降，以致美光只能支付两周的工资。美光勉强度过了这场危机，但在几年后的另一次经济衰退中，它不得不解雇一半员工，并削减其余员工的工资。[11] 自创业之初，乔·帕金森就确保员工意识到，他们的生存取决于效率。甚至在 DRAM 芯片价格下跌时，为了节省电费，乔·帕金森在夜间调暗了走廊的灯光。员工们认为，他关注成本近乎"疯狂"，结果证明了这一点。

美光的员工别无选择，只能维持公司的生存。在硅谷，如果你的雇主破产了，那么你可以沿着101号公路前往下一家芯片公司或电脑制造商。然而，美光在博伊西。一名员工解释道："我们没有别的工作可做。我们要么制造DRAM芯片，要么就完了。"另一个人回忆道，大家都拥有一种"勤劳的蓝领职业道德"，以及一种"为血汗工厂打工的心态"。一位经历了一系列痛苦的DRAM芯片市场低迷阶段的早期员工回忆道："存储芯片是一个无比残酷的行业。"[12]

辛普劳从未失去信心。他所拥有的每一家公司都经历过失败。他不会因为短期价格波动而放弃美光。尽管美光在日本竞争达到顶峰之际进入了DRAM市场，但美光幸存了下来，并最终繁荣了起来。大多数其他美国DRAM生产商在20世纪80年代末被迫退出市场。TI继续生产DRAM芯片，但很难赚到钱，最终将其业务出售给了美光。辛普劳的第一笔100万美元投资最终变成10亿美元的股份。

在每一代DRAM芯片的存储容量方面，美光学会了如何与东芝和富士通等日本对手竞争，并在成本上超越它们。美光的工程师们制造了密度越来越高的DRAM芯片，供个人电脑所需。但仅靠先进技术不足以挽救美国的DRAM产业。英特尔和TI拥有大量的技术，但无法使业务正常运作。美光精力充沛的爱达荷州工程师们，凭借其创造力和削减成本的技巧，击败了太平洋两岸的竞争对手。在经历了十年的痛苦之后，美国芯片行业终于取得了胜利，这要归功于美国最伟大的土豆种植者的市场智慧。

㉒ 颠覆英特尔

安迪·格鲁夫告诉哈佛商学院最著名的教授克莱顿·克里斯滕森（Clayton Christensen）："听着，克莱顿，我很忙，我没有时间读学术界的胡言乱语。"[1]几年后，他们二人登上了《福布斯》（*Forbes*）的封面，克里斯滕森身高 6 英尺 8 英寸，格鲁夫秃顶的脑袋几乎没有碰到克里斯滕森的肩膀。但格鲁夫的气场超过了他周围的所有人。他的长期副手形容他，是一个"极具斗志的匈牙利人"，"啃着对方的脚脖子，挑战他们，对他们大喊大叫，尽可能使劲推"。[2]格鲁夫的坚韧精神使英特尔免于破产，并使英特尔成为世界上最赚钱、最强大的公司之一。

克里斯滕森教授以其"颠覆性创新"理论而闻名。在这一理论中，新技术公司会取代现有的公司。随着 DRAM 业务的下滑，格鲁夫意识到，英特尔曾经是创新的代名词，现在却被颠覆了。20 世纪 80 年代初，格鲁夫担任英特尔总裁，负责公司日常运营，尽管摩尔在英特尔仍然扮演着重要角色。格鲁夫在他的畅销书《只有偏执狂才能生存》中，描述了他的管理哲学："担心竞争、担心破产、担心被人误解、担心丢掉工作，这些担忧都是强大的动力。"经过一天漫长的工作后，正是担忧让格鲁夫不断翻阅信件或与下属通电话，他担心自己错过了产品延期或对产品不满意的客户的消息。[3] 从表面上看，格鲁夫正在实现美国梦：一个曾经穷困潦倒的难民变成了一个科技巨头。在这个硅谷的成功故事中，一个匈牙利流亡者为了躲避苏联和纳粹军队，童年时期流浪在布达佩斯街头。

格鲁夫意识到英特尔销售 DRAM 芯片的商业模式已经完蛋。DRAM 的价格可能会从价格暴跌中复苏，但英特尔将永远无法夺回市场份额。英特尔被日本生产商"颠覆"了。它要么自我颠覆，要么失败。英特尔要想退出 DRAM 市场，感觉是不可能的。英特尔是存储芯片的先驱，对于英特尔来说，承认失败将是一种耻辱。一名员工表示，这就像福特决定离开汽车行业一样。格鲁夫感到疑惑："我们怎么能放弃自己的身份？"在 1985 年的大部分时间，他都坐在英特尔圣克拉拉总部的戈登·摩尔办公室里，两个人凝视着窗外远处大美洲游乐园的摩天轮，希望内存市场能够像摩天轮上的一间小屋一样，最终会触底后再次盘旋上升。[4]

但灾难性的 DRAM 市场数据是无法否认的。英特尔永远不会在内存中赚到足够的钱来证明新投资的合理性。不过，在不大的微处理器市场，英特尔是一个领导者，而日本公司仍然落后。这个领域的发展为英特尔提供了一线希望。1980 年，英特尔与美国计算机巨头 IBM 签订了一份小额合同，为一种叫作个人电脑的新产品制造芯片。[5] IBM 与一位名叫比尔·盖茨（Bill Gates）的年轻程序员签订了合同，让他为计算机的操作系统编写软件。1981 年 8 月 12 日，在华尔道夫 – 阿斯托利亚大宴会厅，衬着华丽的壁纸和厚厚的窗帘背景，IBM 宣布推出个人电脑，价格为 1 565 美元，包括一台笨重的电脑、一台大屏幕显示器、一个键盘、一台打印机和两个软盘驱动器。[6] 里面还有一个小小的英特尔芯片。

微处理器市场似乎肯定会增长，但微处理器的前景要超过当时占芯片销售大部分的 DRAM，似乎难以想象，格鲁夫的一位副手回忆道。[7]格鲁夫别无选择。格鲁夫问想继续生产 DRAM 芯片的摩尔："如果我们被开除，并且董事会任命了新首席执行官，你认为他会怎么做？"摩尔底气不足地承认："他会让我们摆脱存储器。"最后，英特尔决定放弃存储器，将 DRAM 市场拱手让给日本，专注于个人电脑微处理器。对于一家以 DRAM 起家的公司来说，这是一次大胆的赌博。在克里斯滕森的理论中，"颠覆性创新"听起来很有吸引力，但在实践中令人极度痛苦。格鲁夫回忆道，这是一个"咬紧牙关"和"充满争吵"的时代。[8]颠覆是显而易见的。如果创新真的奏效的话，这也需要数年的时间。

在等待看他在个人电脑上的赌注是否奏效的时候，格鲁夫以罕见的冷酷展示了他的偏执狂性格。员工需要在早上 8 点整开始上班，任何迟到的人都会受到公开批评。员工之间的分歧通过格鲁夫称之为"建设性对抗"的策略得以解决。[9]他的副手克雷格·巴雷特（Craig Barrett）打趣地说，他的管理技巧是"抓住某人，用大锤猛击其头部"。

这不是硅谷众所周知的那种随心所欲的文化，但英特尔需要一名军士。英特尔的 DRAM 芯片面临着与其他美国芯片制造商相同的质量问题。当在 DRAM 上赚到钱时，英特尔是通过一种新的设计率先进入市场的，而不是成为大规模生产的领导者。诺伊斯和摩尔一直专注于维护尖端技术。但诺伊斯承认，他总是觉得"风险部分"比"控制部分"更有趣。[10]格鲁夫和其他人一样热衷于解决公司的生产问题，这是摩尔于1963 年首次将他带到仙童的原因。当格鲁夫跟随诺伊斯和摩尔来到英特尔时，他被赋予了同样的角色。格鲁夫受到一种挥之不去的担忧的驱使，他的余生都沉浸在公司制造流程和业务的每一个细节中。

在格鲁夫的重组计划中，第一步是裁减英特尔超过 25% 的员工，关闭硅谷、俄勒冈州、波多黎各和巴巴多斯的工厂。格鲁夫的副手形容他老板的做法是，"噢，天哪，解雇这两个人，不留后路，终止业务"。他无情而果断，这是诺伊斯和摩尔永远无法做到的。第二步是让制造业运转起来。格鲁夫和巴雷特无情地模仿日本的制造方法。一名下属回忆道："巴雷特总是拿着一根棒球棍去制造部，他说'该死！我们是不会被日本人打败的'。"他强迫工厂经理访问日本，并告诉他们："这是你们应该做的。"[11]

英特尔的新制造方法被称为"精确复制"。一旦英特尔确定了一套特定的生产流程最有效，该流程就会在英特尔其他工厂中复制。在此之前，工程师们曾为调整英特尔的工艺而自豪。现在，他们被要求不要思考，而是复制。有人回忆道："这是一个巨大的文化问题。"因为自由的硅谷风格被严谨的装配线取代。巴雷特承认："我被视为独裁者。"但"精确复制"起了作用：英特尔的成品率大幅上升，制造设备的使用效率提高了，成本也降低了。该公司的每一个工厂都开始不像研究实验室，更像一台经过精心调试过的机器。[12]

格鲁夫和英特尔也很幸运。20 世纪 80 年代初，一些有利于日本生产商的结构性因素开始转变。从 1985 年到 1988 年，日元对美元的汇率翻了一番，这使得美国的出口商品更便宜。20 世纪 80 年代，美国的利率急剧下降，从而降低了英特尔的资金成本。与此同时，总部位于得克萨斯州的康柏电脑（Compaq）在 IBM 的个人电脑市场上大展拳脚，因为人们意识到，尽管很难编写操作系统或制造微处理器，但将个人电脑组件组装到一个机箱中相对简单。康柏推出了使用英特尔芯片和微软软件的个人电脑，其价格远低于 IBM 的个人电脑。到 20 世纪 80 年代中期，康柏和其他"克隆"IBM 个人电脑的公司，其电脑销量超过了 IBM。[13] 随着每间办公室和许多家庭都用上了电脑，电脑价格急剧下降。除了苹果电脑，几乎每一台电脑都使用英特尔的芯片和微软的Windows（视窗操作系统）软件，两者被设计成能够顺畅地协同工作。英特尔进入个人电脑时代，实际上垄断了个人电脑的芯片销售。

格鲁夫对英特尔的重组是硅谷资本主义的典型案例。他意识到该公司的商业模式已经被打破，并决定通过放弃英特尔创建的 DRAM 芯片来"颠覆"英特尔。该公司在个人电脑芯片市场上建立了垄断地位，每一两年就会发布新一代芯片，以提供更小的晶体管和更强的处理能力。格鲁夫相信，只有偏执狂才能生存。与其说是创新或专业知识拯救了英特尔，还不如说是格鲁夫的偏执狂拯救了英特尔。

23 "敌人的敌人"：韩国的崛起

李秉喆（Lee Byung-Chul）几乎可以通过卖任何东西赚钱。李秉喆出生于 1910 年，比杰克·辛普劳小一岁。李秉喆于 1938 年 3 月开始了他的商业生涯。当时，他的祖国朝鲜①是日本的殖民地，并且日本正在与中国交战，不久又与美国交战。李秉喆的第一批产品是鱼干和蔬菜，他从朝鲜搜集这些产品并将其运往中国北部，为日本的战争机器提供食物。朝鲜当时很贫穷，没有工业和技术，但李秉喆宣称，他已经梦想着建立一个"大、强、永恒"的企业。[1] 多亏了两个有影响力的盟友——美国芯片产业和韩国政府，他将把三星（Samsung）变成一个超级半导体企业。硅谷超越日本战略的一个关键部分是在亚洲寻找更便宜的供应来源。李秉喆认为，这是三星可以轻松扮演的角色。

韩国习惯于在更大的竞争对手之间穿梭。在李秉喆创立三星七年后，三星本可能在 1945 年日本战败后被摧毁。但李秉喆巧妙地改变了

①　1948年，朝鲜半岛先后成立大韩民国和朝鲜民主主义人民共和国。——译者注

方向，像兜售鱼干一样顺利地与政治赞助人交易。他与战后占领朝鲜半岛南部的美国人建立了联系，并避开了想分裂像三星这样大型商业集团的韩国政客。当朝鲜与韩国交战时，李秉喆的资产甚至可以被保留。不过，当对方短暂占领首尔时，一名朝鲜官员夺走了李秉喆的雪佛兰，并驾着它在被占领的首都周围兜风。[2]

尽管发生了战争，李秉喆还是扩大了他的商业帝国，并且巧妙地驾驭了韩国复杂的政治形势。1961 年，当一个军事政权上台时，将军们剥夺了李秉喆的银行，但他和其他公司完好无损地幸存了下来。他坚称，三星是在为国家的利益而努力，国家的利益取决于三星是否能成为世界级的公司。李秉喆家族座右铭的第一部分写道："通过商业服务国家。"[3] 从鱼类和蔬菜行业开始，他逐步涉足了糖业、纺织业、化肥业、建筑业、银行业和保险业。他认为，韩国在 20 世纪 60 年代和 70 年代的经济繁荣证明了他在为国家服务。批评者指出，到 1960 年，他已成为韩国最富有的人，他们认为李秉喆的财富证明了这个国家及其腐败的政客正在为他服务。

李秉喆早在 20 世纪 70 年代末和 80 年代初观察东芝和富士通等公司抢占 DRAM 市场份额时，就想进军半导体行业。当时，韩国已经是美国或日本制造的芯片进行外包组装和封装的重要地点。此外，美国政府在 1966 年资助韩国成立了韩国科学技术研究院，越来越多的韩国人从美国顶尖大学毕业，或在韩国接受受过美国教育的教授培训。但即使拥有熟练的劳动力，企业也不容易从基本装配转向尖端芯片制造。三星此前涉足简单的半导体工作，但很难赚钱或开发先进技术。[4]

但在 20 世纪 80 年代初，李秉喆感觉到了环境的变化。20 世纪 80 年代，硅谷和日本残酷的 DRAM 竞争为他提供了一个机会。与此同时，韩国政府已将半导体列为优先事项。当李秉喆思索三星的未来时，他于 1982 年春天前往加利福尼亚州，参观了惠普的工厂，并对惠普的技术感到惊叹。如果惠普能从帕洛阿尔托的车库成长为科技巨头，那么从鱼干和蔬菜店起步的三星公司肯定也能行。一位惠普员工告诉他："这都要归功于半导体。"他还参观了一家 IBM 电脑工厂，并对自己被允许拍照感到震惊。他告诉带他参观的 IBM 员工："这个工厂一定有很多秘密。"这位员工自信地回答："它们不能仅仅通过观察来复制。"[5]但复制硅谷正是李秉喆计划要做的。

这样做将需要大量资本支出，且无法保证它会奏效。对李秉喆而言，这是一个很大的赌注。他犹豫了几个月。失败可能会毁掉他的整个商业帝国，但韩国政府表示愿意提供财政支持，并承诺投资 4 亿美元发展半导体产业。韩国的银行将遵循政府的指示，再发放巨额贷款。因此，与日本一样，韩国的科技公司并非来自车库，而是来自能够获得廉价银行贷款和政府支持的大型企业集团。1983 年 2 月，在经历了一个紧张、不眠的夜晚后，李秉喆拿起电话，打给三星的电子部门负责人，并宣布："三星将制造半导体。"他宣称，他将公司的未来押在半导体上，并准备至少花费 1 亿美元。[6]

李秉喆是一位精明的企业家，韩国政府坚定地支持他。但如果没有硅谷的支持，三星在芯片上的所有赌注都不会奏效。硅谷打赌，应对来自日本的存储芯片国际竞争的最佳方式，是在韩国找到更便宜的来源，同时将美国的研发重点放在更高价值的产品上，而不是商品化的 DRAM 芯片上。因此，美国芯片制造商将韩国新贵视为潜在的合作伙伴。罗伯特·诺伊斯告诉安迪·格鲁夫，"有了韩国人"，日本"不管成本如何都要倾销"的策略不会成功垄断全球 DRAM 芯片的生产，因为韩国人会削弱日本生产商的实力。诺伊斯预测，结果对日本芯片制造商是"致命"的。[7]

因此，英特尔为韩国 DRAM 生产商的崛起欢呼。英特尔是 20 世纪 80 年代与三星签约成立合资企业的几家硅谷公司之一，出售由三星生产的英特尔自有品牌芯片，并意图帮助韩国芯片产业以减少日本对硅谷的威胁。此外，韩国的成本和工资大大低于日本，因此像三星这样的韩国公司有机会赢得市场份额，即使它们的制造工艺没有日本那样完美。

美日贸易紧张也帮助了韩国公司。[8] 1986 年，华盛顿威胁说，除非日本停止"倾销"（在美国市场上廉价销售 DRAM 芯片），否则将征收关税。此后，东京同意限制其对美国的芯片销售，并承诺不以低价销售芯片。这为韩国公司提供了以更高价格销售更多 DRAM 芯片的机会。美国人并不打算让这笔交易惠及韩国公司，但他们很高兴看到除了日本以外的任何公司生产他们所需的芯片。

美国不仅为韩国 DRAM 芯片提供了市场，也为其提供了技术。随着硅谷的 DRAM 生产商大多濒临倒闭，它们几乎毫不犹豫地将顶尖技术转移到韩国。李秉喆提议资金紧缺的存储芯片初创公司美光提供 64K DRAM 芯片的授权，并在此过程中与美光创始人沃德·帕金森成为好友。美光正在寻找它能得到的任何资金。美光热切地表示同意，即使这意味着三星将学习美光的许多工艺流程。沃德回忆道："无论我们做了什么，三星都做到了。"一些行业领袖，比如戈登·摩尔，担心一些芯片公司会因过于绝望而"放弃越来越有价值的技术"。但当大多数制造存储芯片的美国公司几乎破产时，很难证明 DRAM 技术特别有价值。硅谷的大多数公司很乐意与韩国公司合作，通过压低日本竞争对手的价格帮助韩国成为世界领先的存储芯片制造中心之一。其中的逻辑很简单，杰瑞·桑德斯解释道："敌人的敌人就是朋友。"[9]

24 "这就是未来"

在日本 DRAM 芯片的冲击下，美国芯片产业的重生只能归功于安迪·格鲁夫的偏执狂性格、杰瑞·桑德斯的赤膊上阵以及杰克·辛普劳的牛仔竞争力。硅谷的雄性激素和股票期权助长着竞争，这往往不像教科书中描述的枯燥无味的经济学，而更像达尔文式的适者生存的斗争，因而也导致许多公司倒闭和财富流失，以及数以万计的员工下岗。像英特尔和美光这样的公司之所以能幸存下来，与其说是因为它们的工程技能，不如说是因为它们有能力利用技术在无情的竞争激烈的行业中赚钱。

但硅谷的复兴不仅仅是英雄企业家和创造性破坏的故事。随着这些新工业巨头的崛起，一批新的科学家和工程师正准备在芯片制造领域实现飞跃，并设计出使用"处理能力"的革命性新方法。硅谷芯片行业的许多进步是与政府的努力相辅相成的，这通常不是因为美国国会或白宫的大手笔，而是 DARPA 这类小型灵活组织的工作，这些组织有权在未来技术上下大赌注，并建设所需的教育和研发基础设施。

来自日本 DRAM 芯片高质量、低成本的竞争，并不是硅谷在 20 世

130

纪 80 年代面临的唯一问题。戈登·摩尔著名的定律预测了每个芯片上晶体管数量的指数级增长，但这个梦想越来越难以实现。20 世纪 70 年代后期，许多集成电路都是采用与英特尔的费德里科·法金（Federico Faggin）生产第一台微处理器相同的工艺来设计的。1971 年，法金花了半年时间蹲在绘图桌上，首先用英特尔当时最先进的工具——直尺和彩色铅笔——勾勒出设计草图；然后用小刀将这个图案刻在红膜上；再用一个特殊的相机，将红膜上的图案转移到一个镀铬的玻璃板上，制成完美复制了图案的光刻版；最后，光线穿过掩模和一组透镜，在硅晶圆上投射出图案的微小版本。经过几个月的素描和雕刻，法金制造了一个芯片。[1]

问题是，虽然铅笔和镊子对于一个有 1 000 个元件的集成电路来说是足够的，但一个拥有 100 万个晶体管的芯片需要更复杂的工具。卡弗·米德是摩尔的朋友，是一位留着山羊胡的物理学家。当被介绍与施乐（Xerox）帕洛阿尔托研究中心的计算机架构师琳·康维（Lynn Conway）相识时，他正为这个问题伤脑筋。[2]

康维不仅是一位杰出的计算机科学家，任何与她交谈的人都会发现，她的头脑中还闪耀着来自不同领域的见解，从天文学到人类学，再到历史、哲学。[3]康维于 1973 年以她所谓的"隐形模式"来到施乐。[4]1968 年，她在经历性别转变后被 IBM 解雇。她惊讶地发现，硅谷的芯片制造商更像艺术家，而不是工程师。芯片制造商既有高科技工具，又有简简单单的镊子。芯片制造商在每一块硅上都制作了极其复杂的图案，他们的设计方法类似于中世纪工匠的方法。每家公司的制造厂都有一套冗长、复杂的专门说明，用于说明如果要在特定的工厂生产芯片，必须如何设计。作为一名计算机架构师，康维学会了按照标准化的指令来思考，而任何计算机程序都是基于标准化指令来构建的，她发现目前业内的做法奇怪地倒退了。[5]

　　康维意识到，米德预言的数字革命需要严格的算法。在她和米德被一位共同的同事介绍认识后，他们开始讨论如何将芯片设计标准化。他们想知道，为什么不能通过给机器编程来设计电路。米德宣称："一旦你可以编写一个程序来做某事，不再需要任何人的工具包，你就可以自己编程。"[6]

　　康维和米德最终起草了一套数学"设计规则"，为通过编写计算机程序而进行自动化芯片设计铺平了道路。使用康维和米德的方法，设计者不必勾画出每个晶体管的位置，但可以从"可互换部件"库中提取，从而使得电路设计变得可能。米德喜欢把自己想象成约翰内斯·古腾堡（Johannes Gutenberg），古腾堡的图书生产机械化让作家专注于写作，使印刷厂专注于印刷。康维很快被麻省理工学院邀请教授一门关于芯片设计方法的课程。她的每个学生都设计了自己的芯片，然后将芯片设计资料送到制造工厂进行制造。六周后，她从未踏进过晶圆厂的学生，在邮件中收到了功能齐全的芯片。"古腾堡时刻"已经到来。[7]

　　没有人比五角大楼对这场很快被称为"米德－康维革命"的事件更感兴趣。DARPA资助了一个项目，让大学研究人员将芯片设计资料发送到尖端晶圆厂生产。DARPA在资助未来武器系统方面享有盛誉，而在半导体方面，DARPA同样重视建设教育基础设施，从而使美国拥有充足的芯片设计师。[8]DARPA还帮助大学获得先进的计算机，并与行业领袖和学者喝着葡萄酒讨论学术问题。DARPA认为，帮助公司和教授保持摩尔定律的活力，对美国的军事优势至关重要。[9]

　　芯片行业还资助了大学芯片设计技术研究，成立了SRC（半导体研究公司），向卡内基梅隆大学和加州大学伯克利分校等大学发放研究补助金。20世纪80年代，这两所大学的一些学生和教师创办了一系列创业公司，为半导体设计创造了前所未有的新行业软件工具。如今，每一家芯片公司都使用三家芯片设计软件公司的工具，这三家公司都是由 DARPA 和 SRC 资助项目的校友创办和建立的。[10]

DARPA 还支持研究者研究第二组挑战：为芯片不断增长的处理能力找到新的用途。无线通信专家欧文·雅各布斯（Irwin Jacobs）就是其中的一位研究者。雅各布斯出生于马萨诸塞州的一个餐馆老板家庭。在爱上电气工程专业之前，他计划跟随父母进入酒店业。20 世纪 50 年代，他一直在摆弄真空管和 IBM 计算器。在麻省理工学院攻读硕士学位时，雅各布斯学习了天线和电磁理论，并决定将研究重点放在信息理论上——研究信息如何存储和传播。[11]

几十年来，无线通信的需求在不断增长，但频谱空间有限。如果你想要一个 99.5 MHz 的调频电台，那么你必须确保 99.7 MHz 没有被占用，否则干扰会让你无法通信。同样的原则也适用于其他形式的无线电通信。给定频谱中的信息越多，建筑物上反射的混乱信号产生的误差冗余空间就越小，当这些空中信号向无线电接收器传播时，它们相互干扰。

1967 年，雅各布斯在加州大学圣地亚哥分校的老同事安德鲁·维特比（Andrew Viterbi）设计了一种复杂的算法，用于解码在杂乱的电波中传播的数字信号。这被科学家誉为一个优秀的理论，但维特比的算法似乎很难在实践中应用。认为普通的无线电有能力运行复杂算法的想法，似乎是不可信的。

1971 年，雅各布斯飞往佛罗里达州圣彼得堡，参加一个研究传播理论的学术会议。许多教授闷闷不乐地得出结论，他们将数据编码塞进无线电波的学术子领域已经达到了实际上的极限。无线电频谱只能容纳有限数量的信号，否则就无法对其进行分类和解码。维特比的算法提供了一种将更多数据打包到同一无线电频谱中的理论方法，但没人拥有大规模应用这些算法的计算能力。在空中传送数据的想法似乎遇到了障碍。一位教授宣称："编码已死。"

雅各布斯完全不同意这个观点。他从后排站起来，高举着一个小芯片，宣称："这就是未来。"[12] 雅各布斯意识到，芯片的进步如此之快，以至它们很快就能在同一频谱空间中编码更多数量级的数据。因为每平方英寸硅上的晶体管数量呈指数级增长，所以通过无线电发送的数据量也即将飞跃。

雅各布斯、维特比和几位同事成立了一家名为高通（Qualcomm）——意为高质量通信（quality communications）——的无线通信公司，他们相信越来越强大的微处理器可以让他们在现有的频谱带宽中填充更多的信号。雅各布斯最初赢得了 DARPA 和 NASA 建造太空通信系统的合同。20 世纪 80 年代末，高通进入民用市场，为卡车行业推出了一套卫星通信系统。但即使到了 20 世纪 90 年代初，使用芯片在空中传送大量数据似乎也只是一项专营市场业务。

对于雅各布斯这样一位由教授转为企业家的人来说，DARPA 的资金和美国国防部的合同，对于维持其创业公司的运营至关重要。但只有一些政府项目奏效。例如，Sematech 拯救美国光刻技术领导者的努力是一次惨败。美国政府的努力之所以有效，并不是因为美国政府试图挽救失败的公司，而是因为美国政府利用了美国已有的优势，提供资金让研究人员将聪明的想法转化为原型产品。如果美国国会议员得知 DARPA 这样一个国防机构在资助计算机科学的教授们进行芯片设计理论研究，那么他们肯定会大发雷霆。但正是这样的努力缩小了晶体管尺寸，发现了半导体的新用途，促使新客户购买晶体管，并为下一代更小的晶体管提供资金。在半导体设计方面，世界上没有哪个国家能拥有更好的创新生态。当康维在 20 世纪 70 年代初来到硅谷时，人们无法想象会有一个拥有 100 万个晶体管的芯片。这居然在 20 世纪 80 年代末成为现实，当时英特尔宣布推出了 486 微处理器，这是一块装有 120 万个微型晶体管的小硅片。

25 克格勃 T 局

弗拉基米尔·维特罗夫（Vladimir Vetrov）是一名克格勃情报人员，但他的生活更像契诃夫的故事，而不像詹姆斯·邦德的电影。他的克格勃工作是官僚主义的，他的情妇远非超级名模，他的妻子对她的狗比对他更深情。到了 20 世纪 70 年代末，维特罗夫的职业生涯和他的生活已经走到了尽头。他鄙视自己的办公室工作，并且被老板们忽视。他讨厌他的妻子，因为他的妻子和他的一个朋友有染。为了散心，他要么去莫斯科北部村庄的小木屋里，那里不通电，很原始，要么留在莫斯科买醉。[1]

维特罗夫的生活并不总是那么乏味。20 世纪 60 年代初，他在巴黎获得了一个很好的外国职位。作为一名"外贸官员"，他的任务是根据亚历山大·肖金的"复制"策略，搜集法国高科技产业的秘密。1963年，也就是苏联建设从事微电子研究的科学家之城泽列诺格勒的同一年，克格勃成立了一个新的部门——T 局，它代表技术。美国中央情报局的一份报告警告说，T 局的任务是"获取西方设备和技术，以提高苏联生产集成电路的能力"。[2]

据报道，20世纪80年代初，克格勃雇用了大约1000人来搜集外国技术。大约有300人在外国工作，其余大部分人在莫斯科卢比扬卡广场的克格勃总部的八楼，位于斯大林时代的监狱和刑讯室顶上。其他苏联情报机构，比如军方的GRU（格勒乌），也有专门从事技术搜集的情报人员。据报道，苏联驻旧金山领事馆有一个由60名特工组成的团队，目标是硅谷的科技公司。他们直接偷走芯片，或者从黑市上购买由小偷提供的芯片。比如1982年在加利福尼亚州被捕的"独眼杰克"，他被指控将芯片藏在皮夹克里，从英特尔工厂偷走芯片。苏联情报人员还要挟能够获得先进技术的西方人——当时，住在莫斯科的一家英国计算机公司的一名英国雇员从高层公寓楼的窗户"坠落"后死亡。[3]

1982年秋季，一群罗德岛渔民从北大西洋水域拖出一个奇怪的金属浮标，这表明情报搜集在半导体领域继续发挥着重要作用。这个神秘的浮标被送到军事实验室后，被确认是苏联的监听设备，里面使用了TI 5400系列半导体的完美复制品。与此同时，在英特尔将微处理器商业化之后，肖金关闭了一家试图生产类似部件的苏联研究单位，转而仿制美国微处理器。[4]

但"复制"策略远不如苏联监视浮标表现得那么成功。拿到几个英特尔的最新芯片，甚至通过中立的奥地利或瑞士的空壳公司，把一整批集成电路转移到苏联，通常都不难。[5]但美国的反情报部门偶尔会揭开苏联在第三国活动的特工的面纱，因此这从来不是可靠的供应来源。

搜集到的芯片设计资料只有在苏联能够大规模生产时才有用。这在冷战初期很难做到，到了20世纪80年代已变得几乎不可能。随着硅谷将更多晶体管塞进硅片，制造芯片变得越来越困难。克格勃认为，盗窃行动为苏联半导体生产商提供了非凡的秘密，但获得一个新芯片的设计资料并不能保证苏联工程师能够生产它。克格勃也开始搜集半导体制造设备。美国中央情报局声称，苏联几乎已经获得了半导体制造所需的所有设备，包括 900 台用于制备原材料的西方机器，800 台用于光刻和蚀刻的机器，以及 300 台用于掺杂、封装和测试芯片的机器。[6]

然而，工厂不仅需要全套设备，当机器发生故障时还需要备件。有时，外国机器的备件可以在苏联生产，但这带来了新的效率低下和备件缺陷问题。盗窃和复制系统的运作一直不足以让苏联军事领导人相信他们有稳定的高质量芯片供应，因此他们尽量减少了器件和计算机在军事系统中的使用。

1965 年，当克格勃第一次将维特罗夫派往巴黎时，T 局几乎不为人所知。维特罗夫和他的同事们经常以苏联外贸部的雇员身份来做卧底。当苏联特工访问外国研究实验室，与高管结交，并试图搜集外国工业的秘密时，他们似乎只在做外贸官员的"日常工作"。

如果维特罗夫没有决定在回到莫斯科后，给他乏味的生活增添佐料的话，那么 T 局的运作可能仍然是国家机密。到了 20 世纪 80 年代初，他的仕途停滞不前，婚姻破裂，生活分崩离析。他和詹姆斯·邦德一样是一个情报人员，但案头工作多，马提尼酒少。他决定给一位巴黎熟人寄一张明信片，让生活变得更有趣，他知道这位熟人与法国情报部门有联系。[7]

很快，维特罗夫就将数十份关于 T 局的文件交给了他在莫斯科的法国经办人。法国情报部门给他的代号为"告别"（Farewell）。总的来说，他似乎提供了数千页来自克格勃的核心文件，揭露了一个专注于搜集西方工业机密的庞大官僚机构。一个关键的优先事项是"先进微处理器"，苏联不仅缺乏熟练的工程师，还缺乏设计尖端处理器所需的软件和生产它们所需的设备。西方情报人员对苏联搜集了多少东西感到震惊。[8]

在与法国特工会面的例行过程中，维特罗夫发现了一项新的活动，但他没有找到满足感。法国人从国外给他送礼物，让维特罗夫的情妇开心，但维特罗夫真正想要的是他的妻子爱他。他变得越来越失去理智。1982年2月22日，维特罗夫在告诉儿子他打算与情妇断绝关系后，他在莫斯科环城路上的车里刺伤了情妇。直到维特罗夫被警方逮捕，克格勃才意识到，维特罗夫背叛了自己的国家，并且将T局的秘密交给了西方情报部门。

法国人很快与美国和其他盟国情报机构分享了有关维特罗夫的信息。作为对策，里根政府发起了"出埃及记行动"（Operation Exodus），加强了对先进技术的海关检查。到1985年，美国通过该行动查获了价值约6亿美元的货物，并导致约1 000人被捕。当谈到半导体时，里根政府声称已经阻止了"美国技术向苏联的大出血"，这可能夸大了严控的影响。苏联的"复制"策略实际上使美国受益，因为这在客观上延续了苏联技术落后的态势。1985年，美国中央情报局对苏联微处理器进行了研究，发现苏联生产了英特尔和摩托罗拉芯片的复制品，这些产品像钟表一样准确。苏联总是落后五年。[9]

26 "大规模毁灭性武器": 抵消战略的影响

苏联元帅尼古拉·奥加科夫（Nikolai Ogarkov）预测，"远程、高精度、终端制导作战系统、无人驾驶飞行器和全新的电子控制系统"将把常规炸药转变为"大规模毁灭性武器"。[1] 奥加科夫在 1977—1984 年担任苏联军队总参谋长。在西方，他以领导媒体攻势而闻名。1983 年，苏联人意外击落了一架来自韩国的民用客机，奥加科夫没有承认自己的错误，而是指责飞机的飞行员正在进行"深思熟虑、计划周密的情报任务"，并宣称这架飞机是"咎由自取"。[2] 但这对他来说可能没有什么影响，因为他的人生目标是准备与美国开战。

苏联在开发冷战早期的关键技术、制造强大的火箭和拥有强大的核储备方面一直与美国并驾齐驱。现在，肌肉正被计算机化的大脑取代。当谈到支撑这一新的军事力量驱动力的硅芯片时，苏联已经毫无希望地落后了。20 世纪 80 年代，一位克里姆林宫官员自豪地宣称："同志们，我们已经制造了世界上最大的微处理器！"这成了一个流行的笑话。

从坦克或军队数量等传统指标来看，苏联在 20 世纪 80 年代初具有明显优势。[3] 奥加科夫的看法则不同：质量胜过数量。他专注于美国精密武器带来的威胁。奥加科夫对任何愿意听他说话的人说，结合更好的监视和通信工具，精确打击数百英里甚至数千英里以外目标的能力正在形成一场"军事技术革命"。[4] 在越南上空，使"麻雀"导弹错过90%的目标的真空管时代早已成为历史。苏联拥有的坦克比美国多得多，但奥加科夫意识到，在与美国的战斗中，苏联的坦克很快就会变得非常脆弱。

威廉·佩里的抵消战略奏效了，但苏联没有回应。[5] 苏联缺乏美国和日本芯片制造商生产的微型电子设备和计算能力。泽列诺格勒和其他苏联芯片制造厂无法跟上对手的脚步。尽管佩里推动五角大楼接受摩尔定律，但苏联芯片制造的不足逼迫该国的武器设计师尽可能限制复杂电子产品的使用。这在20世纪60年代是一种可行的方法，但到了80年代，这种不愿意跟上微电子技术进步的态度使苏联的武器系统继续保持"愚笨"，而美国的武器正在学习"思考"。20世纪60年代初，美国在"民兵II号"导弹上安装了一台由TI芯片驱动的制导计算机，而苏联第一台使用集成电路的导弹制导计算机直到1971年才通过测试。[6]

习惯于低质量微电子技术的苏联导弹设计师精心设计了解决方案。制导计算机的运算也更简单，以尽量减少机载计算机的负荷。苏联弹道导弹通常被告知要按照特定的飞行路径朝目标飞行，如果导弹偏离预定路线，制导计算机就会调整导弹，使其返回预定路线。相比之下，到了20世纪80年代，美国导弹可以自己计算到达目标的最佳路径。[7]

到20世纪80年代中期，美国新的MX导弹被公开估计有50%的概率会落在目标364英尺以内。据一位苏联前国防官员估计，一枚与之相当的苏联导弹SS-25大致落在距离目标1 200英尺以内。在冷战军事规划者的严酷逻辑中，几百英尺的差异非常重要。摧毁一座城市很容易，但两个超级大国都希望有能力摧毁彼此的核武库。即使是核弹头，也需要相当精准的直接打击来摧毁加固的发射井。如果有足够精准的打击，那么一方可能会在第一次出其不意的打击中使对手的核力量瘫痪。苏联最悲观的估计表明，如果美国在 20 世纪 80 年代发动第一次核打击，这可能使苏联 98% 的洲际弹道导弹失效或被摧毁。[8]

苏联没有犯错的余地。苏联军队还有另外两个可以对美国发动核攻击的系统：远程轰炸机和导弹潜艇。轰炸机被普遍认为是最脆弱的运载工具，因为它们会在起飞后不久被雷达识别，并在发射核武器之前被击落。相比之下，美国的核导弹潜艇实际上是不可探测的，因此是无敌的。苏联潜艇的安全性较差，而且美国正在学习应用计算能力，使其潜艇探测系统更加准确。

寻找潜艇的挑战是，如何分辨声波的杂音。声音从海底以不同的角度反射，并因水下温度或鱼群的变化而变化。到了 20 世纪 80 年代初，美国被公认为已经将潜艇传感器引入伊利亚克四号（ILLIAC IV），这是最强大的超级计算机之一，也是第一台使用半导体存储芯片的计算机，该芯片由仙童制造。伊利亚克四号和其他处理中心通过卫星与舰艇、飞机、直升机上的一系列传感器相连，跟踪苏联潜艇，因此苏联潜艇极易被美国发现。[9]

当奥加科夫对这些数据进行分析时，他得出结论，美国在导弹精度、反潜战、监视和指挥控制方面的半导体优势可能会让突然袭击威胁到苏联核武库的生存能力。核弹本应是最终的保险单，但正如一位将军所说，苏联军队感觉到"战略武器方面的劣势明显"。[10]

苏联军事领导人也害怕常规战争。军事分析家此前认为，苏联在坦克和军队数量上的优势为常规战争提供了决定性的优势。但美国最初在越南上空使用的"宝石路"炸弹已经通过安装新的制导系统进行了改进。美国"战斧"巡航导弹可以深入苏联领土。苏联国防规划者担心，美国常规武装的巡航导弹和隐形轰炸机可能会使苏联对其核力量的指挥和控制失效。这一挑战威胁着苏联的生存。[11]

克里姆林宫希望振兴苏联的微电子产业，但不知道如何做到这一点。1987年，苏联领导人米哈伊尔·戈尔巴乔夫（Mikhail Gorbachev）访问了泽列诺格勒，并呼吁"加强纪律"。[12]纪律是硅谷成功的一方面，体现在查理·斯波克对生产力的执着和安迪·格鲁夫的偏执。但仅靠纪律并不能解决苏联的根本问题。第一个问题是政治干预。20世纪80年代末，尤里·奥索金被里加半导体厂解雇。[13]克格勃要求他解雇几名雇员，其中一位因为给捷克斯洛伐克的一名妇女写信，第二位拒绝为克格勃的线人工作，第三位是犹太人。当奥索金拒绝惩罚这些员工时，克格勃驱逐了他，并试图解雇他的妻子。对于奥索金来说，设计芯片本身已经够难了，还要与克格勃斗争，这肯定是不可能成功的。

第二个问题是过度依赖军事客户。美国、欧洲和日本的消费市场蓬勃发展，推动了芯片需求。民用半导体市场为半导体供应链的专业化提供了资金，创造了从使用超纯硅片到光刻设备的先进光学部件的各种专业公司。苏联几乎没有消费市场，所以它只生产了西方制造的芯片的一小部分。一位苏联消息人士估计，仅日本在微电子领域的资本投资就是苏联的八倍。[14]

最后一个挑战是苏联缺乏国际供应链。[15]硅谷与美国的冷战盟友合作，形成了一种超高效的全球化分工。日本主导了存储芯片的生产，美国生产了大部分微处理器，日本的尼康和佳能以及荷兰的阿斯麦则分割了光刻设备的市场。东南亚的工人完成了大部分最终装配。美国、日本和欧洲的公司在这一分工中争先恐后，但它们都受益于将研发成本分散到比苏联更大的半导体市场的能力。

苏联只有少数盟友，其中大多数没有太大帮助。苏联主导的民主德国拥有与泽列诺格勒类似的芯片产业。20世纪80年代中期，凭借长期的精密制造传统以及耶拿市蔡司公司生产的世界领先的光学部件，民主德国为振兴其半导体行业做出了最后的努力。20 世纪 80 年代后期，民主德国芯片产量迅速增长，但该行业只能以十倍的价格生产出不如日本先进的存储芯片。[16] 先进的西方制造设备仍然难以获得，而且民主德国也没有硅谷公司在亚洲各地雇用的廉价劳动力。

苏联振兴其芯片制造的努力彻底失败。苏联和其盟友都无法赶上来，尽管它们开展了大规模的情报搜集活动，并向泽列诺格勒这样的研究机构投入了巨额资金。就在克里姆林宫开始对佩里的抵消战略反应迟缓之际，全世界都看到了波斯湾战场上未来战争的可怕景象。

27 战争英雄

1991 年 1 月 17 日凌晨，第一批美国 F-117 隐形轰炸机从沙特阿拉伯空军基地起飞，黑色机身迅速消失在黑暗的沙漠天空中。它们的目标是巴格达。自越南战争以来，美国从未打过一场大规模战争，现在它在沙特阿拉伯北部边境沿线有几十万名士兵，数万辆坦克等待突袭，数十艘军舰驻扎在海上，他们的枪支和导弹瞄准了伊拉克。领导这次袭击的美国将军诺曼·施瓦茨科夫（Norman Schwarzkopf）是一名受过训练的步兵，曾在越南服役过两次。[1] 这一次，他相信防区外武器能够发动第一次打击。

巴格达拉希德街上的 12 层高的电话交换大楼是唯一被认为重要到需要两架 F-117 攻击的目标。施瓦茨科夫的战争计划的成功取决于彻底摧毁这栋大楼，同时部分摧毁伊拉克的通信基础设施。两架飞机瞄准目标，释放了两千磅重的激光制导"宝石路"炸弹，炸穿了大楼并将其点燃。CNN（美国有线电视新闻网）驻巴格达记者的电视转播突然中断。施瓦茨科夫的飞行员取得了成功。几乎同时，116 枚"战斧"

巡航导弹从近海军舰发射，击中了巴格达及其周围的目标。海湾战争打响了。[2]

美国的首轮空袭目标是伊拉克的通信塔、军事指挥所、空军总部、发电站和国家避难所，试图斩首伊拉克领导人萨达姆·侯赛因（Saddam Hussein），并切断伊拉克国内的通信，以限制他们跟踪战争的能力。[3] 很快，伊拉克的军队陷入了混乱。CNN 播放了数百枚炸弹和导弹袭击伊拉克坦克的视频。战争看起来像一个电子游戏。但从得克萨斯州来看，韦尔登·沃德知道这项超前技术实际上可以追溯到越南战争。

袭击巴格达电话交换台的"宝石路"激光制导炸弹采用了与1972年摧毁越南清化大桥的第一代"宝石路"炸弹相同的基本系统设计。[4] 这些炸弹由几个晶体管、一个激光传感器和一对绑在旧"笨弹"上的机翼组成。到 1991 年，TI 多次更新了"宝石路"炸弹，每一个新版本都用更先进的集成电路取代现有电路，减少了元件数量，提高了可靠性，并增加了新功能。到海湾战争开始时，"宝石路"炸弹已成为军方的首选武器，原因与整个计算机行业均使用英特尔微处理器的原因相同：它们已被广泛理解，易于使用，而且性价比高。"宝石路"炸弹的价格一直很便宜，在 20 世纪 70 年代和 80 年代，它们更便宜。由于成本低，每个飞行员都可以在训练中实弹投放"宝石路"炸弹。它们的用途很广。飞行员不需要事先选择目标，可以到战场上选择目标。与此同时，命中率几乎和他们在电视上看到的一样高。战后空军进行的研究发现，非制导弹药远不如飞行员经常声称的那样准确，而像"宝石路"炸弹这样的制导弹药实际上比声称的还要好。使用激光制导进行打击的飞机击中的目标数，是没有制导弹药的同类飞机的 13 倍。[5]

事实证明，美国的空中力量在海湾战争中起着决定性的作用，在减少美国人员伤亡的同时摧毁了伊拉克军队。沃德因发明了"宝石路"炸弹、改进了电子系统并降低了成本而获得了一个奖项，正如他一开始承诺过的，炸弹只会更加便宜。美国军方以外的人花了几十年时间才意识到"宝石路"炸弹和其他类似的武器是如何改变战争的。使用这些炸弹的飞行员非常清楚它们多么具有革命性。在五角大楼颁奖典礼上，一名空军军官告诉沃德："你们挽救了大约 10 000 名美国人的生命。"[6] 先进的微电子技术和一组绑在炸弹上的翅膀改变了军事力量的本质。

当威廉·佩里看着海湾战争正在进行时，他知道激光制导炸弹系统只是几十个军事系统中的一个，这些系统通过集成电路实现了革命性的变革，从而实现了更好的监视、通信和计算能力。海湾战争是佩里抵消战略的第一次重大考验，该战略在越南战争后制定，但从未在大规模战斗中部署。

在越南战争结束后的几年里，美国军方一直在谈论，但许多人并没有认真对待。美国的军事领导人，比如在越南指挥美国军队的威廉·威斯特摩兰将军，承诺未来的战场将实现自动化。但是，尽管美国对越南拥有广泛的技术优势，但越南战争还是灾难性地结束了。那么，为什么更多的计算能力能带来变革呢？ 20 世纪 80 年代，除了一些针对利比亚和格林纳达等三流对手的小规模行动，美国军队主要驻扎在军营里，没有人知道五角大楼的先进装备在真正的战场上会有什么表现。

伊拉克建筑物、坦克和机场被精确武器摧毁的视频让人无法否认：战争的性质正在改变。甚至在越南上空错过了大部分目标的真空管"响尾蛇"空对空导弹现在也升级为更强大的半导体制导系统。它们在海湾战争中的准确率是在越南的六倍。

佩里在 20 世纪 70 年代末推动五角大楼开发的新技术的表现甚至超出了他的预期。伊拉克军队配备了苏联国防工业生产的最好的装备，但面对美国的进攻，他们束手无策。佩里宣称："高科技起了作用。"[7]一位军事分析家向媒体解释说："这一切都是基于信息而非火力的武器。"《纽约时报》的一篇头条写道："这是硅片对钢铁的胜利。"《纽约时报》的另一篇头条写道："电脑芯片可能成为战争英雄。"[8]

"宝石路"炸弹和"战斧"导弹爆炸的回响在莫斯科和巴格达同样强烈。一位苏联军事分析家宣称，这场战争是一场"技术行动"。另一位发言人表示，这是"一场电波上的战斗"。伊拉克的轻易失败正是奥加科夫所预测的结果。苏联国防部部长德米特里·亚佐夫（Dmitri Yazov）承认，海湾战争使苏联对其防空能力感到紧张。谢尔盖·阿克洛梅耶夫（Sergey Akhromeyev）元帅感到尴尬，因为他对冲突作出旷日持久的预测很快被伊拉克的迅速投降推翻。[9]CNN的视频显示，美国炸弹在空中自主制导，猛烈撞击伊拉克建筑物的墙壁，证实了奥加科夫对未来战争的预测。

28 "冷战结束了，你们赢了"

　　索尼的盛田昭夫在 20 世纪 80 年代乘坐喷气式飞机环游世界，与亨利·基辛格共进晚餐，在奥古斯塔国家高尔夫球场打高尔夫球，还与三方委员会（Trilateral Commission）等团体中的全球精英喝茶。他被视为商业预言家和日本企业的代表，当时日本已经是全球舞台上崛起的经济大国。盛田昭夫发现"日本第一"很容易让人相信，因为他生活在其中。多亏了索尼的随身听和其他消费电子产品，日本变得繁荣起来，盛田昭夫也变得富有了。

　　1990 年，危机袭来。日本金融市场崩溃，经济陷入严重衰退。很快，东京股市的交易价格就降到了 1980 年的一半。东京的房地产价格进一步下跌。日本的经济奇迹似乎戛然而止。与此同时，美国在商业和战争中复苏。在短短几年内，"日本第一"似乎不再准确。导致日本经济萎靡不振的研究案例，是曾被视为日本工业实力典范的半导体行业。

　　时年 69 岁的盛田昭夫目睹了索尼股价暴跌，同时日本的财富也在下滑。他知道他的国家的问题比其金融市场更为严重。在过去的十年里，盛田昭夫一直在教导美国人提高生产质量，而不是专注于金融市场上的"金钱游戏"。但随着日本股市崩盘，日本自吹自擂的长期思维看起来不再那么有远见。日本表面上的主导地位是建立在政府支持的过度投资基础上，这是不可持续的。[1]廉价的资本支持了新半导体制造厂的建设，但也鼓励芯片制造商不考虑利润，只考虑产出。日本最大的半导体公司在 DRAM 生产上翻了一番，尽管像美光和三星这样的低成本生产商正在击败日本竞争对手。[2]

日本的媒体意识到了半导体行业的过度投资，报纸头条发出警告并称之为"不计后果的投资竞争"和"他们无法停止的投资"。日本存储芯片生产商的首席执行官们不能停止建造新的芯片厂，即使他们没有盈利。一位日立高管承认，"如果你开始担心"过度投资，"你晚上就睡不着觉"。[3]只要银行继续放贷，首席执行官们就更习惯继续支出，而不是承认他们没有盈利途径。20 世纪 80 年代，美国的资本市场并不具有优势，但失去资金的风险帮助美国公司保持了警惕。日本 DRAM制造商本可以从安迪·格鲁夫的偏执狂性格或杰克·辛普劳关于大宗商品市场波动的智慧中获益。然而，他们都向同一个市场投入了大量资金，导致很少有人能赚到钱。

索尼是日本半导体公司中唯一一家从不在 DRAM 芯片上下大赌注的公司，它成功地开发了创新的产品，比如图像传感器专用芯片。当光照射在硅上面时，这些芯片会产生与光强度相关的电荷，将图像转换为数字信息。因此，索尼在引领数码相机革命方面处于有利地位，至今该公司感知图像的芯片仍然是世界级的。即便如此，索尼仍未能削减亏损部门的投资，其盈利能力自 20 世纪 90 年代初开始下滑。[4]

日本大多数大型 DRAM 生产商未能利用其在 20 世纪 80 年代的影响力推动创新。在东芝——一家 DRAM 巨头，一位名叫舛冈富士雄（Fujio Masuoka）的中级工厂经理于 1981 年发明了一种新型存储器，与 DRAM 芯片不同，它可以在断电后继续"记忆"数据。东芝忽视了这一发明，最后是英特尔将这种新型存储芯片（通常称为"闪存"或NAND）推向了市场。[5]

但日本芯片公司犯下的最大错误是错过了个人电脑的崛起。没有一家日本芯片巨头能够复制英特尔转向微处理器或其对个人电脑生态系统的掌控。日本的 NEC 尝试过，但它从未赢得过微处理器市场，哪怕是一小部分。对于格鲁夫和英特尔来说，在微处理器上赚钱是生死攸关的问题。日本的 DRAM 公司拥有巨大的市场份额和很少的资金限制，一直忽视微处理器市场，直到醒悟，却为时已晚。因此，个人电脑革命主要惠及美国芯片公司。当日本股市崩盘时，日本的半导体主导地位已经在削弱。1993 年，美国重返半导体发货量第一位。1998 年，韩国取代日本成为世界上最大的 DRAM 生产国，而日本的市场份额从 20 世纪80 年代末的 90% 下降到 1998 年的 20%。[6]

日本的半导体野心支撑了该国不断扩大的国际地位感，但这一基础现在看来很脆弱。在《日本可以说"不"》一书中，石原慎太郎和盛田昭夫认为，日本可以利用芯片优势对美国和苏联施加影响。但当战争终于来临时，在波斯湾这个出乎意料的舞台上，美国军队可能会让大多数观察家感到震惊。在数字时代的第一场战争中，日本拒绝加入 28 个国家的行列，这些国家向海湾地区派遣军队，将伊拉克军队赶出科威特。取而代之的是，东京通过发送支票来支付联军的费用，并支持伊拉克邻国。[7]当美国的激光制导炸弹轰击伊拉克的坦克纵队时，这种金融外交显得苍白无力。

盛田昭夫在 1993 年中风，引发了严重的健康问题。他退出了公众视野，在夏威夷度过了余生的大部分时间，直到 1999 年去世。石原慎太郎一直坚持认为，日本需要在世界舞台上展现自己。1994 年，他出版了《亚洲可以说"不"》（*The Asia That Can Say No*）。几年后，他又出版了《日本可以再次说"不"》(*The Japan That Can Say No Again*)。但对大多数日本人来说，石原慎太郎的观点已不再有意义。20 世纪 80 年代，他预测芯片将塑造军事平衡并定义技术的未来是正确的。但他认为这些芯片将在日本制造是错误的。面对美国的复苏，日本的半导体公司在 20 世纪 90 年代一直在萎缩。日本挑战美国霸权的技术基础开始崩溃。

与此同时，美国唯一的严重挑战者正在走向崩溃。1990 年，苏联领导人米哈伊尔·戈尔巴乔夫认识到，通过指挥方式和"复制"策略来克服技术落后的努力是无望的，于是他来到硅谷进行正式访问。硅谷的科技大亨们为他举办了一场沙皇式的盛宴。大卫·帕卡德和苹果公司的史蒂夫·沃兹尼亚克（Steve Wozniak）坐在戈尔巴乔夫身旁，一边喝酒一边吃饭。戈尔巴乔夫毫不掩饰自己选择访问加利福尼亚州湾区的缘由。他在斯坦福大学的一次演讲中宣称："明日的思想和技术诞生于加利福尼亚。"这正是奥加科夫元帅十多年来一直警告他的苏联领导人的话。

戈尔巴乔夫承诺通过从东欧撤出苏联军队来结束冷战，作为交换，他希望获得美国的技术。他与美国科技高管会面，鼓励他们投资苏联。当戈尔巴乔夫参观斯坦福大学时，他在校园里走来走去，向观众击掌致意。这位苏联领导人在斯坦福大学对听众说："冷战已经过去了，我们不要为谁赢了而争吵"。[8]

但很明显，大家心知肚明谁赢了，以及为什么赢了。奥加科夫早在十年前就发现了这一趋势，尽管当时他希望苏联能克服它。和其他苏联军事领导人一样，随着时间的推移，奥加科夫变得越来越悲观。早在1983 年，奥加科夫就私下告诉美国记者莱斯利·H. 盖尔布（Leslie H. Gelb）："冷战结束了，你们赢了。"苏联的火箭和以往一样强大。苏联拥有世界上最大的核武库，但其半导体生产无法跟上，计算机工业落后，通信和监控技术落后，军事后果是灾难性的。奥加科夫向盖尔布解释道："所有现代军事能力都基于创新、技术和经济实力，军事技术是以计算机为基础的。你们在计算机方面远远领先于我们……在你们国家，每个五岁的小孩都有一台计算机。"[9]

在萨达姆·侯赛因领导的伊拉克战败后，美国巨大的新型战斗力在每个人看来都是显而易见的。这在苏联军队和克格勃中引发了一场危机，他们感到尴尬，但又不敢承认自己有多么脆弱地被击败。苏联安全部门官员领导了一场针对戈尔巴乔夫的士气低落的政变，三天后政变失败了。对于一个曾经强大的国家来说，这是一个可悲的结局，这个国家无法接受其军事力量痛苦衰落的事实。俄罗斯的芯片产业也面临着自己的耻辱，20世纪90年代，一家工厂被降级，开始为麦当劳欢乐餐玩具生产小芯片。[10]冷战结束了，硅谷赢了。

第五部分

集成电路，集成世界？

29 "台湾想要一个半导体产业"

1985 年，中国台湾地区经济部门负责人李国鼎把张忠谋叫进了他在台北的办公室。此时，自从李国鼎帮助说服 TI 在台湾岛建造第一座半导体工厂以来，将近 20 年过去了。在那以后的 20 年里，李国鼎与 TI 的领导人建立了密切的关系，每次他到美国都会拜访帕特·哈格蒂和张忠谋，并说服其他电子公司效仿 TI 在台湾地区开设工厂。1985 年，他聘请张忠谋领导台湾芯片产业。"我们想在台湾推动半导体产业。"他告诉张忠谋。"告诉我，"他继续说道，"你需要多少钱。"[1]

20 世纪 90 年代是"全球化"一词首次被广泛使用的年代，尽管自仙童成立之初，芯片行业就依赖于国际生产和组装。自 20 世纪 60 年代以来，中国台湾有意进入半导体供应链，作为提供就业机会、获取先进技术和加强与美国安全关系的战略。20 世纪 90 年代，在台积电惊人崛起的推动下，台湾地区的重要性开始增长。

1985 年，当张忠谋被聘请领导台湾地区卓越的工业技术研究院（ITRI）时，台湾地区是亚洲半导体器件封装的领导者之一，从岛外拿到芯片进行测试，并将其安装在塑料或陶瓷封装材料上。中国台湾曾试图通过向美国无线电公司取得半导体制造技术授权，并于 1980 年成立了一家芯片制造公司联华电子（UMC），从而进入芯片制造行业，但该公司的能力远远落后于前沿技术。[2] 台湾以创造了大量半导体行业工作岗位而自豪，但只获得了一小部分利润，因为芯片行业的大部分利润来自设计和生产最先进芯片的公司。像李国鼎这样的官员知道，台湾经济只有超越简单地封装在别处设计和制造的部件，才能保持增长。

当张忠谋于 1968 年第一次去中国台湾时，台湾地区正在与中国香港、韩国、新加坡和马来西亚竞争。现在，三星和韩国其他大型企业集团正在向最先进的存储芯片投入资金。新加坡和马来西亚正试图复制韩国从组装半导体到制造半导体的转变，尽管没有三星那么成功。台湾仅仅是为了保持其在半导体供应链最底层的地位也必须不断提升能力。

改革开放后，中国大陆开始融入全球经济，吸引了一些台湾用来摆脱贫困的基本制造业和装配业工作。由于工资较低，数亿农民渴望从农村走向城市，大陆进入电子组装行业可能会让台湾破产。台湾地区官员向到访的 TI 高管抱怨，这相当于"经济战争"。[3] 在价格上与大陆竞争是不可能的，台湾必须生产先进技术产品。

李国鼎转向第一个帮助将半导体组装带到台湾的人——张忠谋。在 TI 工作了 20 多年后，张忠谋没有被聘为首席执行官，于 20 世纪 80 年代初离开了该公司。他后来说，"被放鸽子了"。[4] 他花了一年时间在纽约经营一家名为通用仪器（General Instrument）的电子公司，但他不满意，很快就辞职了。TI 的超高效制造工艺是他在提高产量方面的实践和专业知识的结晶。他亲自帮助建立了世界半导体产业。他想要的 TI 首席执行官职位将使他在芯片行业处于领先地位，他与罗伯特·诺伊斯或戈登·摩尔不相上下。因此，当台湾打电话给他，提出让他负责台湾芯片产业，并提供一张空白支票来资助他的计划时，张忠谋发现这个提议很有意思。时年 54 岁的他正在寻找新的挑战。

尽管大多数人在谈论张忠谋"回归"台湾，但他与台湾最密切的联系是他帮助建立的 TI。张忠谋在中国大陆长大，但自从大约 40 年前离开后，他就再也没有去过大陆。到了 20 世纪 80 年代中期，张忠谋住得最久的地方是得克萨斯州。他持有美国安全许可证，在 TI 从事国防相关工作。可以说，他更像美国得克萨斯人，而不是中国台湾人。他后来回忆道："台湾对我来说是一个陌生的地方。"5

建设台湾的半导体产业听起来像一个令人兴奋的挑战。张忠谋正式获得的职位，是台湾工业技术研究院的院长，这使他成为台湾芯片开发工作的中心人物。李国鼎对融资的承诺使交易更加顺利。事实上，张忠谋被任命为台湾半导体行业的负责人，保证了他除了李国鼎不必对任何人负责，李国鼎承诺给他很大的自由度。6 TI 从未像这样发放过空白支票。张忠谋知道他需要很多钱，因为他的商业计划是基于一个激进的想法。如果成功，这个想法将颠覆电子行业，让他和台湾控制世界上最先进的技术。

早在 20 世纪 70 年代中期，当张忠谋还在 TI 工作时，他就开始考虑创建一家半导体公司，生产客户设计的芯片。当时，像 TI、英特尔和摩托罗拉这样的芯片公司主要生产自己设计的芯片。1976 年 3 月，张忠谋向 TI 的高管们介绍了这一新的商业模式。他向 TI 同事们解释道："计算能力的低成本，将打开大量现在没有半导体制造服务的应用。"7 如果能为芯片创造新的需求来源，那么芯片很快将用于从手机到汽车到洗碗机的所有领域。他认为，设计这些产品的公司缺乏生产半导体的专业知识，因此它们更愿意将制造外包给专业人士。此外，随着技术的进步和晶体管的缩小，制造设备和研发成本将上升，只有生产大量芯片的公司才具有成本竞争力。

TI 的其他高管并不信服。1976 年，当时还没有任何"无晶圆厂"

的公司设计芯片，尽管张忠谋预测这些公司很快就会出现。TI 已经赚了很多钱，所以在还不存在的市场上赌博似乎有风险，这个想法被悄无声息地否决了。

张忠谋从未忘记芯片制造厂的概念。他认为，随着时间的推移，芯片设计正在成熟，尤其是在琳·康维和卡弗·米德的芯片设计革命使芯片设计与制造分离变得更加容易之后，他们认为这将为半导体创造一个"古腾堡时刻"。

在中国台湾，一些电气工程师也有类似的想法。曾帮助管理台湾工业技术研究院的史钦泰（Chintay Shih）在 20 世纪 80 年代中期邀请米德来台湾，分享他对古腾堡半导体的愿景。因此，芯片设计和制造分离的想法在台湾已经渗透了好几年，直到李国鼎向张忠谋提供了一张空白支票，以建设台湾的芯片产业。[8]

李国鼎履行了他的承诺，为张忠谋拟订的商业计划找资金。台湾为台积电提供了 48% 的启动资金，但只规定张忠谋找一家外国芯片公司提供先进的生产技术。张忠谋被 TI 和英特尔的前同事拒绝了。戈登·摩尔告诉他："张忠谋，你在你这个时代有很多好主意，但这不是其中的一个。"[9]但张忠谋说服了荷兰半导体公司飞利浦（Philips）出资 5800 万美元，转让生产技术，授予知识产权，以换取台积电 27.5% 的股份。[10]

其余的资金是从被"要求"投资的富裕台湾人那里筹集的。张忠谋解释道："通常情况下，相关部门负责人会打电话给台湾商人，让他投资。"台湾要求岛上几家最富有的家族提供资金，这些家族拥有专门从事塑料、纺织品和化工的公司。当一位商人在与张忠谋三次会面后拒绝投资时，台湾相关部门负责人打电话给这位吝啬的商人，提醒他："过去 20 年里，台湾一直对你很好，你最好现在为台湾做点什么。"不久，张忠谋的芯片厂收到了这位商人的支票。台湾还为台积电提供了丰厚的税收优惠，确保该公司有足够的资金进行投资。从第一天起，台积电就不是真正的私人企业,而是台湾当局的项目。[11]

台积电早期成功的一个关键因素是与美国芯片行业的深厚联系。[12]台积电的大多数客户是美国芯片设计师,许多顶尖员工曾在硅谷工作。1991—1997 年,张忠谋聘请了另一名 TI 前高管唐·布鲁克斯(Don Brooks)担任台积电总裁。布鲁克斯回忆道:"大多数向我汇报工作的人在美国有一些经验……他们都在摩托罗拉、英特尔或 TI 工作过。"在 20 世纪 90 年代的大部分时间里,台积电一半的销售额来自美国公司。与此同时,台积电的大多数高管在美国大学接受过顶尖博士课程的培训。

这种共生关系使台湾和硅谷受益。[13]在台积电之前,几家主要位于硅谷的小公司曾尝试围绕芯片设计开展业务,通过外包制造来避免建造自己的晶圆厂的成本。这些"无晶圆厂"公司有时能够说服一家拥有闲置产能的较大芯片制造商来生产它们的芯片。但在大型芯片制造商自己的生产计划背后,它们总是处于二等地位。更糟糕的是,它们一直面临着制造业合作伙伴复制它们创意的风险。此外,它们还必须在各大芯片制造商略有不同的制造流程中进行调整。对于它们来说,不建造晶圆厂可以大大降低创业成本,但依靠竞争对手来制造芯片一直是一种冒险的商业模式。

台积电的成立为所有芯片设计师提供了可靠的合作伙伴。张忠谋承诺永远不会设计芯片,只会制造芯片。台积电没有与其客户竞争,如果台积电做到了这一点,那就成功了。十年前,米德曾预言芯片制造业将迎来"古腾堡时刻",但有一个关键的区别,一家老式德国印刷商曾试图垄断印刷业,但失败了,这家印刷商无法阻止其技术在欧洲迅速传播,使得作家和印刷厂都受益。

在芯片行业,通过降低启动成本,张忠谋的代工模式催生了数十家新的"作者"——无晶圆厂芯片设计公司,通过将计算能力应用于各种设备，改变了科技行业。然而，作者身份的民主化与数字印刷机的垄断不谋而合。芯片制造的经济性需要无情的整合。无论哪家公司生产的芯片最多，这家公司都有一个内在的优势：提高产量的同时将资本投资成本分散到更多的客户身上。台积电的业务在 20 世纪 90 年代蓬勃发展，其制造工艺不断改进。张忠谋想成为数字时代的"古腾堡"。他最终变得更加强大。当时，几乎没有人意识到这一点，但张忠谋、台积电和中国台湾正走在主导世界最先进芯片生产的道路上。

30 "所有人都必须制造半导体"

1987 年,即张忠谋成立台积电的同一年,在其西南几百英里处,一位默默无闻的工程师任正非成立了一家名为华为的电子贸易公司。中国台湾是一个雄心勃勃的小岛,它不仅与世界上最先进的芯片公司有着深厚的联系,而且与成千上万在斯坦福大学和加州大学伯克利分校等学校接受过教育的工程师也有着深厚联系。相比之下,中国大陆拥有众多的人口,当时贫穷、落后。但一项新的经济开放政策导致了贸易的繁荣,特别是货物可以通过中国香港进口。华为所在的深圳就坐落在香港对面。

在台湾,张忠谋着眼于打造世界上最先进的芯片,并赢得了硅谷巨头客户。在深圳,任正非去香港购买廉价的电信设备,然后在全国销售。他交易的设备使用了集成电路,但他自己生产芯片的想法似乎不靠谱。20 世纪 80 年代,中国政府"把电子工业摆到战略重点的地位"。当时,中国大陆生产的最先进、最广泛使用的芯片是一种 DRAM,其存储容量与英特尔在 20 世纪 70 年代初推出的第一款 DRAM 大致相同。[1] 相比英特尔,中国大陆的芯片落后了十多年。

　　当集成电路被发明时，中国大陆拥有许多有助于当初日本、韩国和中国台湾吸引美国半导体投资的因素，比如庞大的低成本劳动力和受过良好教育的科学精英。在 1949 年中华人民共和国成立后，中西方意识形态对立。对于像张忠谋这样背景的人来说，在斯坦福大学完成学业后回到中国大陆，意味着可能陷入"困境"。在 1949 年之前，中国大学的不少优秀毕业生最终留在美国工作，为中国的主要竞争对手建立电子能力。

　　与此同时，当时的中国也犯了与苏联类似的错误。早在 20 世纪 50 年代中期，中国就将半导体确定为科学优先事项。很快，中国政府呼吁北京大学和其他科学中心的研究人员掌握技能，吸引了一批包括之前在加州大学伯克利分校、麻省理工学院、哈佛大学或普渡大学接受过教育的科学家。到 1960 年，中国在北京建立了第一个半导体研究所。大约在同一时间，中国开始制造简单的晶体管收音机。1965 年，中国工程师在罗伯特·诺伊斯和杰克·基尔比之后的五年里，制造了第一个集成电路。[2]

　　但是，中国在生产出第一个集成电路的第二年，开始了"文化大革命"。国家的教育系统受到了攻击，成千上万的科学家和专家被派往农村。

　　用受教育程度较低的员工建设先进产业是不可能的。更糟糕的是，当时中国接触不到西方先进技术。美国的限制阻止了中国购买先进的半导体设备，中国希望依靠群众运动完全自力更生，尽管中国当时无法生产许多先进的零部件。当时的主流媒体敦促支持"轰轰烈烈的""群众运动"，以"独立自主地发展电子工业"。[3]

　　20 世纪 60 年代，"文化大革命"冲淡了半导体的重要性，切断了中国与外国技术的联系。很多中国科学家对"文化大革命"破坏了他们的研究和生活感到不满，他们被送往农场，而不是在实验室研究半导体。

中国少数地方躲过了"文化大革命"。香港当时仍由殖民主义英国管治，工人正努力地在俯瞰九龙湾的仙童工厂里组装硅器件。在几百英里外的台湾，多家美国芯片公司拥有工厂，并且雇用了数千名工人，从事比加利福尼亚州标准工资低很多但远优于农民务农的工作。就在中国大陆的知识分子被送往农村接受再教育之际，中国台湾、韩国和东南亚的芯片产业正在将农民从农村拉出来，在工厂为他们提供良好的工作。

20世纪70年代中期，"文化大革命"结束了。科学家重新回到了实验室。但在"文化大革命"之前，中国大陆的芯片产业已经落后于硅谷，也落后于韩国和中国台湾。在"文化大革命"的十年里，英特尔发明了微处理器，同时日本在全球DRAM市场上占据了很大份额。因此，到20世纪70年代中期，中国大陆的芯片产业处于灾难性的状态。

1975年9月2日，约翰·巴丁抵达北京。20年前，巴丁因发明晶体管，与肖克利和布喇顿一起获得了诺贝尔物理学奖。1972年，巴丁成为唯一一位第二次获得诺贝尔物理学奖的人，这一次是因为他在超导方面的工作。在物理学界，没有人比巴丁更出名了，尽管谦虚的巴丁不公正地在20世纪40年代末被肖克利超越。当他接近退休时，他投入了更多的时间在美国和外国大学之间建立联系。1975年，当一个由美国著名物理学家组成的代表团访问中国时，巴丁被邀请加入。

随着"文化大革命"的结束，中国开始与美国建交。巴丁的代表团提醒中国人，与美国的友谊可以带来先进技术。这次访问标志着自"文化大革命"以来发生的巨大变化。十年前，北京、上海、南京和西安的主要研究机构都不会欢迎这位诺贝尔奖获得者。但是，某些政治遗产仍然存在。美国人被告知，中国科学家之所以不发表他们的研究成果，是因为他们反对"自夸"。[4]

巴丁从他与肖克利的合作中了解了一些痴迷于自我陶醉的科学家，肖克利曾不公正地声称自己独立发明了晶体管。肖克利是一位才华横溢的科学家和失败的商人，他的例子表明，资本主义与"自夸"之间并没有直接关系。巴丁告诉他的妻子，那些关心中国半导体科学家的政治人士是硅谷无法比拟的。[5]

巴丁和他的同事在离开中国时，对中国科学家留下了深刻印象，但中国的半导体制造愿景似乎没有多大希望。当时，亚洲的电子革命完全被中国大陆错过。硅谷的芯片公司在香港、台湾、槟城以及新加坡市的工厂雇用了数千名本地工人，他们大多是华裔。中国大陆在 20 世纪 60 年代谴责资本家，而其他地区拼命吸引资本家。1979 年的一项研究发现，中国大陆几乎没有任何商业上可行的半导体生产，全国只有 1 500 台电脑。[6]

"文化大革命"结束后，中国政府通过实施"四个现代化"政策来改造中国。不久，中国宣布"科学技术"是"四个现代化"的关键。世界其他地区正在被一场技术革命改变，中国科学家意识到芯片是这场变革的核心。

中国需要自己的半导体，不能依赖外国人。1985 年，《光明日报》呼吁放弃"第一台进口机器、第二台进口机器和第三台进口机器"的公式，取而代之的是"第一台机器进口，第二台中国制造，第三台出口"。[7]但当时，中国在半导体基础方面过于落后，这是无法轻易改变的。

政府呼吁进行更多的半导体研究，但光靠政府法令无法产生科学发明或可行的产业。政府坚持认为芯片具有战略重要性，这导致政府试图控制芯片制造，容易使该行业陷入官僚主义。20 世纪 80 年代末，当华为的任正非等新兴企业家开始建立电子业务时，他们别无选择，只能依赖外国芯片。中国大陆的电子组装业建立在境外芯片的基础上，这些芯片从美国、日本和中国台湾等国家和地区采购，而且是越来越多地从中国台湾采购。

31 "与中国人分享上帝的爱"

张汝京（Richard Chang）只是想"与中国人分享上帝的爱"。[1]《圣经》没有关于半导体的内容，但张汝京有传教士的热情，并且希望将先进的芯片制造技术带到中国。2000 年，出生于南京，在台湾长大，并且受过得克萨斯州培训的半导体工程师张汝京，说服中国政府给他巨额补贴，让他在上海建立一家半导体芯片制造厂。该工厂的设计完全符合他的要求，甚至包括一座教堂，这要感谢中国政府的特别许可。[2]但即使得到了中国政府的全力支持，当他与半导体行业的巨人，特别是台积电搏斗时，他仍然觉得自己像《圣经》中的大卫一样。

芯片制造的地理位置在 20 世纪 90 年代和 21 世纪初发生了巨大变化。1990 年，美国晶圆厂生产的芯片占全球的 37%，但这个数字到 2000 年下降到 19%，到 2010 年下降到 13%。[3]日本在芯片制造方面的市场份额也大幅下降。韩国、新加坡和中国台湾都向芯片产业注入大量资金，并迅速增加产量。例如，新加坡政府资助的制造工厂和芯片设计中心与 TI、惠普和日立等公司合作，在这个城市国家建立了一个充满活力的半导体产业。新加坡政府也尝试效仿台积电，成立了一家名为特许半导体（Chartered Semiconductor）的芯片制造厂，但该公司从未像台积电那样表现出色。[4]

韩国的半导体产业表现更好。1992 年，三星取代了日本的 DRAM 生产商，成为世界领先的存储芯片制造商，在此后的十年中，三星发展迅速。三星抵挡住了来自中国台湾和新加坡的 DRAM 市场竞争，受益于政府的支持和政府对韩国银行的非官方压力，要求它们提供信贷。这种融资之所以重要，是因为三星的主要产品 DRAM 存储芯片需要强大的财政力量，才能支撑每一个持续发展的技术节点的支出，即使在行业低迷时期，这些支出也必须持续。三星的一位高管解释说，DRAM 市场就像一场"胆小鬼博弈"游戏。[5]在经济好的时候，世界上的 DRAM 公司会向新工厂投入大量资金，将市场推向产能过剩，从而压低价格。继续投资是极其昂贵的，但停止投资，哪怕是一年，都有可能将市场份额让给竞争对手。没有人想先眨眼。在竞争对手被迫削减开支后，三星有资本继续投资。[6]三星的存储芯片市场份额增长势头强劲。

中国最有可能颠覆半导体行业，因为中国在组装电子产品方面扮演着越来越重要的角色，而世界上大多数芯片是要组装在这些电子产品上的。到了 20 世纪 90 年代，中国已成为世界工厂，上海和深圳等城市是电子组装中心。几十年前，这类工作推动了台湾地区经济的发展，但真正的价值是电子产品里的部件，尤其是半导体。

20 世纪 90 年代，中国大陆的芯片制造能力远远落后于中国台湾和韩国，更不用说美国了。中国的经济改革正在如火如荼地进行，走私者发现非法携带芯片进入中国是有利可图的，他们将芯片装满箱子，然后从香港地区偷运过去。[7]但随着中国电子产业的成熟，走私芯片的吸引力不如制造芯片。

把芯片业带到中国被张汝京视为他一生的使命。1948 年，张汝京出生于南京的一个军人家庭。在中华人民共和国成立后，他的家人离开了大陆，在他只有一岁的时候来到了台湾。在台湾，他在一个大陆人社区长大，他们把在岛上的居留视为临时逗留。蒋介石预期中的"中华人民共和国的崩溃"从未发生，让像张汝京这样的人陷入了永久性的身份危机，他们把自己视为中国人，但生活在远离出生地的岛屿上。大学毕业后，张汝京搬到了美国，在纽约的布法罗完成了研究生学位，然后在 TI 与杰克·基尔比一起工作。他成为经营晶圆厂的专家，从美国到日本，从新加坡到意大利，他在世界各地经营着 TI 的工厂。[8]

中国政府补贴国内半导体产业建设的早期成果大多不尽如人意。[9]一些晶圆厂是在中国建造的，比如中国华虹和日本 NEC 在上海的合资企业。NEC 从中国政府那里得到了一笔丰厚的金融交易。[10]作为交换，NEC 承诺将其技术带到中国。但 NEC 要确保由日本专家负责，中国员工只能做基础工作。中国从这家合资企业获得的专业知识不多。引用一位分析师的话："我们不能说这个公司是中国的公司，这只是一个位于中国的晶圆厂。"[11]

2000 年在上海成立的另一家芯片公司宏力半导体也涉及类似的境外投资、国家补贴和不成功的技术转让。考虑到台湾在半导体领域的成功，吸引台湾参与大陆芯片产业的想法是有道理的，但该公司由于技术落后，难以获得客户，从未赢得过大陆芯片制造业务的一小部分，占世界总业务的份额就更少了。[12]

如果有人能在中国建立芯片产业，那就是张汝京。他不会依赖裙带关系或外国援助。世界级晶圆厂所需的所有知识都已经在他的脑海中。在 TI 工作期间，他为该公司在世界各地开设新工厂。为什么不能在上海做同样的事？他于 2000 年创立了中芯国际集成电路制造有限公司（SMIC，以下简称"中芯国际"），从高盛、摩托罗拉和东芝等国际投资者那里筹集了超过 15 亿美元。[13]一位分析师估计，中芯国际一半的创业资金是由美国投资者提供的。[14] 张汝京利用这些资金雇用了数百名境外专家来运营中芯国际的晶圆厂，其中至少有 400 名来自中国台湾。[15]

张汝京的策略很简单：像台积电那样做。在台湾，台积电雇用了最好的工程师，尤其是那些在美国或其他先进芯片公司有经验的工程师。台积电购买了它能负担得起的最好的工具，坚持不懈地专注于培训员工掌握行业最佳实践，利用台湾愿意提供的所有税收和补贴政策。

中芯国际虔诚地遵循这一路线图，从境外芯片制造商，特别是台积电，积极雇用员工。在其运营的第一个十年的大部分时间里，中芯国际三分之一的工程人员是从台湾和国外雇用的。2001 年，据分析师道格拉斯·B. 富勒（Douglas B. Fuller）称，中芯国际从当地雇用了 650 名工程师，从境外招聘了 393 名工程师，境外招聘的大部分来自中国台湾和美国。该公司甚至有一个口号，"一个老员工带来两个新员工"，强调需要境外培训过的有经验的员工来帮助当地工程师学习。中芯国际的本地工程师学得很快，其技术能力很快就被认可，以至外国芯片制造商开始向他们发出工作邀请。该公司在技术国产化方面的成功归功于这批受过境外培训的员工。[16]

与中国其他芯片初创企业一样，中芯国际也从政府的大力支持中受益，比如五年的企业免税期和减免在中国销售芯片的销售税。[17] 中芯国际获得了这些好处，但它一开始并不依赖这些好处。张汝京致力于提高生产能力，采用接近尖端的技术。[18] 到 20 世纪末，中芯国际仅落后于世界技术领先企业几年。该公司似乎有望成为一流的芯片制造厂，或许最终有能力威胁台积电。[19] 张汝京很快赢得了为他前雇主 TI 等行业领袖制造芯片的合同。中芯国际于 2004 年在纽约证券交易所上市。

现在台积电面临来自东亚不同国家和地区多家芯片厂的竞争。新加坡的特许半导体，中国台湾的联华电子和世界先进公司（Vanguard），以及 2005 年进入代工业务的韩国三星，都在与台积电竞争生产其他地方设计的芯片。这些公司中的大多数得到了政府的补贴，使得芯片生产成本更低，这让它们所服务的大多数美国无晶圆公司受益。与此同时，无晶圆公司正处于推出一款塞满复杂芯片的革命性新产品（智能手机）的早期阶段。离岸外包降低了制造成本，刺激了更多的竞争。消费者享受了低价和过去难以想象的产品。全球化不就是这样设计的吗？

32 光刻战争

1992 年，当约翰·卡拉瑟斯（John Carruthers）在加利福尼亚州圣克拉拉市英特尔总部的一个会议室坐下时，他没想到向英特尔首席执行官安迪·格鲁夫索要 2 亿美元会很容易。[1] 作为英特尔研发工作的领导者，卡拉瑟斯习惯于下大赌注。有些成功了，有些失败了，但英特尔的工程师们和业内其他人一样，大多成功了。到 1992 年，由于格鲁夫决定将英特尔的精力集中在个人电脑微处理器上，英特尔再次成为世界上最大的芯片制造商。

但卡拉瑟斯的要求远远超出了通常的研发项目。与业内其他人一样，卡拉瑟斯知道现有的光刻方法很快将无法生产下一代半导体所需的更小的晶体管。光刻机公司正在推出使用深紫外光的工具，其波长为 248 纳米或 193 纳米，人眼看不见。但不久之后，芯片制造商将要求更高的光刻精度。卡拉瑟斯想瞄准波长为 13.5 纳米的极紫外光。波长越短，可以制作在芯片上的器件尺寸就越小。只有一个问题：大多数人认为极紫外光不可能大规模产生。

格鲁夫怀疑地问道："你是想告诉我，你打算把钱花在一些我们甚至不知道是否会奏效的事情上？"卡拉瑟斯反驳道："是的，安迪，这叫研究。"格鲁夫求助于英特尔前首席执行官戈登·摩尔，摩尔仍然是该公司的顾问。格鲁夫问道："你会怎么做，戈登？"摩尔反问道："嗯，安迪，你还有其他选择吗？"答案很明显：没有。芯片行业要么学会使用越来越短的波长进行光刻，要么摩尔定律对应的晶体管缩小将停止。这样的结果将给英特尔的业务带来毁灭性的打击，也会给格鲁夫带来耻辱。格鲁夫给了卡拉瑟斯 2 亿美元，用于开发 EUV 光刻技术。英特尔最终花费了数十亿美元进行研发，还花费了数十亿美元学习如何使用 EUV 光刻芯片。英特尔从未计划制造自己的 EUV 设备，但需要保证至少有一家世界先进的光刻机公司将 EUV 设备推向市场，这样英特尔就可以拥有光刻更小器件所需的工具。

自从杰伊·莱思罗普在美国军事实验室把显微镜倒置以来，光刻技术的未来比任何时候都更加令人怀疑。光刻行业存在三个问题：工程、商业和地缘政治。在芯片制造的早期，晶体管尺寸很大，光刻机使用的光波无关紧要。但是，摩尔定律已经发展到光波波长的尺度（几百纳米，取决于光颜色），光波会严重影响光刻的质量。到了 20 世纪 90 年代，最先进的晶体管以数百纳米为单位进行度量，但人们已经有可能设想出长度只有十几纳米的更小的晶体管。

大多数研究人员认为，生产这种晶体管尺寸的芯片，需要更先进的光刻机。一些研究人员试图使用电子束来光刻，但电子束光刻技术的速度始终不够快，无法大规模生产。其他人把赌注押在 X 射线或极紫外光上，每一种都会与不同的光刻胶化学物质发生反应。在一年一度的国际光刻专家会议上，科学家们讨论了哪种技术会获胜。一位与会者说，现在是一个在相互竞争的工程师群体之间的"光刻战争"时代。[2]

寻找新的最好光源的"战争"，只是光刻未来三场竞赛中的一场。第二场竞赛是商业性的，是关于哪家公司将制造下一代光刻机。开发新光刻设备的巨大成本推动了行业的集中，一家或两家公司将主宰市场。在美国，GCA 已经被清算，而硅谷集团（Silicon Valley Group）——一家从珀金埃尔默衍生出来的光刻机公司，远远落后于市场领导者佳能和尼康。20 世纪 80 年代，美国芯片制造商抵挡住了日本的挑战，但美国光刻机制造商没有。

佳能和尼康唯一真正的竞争对手是阿斯麦，这是一家规模虽小但正在成长的荷兰光刻机公司。1984 年，荷兰电子公司飞利浦剥离内部光刻部门，创建了阿斯麦。在芯片价格暴跌导致 GCA 业务下滑的同时，分拆的时机也非常糟糕。更重要的是，在距离荷兰与比利时边境不远的维尔德霍芬镇，似乎不太可能诞生半导体行业的世界级公司。欧洲是一个相当大的芯片生产地，但明显落后于硅谷和日本。

1984 年，当荷兰工程师弗里茨·范霍特（Frits van Hout）在获得物理硕士学位并加入阿斯麦时，公司员工问他是自愿还是被迫接受这份工作。[3] 范霍特回忆道，阿斯麦除了与飞利浦的关系，"我们既没有制造设施，也没有钱"。[4] 为光刻机建造庞大的内部制造设施是不可能的，取而代之，该公司决定从世界各地精心采购零部件组装系统。依赖其他公司的关键组件会带来明显的风险，但阿斯麦学会了防范这些风险。尽管日本试图制造所有部件，但阿斯麦可以购买市场上最好的部件。[5] 随着阿斯麦开始专注于开发 EUV 工具，从不同来源集成组件的能力成为其最大的优势。

出乎意料的，阿斯麦的第二个优势是它在荷兰的位置。20 世纪 80 年代和 90 年代，阿斯麦在日本和美国之间的贸易争端中被视为中立。美国公司将阿斯麦视为尼康和佳能值得信赖的替代者。例如，当美国 DRAM 初创公司美光想要购买光刻机时，它转向了阿斯麦，而不是依赖两个主要的日本供应商，这两个供应商都与美光在日本的 DRAM 竞争对手有着千丝万缕的联系。

阿斯麦从飞利浦分拆出来的历史也以惊人的方式促进了与台积电的深厚关系。飞利浦一直是台积电的基石投资者，曾将其制造工艺技术和知识产权转让给初创的台积电。这给了阿斯麦一个内置市场，因为台积电的晶圆厂是围绕飞利浦的制造工艺设计的。1989 年，台积电晶圆厂的一场意外火灾也在一定程度上起了推动作用，台积电因此购买了另外 19 台新的光刻机，这些费用由火灾保险支付。阿斯麦和台积电最初都是芯片行业边缘的小公司，但它们共同成长，形成了一种伙伴关系。[6] 如果没有这种伙伴关系，那么如今的计算技术进步将停滞不前。

阿斯麦和台积电的合作关系指向了 20 世纪 90 年代的第三场"光刻战争"。这是一场政治竞赛，尽管很少有行业或政府的人愿意用这类术语来思考。当时，美国正在庆祝冷战结束，并兑现其和平红利。如果以技术、军事或经济实力来衡量，那么美国领先于世界其他国家，无论是其盟友还是对手。一位颇具影响力的评论员宣称，20 世纪 90 年代是一个"单极时代"，美国的主导地位是毋庸置疑的。[7] 海湾战争证明了美国可怕的技术和军事实力。

1992 年，当安迪·格鲁夫准备批准英特尔在 EUV 光刻技术研究方面的第一笔重大投资时，人们很容易理解为什么即使是从冷战军事工业综合体中崛起的芯片行业，也得出了政治不再重要的结论。这位管理大师承诺，在未来的"无国界世界"，全球商业格局将由利润而非权力来塑造。[8] 经济学家在谈论加速全球化，首席执行官和政治家们都接受了这些新的时尚观点。与此同时，英特尔再次占据了半导体业务的顶端。英特尔曾抵挡住了其日本竞争对手，当时几乎垄断了个人电脑芯片的全球市场。自 1986 年以来，英特尔每年都赢利。[9] 为什么它还要担心政治？

1996 年，英特尔与美国能源部运营的几个实验室建立了合作伙伴关系，这些实验室在光学和其他领域拥有使 EUV 工作所需的专业知识。一位行业内人士回忆道，英特尔召集了六家芯片制造商加入该联盟，但英特尔支付了 95% 的费用。[10] 英特尔知道劳伦斯·利弗莫尔（Lawrence Livermore）和桑迪亚（Sandia）国家实验室的研究人员拥有制造 EUV 原型系统的专业知识，但其重点是科学，而不是大规模生产。

卡拉瑟斯解释道，英特尔的目标是"制造东西，而不仅仅是测量"，因此该公司开始寻找一家能够商业化和大规模生产 EUV 工具的公司。结果，没有一家美国公司能做到这一点。GCA 不再存在。美国最大的光刻机公司是硅谷集团，但该公司在技术上落后。美国政府对 20 世纪 80 年代的贸易摩擦仍然很敏感，不希望日本的尼康和佳能与美国国家实验室合作，尽管尼康认为 EUV 技术不会奏效。对于美国来说，阿斯麦是仅存可选的光刻机公司。[11]

让外国公司获得美国国家实验室最先进研究成果的想法，在华盛顿引发了一些问题。EUV 光刻技术并没有立即应用于军事领域，当时还不清楚 EUV 能否发挥作用。但如果真的这样做了，那么美国将依赖阿斯麦作为所有计算的基础工具。但除了美国国防部的一些官员外，华盛顿几乎没有人担心。[12] 大多数人认为，阿斯麦和荷兰政府是可靠的合作伙伴。对政治领导人来说，更重要的是对就业的影响，而不是地缘政治。[13] 美国政府要求阿斯麦在美国建立一个工厂，为其光刻机制造组件，并向美国客户提供产品和雇用美国员工，但阿斯麦的大部分核心研发在荷兰进行。美国商务部、国家实验室和相关公司的关键决策者表示，政府在做此决定的时候没有考虑太多的政治因素。[14]

尽管长期拖延和巨额成本超支，但是 EUV 伙伴关系仍缓慢取得进展。尼康和佳能被排除在美国国家实验室的研究之外，决定不制造自己的 EUV 工具，使阿斯麦成为世界上唯一的生产商。与此同时，2001 年，阿斯麦收购了美国最后一家大型光刻机公司硅谷集团。当时，硅谷集团已经远远落后于行业领先者，但人们再次质疑该交易是否符合美国的安全利益。在 DARPA 和美国国防部（数十年来一直在资助光刻行业）内部，一些官员反对这次交易。美国国会也提出了担忧，三位参议员写信给乔治·W. 布什总统，称"阿斯麦最终将拥有美国政府的所有 EUV 光刻技术"。[15]

这是不可否认的事实，但美国的实力正处于巅峰，华盛顿的大多数人认为全球化是一件好事。美国政府的主要信念是，通过鼓励俄罗斯或中国等大国专注于获取财富而非地缘政治力量来扩大贸易和供应链联系将促进"和平"。声称美国光刻业的衰落将危及安全的说法被认为与全球化和互联互通的新时代格格不入。与此同时，芯片行业只是想尽可能高效地制造半导体，在没有大型光刻机公司的情况下，除了押注于阿斯麦，美国还有什么选择？

英特尔和其他大型芯片制造商认为，将硅谷集团出售给阿斯麦对于开发 EUV 光刻机至关重要，因此对计算的未来至关重要。2001 年，英特尔新任首席执行官克雷格·巴雷特表示："如果二者不合并，美国开发新工具的过程将被推迟。"冷战结束后，刚刚上台的布什政府希望放松对所有商品的技术出口管制，直接用于军事用途的商品除外，政府将该战略描述为"围绕最高敏感度的技术建造高墙"，但 EUV 光刻技术没有被列入其中。[16]

因此，下一代 EUV 光刻机将主要在国外组装，尽管一些部件仍在康涅狄格州的一个工厂中制造。凡是提出美国如何保证获得 EUV 工具的问题的人，都被指责在全球化世界中保持冷战思维。那些谈论技术在全球传播的商业大师却在曲解现状。产生 EUV 光刻技术的科学网络遍布全球，汇集了来自美国、日本、斯洛文尼亚和希腊等不同国家的科学家。[17]但 EUV 光刻机的制造不是全球化的，而是垄断的，由单一公司管理的单一供应链将控制光刻技术的未来。

33 创新者的困境

在 2006 年的 Mac 世界（Mac World）大会上，史蒂夫·乔布斯（Steve Jobs）独自一人站在黑暗的舞台上，身穿标志性的蓝色牛仔裤和黑色高领毛衣。数百名科技迷焦急地等待着硅谷的先知发言。乔布斯向左转，舞台的另一边冒出一股蓝烟，一名身穿白色兔子装（半导体净化服）的男子穿过烟雾，穿过舞台，径直走到乔布斯面前。他摘下头套，咧嘴笑了，他是英特尔首席执行官保罗·欧德宁（Paul Otellini）。他递给乔布斯一块大硅片，"史蒂夫，我想报告英特尔已经准备好了"。[1]

这是乔布斯的经典剧场，却是典型的英特尔商业政变。到 2006 年，英特尔已经为世界大多数个人电脑提供了处理器。在过去的十年里，英特尔成功地战胜了 AMD，成为唯一一家为 x86 指令集架构生产芯片的大型公司。x86 是一套基本规则，规定了芯片的计算方式，这是个人电脑的行业标准。苹果是唯一一家不使用基于 x86 的芯片的大型计算机制造商。乔布斯和欧德宁宣布，这种情况正在改变，苹果电脑将内

177

置英特尔芯片。英特尔的帝国将不断壮大，但它对个人电脑行业的控制将会收紧。

乔布斯已经是硅谷的偶像，他发明了麦金塔电脑（Macintosh），并开创了计算机直观易用的理念。2001 年，苹果发布了 iPod（苹果播放器），这是一款富有远见的产品，展示了数字技术如何改变消费电子。欧德宁与乔布斯迥然不同。欧德宁被聘为经理，他不是幻想家。与英特尔前首席执行官罗伯特·诺伊斯、戈登·摩尔、安迪·格鲁夫和克雷格·巴雷特不同，欧德宁的背景不是工程学或物理学，而是经济学。他毕业时获得了 MBA 学位，而不是博士学位。在欧德宁担任首席执行官期间，他的影响力从化学家和物理学家转向了经理和会计师。这一点一开始几乎看不出来，但员工们注意到，高管们的衬衫越来越白，高管们系领带也越来越频繁。[2] 欧德宁继承了一家利润丰厚的公司，他认为自己的首要任务是通过利用英特尔对 x86 芯片的垄断来保持尽可能高的利润率，并运用教科书式的管理实践来捍卫这一点。[3]

x86 架构之所以能主宰个人电脑，并不是因为它是最好的，而是因为 IBM 的第一台个人电脑恰好使用了它。和给个人电脑提供操作系统的微软一样，英特尔控制着个人电脑生态系统的关键组成部分。这在一定程度上是运气好，因为 IBM 当时也可能为其第一台个人电脑选择摩托罗拉处理器，但也有一部分原因是格鲁夫的战略远见。在 20 世纪 90 年代初的员工会议上，格鲁夫勾勒出一幅图像，展示他对计算机未来的愿景：一座被护城河环绕的城堡。这座城堡是英特尔的盈利能力，守卫城堡的护城河是 x86。[4]

自从英特尔首次采用 x86 架构以来，伯克利的计算机科学家们设计了一种新的、更简单的芯片架构——RISC（精简指令集）。该架构能够提供更高效的计算，从而降低功耗。相比之下，x86 架构复杂而庞大。20 世纪 90 年代，格鲁夫曾认真考虑将英特尔的主要芯片转换为 RISC

架构，但最终决定不这样做。虽然 RISC 的效率更高，但转换的成本很高，对英特尔事实上垄断的威胁非常严重。计算机行业是围绕 x86 设计的，英特尔主导了整个生态系统。因此，x86 至今定义了大多数个人电脑架构。

英特尔的 x86 指令集架构也主宰了服务器业务。随着 21 世纪初各大公司建立了越来越大的数据中心，以及亚马逊云（Amazon Web Services）、微软云（Azure）和谷歌云（Google Cloud）等企业建立了巨大的服务器仓库，个人和公司在这些服务器上存储数据并运行程序，服务器业务蓬勃发展。20 世纪 90 年代和 21 世纪初，英特尔在为服务器提供芯片的业务中只占了很小的份额，落后于 IBM 和惠普等公司。但英特尔利用其设计和制造尖端处理器芯片的能力赢得了数据中心市场份额，并将 x86 确立为该行业的标准。到 2005 年左右，就在云计算兴起之际，英特尔几乎垄断了数据中心芯片，仅仅与 AMD 进行竞争。[5] 如今，几乎每个主要数据中心都使用英特尔或 AMD 的 x86 芯片。没有其处理器，云就无法运行。

一些公司试图挑战 x86 作为个人电脑行业标准的地位。1990 年，苹果和两个合作伙伴在英国剑桥成立了一家名为 Arm 的合资企业。其目的是，使用一种新的指令集架构来设计处理器芯片，该架构基于英特尔曾考虑但拒绝的更简单的 RISC 原理。作为一家初创公司，Arm 没有面临脱离 x86 的成本代价，因为它没有业务，也没有客户。然而，Arm 想取代 x86 成为计算生态系统的中心。Arm 的第一任首席执行官罗宾·萨克斯比（Robin Saxby）对这家拥有 12 个人的创业公司怀有巨大的抱负。他告诉他的同事们："我们必须成为全球标准，这是我们唯一的机会。"[6]

萨克斯比曾在摩托罗拉欧洲半导体部门得到晋升，后来在一家欧洲芯片初创公司工作，该公司因制造工艺表现不佳而失败。萨克斯比明白依赖内部制造芯片的局限性。他在关于 Arm 战略的早期辩论中坚称："硅就像钢铁，这也是一种商品……我们也许会踏着我的尸体制造芯片。"Arm 采用了一种新的商业模式——出售使用其架构的许可证，让其他芯片设计师购买，这为分散化芯片产业提出了新的愿景。英特尔有自己的架构（x86），在其基础上设计和生产了许多不同的芯片。萨克斯比想将他的 Arm 架构出售给无晶圆厂设计公司，这些公司将为自己的目的定制 Arm 架构，然后将制造外包给台积电这样的芯片制造厂。萨克斯比的梦想不仅仅是与英特尔竞争，而是颠覆英特尔的商业模式。但 20 世纪 90 年代和 21 世纪初，Arm 未能赢得个人电脑的市场份额，因为英特尔与微软 Windows 操作系统的合作过于强大，Arm 无法挑战。但 Arm 简化的节能架构很快在小型便携设备中流行起来，这些设备必须节约使用电池。例如，任天堂为其手持式视频游戏机选择了基于 Arm 的芯片，这是一个英特尔从未关注过的小市场。当英特尔意识到它应该在另一个看似专营市场的移动电话领域竞争时，为时已晚。

移动设备将改变计算的想法并不新鲜。加州理工学院富有远见的教授卡弗·米德在 20 世纪 70 年代初就预测到了这一点。英特尔也知道，个人电脑不会是计算机进化的最后阶段。英特尔在 20 世纪 90 年代和 21 世纪初投资了一系列新产品，比如一款领先 20 年的 Zoom 式视频会议系统。[7] 但这些新产品很少流行，与其说是出于技术原因，不如说是因为它们的利润远低于英特尔为个人电脑制造芯片的核心业务。这些产品从未得到英特尔内部的支持。

自 20 世纪 90 年代初以来，移动设备在格鲁夫还是首席执行官时，就一直是英特尔经常讨论的话题。20 世纪 90 年代初，在英特尔圣克拉拉总部的一次会议上，一位高管向空中挥舞着他的掌上电脑，并宣称："这些设备会成长起来，取代个人电脑。"但在个人电脑处理器销售收入高得多的时候，向移动设备注入资金的想法似乎是一场疯狂的赌博。[8] 因此，英特尔决定不进入移动业务，直到为时已晚。

英特尔的困境很容易被给格鲁夫咨询的哈佛大学教授诊断出来。英特尔的每个人都知道克莱顿·克里斯滕森及"创新者的困境"的概念。但该公司的个人电脑处理器业务，很可能在很长一段时间内赚钱。与 20 世纪 80 年代不同，当格鲁夫将英特尔从 DRAM 转向另一个方向时，英特尔正处于亏损状态，而 20 世纪 90 年代和 21 世纪初，该公司是美国最赚钱的公司之一。问题不是没有人意识到英特尔应该考虑新产品，而是保持现状太有利可图了。如果英特尔什么都不做，它仍将拥有两座世界上最有价值的城堡——个人电脑和服务器芯片，周围环绕着一条深深的 x86 护城河。

在达成将英特尔的芯片植入苹果电脑的协议后不久，乔布斯又带着一个新的想法找到了欧德宁。英特尔会为苹果的最新智能手机产品制造芯片吗？所有手机都使用芯片来运行操作系统，并管理手机网络通信，但苹果希望其手机能像电脑一样运行。因此，苹果需要一个强大的计算机式处理器。欧德宁事后告诉记者亚历克西斯·马德里加尔（Alexis Madrigal）："苹果想付出一定的代价，但不会超过一分钱……我看不出来。这不是你可以在销量上弥补的。事后看来，关于代价的预测是错的，而销量是所有人想象的 100 倍。"[9] 最终，英特尔拒绝了 iPhone 的合同。

苹果开始在别处寻找手机芯片。乔布斯转向了 Arm 架构。与 x86 不同的是，Arm 架构针对必须节约功耗的移动设备进行了优化。早期的 iPhone 处理器是由三星生产的，三星紧随台积电进入代工业务。欧德宁关于 iPhone 是专营小市场产品的预测被证明大错特错。但当他意识到自己的错误时，为时已晚。英特尔随后拼命想赢得智能手机业务的份额，尽管最终在智能手机产品上投入了数十亿美元，但一直没有多少值得展示的东西。苹果在其利润丰厚的城堡周围挖了一条深深的护城河，直到欧德宁和英特尔意识到发生了什么。

就在英特尔拒绝 iPhone 合同的几年后，苹果在智能手机上的收入比英特尔销售个人电脑处理器的收入还要多。英特尔曾多次尝试攀登苹果城堡的围墙，但已经失去了先行者的优势。对于英特尔来说，花费数十亿美元获得第二名几乎没有吸引力，况且英特尔的个人电脑业务仍然利润丰厚，其数据中心业务增长迅速。当时，英特尔未找到在移动设备上立足的办法，现在仍然没有找到。[10] 如今，移动设备消耗了近三分之一的芯片。

在格鲁夫离职后的几年里，英特尔错失了机会，这一切都有一个共同的原因。自 20 世纪 80 年代末以来，甚至在调整通胀因素之前，英特尔已经实现了 2 500 亿美元的利润，这是其他公司无法比拟的业绩。英特尔通过向个人电脑和服务器芯片收取大量的费用来实现这一目标。基于格鲁夫磨砺并传承给他的继任者的优化设计流程和先进制造技术，英特尔能够维持高价格。英特尔的领导层一贯优先考虑生产利润率最高的芯片。

这是一个理性的策略，没有人想要利润率低的产品，但这使得英特尔尝试任何新产品都是不可能的。英特尔专注于实现短期利润目标开始取代长期技术领先地位，从工程师到经理的权力转移加速了这一进程。2005—2013 年担任英特尔首席执行官的欧德宁承认，他拒绝了 iPhone 芯片的生产合同，因为他担心这会对财务产生影响。欧德宁对利润率的执着已深深渗透到英特尔的招聘决策、产品路线图和研发流程中。与晶体管相比，英特尔的领导人更专注于公司的资产负债表。一位英特尔前财务主管回忆道："它有技术、有人，只是不想受到利润率的打击。"[11]

34 跑得更快？

2010 年，安迪·格鲁夫在帕洛阿尔托的一家餐厅用餐，他被介绍给三位正在硅谷旅游的中国风险投资家。2005 年，他辞去了英特尔董事长的职务，成为一名简单的退休人员。他建立并拯救的公司仍然盈利丰厚。即使在 2008 年和 2009 年，英特尔也赚钱了，尽管硅谷的失业率飙升至 9% 以上。但格鲁夫并不认为英特尔过去的成功是自满的理由。他一如既往地偏执。看到中国风险投资家在帕洛阿尔托投资，他不禁要问：在大规模失业的时候，硅谷将生产外包是否明智？作为前纳粹和苏联军队的犹太难民，格鲁夫不是本土主义者。英特尔雇用了世界各地的工程师，在各大洲运营工厂。但格鲁夫担心先进制造业的离岸外包，三年前（2007 年）刚刚推出的 iPhone 就是这一趋势的例证，iPhone 的部件很少是在美国制造的。尽管离岸外包始于低技能工作，但格鲁夫认为它不会局限于此，无论是在半导体行业还是其他行业。他担心电动汽车所需的锂电池，尽管美国发明了许多核心技术，但美国在电动汽车市场上所占份额很小。他的解决方案是，"对离岸劳动力的产品征收额外的税。如果结果是一场贸易战，这就跟其他战争一样，为赢得胜利而战"。[1]

许多人认为格鲁夫是过去时代的代表。早在互联网出现之前，格鲁夫就建立了英特尔。他的公司错过了移动电话，并依靠垄断 x86 的成果生存。21 世纪前十年早期，英特尔保留了世界上最先进的半导体工艺技术，领先竞争对手引入了更小的晶体管，保持了与戈登·摩尔时期一样的节奏。但是，台积电、三星等竞争对手与英特尔之间的差距开始缩小。

此外，英特尔的业务被其他拥有不同商业模式的科技公司掩盖。21 世纪初，英特尔曾是世界上最有价值的公司之一，但被苹果超越，苹果的新移动生态系统不依赖于英特尔的芯片。英特尔错过了互联网经济的崛起。脸书（Facebook）成立于 2006 年，到 2010 年，其价值几乎是英特尔的一半，但很快就提高到英特尔的好几倍。硅谷最大的芯片制造商可能会反驳说，互联网数据是在服务器芯片上处理的，并在依赖处理器的个人电脑上访问。但是，生产芯片比在应用程序上销售广告的利润更低。格鲁夫崇拜"颠覆性创新"，但到了 21 世纪前十年，英特尔的业务被颠覆了。格鲁夫对苹果离岸装配线的遗憾被置若罔闻。

即使在半导体领域，格鲁夫充满厄运的预言也普遍被排斥。诚然，台积电等新的半导体芯片制造厂大部分在国外，但外国芯片制造厂生产的芯片主要由美国无晶圆厂公司设计。此外，它们的工厂里都是美国生产的制造设备。自从格鲁夫的第一位雇主仙童在中国香港开设了最初的组装工厂以来，向东南亚外包一直是芯片行业商业模式的核心。

格鲁夫并不信服。他指向电池行业宣称："放弃今天的'商品'制造业会把你锁定在明天的新兴产业之外。"格鲁夫写道，30 年前，当美国停止生产消费电子设备时，美国失去了在电池领域的领先地位。然后，美国错过了个人电脑电池，如今在电动汽车电池方面远远落后。他在 2010 年预测道："我怀疑美国可能永远赶不上。"[2]

即使在半导体行业内，我们也很容易找到格鲁夫对离岸专业技术的悲观看法的反面例子。与 20 世纪 80 年代末的情况相比，当时日本竞争对手在 DRAM 设计和制造方面击败了硅谷，美国的芯片生态系统看起来更健康。不仅仅是英特尔获得了巨额的利润，许多无晶圆厂的芯片设计师也获得了丰厚的报酬。21 世纪初，除了失去尖端光刻技术外，美国半导体制造设备公司总体上在蓬勃发展。应用材料（Applied Materials）仍然是世界上最大的半导体设备制造公司，比如制造在硅片加工过程中沉积化学薄膜的机器。泛林（Lam Research）在硅片蚀刻方面拥有世界一流的专业技术。同样位于硅谷的科磊（KLA）拥有世界上最好的工具，用于测量晶圆和光刻掩模上的纳米级误差。这三家设备制造商正在推出新一代设备，这些设备可以用于原子尺度上沉积、蚀刻和测量，这对于制造下一代芯片来说至关重要。几家日本公司，特别是东京电子公司，拥有与美国设备制造商相当的能力。尽管如此，如果不使用一些美国工具，基本上不可能制造出尖端芯片。

芯片设计也是如此。到 21 世纪前十年早期，最先进的微处理器在每个芯片上都有 10 亿个晶体管。[3] 能够布置这些晶体管的软件由三家美国公司提供——楷登（Cadence）、新思（Synopsys）和明导（Mentor），它们控制了全球大约四分之三的市场。[4] 如果不至少使用一个这三家公司的软件，芯片公司就不可能设计出芯片。此外，大多数提供芯片设计软件的小型公司也位于美国，没有其他国家能做到这一点。

当华尔街和华盛顿的分析家们审视硅谷时，他们看到了一个利润丰厚、技术进步的芯片产业。当然，如此严重地依赖中国台湾地区的几家工厂来制造世界上大部分芯片，也存在一些风险。1999 年，台湾发生里氏 7.3 级地震，大部分地区停电，包括两座核电站。[5] 台积电的晶圆厂也失去了电力，这威胁到了台积电的芯片生产和全球许多芯片的供应。

张忠谋很快与台湾的一些官员通了电话，以确保该公司能优先获得电力。花了一周时间，台积电五家晶圆厂中的四家重新上线，第五家晶圆厂重新上线的时间长些。[6]但中断是有限的，消费类电子产品市场在一个月内恢复正常。[7]1999年的地震只是台湾在20世纪遭受的第三大地震，人们很容易想象出将来会发生更强烈的地震。台积电的客户被告知，该公司的工厂可以承受里氏9级地震。自1900年以来，全世界已经经历了5次里氏9级地震。[8]任何人都不想验证这种说法。但台积电可以随时指出，硅谷位于圣安德烈亚斯断层之上，因此将制造业带回加利福尼亚州并不安全。

更困难的问题是，美国政府应如何调整其对半导体技术海外销售的控制，以应对日益国际化的供应链。除了几家为美国军方生产专用半导体的小型芯片制造商外，硅谷巨头在20世纪末和21世纪初减弱了与五角大楼的密切关系。20世纪80年代，当硅谷首席执行官们面对日本的竞争时，他们在美国国会大厅里度过了大量时间。现在，他们不认为自己需要美国政府的帮助。他们主要担心的是，美国政府通过与其他国家签署贸易协议和取消对出口的控制来摆脱困境。华盛顿的许多官员支持该行业放松管制的呼吁。中国有像中芯国际这样雄心勃勃的公司，但华盛顿的共识是，正如有影响力的外交官罗伯特·佐利克（Robert Zoellick）所说，贸易和投资将鼓励中国成为国际体系的"负责任的利益相关者"。[9]

此外，关于全球化的流行理论使得实施严格控制听起来几乎是不可能的。冷战期间，控制措施很难实施，美国与盟国经常就哪些设备可以出售给苏联发生争执。与苏联不同，中国在21世纪初更加融入了世界经济。华盛顿的结论是，出口管制弊大于利，既会损害美国工业，又不能阻止中国从其他国家的公司购买商品。日本和欧洲急于向中国出售任何东西。华盛顿没有人愿意与盟友就出口管制问题进行斗争，尤其是在美国领导人致力于与中国建立友好关系的情况下。

华盛顿形成了一个新的共识，即最好的政策是比美国的竞争对手"跑得更快"。一位美国专家预测："美国对任何一种产品，特别是半导体产品，依赖任何一个国家的可能性都非常小，更不用说中国。"[10]美国甚至给予中芯国际特殊地位，称其为"经过验证的最终用户"。[11]这证明了该公司没有向中国军方出售产品，因此不受某些出口管制。除了少数立法者（大多数是美国南方共和党人），他们仍然把中国视为冷战从未结束的国家，华盛顿几乎所有人都支持"跑得更快"的策略。[12]

"跑得更快"是一个优雅的策略，只有一个问题：根据一些关键指标，美国并没有跑得更快，而是在失利。美国政府中几乎没有人愿意做这项分析，但格鲁夫关于专业知识离岸外包的悲观预测部分已成为现实。2007 年，美国国防部委托五角大楼前官员理查德·范·阿塔（Richard van Atta）和几位同事进行一项研究，评估半导体行业"全球化"对美国军方供应链的影响。范·阿塔在美国国防微电子领域工作了几十年，经历了日本芯片产业的兴衰。他不容易反应过度，并且理解跨国供应链如何提高行业效率。在和平时期，这一系统运作顺利，但五角大楼不得不考虑最坏的情况。范·阿塔报告说，美国国防部获得尖端芯片的途径很快将取决于外国，因为如此多的先进制造正在转移到国外。

在美国单极时代的傲慢中，几乎没有人愿意倾听这些话。[13]华盛顿的大多数人甚至没有看一眼证据就得出结论，美国正在"跑得更快"。但是，半导体行业的历史并不表明美国的领导地位得到了保证。美国在 20 世纪 80 年代没有超越日本，尽管它在 20 世纪 90 年代做到了。GCA 在光刻方面也没有超越尼康或阿斯麦。美光是唯一一家能够与东亚竞争对手并驾齐驱的 DRAM 生产商，而美国许多其他 DRAM 生产商都破产了。到 20 世纪末，英特尔在生产芯片方面一直领先于三星和台积电，但差距在缩小。英特尔的前进速度越来越慢，尽管它仍然受益于其更高的起点。美国在大多数类型的芯片设计中处于领先地位，尽管中国台湾的联发科正在证明美国以外的其他地方也可以设计芯片。范·阿塔认为，没有什么理由可以自信，也没有理由可以自满。他在2007年警告说："美国的领导地位在未来十年可能会严重削弱。"但是，没有人听。

第六部分

离岸创新？

35
"真正的男人要有晶圆厂"

戴劳力士表、开劳斯莱斯车、创立 AMD 的杰瑞·桑德斯喜欢把拥有一家半导体晶圆厂比作在游泳池里养一条宠物鲨鱼。鲨鱼的饲养成本很高，需要时间和精力来维持，最终还可能会害死你。[1] 即便如此，桑德斯仍然确信一件事：他永远不会放弃自己的晶圆厂。尽管在伊利诺伊大学读本科时学习过电气工程，但他从来不是一个制造业的人。他凭借在仙童市场营销方面取得的成绩，成为该公司最耀眼、最成功的推销员。[2]

桑德斯的专长是销售，但他从未想过放弃 AMD 的制造工厂，尽管台积电等芯片制造厂的崛起使得大型芯片公司有可能考虑剥离其制造业务，并将其外包给亚洲的芯片制造厂。桑德斯在 20 世纪 80 年代与日本争夺 DRAM 市场份额，在 20 世纪 90 年代与英特尔争夺个人电脑市场份额，此后致力于自己的晶圆厂。他认为，晶圆厂对 AMD 的成功至关重要。

不过，就连他也承认，在拥有和运营一家晶圆厂的同时，赚钱变得越来越困难。问题很简单：每一代技术的进步都会使制造厂变得更昂贵。几十年前，张忠谋也得出了类似的结论，这就是他认为台积电的商业模式优越的原因。像台积电这样的代工厂，可以为许多芯片设计公司制造芯片，从而从其他公司难以复制的大规模生产中榨取利润。

尽管芯片行业的许多领域面临设计与制造分离的情况，但并非所有领域都如此。21 世纪初，半导体已分为三大类。第一类是逻辑芯片，是指运行智能手机、计算机和服务器的处理器。第二类是存储芯片，指的是 DRAM（提供计算机运行所需的短期内存）和 NAND（随着时间的推移记住数据）。第三类芯片比较分散，包括将视觉或音频信号转换为数字数据的传感器等模拟芯片、与手机网络进行通信的射频芯片，以及管理设备如何使用电力的芯片。

第三类并不是主要依靠摩尔定律来推动性能的改进，聪明的设计比缩小晶体管更重要。如今，大约四分之三的这类芯片是在 180 纳米或以上节点的工艺线上生产的，这是一种在 20 世纪 90 年代末首创的制造技术。[3] 因此，这一细分市场的经济性不同于逻辑芯片和存储芯片，这两类芯片必须无情地缩小晶体管才能保持领先地位。第三类芯片的制造厂通常不需要每隔几年就竞相制造更小的晶体管，因此它们的成本要低得多，平均只需要四分之一的先进逻辑芯片或存储芯片制造厂的资本投资。[4] 如今，最大的模拟芯片制造商在美国、欧洲和日本。[5] 大部分芯片的生产也发生在这三个地区，只有一小部分外包到中国台湾和韩国。其中，最大的模拟芯片制造商是 TI，该公司未能在个人电脑、数据中心或智能手机生态系统中建立起英特尔式的垄断地位，但仍然是一家中等规模、高利润的芯片制造商，拥有大量模拟芯片和传感器产品。现在，除了欧洲和日本的类似公司外，还有许多其他总部位于美国的模拟芯片制造商，比如安森美（Onsemi）、思佳讯和亚德诺（Analog Devices）。

相反，内存市场一直被接受代工的少数几个工厂（主要在东亚）主导。这两种主要类型的存储芯片（DRAM 和 NAND）不是来自以发达经济体为中心的分散供应商，而是由少数几家公司生产。对于 20 世纪 80 年代硅谷与日本竞争的半导体 DRAM 存储芯片而言，一个先进的晶圆厂可能耗资 200 亿美元。过去有几十家 DRAM 生产商，但现在只剩下三家主要生产商。20 世纪 90 年代末，日本几家苦苦挣扎的 DRAM 生产商合并为一家名为尔必达（Elpida）的公司，该公司试图与美光、三星和 SK 海力士（SK Hynix）竞争。到 2010 年，这四家公司控制了大约 85% 的市场份额。[6] 但是，尔必达一直在为生存挣扎，直到 2013 年被美光收购。[7] 与在韩国生产大部分 DRAM 的三星和 SK 海力士不同，美光的一系列收购让它在日本、中国台湾、新加坡以及美国拥有 DRAM 制造厂。新加坡等国家和地区的补贴鼓励美光维持并扩大其工厂产能。[8] 因此，尽管有一家美国公司是世界三大 DRAM 生产商之一，但大多数 DRAM 的生产在东亚。

另一种主要类型的存储芯片 NAND 的市场也以亚洲为中心。三星是最大的竞争者，提供了 35% 的市场份额[9]，其余的由韩国的 SK 海力士、日本的铠侠以及两家美国公司美光和西数（Western Digital）生产。韩国公司几乎只在韩国或中国生产芯片，但美光和西数的 NAND 只有一部分在美国生产，其余在新加坡和日本生产。与 DRAM 一样，虽然美国公司在 NAND 生产中发挥着重要作用，但美国制造的份额很低。

美国在存储芯片产量方面处于二流地位并不是什么新鲜事。这可以追溯到 20 世纪 80 年代末，当时日本首次在 DRAM 产量上超过美国。近年来的重大变化是，美国生产的逻辑芯片的份额大幅下降。如今，建造一个先进的逻辑晶圆厂耗资 200 亿美元，这是一笔巨大的资本投资，很少有公司能负担得起。与存储芯片一样，一家公司生产的芯片数量与成品率（实际可用的芯片数量）存在相关性。考虑到规模化生产的好处，制造先进逻辑芯片的公司数量不断减少。

除了英特尔之外，许多美国主要逻辑芯片制造商放弃了自己的晶圆厂，将制造进行外包。摩托罗拉、国家半导体等此前的主流公司接连破产、被收购。或者，我们看到它们的市场份额在缩水。它们被无晶圆厂公司取代，这些公司通常从传统半导体公司聘请芯片设计师，但将制造外包给台积电或亚洲其他芯片制造厂。这使得无晶圆厂公司能够专注于它们的优势——芯片设计，而不需要同时具备制造芯片的专业能力。

只要桑德斯担任首席执行官，他创办的 AMD 公司就一直会从事逻辑芯片的生产，比如个人电脑的处理器。老派硅谷首席执行官一直坚持认为，将半导体制造与设计分离会导致效率低下。但正是文化，而不是商业推理，让芯片设计和芯片制造一体化保持了如此长的时间。桑德斯仍然记得罗伯特·诺伊斯在仙童的实验室里捣鼓的日子。桑德斯支持AMD 自主制造的论点，是基于一种很快就过时的男子气概。20 世纪90 年代，当桑德斯听到一位记者打趣地说"真正的男人要有晶圆厂"时，他把这句话当成了自己的观点。桑德斯在一次行业会议上宣称："现在听我说，好好听我说，真正的男人要有晶圆厂！"[10]

36

"无晶圆厂的革命"

"真正的男人"可能有晶圆厂，但硅谷的新一波半导体企业家没有。自20世纪80年代末以来，无晶圆厂芯片公司的数量呈爆炸式增长，这些公司设计芯片，将芯片制造外包，通常依赖台积电提供这项服务。1984年，戈登·坎贝尔（Gordon Campbell）和达多·巴拿道（Dado Banatao）创立了芯片和技术公司（Chips and Technologies），该公司被公认为是第一家无晶圆厂公司。一位朋友声称，这家公司"不是一家真正的半导体公司"，因为它没有自己制造芯片。[1]但事实证明，这家公司为个人电脑设计的图形处理芯片很受欢迎，可以与一些业内最大的厂商生产的产品竞争。芯片和技术公司最终衰落，被英特尔收购。但该公司证明了一个无晶圆厂的商业模式是可行的，只需要一个好主意和数百万美元的启动资金即可，这只是建造一个晶圆厂所需资金的很小一部分。

对于半导体初创公司来说，计算机图形处理仍然是一个吸引人的专营市场，因为与个人电脑微处理器不同，英特尔在图形处理领域并没有事实上的垄断。从 IBM 到康柏，每一家个人电脑制造商都必须使用英特尔或 AMD 的芯片作为主处理器，因为这两家公司实际上垄断了个人电脑所需的 x86 指令集。在屏幕上呈现图像的芯片市场上，竞争更加激烈。半导体芯片制造厂的出现，以及启动成本的下降，意味着不仅仅是硅谷的贵族可以设计最好的图形处理器。最终主宰图形处理芯片市场的英伟达（NVIDIA）并非诞生在时尚的帕洛阿尔托咖啡馆，而是在圣何塞一个落后地区的丹尼快餐店（Denny's）。[2]

英伟达成立于 1993 年，其创始人是克里斯·马拉科夫斯基（Chris Malachowsky）、柯蒂斯·普里姆（Curtis Priem）和黄仁勋（Jensen Huang），黄仁勋至今仍是英伟达的首席执行官。普里姆在 IBM 工作时，在计算图形方面做过基础性工作，然后与马拉科夫斯基一起在太阳微系统公司（Sun Microsystems）工作。黄仁勋在中国台湾出生，小时候搬到了肯塔基州，之后在一家名为 LSI 的硅谷芯片制造公司工作。[3]他现在是英伟达的首席执行官和公开代言人，平时总是穿着深色牛仔裤、黑色衬衫和黑色皮夹克，拥有一个类似于史蒂夫·乔布斯的光环，显示他已经看到了计算机的未来。

虽然英伟达的第一批客户——视频及电脑游戏公司——可能看起来不像是最前沿的，但英伟达打赌，图形的未来将是制作复杂的 3D 图像。[4]早期的个人电脑是一个单调乏味的 2D（二维）世界，因为显示 3D 图像所需的计算量很大。20 世纪 90 年代，微软 Office 推出了一款形似回形针的小助手 Clippy，位于电脑屏幕的一边。这代表了图形技术的一次飞跃，但经常导致电脑死机。

英伟达不仅设计了能够处理 3D 图形的称为 GPU 的芯片，还围绕这些芯片建立了一个软件生态系统。制作逼真的图形需要使用名为"着色器"（Shaders）的程序，该程序告诉图像中的所有像素应该如何在给定的灯光阴影下进行描绘。着色器应用于图像中的每个像素，这是一个相对简单的计算，在成千上万个像素上进行。英伟达的 GPU 可以快速渲染图像，因为与英特尔的微处理器或其他通用 CPU 不同，它们的结构可以在快速进行许多简单计算的同时对大量像素进行着色。

2006 年，英伟达意识到高速并行计算可以用于计算机图形以外的用途，发布了 CUDA（统一计算设备架构）软件，该软件允许 GPU 以标准编程语言进行编程，不需要任何图形参考。尽管英伟达正在大量出产一流的图形处理芯片，但根据该公司 2017 年的一项估计，为了让程序员而不仅仅是图形专家都能使用英伟达的芯片，黄仁勋在这项软件工程上花费了至少 100 亿美元。[5] 黄仁勋赠送 CUDA 软件，但该软件只适用于英伟达的芯片。通过使芯片在图形处理行业之外发挥作用，英伟达发现了从计算化学到天气预报的并行处理的巨大新市场。[6] 当时，黄仁勋只能模糊地感知到并行处理的最大应用——人工智能——的潜在增长。

如今，英伟达的芯片主要由台积电制造，这在大多数先进的数据中心可以找到。幸好英伟达不需要建立自己的晶圆厂，否则在启动阶段很可能筹集不到必要的资金。给在丹尼快餐店干活的芯片设计师几百万美元已经是一场赌博，即使对硅谷最有冒险精神的投资者来说，当时赌上 1 亿美元（那时建一个新晶圆厂的成本）也是一个难题。此外，正如杰瑞·桑德斯所指出的，运行一个晶圆厂是昂贵且耗时的。像英伟达那样，简单地设计顶级芯片就足够困难了。如果英伟达还必须管理自己的制造环节，它可能就没有足够的资源构建软件生态系统。

英伟达并不是唯一一家为专用逻辑芯片开发新应用的无晶圆厂公司。通信理论教授欧文·雅各布斯在 20 世纪 70 年代初的一次学术会议上，曾高举微处理器并宣称"这就是未来"。他相信未来已经到来。安装在汽车仪表板或汽车地板上的大砖块移动电话即将进入 2G（第二代移动通信技术）时代。电话公司正试图就一项技术标准达成一致，以便移动电话能够相互通信。大多数公司希望有一种称为"时分多址"的系统，即多个电话呼叫的数据可以在同一无线电波频率上传输，当一个呼叫出现静音时，另一个呼叫的数据会被插入。

雅各布斯对摩尔定律的信念一如既往，他认为更复杂的跳频系统可能更好。他建议在不同的频率之间移动呼叫数据，将更多的呼叫塞进可用的频谱空间，而不是将给定的电话保持在特定的频率上。大多数人认为他在理论上是对的，但这样的系统在实践中永远行不通。他们认为，这样的话，语音质量会很低，通话会被中断。在不同频率之间移动呼叫数据并由另一端的电话进行解码，所需的计算量似乎太大。

雅各布斯不同意这种观点，他于1985年成立了高通公司来证明这一点。他建了一个有两个基站的小网络证明他的理论行得通。很快，整个行业都意识到，高通公司的系统依赖摩尔定律运行能够解码所有无线电波的算法，使更多的移动通信进入现有频谱空间成为可能。

对于2G之后的每一代手机技术，高通公司都提出了关于如何通过无线电频谱传输更多数据的关键想法，并销售了具有能够破译这种不和谐信号的计算能力的专用芯片。该公司的专利是如此重要，没有它们，手机就不可能被制造出来。[7]高通公司很快就涉足了一个新的业务线，不仅设计了与移动网络通信的调制解调器芯片，还设计了运行智能手机核心系统的应用处理器。这些芯片设计是巨大的工程成就，每一个都建立在数千万行代码之上。[8]高通公司通过销售芯片和许可知识产权获得了数千亿美元的收入。但是，高通公司没有制造芯片：芯片虽然是自己设计的，却外包给三星或台积电等公司制造。[9]

人们容易为半导体制造业的离岸外包感到悲伤。但是，如果像高通这样的公司每年不得不投资数十亿美元来建造晶圆厂，它们就可能无法生存下来。雅各布斯和他的工程师是将数据塞进无线电波频谱的奇才，他们设计出了聪明的芯片来解码这些信号。就像英伟达的情况一样，他们不必尝试成为半导体制造专家，这是一件好事。高通公司多次考虑开设自己的制造工厂，但考虑到成本和复杂性，它决定放弃。多亏了台积电、三星和其他愿意生产芯片的公司，高通公司的工程师才可以专注于他们在频谱管理和半导体设计方面的核心优势。[10]

还有许多其他美国芯片公司受益于无晶圆厂的模式，让其专注于新的芯片设计，而不必花费数十亿美元建造一个晶圆厂。全新的芯片种类出现了，这些芯片只在台积电和其他芯片制造厂制造，而不是自主制造。现场可编程门阵列芯片是由赛灵思（Xilinx）和阿尔特拉（Altera）等公司率先开发的，这些公司最初就依赖于代工。但是，最大的变化不仅仅是新型芯片。通过使移动电话、高级图形和并行处理成为可能，无晶圆厂公司实现了全新类型的计算。

37 张忠谋的大联盟

杰瑞·桑德斯可能承诺永远不会放弃自己的晶圆厂，但这一代用铅笔刀和镊子设计芯片的工程师已经离开了这个领域。他们的接班人受过计算机新学科的培训，许多人主要通过 20 世纪 80 年代和 90 年代新出现的芯片设计软件了解半导体。对于硅谷的许多人来说，桑德斯对晶圆厂的浪漫依恋，似乎和他那男子气概的大张旗鼓格格不入。在 21 世纪开始接管美国半导体公司的新一代首席执行官，倾向于使用 MBA 和博士的语言，在季度盈利电话会议上与华尔街分析师随意谈论资本支出和利润率。以大多数标准来衡量，这一代新的管理人才远比硅谷的化学家和物理学家更专业。但与之前的巨人相比，他们往往显得陈腐。

一个对不可能实现的技术疯狂下注的时代正被更有组织、专业化和合理化的东西取代。抵押房子式的赌博被经过仔细计算的风险管理取代。在这一过程中，人们很难摆脱失去了一些东西的感觉。在芯片行业的创始人中，只有张忠谋留下来了，他在中国台湾的办公室里抽着烟斗，他辩称这一习惯对他的健康有好处，至少对他的心情有好处。

21世纪初，张忠谋开始考虑继任计划。2005年，74岁的他辞去了首席执行官的职务，尽管他仍然是台积电的董事长。也许很快就没有人记得谁和杰克·基尔比一起在实验室工作，或者和罗伯特·诺伊斯一起喝啤酒了。

芯片行业高层的变化，加速了芯片设计和制造的分离，大部分芯片制造被离岸外包。在桑德斯从AMD退休五年后，该公司宣布将其芯片设计和制造业务分开。[1]华尔街欢呼雀跃，认为如果没有资本密集型的晶圆厂，新的AMD将更有利可图。AMD将这些制造业务分拆成一家新公司，将像台积电一样运营，不仅为AMD生产芯片，也为其他客户代工。阿联酋的政府投资部门姆巴达拉（Mubadala）成为新公司的主要投资者。对于一个以碳氢化合物石油而非高科技闻名的国家来说，这是一项出乎意料的工作。美国外国投资委员会（CFIUS）是美国政府机构，负责审查国外购买战略资产的情况。该委员会认为这个交易不会对国家安全产生影响，表示同意。但AMD生产能力的命运最终将塑造芯片行业，并保证最先进的芯片制造在海外进行。

格芯这家继承了AMD晶圆厂的新公司，进入了一个竞争激烈、无情的行业。摩尔定律在20世纪和21世纪初向前推进，迫使尖端芯片制造商花费越来越多的资金，大约每两年推出一套新的、更先进的制造工艺"节点"。智能手机、个人电脑和服务器芯片迅速迁移到新的"节点"，晶体管的密度更高，处理能力更强，功耗更低。每个工艺节点转换都需要更昂贵的机器来实现。

多年来，每一代制造技术都是以晶体管栅极的长度命名的，栅是晶体管的一部分，可以控制晶体管的打开和关闭。180纳米节点是在1999年首创的，随后是130纳米、90纳米、65纳米和45纳米，每一代的晶体管都会缩小到足以在同一区域内容纳大约两倍数量的晶体管。这降低了每个晶体管的功耗，因为较小的晶体管需要较少的电子流过它们。

大约在 21 世纪前十年早期，通过 2D 缩小晶体管来更密集地制造晶体管变得不可行。一个挑战是，当晶体管按摩尔定律缩小时，即使开关关闭，狭窄沟道偶尔也会导致电流"泄漏"。除此之外，每个晶体管顶部的二氧化硅层变得非常薄，以致产生量子效应，比如"量子隧穿效应"（电子穿越经典物理认为不可能跨越的障碍）开始严重影响晶体管的性能。到 2005 年左右，每个晶体管顶部的二氧化硅层可能只有几个原子厚，这太薄了，无法抑制电子隧穿。

为了更好地控制电子的运动，人们需要新的材料和晶体管设计。与 20 世纪 60 年代以来使用的 2D 设计不同，22 纳米节点引入了一种新的 3D 晶体管，称为 FinFET，它看起来像鲸鱼背部突出的鳍。连接晶体管两极的导电通道不仅可以从鳍的顶部施加电场，也可以从鳍的侧面施加电场，从而加强对电子的控制，以克服漏电现象。这些纳米级的 3D 结构对于摩尔定律的延续至关重要，但它们的制作难度惊人，在沉积、蚀刻和光刻方面需要更高的精度。这增加了主要芯片制造商是否都能完美地实现 FinFET 结构的转换，或者是否会落后的不确定性。

2009 年，当格芯作为一家独立公司成立时，行业分析人士认为，在 3D 晶体管的竞争中，该公司处于可赢得市场份额的有利地位。台积电的前高管承认，台积电也在对此表示担心。[2]格芯继承了德国的一家大型工厂，并在纽约建造了一家新的尖端工厂。与竞争对手不同，格芯把最先进的生产能力建立在发达经济体，而不是亚洲。格芯与 IBM 和三星建立了合作伙伴关系，共同开发技术，使客户可以直接与格芯或三星签订生产芯片的合同。此外，无晶圆厂芯片设计公司渴望格芯成为台积电的可靠竞争对手，因为这家中国台湾的巨头已经占据了全球约一半的芯片制造市场。[3]

对于格芯来说，另一个主要竞争对手是三星。三星芯片制造业务的技术与台积电大致相当，尽管其生产能力弱得多。不过，由于三星的部分业务涉及内部设计的芯片，所以三星出现了一些复杂情况。像台积电这样的公司为几十家客户制造芯片，并不遗余力地让客户满意，但三星有自己的智能手机和其他消费电子产品，因此三星在与许多客户竞争。这些公司担心，与三星芯片代工厂分享的想法可能最终会出现在其他三星产品中。台积电和格芯没有这种利益冲突。

在格芯成立之际，向 FinFET 晶体管的转变并不是对芯片行业的唯一冲击。台积电的 40 纳米工艺节点曾面临严重的良率问题，这给了格芯一个机会，使其在与大型竞争对手的竞争中脱颖而出。[4] 此外，2008—2009 年的金融危机威胁着芯片产业的重组。消费者不再购买电子产品，科技公司也不再订购芯片，半导体的采购大幅下滑。台积电的一位高管回忆道，感觉就像是一部电梯在空旷的竖井里倾斜。[5] 如果说还有什么能颠覆芯片产业的话，那就是全球金融危机。

不过，张忠谋并不打算放弃芯片制造业务的主导地位。自从他的老同事杰克·基尔比发明集成电路以来，他经历了行业的每一个周期。他确信这次衰退最终也会结束。过度扩张的公司将被挤出市场，让那些在经济低迷时期投资的公司占据市场份额。此外，张忠谋早就意识到智能手机将如何改变计算，从而改变芯片行业。媒体聚焦于年轻的科技大亨，比如脸书的马克·扎克伯格（Mark Zuckerberg），但时年 77 岁的张忠谋有着无人能与之匹敌的视角。他告诉《福布斯》，移动设备将成为芯片行业的"游戏规则改变者"，他认为移动设备预示着个人电脑带来的重大变革。他决定不惜一切代价赢得这项业务的最大份额。[6]

张忠谋意识到台积电可以在技术上领先于竞争对手，因为台积电是一个中立的参与者，其他公司将围绕台积电设计产品。张忠谋称这是台积电的"大联盟"，是一个由数十家设计芯片、销售知识产权、生产材料或制造机械的公司组成的伙伴关系。[7] 其中，许多公司相互竞争，但由于它们没有制造芯片，因此没有一家公司与台积电竞争。因此，台积电可以在它们之间进行协调，并且制定芯片行业大多数其他公司都同意使用的标准。它们别无选择，因为与台积电工艺的兼容性对所有公司都至关重要。对于无晶圆厂公司来说，台积电是他们最具竞争力的制造服务来源。对于设备公司和材料公司来说，台积电通常是它们最大的客户。智能手机开始飞速发展，推动了对硅的需求，张忠谋坐在了中心位置。张忠谋宣称："台积电知道利用每个人的创新是很重要的，比如我们的创新、设备制造商的创新、客户的创新以及 IP 提供商的创新。这就是大联盟的力量。"他吹嘘道："台积电及其十大客户的研发支出总和，超过了三星和英特尔的总和。"当其他行业围绕台积电联合时，整合设计和制造的旧模式将难以竞争。

台积电在半导体领域的中心地位要求它有能力为所有大客户生产芯片，这样做并不便宜。在金融危机中，张忠谋精心挑选的继任者蔡力行（Rick Tsai）做了每一位首席执行官都做过的事情：裁员和削减成本。张忠谋想做相反的事，要让 40 纳米芯片的生产重回正轨，台积电需要在人员和技术方面进行投资。为了赢得更多的智能手机业务，尤其是苹果在 2007 年推出的 iPhone（苹果最初从台积电的主要竞争对手三星手中购买关键芯片），台积电需要在芯片制造能力方面进行大量投资。张忠谋认为，奉行削减成本的蔡力行是一个失败主义者。张忠谋事后告诉记者："公司的投资非常少，我一直认为公司有能力做更多的事情……但这并没有发生。公司出现了停滞。"[8]

因此，张忠谋解雇了他的继任者，重新获得了台积电的直接控制权。[9] 台积电股价当天下跌，投资者担心张忠谋会启动一个回报不确定的高风险支出计划。张忠谋认为，真正的风险是安于现状。他不想让金融危机威胁台积电争夺行业领导力。他在芯片制造方面有着半个世纪的经历，这是他自 20 世纪 50 年代中期以来积累的声誉。因此，在危机最严重的时候，张忠谋重新雇用了前首席执行官解雇的员工，并加倍投资于新产能和研发。尽管面临危机，张忠谋还是宣布在 2009 年和 2010 年增加几十亿美元的投资。张忠谋宣称："产能过大比产能不足要好。"[10] 任何想进入代工业务的人都将面临台积电的全面竞争，因为台积电全力抢占蓬勃发展的智能手机芯片市场。2012 年，张忠谋在进入半导体行业的第六个十年时宣布："我们才刚刚开始。"[11]

类似台积电这样的代工厂崛起的最大受益者是大多数人没有意识到的公司——苹果。但史蒂夫·乔布斯创建的苹果一直专注于硬件，所以苹果想要完善其产品的愿望包括控制里面的硅也就不足为奇了。在苹果成立的早期，乔布斯就对软件和硬件的关系进行过深刻的思考。1980年，当乔布斯的头发几乎到了肩膀、胡子遮住了上唇时，他做过一次演讲。他被问道："什么是软件？"他回答道："我唯一能想到的是，软件是一种变化太快的东西，或者你还不知道自己想要什么，或者你还没来得及把它固化成硬件。"[1]

乔布斯没有时间把他的所有想法都融入第一代 iPhone 的硬件中，iPhone 使用了苹果自己的 iOS 操作系统，但将芯片的设计和生产外包给了三星。这部革命性的新手机还有许多其他芯片，比如英特尔的存储芯片、沃尔夫森设计的音频处理器、德国英飞凌（Infineon）生产的连接手机网络的调制解调器、CSR 设计的蓝牙芯片以及思佳讯的信号放大器等。[2] 所有这些芯片都是由其他公司设计的。

随着乔布斯推出新版本的 iPhone，他开始将自己对智能手机的愿景嵌入苹果自己的硅芯片上。在 iPhone 发布一年后，苹果收购了一家硅谷小型芯片设计公司 PA Semi，该公司在节能处理方面拥有专门知识。不久，苹果开始雇用一些业内最好的芯片设计师。两年后，该公司宣布已经设计了自己的处理器 A4，该处理器将用于新的 iPad（苹果平板电脑）和 iPhone 4。[3] 设计复杂的智能手机处理器是昂贵的，这就是大多数中低端智能手机公司从高通等公司购买现成芯片的原因。但苹果在德国巴伐利亚州、美国硅谷以及以色列的研发和芯片设计方面投入了大量资金，工程师们在硅谷设计了最新的芯片。现在，苹果不仅为其大多数产品设计了主处理器，还设计了运行 AirPods（苹果无线耳机）等配件的辅助芯片。这种对专用芯片的投资解释了为什么苹果的产品使用起来如此顺畅。[4] 在 iPhone 发布的四年里，苹果从智能手机销售中获得了全球 60% 以上的利润[5]，击败了诺基亚和黑莓等竞争对手，东亚智能手机制造商只能在低利润率的廉价手机市场上争夺。

像高通和其他推动移动革命的芯片公司一样，尽管苹果设计了越来越多的硅芯片，但它并没有制造任何芯片。苹果以将手机、平板电脑和其他设备的组装外包给中国几十万装配线工人而闻名，这些工人负责将微小的零件组装在一起。中国的装配工厂生态系统是世界上制造电子设备的最佳场所。[6] 像富士康（Foxconn）和纬创（Wistron）这样的工厂，在生产手机、个人电脑和其他电子产品方面具有独特的能力。尽管东莞和郑州等中国城市的电子组装工厂是世界上效率最高的，但它们也不是不可替代的。世界上仍有数亿自给自足的农民，他们乐意以每小时一美元的价格将组件固定在 iPhone 上。富士康在中国组装了大部分苹果产品，但也在越南和印度组装了一些产品。[7]

与流水线工人不同，智能手机内的芯片很难替代。随着晶体管的缩小，它们变得越来越难制造。能够制造尖端芯片的半导体公司的数量已经在减少。2010 年，当苹果推出第一款芯片时，只有少数尖端芯片制造厂，比如台积电、三星，或许还有格芯（这取决于格芯能否成功赢得市场份额）。如今，英特尔仍然是世界上缩小晶体管的领导者，仍然专注于为个人电脑和服务器制造芯片，没有为其他公司的手机制造处理器。像中芯国际这样的中国芯片制造厂正在努力追赶，但仍然落后多年。

因此，智能手机供应链与个人电脑供应链看起来非常不同。智能手机和个人电脑主要在中国组装，其中的高价值组件大多在美国、欧洲、日本或韩国设计。对于个人电脑而言，大多数处理器来自英特尔，并由该公司在美国、爱尔兰或以色列的工厂生产。智能手机不同于电脑。智能手机塞满了芯片，这些芯片不仅包括主处理器（苹果自己设计），还包括用于连接蜂窝网络的调制解调器和射频芯片，用于 Wi-Fi 和蓝牙连接的芯片，用于摄像头的图像传感器，至少两个存储芯片，用于感知运动的芯片（这样你的手机就知道你何时将其水平转动），以及用于管理电池、音频和无线充电的半导体。这些芯片构成了制造智能手机所需的大部分材料清单。

随着半导体制造产能转移到中国台湾和韩国，许多芯片的生产能力也随之转移。应用处理器是每部智能手机的电子大脑，主要在中国台湾和韩国生产，然后被送往中国大陆进行最终组装。iPhone 的处理器完全在中国台湾制造。如今，除了台积电，没有一家公司具备制造苹果所需芯片的技能。苹果产品的背后印有 "Designed by Apple in California. Assembled in China"（加利福尼亚州苹果公司设计，中国组装）。iPhone 确实是在中国组装的，其最不可替代的芯片也是在加利福尼亚州设计的，但是只能在中国台湾制造。

39 EUV 光刻机

苹果并不是半导体行业中唯一拥有令人困惑的复杂供应链的公司。到 2010 年末，荷兰光刻机公司阿斯麦已经花了近 20 年的时间试图使极紫外光刻发挥作用。要做到这一点，阿斯麦就需要在世界上搜寻最先进的部件、最纯净的金属、最强大的激光器和最精确的传感器。EUV 光刻机是我们这个时代最大的技术赌注之一。2012 年，在阿斯麦生产出功能性 EUV 光刻机之前的几年，英特尔、三星和台积电都直接投资于阿斯麦，以确保其拥有足够的资金继续开发未来芯片制造能力所需的 EUV 光刻机。2012 年，仅英特尔就向阿斯麦投资了 40 亿美元。[1] 这是该公司有史以来最大的赌注之一。此前，英特尔在 EUV 光刻机上投入了数十亿美元的赠款和资金，可追溯到安迪·格鲁夫时代。

EUV 光刻机背后的想法，正如一位参与该项目的科学家所说的，与英特尔和其他芯片公司组成的财团，当年给几个国家实验室提供"无限资金去解决一个不可能解决的问题"[2] 时，没有什么不同。这个概念与杰伊·莱思罗普的倒置显微镜基本相同：通过使用掩模来阻挡部分光线，从而形成光波图案，然后投射到硅片上的光刻胶上。光与光刻胶反应，使材料沉积或蚀刻成完美形状成为可能，从而完成芯片制造。

莱思罗普使用了简单的可见光和柯达生产的现成光刻胶。通过使用更复杂的透镜和化学物质，人们最终可以在硅片上刻出几百纳米尺寸的形状。可见光的波长本身是几百纳米，这取决于颜色，因此随着晶体管越来越小，它最终面临着极限。该行业后来转向波长为 248 纳米和 193 纳米的紫外光，紫外光相比可见光可以更精确地雕刻出图形。但这还不够，因此人们将希望寄托在波长为 13.5 纳米的极紫外光上。

使用 EUV 带来了新的困难，事实证明这个困难几乎不可能得到解决。在莱思罗普使用显微镜、可见光和柯达生产的光刻胶的地方，所有关键的 EUV 光刻机部件都必须专门制作，你不能简单地买一个 EUV 灯泡。要想产生足够的 EUV，需要用激光轰击一个小锡球。西盟（Cymer）是由加州大学圣地亚哥分校的两位激光专家创立的公司，自 20 世纪 80 年代以来一直是光刻光源领域的主要参与者。该公司的工程师们意识到，最好的方法是以大约每小时 200 英里的速度在真空中射出一个三千万分之一米直径的小锡球，然后用激光照射锡两次，第一次脉冲加热锡，第二次脉冲将锡球轰成温度约为 50 万摄氏度的等离子体，这比太阳表面热很多倍。然后，这个轰锡过程每秒重复 5 万次，以产生制造芯片所需强度的 EUV。从那时起，复杂性的增加令人难以置信，而以前莱思罗普的光刻工艺只需借助于一个简单的灯泡作为光源。

西盟的光源需要由一种新的激光器以足够大的功率轰击锡滴产生。这需要功率比以前任何激光器都要强大的二氧化碳激光器。2005 年夏天，西盟的两名工程师联系了一家名为通快（Trumpf）的德国精密工具公司，看看它能否制造出这样的激光器。通快制造了世界上最好的用于精密切割的二氧化碳激光器。在最好的德国工业传统里，这些激光器是机械加工的纪念碑。因为在二氧化碳激光器产生的能量中，大约 80% 是热量，只有 20% 是光，所以从机器中抽取热量也是一个关键的挑战。[3] 通快之前设计了一种鼓风机系统，风扇每秒转动 1 000 次，由于速度太快，鼓风机无法依靠物理轴承。最终，该公司学会了使用磁铁，因此风扇可以在空气中飘浮，并且在从激光系统中吸出热量时不会与其他部件发生摩擦，也不会危及可靠性。

通快在提供西盟所需的精确性和可靠性方面享有盛誉和良好纪录。那么，通快能提供大功率的激光器吗？ EUV 激光器的功率比通快已经生产的任何激光器的功率都要大。此外，西盟要求的精确度比通快之前处理过的任何项目都更精确。西盟提出了一种由四个部件组成的激光器：一是两个"种子"激光器，虽然其功率低，但能精确地控制每个脉冲，使激光每秒能击中 5 万个锡滴；二是四个增加光束功率的谐振器；三是一个超精确的"光束传输系统"，可以将光束引导到锡液滴室，光束路径超过 30 米；四是一个最终聚焦装置，以确保激光每秒直接命中数百万次。[4]

每一步都需要创新。激光室中的特殊气体必须保持恒定密度。锡滴本身能够反射光，反射光有可能进入激光系统形成干扰。为了防止这种情况的出现，激光系统需要特殊的光学部件。通快需要工业钻石来提供激光离开腔室的"窗口"，必须与合作伙伴合作开发新的超纯钻石。通快花了十年时间来应对这些挑战，生产出了功率和可靠性都足够的激光器。每台光源需要整整 457 329 个部件。[5]

在西盟和通快找到了一种方法来轰击锡并使其发出足够强的 EUV 后，下一步是制作反射镜，收集光并将其指向硅芯片。制造世界上最先进光学系统的德国公司蔡司自珀金埃尔默和 GCA 成立以来，就为光刻系统制造反射镜和透镜。但过去使用的光学部件与 EUV 所需的光学部件之间的差异，大约与莱思罗普的灯泡和西盟的锡滴喷射系统之间的差异一样巨大。

蔡司面临的主要挑战是 EUV 难以反射。13.5 纳米波长的 EUV 更接近 X 射线而不是可见光。与 X 射线一样，许多材料吸收 EUV，而不是反射 EUV。蔡司开始开发由 100 层交替的钼和硅制成的反射镜，每层厚度为几纳米。劳伦斯·利弗莫尔国家实验室的研究人员在 1998 年发表的一篇论文中确定了这是目前最佳的 EUV 反射镜。[6] 但是，制造这样一个具有纳米级精度的反射镜被证明几乎是不可能的。最终，蔡司创造了有史以来最光滑的镜子，其中的缺陷小到几乎难以察觉。蔡司表示，如果 EUV 光刻系统中的镜子按比例放大到德国面积大小，它们最大的不平整度是十分之一毫米。为了精确地引导 EUV，EUV 光刻系统中的镜子必须保持完全静止，这需要机械和传感器高度精确，以至蔡司宣称其可以让激光击中月球上的高尔夫球。[7]

2013 年，范霍特接管了阿斯麦的 EUV 光刻业务。对于他来说，EUV 光刻系统最关键的投资不是某个单一部件，而是公司的供应链管理技能。范霍特解释道，阿斯麦"像机器一样"设计了这个商业关系网络，产生了一个由数千家公司组成的能够满足阿斯麦严格要求的精细协调系统。[8] 他估计，阿斯麦本身只生产了 EUV 光刻机部件的 15%，其余部分是从其他公司购买的。这使得阿斯麦可以获得世界上最精细的产品，但它需要不断地监控。

阿斯麦别无选择，只能依靠单一来源获得 EUV 光刻系统的关键部件。为了管理这一点，阿斯麦深入了解其供应商的源头，以了解风险。阿斯麦以投资形式回报某些供应商，比如 2016 年支付给蔡司 10 亿美元，为蔡司的研发提供资金。[9] 这样，所有供应商都达到了严格的标准。阿斯麦的首席执行官彼得·温宁克（Peter Wennink）告诉一家供应商："如果你不守规矩，我们就会把你买下来。"[10] 这并不是一个玩笑：阿斯麦最终买下了包括西盟在内的几家供应商，因为阿斯麦认为自己可以更好地管理它们。

　　结果，一台拥有数十万个部件的机器，花费了数百亿美元和几十年的时间来研发。奇迹不仅仅在于 EUV 光刻技术的成功，还在于 EUV 光刻技术能够以足够可靠的成本生产芯片。极端的可靠性对于 EUV 光刻系统中的任何部件都至关重要。阿斯麦为每个部件设定了一个平均使用时间至少为 3 万小时的目标——大约四年后才需要维修。[11] 实际上，这些部件需要频繁地进行维修，因为每个部件不是同时失效的。每台 EUV 光刻机的成本超过 1 亿美元，因此如果每台机器离线一小时，芯片制造商就会损失数千美元。

　　EUV 光刻机之所以能够工作，部分原因归功于软件。例如，阿斯麦使用预测性维护算法来预计部件何时需要在损坏之前更换。阿斯麦还使用一种叫作计算光刻的软件来更精确地打印图案。光与光刻胶产生化学反应的原子级不可预测性给 EUV 带来了新的问题，而这在更大波长的光刻技术中几乎不存在。为了调整光线折射方式的异常，阿斯麦的工具以不同于芯片制造商希望印在芯片上的图案投射光线。要想形成图形"X"，阿斯麦需要使用形状非常不同的图案，但当光到达硅晶圆后，最终会产生"X"。[12]

　　作为最终产品，芯片之所以能够可靠地工作，是因为它只有一个部件——一块覆盖着其他金属的硅。芯片中没有运动部件，除非你算上芯片内部运动的电子。但生产先进的半导体依赖于一些迄今为止最复杂的机器。阿斯麦的 EUV 光刻机是历史上最昂贵的大规模生产机器，其复杂程度非常高。如果没有阿斯麦工作人员的充分培训，其他公司就不可能使用阿斯麦的 EUV 光刻机，阿斯麦的工作人员在设备的整个使用寿命期间都会留在现场。每个 EUV 光刻机的侧面都有一个阿斯麦徽标。但阿斯麦欣然承认，阿斯麦的专长是能够协调一个由光学专家、软件设计师、激光公司和许多其他人组成的网络，这些人的能力是实现 EUV 光刻机梦想所必需的。

正如格鲁夫在生命的最后几年那样，人们很容易对制造业的离岸外包感到惋惜。荷兰公司阿斯麦将美国国家实验室率先开发的一项技术商业化，该技术主要由英特尔提供资金。如果人们知道光刻或 EUV 光刻技术的历史，这无疑会激怒美国的经济民族主义者。但阿斯麦的 EUV 光刻工具并不是真正的荷兰式工具，尽管它们主要在荷兰组装，其关键部件来自加利福尼亚州的西盟，以及德国的蔡司和通快，甚至这些德国公司也依赖美国生产的关键设备。[13] 问题是，与其说一个国家能够对这些神奇的工具感到自豪，不如说它们是许多国家的产物。一个有几十万个零件的工具有很多"父亲"。

格鲁夫问过约翰·卡拉瑟斯一个问题："它能行吗？"然后，格鲁夫将他的第一笔 2 亿美元投资于 EUV 光刻机。经过 30 年的时间、累积数百亿美元的投资、一系列的技术创新，以及世界上最复杂的供应链的建立，到 2015 年左右，阿斯麦的 EUV 光刻机终于准备好部署到世界上最先进的芯片制造厂。

40

"没有 B 计划"

2015 年，严涛南被问到，如果阿斯麦正在开发的新的 EUV 光刻机不起作用，会发生什么。在过去的 25 年里，严涛南一直致力于光刻技术的前沿研究。1991 年，严涛南刚从麻省理工学院毕业便被 TI 聘用，在那里维修 GCA 在破产前生产的最后一台光刻机。20 世纪 90 年代末，当使用 193 纳米波长光的深紫外（DUV）光刻机上线时，严涛南加入了台积电。近 20 年来，该行业一直依靠这些工具来制造越来越小的晶体管，使用一系列光学技巧，比如通过水或多层掩模的多次曝光，使 193 纳米的光波能够形成尺寸的一小部分，这些技巧让摩尔定律得以延续。因为芯片行业在 20 世纪 90 年代末通过对 3D FinFET 的早期研究已将晶体管从 180 纳米节点缩减。到 2015 年左右，这些研究成果已准备好进行大规模生产。

但是，只有这么多的光学技巧可以帮助 193 纳米的光雕刻出更小的特征尺寸。每个新的解决方案都会增加时间和成本。到 2015 年左右，解决方案会有一些额外的改进，但摩尔定律需要更好的光刻机来雕刻

215

更小的图形。唯一的希望是，自 20 世纪 90 年代初以来一直在开发但被严重推迟的 EUV 光刻机，最终能够在商业规模上运行。还能有什么选择？严涛南知道"没有 B 计划"。[1]

张忠谋在半导体行业对 EUV 光刻机下的赌注比其他任何人都大。台积电的光刻团队在 EUV 光刻机是否适合大规模生产的问题上存在分歧，但负责台积电研发的蒋尚义坚信，EUV 光刻机是唯一的前进之路。说话温和的蒋尚义，因一流的制造技术而广受赞誉。蒋尚义出生于中国重庆，和张忠谋一样，他的家人在第二次世界大战期间逃离了日占区。蒋尚义在中国台湾长大，后来在斯坦福大学学习电气工程，并在得克萨斯州的 TI 和硅谷的惠普工作。1997 年，当台积电突然发出工作邀请和巨额签约奖金时，蒋尚义回到了台湾，帮助台积电发展。2006 年，蒋尚义试图在加利福尼亚州退休，但当台积电在 2009 年遇到 40 纳米制造困境时，沮丧的张忠谋邀请蒋尚义回到台湾，吃了一顿牛肉汤面，要求他再次负责研发。

曾在得克萨斯州、加利福尼亚州和中国台湾工作过的蒋尚义，总是被推动台积电的雄心壮志和职业道德震撼。这一雄心壮志源于张忠谋对世界一流技术的愿景，张忠谋愿意花巨资将台积电的研发团队从 1997 年的 120 人扩大到 2013 年的 7 000 人。这种渴望渗透到了整个公司。蒋尚义解释道："在台湾，人们非常努力地工作。"由于制造工具占先进制造厂的大部分成本，所以保持设备运行对盈利至关重要。蒋尚义说，在美国，如果凌晨 1 点有什么东西坏了，那么工程师会在第二天早上修好。但是在台积电，他们会在凌晨 2 点前解决问题。蒋尚义解释道："他们不会抱怨，他们的家人也不会抱怨。"[2]随着蒋尚义重新掌管研发，台积电向 EUV 光刻迈进。蒋尚义很容易找到通宵工作的员工。他要求在 12 号工厂（台积电最大的工厂之一）里安装三台用于测试的 EUV 光刻机。在台积电与阿斯麦的合作中，蒋尚义不遗余力地测试和改进 EUV 光刻机。[3]

与台积电、三星和英特尔一样，格芯在开发自己的 7 纳米节点时，也在考虑采用 EUV 光刻机。从创立之初，格芯就知道，要想发展壮大，就需要成长。格芯继承了 AMD 的晶圆厂，但该厂比其竞争对手小得多。为了增长，格芯于 2010 年收购了新加坡的芯片制造厂特许半导体。[4] 几年后，也就是 2014 年，格芯收购了 IBM 的微电子业务，并承诺为这个"蓝色巨人"（Big Blue）生产芯片，IBM 此前出于 AMD 相同的原因决定成为无晶圆厂公司。IBM 的高管们分享过一个计算生态系统的形象：一个上下颠倒的金字塔，底部是半导体，所有其他计算都依赖于它。[5] 但是，尽管 IBM 在半导体业务的发展中发挥了根本性的作用，但其领导人认为，制造芯片在经济上毫无意义。面对决定投资数百亿美元建造新的先进晶圆厂，或者用数十亿美元投资高利润软件，IBM 选择了后者，将芯片部门出售给格芯。[6]

到 2015 年，由于这些收购，格芯成为当时美国最大的芯片制造厂，也是世界上最大的芯片制造工厂之一，但与台积电相比，格芯仍然是一家小公司。当时，格芯与中国台湾的联华电子在竞争全球第二大芯片制造厂的地位，两家公司都各拥有大约 10% 的市场份额。[7] 但是，台积电占据了全球芯片制造市场 50% 以上的份额。2015 年，三星仅占芯片制造市场的 5%，但如果将其自主设计的芯片（例如存储芯片和智能手机处理器芯片）的大量生产包括在内，那么三星生产的晶圆比任何公司都多。按照行业标准，台积电的晶圆产能为 180 万片，三星的晶圆产能为 250 万片，而格芯的晶圆产能只有 70 万片。[8]

台积电、英特尔和三星肯定会采用 EUV 光刻机，尽管这些公司对何时以及如何采用 EUV 光刻机有不同的策略。格芯则没有那么自信，它在 28 纳米工艺上遇到了困难。为了减少延迟的风险，格芯决定从三星获得 14 纳米工艺的许可，而不是自行开发。[9] 这一决定显示格芯对自己的研发工作缺乏信心。

到 2018 年，格芯已经购买了几台 EUV 光刻机，并将其安装在最先进的 8 号工厂里。后来，格芯的高管命令公司停止这项工作。"EUV计划"被取消，格芯放弃了生产新的尖端节点芯片。[10] 格芯不会追求基于 EUV 光刻的 7 纳米工艺，该工艺已经花费了 15 亿美元的开发成本，还需要相当数量的额外支出才能上线。台积电、英特尔和三星的财务状况都很好，足以进行冒险，这些公司希望 EUV 光刻机能发挥作用。格芯认定自己是一家中型芯片制造厂，永远无法使 7 纳米工艺在财务上可行。格芯宣布停止生产更小的晶体管，将研发支出削减三分之一，并在几年亏损后迅速实现了盈利。除了世界上最大的芯片制造商外，制造尖端处理器对每个人来说都太昂贵了，即便是拥有格芯的波斯湾王室成员的财力也不够雄厚。能够制造前沿逻辑芯片的公司数量从四家下降到三家。

41 英特尔如何遗忘创新

美国至少可以依靠英特尔，因为英特尔在半导体行业拥有无与伦比的地位。安迪·格鲁夫于 2016 年去世，戈登·摩尔现年 90 多岁，退休后住在夏威夷。虽然英特尔的创始人已经离开公司，但英特尔将 DRAM 商业化并发明微处理器的名声依然存在。没有哪家公司在将创新芯片设计与制造能力相结合方面有着更好的纪录。英特尔的 x86 架构仍然是个人电脑和数据中心的行业标准。如今，个人电脑市场停滞不前，因为几乎每个人都拥有电脑，但这仍然为英特尔带来了可观的利润。英特尔每年提供数十亿美元投资于研发。在 21 世纪第二个十年，英特尔每年在研发上的花费超过 100 亿美元，这是台积电的四倍，是 DARPA 总预算的三倍。世界上只有几家公司的花费比英特尔多。

随着芯片行业进入 EUV 光刻机时代，英特尔似乎已经准备好了占据主导地位。格鲁夫在 20 世纪 90 年代初首次投资 2 亿美元，对 EUV 光刻机的出现起到了至关重要的作用。现在经过数百亿美元的投资（其中很大一部分来自英特尔），阿斯麦的这项技术终于成为现实。但英特尔没有利用这个晶体管缩小的新时代，浪费了自己的领先优势，错过了人工智能所需的半导体架构的重大转变，搞砸了自己的制造工艺，未能跟上摩尔定律的步伐。

如今，英特尔保持着巨大的利润，仍然是美国最大、最先进的芯片制造商。但自格鲁夫在 20 世纪 80 年代决定放弃 DRAM，把一切都押在微处理器上以来，英特尔的未来比任何时候都更加令人怀疑。在接下来的五年里，英特尔仍有机会重新获得领导地位，但它也很可能最终会倒闭。问题不仅仅是一家公司，而是美国芯片制造业的未来。如果没有英特尔，就不会有任何一家美国公司能够制造尖端处理器。

英特尔作为硅谷的异类进入了 21 世纪第二个十年。包括英特尔的主要竞争对手 AMD 在内的大多数美国大型逻辑芯片公司都出售了自己的晶圆厂，只专注于设计。英特尔固执地坚持将半导体设计和制造结合在一起的集成模式。英特尔的领导认为，设计和制造流程可以相互优化，这是生产芯片的最佳方式。相比之下，台积电别无选择，只能采用通用制造工艺，这种工艺可以与 AMD 服务器芯片一样适用于高通智能手机处理器。

英特尔认为集成模式有一些好处是正确的，但也有很大的缺点。因为台积电为许多不同的公司制造芯片，现在每年制造的硅片数量几乎是英特尔的三倍，所以台积电有更多的时间打磨自己的工艺。[1] 此外，在英特尔将芯片设计初创公司视为威胁的地方，台积电看到了制造服务的潜在客户。由于台积电只有一个价值主张——高效制造，其领导层坚持不懈地致力于以更低的成本制造更先进的芯片。而英特尔的领导者不得不将注意力分散在芯片设计和芯片制造之间。他们最终把两者都搞砸了。

英特尔的第一个问题是人工智能。到 21 世纪第二个十年早期，英特尔的核心市场——个人电脑处理器的供应，已经停滞不前。如今，除了游戏玩家之外，几乎没有人会在新型号发布时兴奋地升级他们的电脑，而且大多数人不会太在意电脑使用的是哪种类型的处理器。英特尔的另一个主要销售数据中心服务器处理器的市场在 21 世纪第二个十年蓬勃发展。亚马逊云、微软云、谷歌云和其他公司构建了庞大的数据中心网络，提供了使"云"成为可能的计算能力。我们在线使用的大部分数据在这些公司的数据中心中处理，每个数据中心都需要使用英特尔芯片。但在 21 世纪第二个十年早期，也就是在英特尔完成对数据中心的征服之际，处理需求开始发生转变。新的趋势是人工智能，但是英特尔的主要芯片设计不佳，无法解决这一问题。

自 20 世纪 80 年代以来，英特尔专门开发了一种称为 CPU 的芯片，个人电脑中的微处理器就是一个例子。这些芯片在电脑或数据中心中充当"大脑"。它们是通用计算的主要工具，可以打开网络浏览器或运行微软的 Excel（电子表格软件），或者进行许多不同类型的计算，用途广泛，但它们进行的计算是一个一个串行的。

在通用 CPU 上运行任何人工智能算法都是可能的，但人工智能所需的计算规模使得 CPU 的使用成本过高。训练一个人工智能模型所用的芯片及其用电成本可能高达数百万美元。[2]（为了训练电脑识别猫，你必须给它看很多猫和狗，让它学会区分这两种动物。你的算法需要的动物越多，你需要的晶体管就越多。）

由于人工智能工作负载通常需要重复运行相同的计算，每次使用不同的数据，所以找到一种方法为人工智能算法定制芯片对于使其在经济上可行至关重要。亚马逊和微软等大型云计算公司运营着大多数算法运行的数据中心，这些公司每年花费数百亿美元购买芯片和服务器，还花费大量资金为这些数据中心提供电力。在竞争"云"市场份额时，提高芯片的效率是必要的。与通用的英特尔 CPU 相比，针对人工智能进行优化的芯片可以更快地工作，可以占用更少的数据中心空间，同时使用更少的电力。

在 21 世纪第二个十年早期，图形芯片设计者英伟达听说斯坦福大学的博士生使用它们的 GPU 做图形以外的事情。GPU 与标准的英特尔或 AMD CPU 的工作方式不同，CPU 具有无限的灵活性，但是以串行的方式运行所有计算。相比之下，GPU 被设计为针对相同计算同时运行多次迭代。这种"并行处理"很快就变得清晰起来，它的用途不仅仅是控制电脑游戏中的图像像素，还可以有效地训练人工智能系统。在 CPU 逐条处理数据时，GPU 可以同时处理多条数据。为了学会识别猫的图像，CPU 需要一个像素一个像素地处理，而 GPU 可以一次"查看"许多像素。因此，GPU 训练电脑识别猫所需的时间大大减少。

此后，英伟达将未来押在了人工智能上。自成立以来，英伟达将芯片生产外包给了台积电，坚持不懈地致力于设计新一代 GPU，并对名为 CUDA 的特殊编程语言进行定期升级，这使得设计使用英伟达芯片的程序变得简单易行。随着投资者打赌数据中心将需要更多的 GPU，英伟达成为美国最有价值的半导体公司。[3]

但英伟达的崛起并不是有把握的，因为除了购买英伟达芯片外，大型云公司谷歌、亚马逊、微软、脸书、腾讯、阿里巴巴等专门针对自己的处理需求，也开始设计自己的芯片，重点是人工智能和机器学习。例如，谷歌设计了 TPU（张量处理器）芯片。经过优化，该芯片可以与谷歌的 TensorFlow 软件库一起使用。你可以在艾奥瓦州的数据中心以每月 3 000 美元的价格租用谷歌最简单的 TPU，但功能更强大的 TPU 每月的价格可能超过 10 万美元。[4]"云"可能听起来很空灵，但我们所有数据赖以生存的硅都是非常真实和昂贵的。

无论是英伟达还是大型云公司，英特尔在数据中心处理器销售方面近乎垄断的局面正在结束。如果英特尔找到了新市场，它失去这一主导地位的问题就不会那么严重。但英特尔在 2015 年左右进军芯片制造业务，试图与台积电展开正面竞争，结果失败了。英特尔试图向寻求芯片制造服务的客户开放生产线，但英特尔私下承认，集成设计和制造模式远没有英特尔高管所宣称的那样成功。英特尔具备成为主要芯片制造企业的所有要素，包括先进的技术和强大的生产能力，但要想取得成功，英特尔需要进行重大的文化变革。台积电对知识产权持开放态度，但英特尔闭门保守。台积电是面向服务的，但英特尔认为客户应该遵守自己的规则。台积电没有与客户竞争，因为它没有设计任何芯片；而英特尔是行业巨头，其芯片几乎与所有人竞争。

2013—2018 年担任英特尔首席执行官的布莱恩·克扎尼奇（Brian Krzanich）公开表示，"过去几年，我基本上一直在运营我们的代工业务"，并称这项工作"具有战略重要性"。[5] 但客户并不这么认为，他们认为英特尔没有把代工客户放在首要位置。在英特尔内部，代工业务并未被视为优先事项。与制造个人电脑和数据中心芯片相比，新的代工业务几乎没有得到内部支持。[6] 因此，英特尔的代工业务在 21 世纪第二个十年只赢得了一个主要客户。几年后，该业务就被关闭了。[7]

2018 年，英特尔成立近 50 周年，衰退开始了。英特尔的市场份额正在萎缩。创新发生在其他地方。最后一根稻草是英特尔对摩尔定律的拙劣处理，英特尔在其制造工艺的计划改进方面面临一系列延误，目前仍在努力纠正。自 2015 年以来，英特尔一再宣布推迟 10 纳米和 7 纳米制造工艺，尽管台积电和三星已提前推出。

英特尔没有做出任何解释。[8] 它已经花了五年时间宣布"暂时"推迟生产，其技术细节因员工保密协议被掩盖。业内大多数人认为，英特尔的许多问题源于它延迟采用 EUV 光刻机。[9] 到 2020 年，在英特尔资助和培育的所有 EUV 光刻机中，有一半在台积电安装。[10] 相比之下，英特尔刚刚开始在其制造过程中使用 EUV 光刻机。

随着这十年的结束，只有台积电和三星两家公司能够制造最尖端的处理器。就美国而言，这两家公司拥有同样的问题：它们的位置。现在全世界先进处理器的生产都在中国台湾和韩国进行，这两个地方距离美国新兴的战略竞争对手中国大陆仅几步之遥。

第七部分

中国的挑战

42 中国制造

2014 年 2 月 27 日,中共中央总书记习近平在中央网络安全和信息化领导小组第一次会议上的讲话中指出:"没有网络安全就没有国家安全,没有信息化就没有现代化。"中国数字世界的运行,主要基于进口半导体处理和存储的数字 1 和数字 0。中国的科技巨头依赖充满外国芯片的数据中心,这些芯片大多是美国出产的。爱德华·斯诺登(Edward Snowden)在 2013 年逃往俄罗斯之前泄露的文件显示了美国的网络窃听能力,足以让世界的网络侦探感到惊讶。中国公司复制了硅谷在构建电子商务、在线搜索和数字支付软件方面的专长,但很多软件依赖于外国的硬件。说到支撑计算的核心技术,中国的许多产品是在硅谷设计的。

中国认为这是一个无法承受的风险。2016 年,习近平总书记主持召开网络安全和信息化工作座谈会并发表重要讲话:"一个互联网企业即便规模再大、市值再高,如果核心元器件严重依赖外国,供应链的'命门'掌握在别人手里,那就好比在别人的墙基上砌房子,再大再漂亮也可能经不起风雨,甚至会不堪一击。"中国最担心的核心技术是什么？一是软件产品，比如微软的 Windows 操作系统。尽管中国不断努力开发具有竞争力的中国操作系统，但大多数电脑仍在使用微软的系统。二是驱动中国电脑、智能手机和数据中心的芯片。微软的视窗操作系统只配对英特尔的芯片。中国的大多数电脑需要美国芯片才能运行。[1]在 2000—2020 年的大部分年份里，中国进口半导体的花费超出进口石油。[2]高性能芯片在推动中国经济增长方面与碳氢化合物一样重要，但与石油不同，芯片的供应被地缘政治对手垄断。

大多数外国人很难理解中国为什么会对此感到紧张。中国不是建立了价值数千亿美元的大型科技公司吗？谷歌中国前总裁李开复在一本流传很广的书中表示，在人工智能方面，中国是世界上两个人工智能超级大国之一。但是，中国最重要的技术建立在进口硅产品的脆弱基础上。

中国只有生产出"核心技术"——这些产品是世界其他国家无法缺少的，才能赢得更多有价值的业务。否则，中国可能有继续保持类似 iPhone 低利润模式的风险。数以百万计的中国人参与了手机的组装，但当这些设备出售给最终用户时，苹果赚取了大部分利润，剩下的大部分给了手机的芯片制造商。

中国面临的问题是如何转向生产世界渴求的芯片。第一，当年日本和韩国想要进入芯片产业的复杂和高价值部分时，它们向自己的半导体公司注入资金，组织政府投资，但同时也迫使私人银行放贷。第二，它们试图吸引在美国大学接受过培训、在硅谷工作的科学家和工程师回国。第三，它们与外国公司建立了伙伴关系，要求这些公司转让技术或培训当地工人。第四，它们利用硅谷公司之间的竞争，以及后来美国人和日本人之间的竞争，为自己赢得最好的交易。台积电创立时，李国鼎告诉张忠谋："我们想在台湾推动半导体产业。"[3]中国大陆也需要半导体产业，这有什么令人吃惊的呢？

43

"把冲锋号吹起来"

2017 年 1 月，在唐纳德·特朗普（Donald Trump）就任美国总统三天前，中国国家主席习近平在瑞士滑雪胜地达沃斯（Davos）举行的世界经济论坛（World Economic Forum）上阐述了中国的经济愿景。当习近平主席承诺通过"创新驱动的增长模式"实现"共赢"时，首席执行官们和亿万富翁们响起如潮掌声。习近平主席说："打贸易战的结果只能是两败俱伤。"[1] 三天后，特朗普在华盛顿发表了令人震惊的激烈就职演说。特朗普没有拥抱贸易，而是宣称"保护将带来巨大的繁荣和力量"。[2]

习近平主席的讲话才是全球领导人在向商界大亨发表讲话时应该讲的。在特朗普上台和英国脱欧等民粹主义的冲击下，全球媒体都赞赏习近平主席为经济开放和全球化所做的发言。国际政治学家伊恩·布雷默（Ian Bremmer）在推特上写道："习近平听起来更像领导人，而美国新当选的总统则不像。"[3]《金融时报》头条报道称："习近平发表了对全球化的有力支持。"[4]《华盛顿邮报》则宣称："世界领导人在达沃斯民粹主义动荡中找到全球化的希望。"[5]世界经济论坛主席克劳斯·施瓦布（Klaus Schwab）说道："国际社会正在关注中国。"[6]

在达沃斯论坛开幕前八个月，习近平主席在北京举行的网络安全和信息化工作座谈会上，向中国科技巨头和相关党政部门发表了一次意义非凡的讲话。出席座谈会的包括华为创始人任正非、阿里巴巴集团创始人马云、中国人民解放军的知名研究人员以及大多数中国政治精英，习近平主席勉励中国各界要"尽快在核心技术上取得突破"。最重要的是，"核心技术"是指半导体。"推动强强联合、协同攻关。要打好核心技术研发攻坚战，不仅要把冲锋号吹起来，而且要把集合号吹起来，也就是要把最强的力量积聚起来共同干，组成攻关的突击队、特种兵。"[7]中国希望"坚持鼓励支持和规范发展并行"，在境内开发先进芯片。

随着时间的推移，中国技术地位的不稳定性变得越来越明显。中国的半导体进口逐年增加。芯片行业正在发生不利于中国的变化。中国国务院印发的《国家集成电路产业发展推进纲要》指出，投资规模迅速攀升，市场份额加速向优势企业集中。"[8]一些占主导地位的公司，比如台积电和三星，极难被取代。但中国意识到，在"云计算、物联网和大数据"的推动下，芯片的需求正在"爆发式增长"。这些趋势是危险的：芯片越来越重要，但最先进的芯片设计和生产被少数公司垄断，这些公司都位于中国境外。

中国的问题不仅仅是芯片制造。在半导体生产过程中的几乎每一个环节，中国都极其依赖境外技术。美国乔治敦大学安全与新兴技术中心的学者汇总的数据显示，用于设计芯片的软件工具由美国公司主导，而中国大陆在全球软件工具市场的份额不足1%。[9]在核心知识产权方面，中国大陆的市场份额为2%，其余大部分被美国或英国占据。中国大陆供应全球4%的硅片和其他芯片制造材料，供应全球1%的芯片制造工具，供应全球 5% 的芯片设计工具。中国大陆在全球芯片制造业务中只有 7% 的市场份额。这些制造能力都不涉及高价值和前沿技术。美国乔治敦大学的研究人员表示，在整个半导体供应链中，综合芯片设计、知识产权、工具、制造和其他方面的影响，中国大陆公司的市场份额为 6%，而美国公司为 39%，韩国公司为 16%，中国台湾地区公司为 12%。几乎所有在中国大陆生产的芯片都可以在其他地方制造。但对于先进的逻辑芯片、存储芯片和模拟芯片，中国大陆在很大程度上依赖于美国的软件和设计，美国、荷兰和日本的机器设备，以及韩国和中国台湾的制造业。

随着中国科技公司进一步涉足云计算、汽车自动驾驶和人工智能等领域，半导体的需求肯定会增长。x86 服务器芯片仍然是现代数据中心的主力军，但由 AMD 和英特尔主导。目前没有一家中国公司能够生产具有商业竞争力的 GPU，这使得中国在这些芯片上也依赖英伟达和 AMD。[10] 中国越是成为人工智能超级大国，对境外芯片的依赖就越大，除非找到自己设计和制造芯片的方法。中国制定了《中国制造 2025》战略规划，计划在 2025 年将中国芯片产品的进口份额从 2015 年的 85% 降至 30%。

当然，自中华人民共和国成立以来，中国每一位领导人都希望拥有半导体产业。几十年后，张汝京创立中芯国际，建立了一个有能力的芯片制造厂，但该公司很难赚钱，并且与台积电发生一系列严重的知识产权诉讼。最终，张汝京离职。[11] 到 2015 年，中国工业和信息化部的一名前官员被任命为董事长，中芯国际与政府的关系得到巩固。但是，中芯国际在制造能力方面明显落后于台积电。

与此同时，中芯国际是中国制造业相对成功的典范。华虹和宏力这两家中国芯片制造厂只赢得很小的市场份额。一位中国芯片制造厂的前首席执行官说，中国的每位省长都希望在自己的省内建一家芯片厂，并承诺提供补贴，以确保工厂建成。最终，中国的芯片制造厂遍布各地，但是这些工厂规模小、效率低。[12] 外国人看到了中国芯片行业的巨大潜力，但前提是公司治理和业务流程能够以某种方式得到解决。一位欧洲半导体高管解释道："当一家中国公司说，'让我们开一家合资企业'时，我听到的则是'让我们赔钱吧'。"[13] 确实，不少合资企业通常沉迷于政府补贴，很少产出有意义的新技术。

中国 21 世纪的补贴战略并没有创造出领先的国内芯片产业。但无所作为——对外国半导体持续依赖，是不可容忍的。因此，早在 2014 年，中国就决定成倍削减半导体补贴，启动了后来被称为"大基金"的项目，以支持芯片领域的新飞跃。该基金的主要"投资者"包括中国财政部、国家开发银行以及多家国有企业，包括中国烟草以及北京、上海和武汉市政府的投资机构。[14] 一些分析师称赞这是一种新的"风险资本"国家支持模式[15]，但让中国烟草为集成电路提供资金的决定与硅谷风险资本的运营模式完全不同。

中国知道，芯片产业需要更多资金。2014 年，当"大基金"成立时，先进晶圆厂的成本远远超过 100 亿美元。中芯国际报告称，2010 年全年的年收入仅为 20 亿美元，不到台积电的十分之一。单靠私人部门的资金不可能复制台积电的投资计划，只有政府才能进行这样的冒险。[16] 中国投入芯片补贴和投资的资金数额很难计算，因为大部分支出是由地方政府和国有银行完成的。

中国要想处于有利地位，必须加强与硅谷的联系。日本、韩国和荷兰通过与美国芯片行业的深度融合，在半导体生产过程的重要环节中占据主导地位。中国台湾地区的芯片制造业因美国的无晶圆厂公司而致富，荷兰公司阿斯麦最先进的光刻机则因该公司圣地亚哥子公司生产的专用光源而突出。

如果中国只想在这个生态系统中占有更大的份额，那么中国的雄心壮志本是可以得到满足的。然而，中国并没有在一个由美国及其盟友主导的体系中寻找更有利的位置。中国号召的"攻坚"，并不是要求略高一些的市场份额。这关乎重塑世界半导体产业，而非与之融合。中国的一些经济政策制定者和半导体产业高管本希望采取更深入的一体化战略，但政府的相关领导人认为相互依赖是一种威胁，并且更重视安全而非效率。《中国制造 2025》规划并没有提倡经济一体化，而是呼吁减少中国对进口芯片的依赖。《中国制造 2025》规划的主要目标是减少在中国使用的外国芯片的份额。[17]

这种经济愿景有可能改变贸易流和全球经济。自仙童在中国香港设立第一家工厂以来，芯片贸易帮助建立了全球化。在中国重塑半导体供应链的愿景中，美元的价值岌岌可危。[18] 2017 年，中国的芯片进口额为 2 600 亿美元，远远超过沙特阿拉伯的石油出口额或德国的汽车出口额。中国每年购买芯片的花费超过全球飞机贸易总额。半导体是国际贸易中最重要的产品。

面临风险的不仅仅是硅谷的利润。如果中国在半导体领域实现自给自足的努力取得成功，那么相邻国家和地区（其中大多数是依赖出口的经济体）可能会遭受更严重的损失。2017 年，集成电路占韩国出口额的 15%，占新加坡出口额的 17%，占马来西亚出口额的 19%，占菲律宾出口额的 21%，占中国台湾地区出口额的 36%。

当然，《中国制造 2025》只是一个战略规划。中国的巨额补贴以及利用进入世界第二大消费市场的机会促使外国公司遵守中国法律，给了未来中国塑造芯片行业强大的力量。如果说有哪个国家能够实现如此雄心勃勃的贸易流转型，那就是中国。许多国家认为中国会成功。

中国在政府和公司攻克核心技术的号召，远在西方产生显著影响之前，就在东亚产生了影响。特朗普关于保护主义的声明获得了数百万次转发，但中国已经拥有一个规划和强大的工具，以及 40 多年来经济和技术能力震惊世界的纪录。这种半导体独立的愿景有可能颠覆全球化，从而改变世界上贸易最广泛、价值最高的商品的生产。

44 技术转让

IBM 首席执行官金尼·罗睿兰（Ginni Rometty）在中国发展高层论坛 2015 年会上对观众表示："如果你是一个拥有 13 亿人口的国家，就像中国一样，你会想要一个 IT（信息技术）产业。我认为，一些公司觉得这可能很可怕。不过，我们在 IBM……发现这是一个很好的机会。"[1] 在所有美国科技公司中，没有一家与美国政府的关系比 IBM 更密切。[2] 近一个世纪以来，IBM 为美国最敏感的国家安全应用建立了先进的计算机系统，IBM 的员工与五角大楼和美国情报机构的官员有着深厚的个人关系。爱德华·斯诺登在逃往莫斯科之前搜集并泄露了美国外国情报机构的文件，IBM 因与美国网络间谍合作而受到怀疑，这并不令人惊讶。

在斯诺登泄密事件发生后，由于中国公司转向别处购买服务器和网络设备，IBM 在中国的销售额下降了 20%。IBM 首席财务官马丁·施罗德（Martin Schroeter）告诉投资者："中国正在经历一系列非常重要的经济改革。"[3] 罗睿兰决定以半导体技术的形式向中国伸出橄榄枝。在

2014 年之后的几年里，罗睿兰对中国进行了一系列访问，拜会了国务院总理李克强、国务院副总理马凯和北京市市长等中国官员。[4] 据路透社（Reuters）报道，IBM 告诉媒体，罗睿兰访问北京的目的是"强调这家科技巨头对本地合作、未来合作和信息安全的承诺"。[5] 新华社更是直言不讳地表示："双方就加强集成电路、软件、两化融合等领域合作交换了意见。"[6]

在推动半导体自给自足的过程中，中国的重点领域是生产服务器芯片。2015 年左右的情况与现在非常像，世界数据中心主要依靠使用 x86 指令集架构的芯片，尽管英伟达的 GPU 开始赢得市场份额。世界上只有三家公司拥有生产 x86 芯片所需的知识产权：美国的英特尔和 AMD，以及中国台湾的小公司威盛（Via）。实际上，英特尔主宰了市场。IBM 的 Power 芯片架构曾在企业服务器中扮演了重要角色，但在 21 世纪第二个十年失败了。一些研究人员认为，在移动设备中流行的 Arm 架构，也可能在未来的数据中心中发挥作用，尽管当时基于 Arm 的芯片几乎没有服务器市场份额。[7] 无论架构如何，中国国内几乎没有能力生产具有竞争力的数据中心芯片。中国着手获取这项技术，并希望美国公司向中国的合作伙伴转让技术。

主导服务器半导体销售的英特尔，几乎没有动力与中国就数据中心处理器达成协议（尽管在移动芯片和 NAND 存储芯片市场上，英特尔分别与中国国有企业和地方政府达成协议，但英特尔在这些领域的地位较弱）。然而，数据中心市场份额输给英特尔的美国芯片制造商正在寻找竞争优势。在 IBM，罗睿兰宣布了一项吸引中国的战略改变。她宣布，IBM 不会试图向中国客户销售芯片和服务器，而是向中国合作伙伴开放芯片技术。她解释说，这将使它们能够"创建一个新的、充满活力的中国企业生态系统，作为本地和国际市场生产国产计算机系统"。[8] IBM 以技术换取市场准入的决定具有商业意义。IBM 的技术被认为是二流的，没有中国的批准，IBM 不可能扭转斯诺登事件后的市场萎缩。与此同时，IBM 试图将全球业务从硬件销售转向服务，因此分享芯片设计似乎是合乎逻辑的。

IBM 并不是唯一愿意帮助中国公司开发数据中心芯片的公司。大约在同一时间，专门出产智能手机芯片的高通正试图利用 Arm 架构打入数据中心芯片业务。与此同时，高通正在与中国监管机构交涉，中国监管机构希望高通削减向得到其智能手机芯片技术授权的中国公司收取的费用——这是高通的主要收入来源。作为高通芯片的最大市场，中国对高通拥有巨大的影响力。[9] 因此，在与中国解决价格纠纷后不久，高通同意与一家名为华信通的中国公司成立一家合资企业，开发服务器芯片。[10] 行业分析人士指出，总部位于贵州的华信通在先进芯片设计方面没有业绩纪录。

高通与华信通的合资企业并没有持续多久，于 2019 年关闭，但其所开发的一些专业技术似乎已经转移到了其他制造基于 Arm 的数据中心芯片的中国公司。例如，华信通参与了一个开发节能芯片的联合体，其中包括另一家中国公司飞腾（Phytium），该公司正在制造基于 Arm 的芯片。[11] 2019 年，至少有一名芯片设计工程师离开华信通，前往飞腾工作。[12] 美国后来发文炒作，飞腾曾帮助中国军方设计超高音速导弹等先进武器系统。

最具争议的技术转让例子来自英特尔的主要竞争对手 AMD。2015 年左右，AMD 陷入财务困境。由于个人电脑和数据中心市场份额被英特尔夺走，AMD 虽未到破产边缘，但也离破产不远。这家公司正在寻找现金来赢得时间，以便将新产品推向市场。例如，2013 年，该公司出售了位于得克萨斯州奥斯汀的公司总部以筹集资金。2016 年，该公司以 3.71 亿美元的价格将其在马来西亚槟城和中国苏州的半导体组装、测试和封装工厂中 85% 的股份出售给了一家中国公司。AMD 描述这些工厂是"世界级"的。[13]

同年（2016 年），AMD 与一个由中国公司和政府机构组成的财团达成协议，授权为中国市场生产经过改版的 x86 芯片。[14] 这项交易在业内和华盛顿备受争议，其过程不需要美国外国投资委员会的批准。美国外国投资委员会是美国政府的一个委员会，负责审查外国购买美国资产的情况。AMD 将这项交易交给了美国商务部的相关部门，正如一位业内人士所说，他们"对微处理器、半导体或中国一无所知"。[15] 据报道，英特尔向美国政府发出警告，暗示该交易损害了美国的利益，并将威胁英特尔的业务，但美国政府缺乏一种直接的手段来阻止这项交易。因此，该协议最终获得通过，但在美国国会和五角大楼引发了愤怒。

就在 AMD 最终敲定协议时，其名为 Zen 的新处理器架构开始进入市场，扭转了公司的命运，因此 AMD 不再需要依赖许可协议中的资金。[16] 但是，成立合资企业的协议已经签署，技术也已经转让。《华尔街日报》刊登了多篇报道，称 AMD 出售了"皇冠明珠"和"通往王国的钥匙"。其他行业分析人士表示，这项交易的目的是让中国公司声称它们在中国设计尖端微处理器，而实际上它们只能对 AMD 的设计做少许改动。[17] 英语媒体将这项交易描述为一项小规模的许可协议，但中国专家告诉媒体，该协议支持中国将"核心技术"国产化的努力，以便"我们不再被牵着鼻子走"。反对该协议的五角大楼官员一致认为，虽然 AMD 严格遵守了法律条文，但他们仍然不相信这桩交易和辩护人所声称的那样没有大碍。一位五角大楼前官员表示："我仍然非常怀疑我们是否从 AMD 那里得到了全部消息。"《华尔街日报》报道称，该合资企业涉及中国超级计算机公司中科曙光（Sugon），该公司将"为中国的国防和安全做出贡献"描述为其"基本使命"。[18] AMD 在 2017 年的新闻稿中将中科曙光描述为"战略合作伙伴"，这引起了华盛顿的关注。[19]

2021 年，美国商务部部长吉娜·雷蒙多（Gina Raimondo）声称，很明显，中科曙光想要帮助中国建造一些世界领先的超级计算机，这些超级计算机通常用于开发"武器"。[20] 据美国知名的中国军事专家埃尔莎·卡尼亚（Elsa Kania）称，中科曙光自己也在宣传其与中国军方的联系。[21] 即使在特朗普政府决定将中科曙光列入"黑名单"，切断其与 AMD 的关系后，芯片行业分析师安东·希洛夫（Anton Shilov）发现中科曙光电路板上仍然有 AMD 芯片。AMD 告诉记者，AMD 没有提供技术支持，也不确定中科曙光是如何获得这些芯片的。[22]

中国市场如此诱人，以至一些公司几乎不可能避免技术转让。一些公司甚至被建议转让其对整个中国子公司的控制权。2018 年，英国芯片架构公司 Arm 剥离了它的中国分部，将 Arm 中国 51% 的股份出售给一些投资者，只保留了其余 49% 的股份。2016 年，Arm 被软银收购。软银是一家日本公司，已向中国科技创业公司投资数十亿美元。因此，软银的投资成功，依赖于中国有利的监管待遇。软银面临美国监管机构的审查，美国监管机构担心软银在中国的风险敞口使其容易受到压力。[23] 软银在 2016 年以 400 亿美元收购了 Arm，但仅以 7.75 亿美元的价格出售了 Arm 中国分公司 51% 的股份。据软银称，该分公司占 Arm 全球销售额的五分之一。[24]

Arm 剥离中国业务的逻辑是什么？没有确凿证据表明，软银出售 Arm 中国分公司与中国政府有关。但是，Arm 的高管们在描述逻辑时持开放态度。一位 Arm 高管告诉《日经亚洲》（*Nikkei Asia*）："如果有人在为中国军方或监控系统构建芯片上的系统，而中国只想在境内拥有这个系统，那么通过这种新的合资企业，这家公司便可以发展这个系统。过去，这是我们做不到的。"[25] 这位高管继续说道："中国希望安全可控。"他解释道："最终，中国想控制自己的技术……如果中国是基于我们带来的技术，那么我们可以从中受益。"无论是监管软银的日本官员、监管 Arm 的英国官员，还是对 Arm 的大部分知识产权拥有管辖权的美国官员，都没有选择调查其影响。

芯片公司不能忽视世界上最大的半导体市场。当然，芯片制造商小心翼翼地保护着其关键技术。但几乎每一家芯片公司都有非核心技术，在不领先的子行业，它们很乐意以一定的价格分享这些技术。此外，当失去市场份额或需要融资时，它们不会把重点放在长期的打算上。这为中国提供了强大的杠杆，促使外国芯片公司转让技术、开放生产工厂或许可知识产权。对于芯片公司来说，在中国筹集资金通常比在华尔街更容易。

从自身的角度来看，IBM、AMD 和 Arm 在中国达成的交易是由合理的商业逻辑驱动的。总体而言，这些公司可能面临技术泄漏的风险。美国和英国等国家的芯片架构和设计以及中国台湾地区的芯片制造厂在中国大陆超级计算机项目的发展中发挥了重要作用。与十年前相比，尽管中国在某些方面仍然落后于前沿技术，但在设计和生产数据中心所需的芯片方面，中国对境外的依赖程度已大大降低。

45 "并购势必发生"

在中国半导体行业发展初期，清华大学就一直在领导中国的半导体事业。紫光是由清华大学创办的，目的是将大学的科研成果商业化，但这家公司似乎在房地产方面也投入了大量资金。这家公司建立了企业交易撮合者的声誉，并使自己走上了一条通往数十亿美元财富的道路。[1]

2013 年，在中国宣布向半导体企业提供巨额补贴的新计划前，紫光觉得是时候投资芯片行业了。紫光有关负责人在 2015 年接受《福布斯》采访时表示："每个人都认为政府在推动芯片行业的发展，但事实并非如此。"相反，他们对吸引政府对该行业的关注表示赞赏："公司先做了一些事情，然后政府开始注意到……我们所有的交易都是以市场为导向的。"

大多数分析师不会用"市场导向"来描述紫光的战略。紫光没有投资最好的芯片公司，而是尝试在市场上进行并购。紫光对投资战略的解释并没有暗示出细微差别或复杂性。公司有关负责人说："如果你带着枪上山，你不知道那里有没有戏，你也许会抓住一只鹿，也许会抓一只山羊，你只是不知道。"[2]紫光是一个自信的猎人，世界上的芯片公司是它的猎物。

紫光建立芯片帝国的花费也是令人震惊的。2013 年，公司开始在中国国内大肆并购，斥资数十亿美元收购了中国最成功的两家无晶圆厂半导体芯片设计公司——展讯通信（Spreadtrum Communications）和锐迪科（RDA）。[3]公司有关负责人表示，并购将"在中国和海外产生巨大的协同效应"，尽管近十年来几乎没有证据表明协同效应已经实现。

一年后的 2014 年，公司与英特尔达成协议，将英特尔的无线调制解调器芯片与紫光的智能手机处理器相结合。[4]英特尔希望此次合作能提高其产品在中国智能手机市场的占有率，而紫光希望能从英特尔学习芯片设计专业知识。公司有关负责人对紫光的目标持开放态度，半导体是"国家优先发展事项"，与英特尔合作将"加速技术发展，进一步加强中国半导体公司的竞争力和市场地位"。[5]

紫光与英特尔的合作背后有一些商业逻辑，但紫光的许多其他决定似乎并非出于盈利的愿望。例如，紫光提出为 XMC（武汉新芯集成电路制造公司，后来被长江存储收购）提供资金，这是一家试图进军NAND 存储芯片市场的中国公司。XMC 的首席执行官在一次公开活动上承认，他最初要求用 150 亿美元来建造一个新的晶圆厂，但被告知需要 240 亿美元，"因为如果他们真的想成为世界领先者，他们就需要与世界领先者的投资相匹配"。[6]后来，有消息称，除了半导体，紫光还投资了房地产等行业，这并不令人意外。

与此同时，"大基金"宣布计划向紫光投资超过 10 亿美元的初始资金。[7]这为紫光的战略提供了政府批准的印记。紫光将它的努力转向境外，仅仅拥有中国的无晶圆厂公司或吸引境外公司来中国投资是不够的，公司想控制世界芯片产业的制高点。公司聘请了几位台湾半导体领先企业的高管，包括台湾第二大芯片制造厂联华电子的前首席执行官。[8] 2015 年，紫光派员工去台湾，敦促台湾地区解除对大陆在芯片设计和制造等领域投资的限制。公司购买了台湾力成科技（Powertech Technology）公司 25% 的股份。力成是一家封装和测试半导体的公司。根据台湾当局的规定，这项交易是允许的。紫光与台湾其他几家大型芯片封装厂商进行了股权投资和合资。[9]

但紫光真正感兴趣的是购买台湾的"皇冠明珠"——联发科和台积电。[10] 联发科是美国以外领先的芯片设计公司，台积电是世界上几乎所有无晶圆厂半导体芯片公司都依赖的代工厂。公司提出购买台积电 25% 股份的想法，并主张将联发科与紫光集团的芯片设计业务合并。根据台湾当局现行的外部投资规则，这两项交易都不符合台湾地区有关规定。公司有关负责人在北京的一次公开会议上表示，如果台湾当局不改变这些限制，大陆应该禁止进口台湾的芯片。[11]

这场压力战让台积电和联发科陷入困境。这两家公司都非常依赖大陆市场。台积电生产的大部分芯片是在大陆各地的工厂组装成电子产品的。

台积电和联发科都发表声明，含糊其词地表达了对大陆投资的开放态度。张忠谋表示，他唯一的要求是"价格合适，对股东有利"。[12] 联发科表示，它支持"携手提高大陆和台湾地区企业在全球芯片行业中的地位和竞争力"的努力，但前提是台湾当局能够允许。[13] 但是，台湾当局似乎摇摆不定。台湾经济部门负责人邓振中（John Deng）建议放宽台湾当局对大陆在芯片领域投资的限制。他表示，大陆对台湾地区芯片行业的更大控制是不可避免的。邓振中告诉记者："你不能逃避这个问题。"[14] 但在一场充满争议的台湾地区领导人选举中，台湾推迟了任何政策的改变。

不久，紫光将目光投向了美国的半导体产业。2015 年 7 月，紫光提出了以 230 亿美元收购美国存储芯片制造商美光的想法，这将是中国在所有行业中对美国公司有史以来最大规模的收购。[15] 与台湾科技巨头及其经济技术官僚的情况不同，紫光收购美光的努力遭到了拒绝。美光表示，考虑到美国政府的安全担忧，这笔交易不现实。[16] 不久之后，2015 年 9 月，紫光再次尝试，打算以 37 亿美元收购另一家生产 NAND 存储芯片的美国公司 15% 的股份。[17] 最终，美国外国投资委员会以安全为由拒绝了这一要求。

2016 年春天，紫光悄悄地购买了另一家美国芯片公司莱迪思半导体（Lattice Semiconductor）6% 的股份。公司有关负责人告诉《华尔街日报》："这纯粹是一项金融投资，我们根本没有收购莱迪思的意图。"[18] 在这项投资公布几周后，紫光就开始出售其在莱迪思中的股份。[19] 此后不久，莱迪思收到了加利福尼亚州一家名为凯桥（Canyon Bridge）的投资公司的收购要约。路透社记者透露，该公司是由中国政府谨慎出资的。[20] 美国政府拒绝了这项协议。

凯桥同时收购了陷入财务困境的英国芯片设计公司 Imagination。[21] 这笔交易经过精心安排，不包括 Imagination 在美国的资产，这样华盛顿就不会出面阻止。[22] 英国监管机构挥手通过了这项交易。

46 华为的崛起

　　当任正非在他创办的华为总部接受媒体采访时，他穿着剪裁利落的夹克和长裤，衣领未扣，笑容灿烂，他看起来像硅谷高管。在某种程度上，他就是这样的人。华为的电信设备——蜂窝基站上的无线电设备，用于向智能手机发送电话、图片和电子邮件，构成了世界移动互联网的支柱。与此同时，华为的智能手机部门是世界上最大的部门之一，在手机销售数量上可以与苹果、三星匹敌。华为还提供其他类型的技术基础设施，从海底光缆到云计算。在许多国家，不使用华为的一些设备就不可能使用手机，就像使用没有微软产品的个人电脑一样。但是，华为在一个主要方面与世界其他大型科技公司不同，那就是它与美国国家安全系统经历了长达 20 年的斗争。

　　为了便于理解华为的崛起，我们将华为的发展轨迹与另一家专注于科技的企业集团三星进行比较。任正非是出生于三星创始人李秉喆之后的一代人，但这两位巨头的运营模式相似。李秉喆依靠三种策略将三星从一家鱼干交易商打造成一家科技公司，生产出了世界上最先进的处理器和存储芯片。首先，三星努力培养政治关系，以获得有利的监管和廉价的资本。第二，三星识别西方和日本率先推出的产品，并学会以同等质量和更低成本制造它们。第三，三星坚持不懈地拥抱全球化，不仅是为了寻找新客户，也是为了通过与世界上最好的公司竞争来学习。这些战略使三星成为世界上最大的公司之一，其收入相当于韩国全部 GDP 的 10%。

一家中国公司能执行类似的战略吗？大多数中国科技公司尝试了一种不同的方法，但是不太注重全球化。尽管中国拥有强大的出口实力，但中国的互联网公司的大多数钱是在国内市场上赚到的，比如腾讯、阿里巴巴、拼多多和美团。

相比之下，华为从成立之初就开始接受外国竞争。任正非的商业模式与阿里巴巴或腾讯的商业模式截然不同。任正非采用了国外首创的概念，以更低的成本生产出高质量的产品，并将其出售给世界，从国际竞争对手手中夺取国际市场份额。这种商业模式使三星创始人致富，并将公司置于世界科技生态系统的中心。如今，华为似乎也在走同样的路。

自 1987 年华为成立以来，其国际化方向就显而易见。任正非在中国贵州农村的一个高中教师家庭中长大。在到部队服役前，他在重庆接受过工程师培训，他说自己在一家生产服装合成纤维的工厂工作。[1] 据报道，在离开军队后，他搬到了深圳，当时深圳是一个与香港相邻的小镇。那时，香港仍由英国管治，是中国南部海岸沿线繁荣的一个小前哨。1978 年，中国开始实施经济改革，尝试让个人组建私人公司，以此刺激经济增长。深圳是被选为经济特区的几个城市之一，取消限制性法律，鼓励外国投资。这座城市开始蓬勃发展。

任正非看到了一个进口电信交换机的机会，这是连接一个呼叫方和另一个被呼叫方的设备。有了 5 000 美元的启动资金，他开始从香港采购这种设备。当他的跨境合作伙伴意识到他通过转售他们的设备赚了很

多钱时，他们切断了与他的联系，于是任正非决定自己制造设备。[2] 到
20 世纪 90 年代初，华为有数百人从事研发工作，主要专注于制造交换
机。之后，电信基础设施与数字基础设施合并，发送呼叫的同一个蜂窝
塔也可以发送其他类型的数据。现在，华为的设备在许多国家的传输世
界数据方面发挥着关键的作用。如今，华为与芬兰的诺基亚和瑞典的爱
立信一起，成为全球三大手机基站设备供应商。

华为开发了高效的制造工艺，降低了成本，并生产出客户认为高质
量的产品。与此同时，华为在研发方面的支出是世界领先的。华为在研
发方面的支出是中国其他科技公司的数倍。华为每年大约有 150 亿美元
的研发预算[3]，世界上只有少数几家公司可比，包括谷歌和亚马逊等科技
公司，默克等制药公司，以及戴姆勒或大众等汽车制造商。华为每年百
亿美元的研发支出也表明了一种与苏联泽列诺格勒或其他试图以低价
进入芯片行业的中国公司的"复制"心态截然不同的精神。

华为高管表示，他们之所以投资研发，是因为他们从硅谷学到了
东西。据报道，1997 年，任正非带领一批华为高管访问美国，参观了
惠普、IBM 和贝尔实验室等公司。[4] 他们在离开时不仅深信研发的重要
性，而且坚信有效的管理流程的重要性。从 1999 年开始，华为聘请了
IBM 的咨询部门，希望像世界级公司一样运作。一位 IBM 前顾问表示，
1999 年，华为在咨询费上花费了 5 000 万美元，当时其总收入不足 10
亿美元。有一次，华为雇用了 100 名 IBM 员工来再造业务流程。这位
前顾问报告说："他们对工程任务没有太大的畏惧，但'他们觉得在经
济知识和商业知识方面落后了 100 年'。"[5] 多亏了 IBM 和其他西方顾
问，华为学会了管理供应链、预测客户需求和开发一流营销体系，并
在全球销售产品。

华为将此与军队的战斗精神相结合，公司将其称为"狼文化"。据
《纽约时报》报道，华为一个实验室的墙上写着"牺牲是军人最大的付

出，胜利是军人最大的奉献"。[6] 但在芯片行业的背景下，任正非的战斗精神并不是那么独特。安迪·格鲁夫写了一本关于偏执好处的畅销书。与此同时，张忠谋表示，他仔细研究过斯大林格勒战役（第二次世界大战中最血腥的一场战役），以获得商业方面的教训。[7]

华为的所有权结构还是引发了一些疑问。尽管如此，"华为是中国政府特意打造的"这一论断，从来没有强有力的证据支持。

但华为的崛起符合中国政府的利益，因为华为抢占了全球市场份额，并将其设备嵌入了世界电信网络。多年来，尽管有美国情报机构的警告，华为还是在全球迅速蔓延。随着华为的发展，销售电信设备的现有西方公司被迫合并或被挤出市场。例如，加拿大的北电公司破产了，阿尔卡特 – 朗讯（Alcatel-Lucent）——在美国电话电报公司解体后继承贝尔实验室的公司——将其业务出售给了芬兰的诺基亚。

华为的雄心在不断扩大。在提供了使移动电话成为可能的基础设施之后，华为开始销售手机。很快，华为的智能手机就跻身世界畅销产品之列。到 2019 年，华为仅落后于三星（以销量衡量）。华为每部手机的收入仍低于三星或苹果。苹果拥有市场营销和生态系统，可以收取高得多的价格。但是，华为进入智能手机市场并迅速占据领先地位的能力备受苹果和三星关注。

此外，华为在设计自己手机的一些关键芯片方面也取得了进展。华为内部人士表示，华为的芯片设计推进计划在 2011 年 3 月加速，当时日本东海岸发生地震，并引发海啸。全世界的注意力都集中在福岛第一核反应堆上，但在华为内部，高管们担心的是公司的供应链受到了威胁。像所有主要的电子产品生产商一样，华为依赖日本供应商为其电信设备和智能手机提供关键部件，并担心这场灾难可能会造成巨大的延误。最后，华为很幸运。很少有零部件供应商能预见长期停产。但华为要求其顾问确定供应链风险。他们的报告称，公司有两个关键漏洞：

谷歌安卓操作系统（这是所有非苹果智能手机运行的核心软件）的使用，以及每部智能手机所需芯片的供应。

华为确定了其产品所需的 250 种最重要的芯片，并开始自主设计尽可能多的芯片。[8]这些芯片在很大程度上与建造电信基站的业务有关，但也包括华为智能手机的应用处理器。像苹果和其他大多数领先的芯片公司一样，华为选择外包这些芯片的制造，因为华为需要使用为数不多的几个公司可以提供的制造工艺。台积电是一个自然而然的选择。

到 2019 年左右，华为的海思正在为智能手机设计一些世界上最复杂的芯片，并已成为台积电的第二大客户。[9]华为的手机仍然需要其他公司的芯片，比如存储芯片或各种类型的信号处理器。但掌握手机处理器的设计是一个令人印象深刻的壮举。美国在全球最赚钱的芯片设计领域近乎垄断的地位受到了威胁。这进一步证明，华为正在成功复制韩国三星或日本索尼几十年前的做法：学习先进技术，赢得全球市场，投资研发，挑战美国科技领袖地位。此外，伴随下一代电信基础设施 5G 的推出，华为似乎将在无处不在的计算新时代处于独特的有利地位。

47

5G 未来

当任正非开始代理中国香港的电话交换机时，网络设备只能将一部电话连接到另一部。在电话出现的早期，接线工作是手工完成的，一排排的女性接线员坐在布满插头的墙前，根据电话呼叫的不同组合，将它们连接起来。到了 20 世纪 80 年代，接线员已经被电子交换机取代，而电子交换机通常依赖半导体。即便如此，人们还是需要一个衣橱大小的程控交换设备来管理一栋大楼的电话线。[1]如今，电信供应商比以往任何时候都更加依赖于硅，一个衣橱大小的设备可以处理电话、文本和视频，但现在这些信息通常是通过无线电网络而不是固定电话网络来传输的。

华为已经掌握了最新一代通过手机网络发送呼叫和数据的设备，即5G。但 5G 并不是真的与手机有关，而是与计算的未来有关，因此，它与半导体有关。5G 中的 G 表示"代"。我们已经经历了四代移动网络标准，每一代都需要手机和手机基站上的新硬件。正如摩尔定律允许我们在芯片上制造更多的晶体管一样，通过无线电波往返于手机的 1 和 0

的数量也在稳步增加。2G 手机可以发送图片短信，3G 手机可以打开网页，4G 可以使人们在任何地方播放视频，5G 将是一个飞跃。

如今，大多数人认为智能手机能做到这些是理所当然的，但正是由于越来越强大的半导体，我们才不再对收发图片、文本感到惊讶，反而对视频中的瞬间延迟感到沮丧。管理手机与蜂窝网络连接的调制解调器芯片，使得通过手机天线在无线电波中发送更多的 1 和 0 成为可能。

隐藏在手机网络内部和手机基站顶部的芯片也发生了类似的变化。在空中发送 1 和 0，同时最大限度地减少通话不畅或视频延迟，非常复杂。无线电波频谱相关部分中可用的空间是有限的。无线电波频率只有这么多，其中许多不适合发送大量数据或远距离传输。因此，电信公司依靠半导体将更多的数据塞进现有的频谱空间中。ADI 的芯片专家戴夫·罗伯逊（Dave Robertson）解释道："频谱比硅贵得多。"该公司专门研究管理无线电传输的半导体。因此，半导体对于无线发送更多数据的能力至关重要。像高通这样的芯片设计公司找到了优化通过无线电频谱传输数据的新方法，而像 ADI 这样的芯片制造商已经制造出了射频收发芯片，可以更精确地发送和接收无线电波，同时使用更少的功率。[2]

5G 将使更多数据的无线传输成为可能。在某种程度上，这将通过更复杂的共享频谱空间的方法实现，这种方法需要更复杂的算法，需要手机和手机基站上更多的计算能力。这样，即使在无线频谱中最小的空闲空间中，1 和 0 也可以被区分。在某种程度上，5G 网络将通过使用一个新的、空的无线电频谱来发送更多的数据，而这在以前被认为是不切实际的。先进的半导体不仅可以将更多的 1 和 0 绑定到给定频率的无线电波中，还可以将无线电波发送得更远，并以前所未有的精确度进行瞄准。蜂窝网络将识别手机的位置，并使用一种称为波束成形的技术直接向手机发送无线电波。典型的无线电波，就像向汽车收音机发送音乐一样，向各个方向发送信号，因为它不知道你的汽车在哪里。这会浪费电力，从而产生更多的电波和干扰。通过波束成形，蜂窝塔可以识别设备的位置，并仅向该方向发送所需的信号。结果，对于每个人来说，干扰更少，信号更强。

能够承载更多数据的更快网络，不会让现有手机运行得更快，而是会改变我们对移动计算的看法。在 1G 网络时代，手机的价格对于大多数人来说太贵了。有了 2G 网络，我们开始假设手机可以发送短信和语音。如今，我们期望手机和平板电脑拥有个人电脑的所有功能。随着通过蜂窝网络发送更多数据成为可能，我们将把更多的设备连接到蜂窝网络。我们拥有的设备越多，产生的数据就越多，也就需要更强大的处理能力。

将更多设备连接到蜂窝网络，并从中获取数据的承诺，听起来可能不是革命性的。你可能不同意 5G 网络可以酿造出更好的咖啡，但很快你的咖啡机就会收集并处理每杯咖啡的温度和质量数据。在商业和工业中，有无数种方法可以让更多的数据和更多的连接产生更好的服务和更低的成本，比如从优化拖拉机在田间的行驶方式到协调装配线上的机器人。医疗设备和传感器将跟踪和诊断更多情况。世界上的感官信息远远超过了我们目前数字化、交流和处理的能力。

没有比埃隆·马斯克（Elon Musk）旗下的汽车公司特斯拉（Tesla）更好地研究连通性和计算能力会如何将传统产品转变为数字化机器的案例了。特斯拉的狂热追随者和飙升的股价吸引了大量关注者，但不那么引人注目的是，特斯拉也是领先的芯片设计公司。特斯拉聘请了像吉姆·凯勒（Jim Keller）这样的明星半导体设计师来设计一款芯片，专门满足其自动驾驶需求，该芯片采用尖端技术制造。早在 2014 年，一些分析师就指出，特斯拉汽车"类似于智能手机"。[3] 人们经常将特斯拉与苹果进行比较，苹果也设计芯片。与苹果的产品一样，特斯拉精心调整的用户体验，以及它看似毫不费力地将先进计算技术集成到它的产品（汽车），只有通过定制芯片才能实现。自 20 世纪 70 年代以来，汽车就采用了简单的芯片。但是，电动汽车的普及需要专门的半导体来管理电源，加上对自动驾驶功能的需求增加，预示着汽车芯片的数量和成本将大幅增加。

汽车只是一个典型的例子，说明发送和接收更多数据的能力将如何在网络的"边缘"设备、蜂窝网络本身以及庞大的数据中心中产生对计算能力的更多需求。2017 年左右，随着世界各地的电信公司开始与设备供应商签订建造 5G 网络的合同，华为处于领先地位，提供业内公认的质量高、价格有竞争力的设备。[4] 华为似乎能够在 5G 网络建设中发挥比其他公司更大的作用，超越瑞典的爱立信和芬兰的诺基亚。爱立信和诺基亚也是其他仅有的手机基站设备生产商。

与竞争对手一样，华为手机基站内部也有大量的硅。日本《日经亚洲》对华为通信部门进行的一项研究发现，华为严重依赖美国制造的芯片，比如莱迪思的现场可编程门阵列。[5] 莱迪思是紫光几年前收购少数股权的俄勒冈州公司。TI、ADI、博通（Broadcom）和赛普拉斯半导体（Cypress Semiconductor）也设计和制造了华为移动设备所依赖的芯片。根据这项分析，美国芯片和其他组件占华为系统成本的近 30%。但华为的主处理器芯片由华为的海思设计，并在台积电制造。华为尚未实现技术自给自足，依靠多家外国芯片公司生产的半导体，并依靠台积电制造自己设计的芯片。但华为在移动设备中生产了一些最复杂的芯片，并且掌握了如何集成所有部件的细节。

随着华为的设计部门证明自己是世界级的，不难想象中国芯片设计公司会像硅谷巨头一样成为台积电的重要客户。如果按 2019 年的趋势进行推测，那么到 2030 年，中国芯片产业的影响力可能会与硅谷匹敌。这不会只是简单地打乱科技公司和贸易的流动，也将重新平衡地区政治力量。

48 下一个抵消战略

从成群的无人驾驶飞机到网络空间和电磁频谱中的隐形战斗，战争的未来将由计算能力决定。美国军方不再是不受挑战的领导者。在精确导弹和全方位传感器的保障下，美国无可匹敌地进入世界海洋和领空的日子早已一去不复返了。1991年海湾战争后，震荡在世界各国国防部的冲击波，以及对萨达姆军队的外科手术式打击可能被用来对付世界上任何一支军队的恐惧，让世界各国感觉像是一场"心理核袭击"。[1] 在那场冲突后的30年里，中国向高科技武器投入了大量资金，接受了未来战争将依赖先进传感器、通信和计算的理念。现在，中国正在开发先进作战部队所需的计算基础设施。

中国的目标不仅仅是逐个系统地与美国相匹配，而是发展能够"抵消"美国强国优势的能力，采用五角大楼20世纪70年代的构想，"以彼之道，还施彼身"。

中国军界相信，战争不仅仅是"信息化"，而且是"智能化"，意味着将人工智能应用于武器系统。当然，在过去的半个世纪里，计算能力一直是战争的核心，尽管可用于支持军事系统的 1 和 0 的数量比几十年前增加了数百万倍。如今的新情况是，美国现在有一个可信的挑战者。苏联可以在导弹数量方面与美国相匹敌，但不能一个字节、一个字节地匹敌。中国认为可以同时做到这两件事。中国半导体产业的命运不仅仅是一个商业问题，无论哪个国家能生产出更多的 1 和 0，都将拥有巨大的军事优势。

什么因素将定义这场计算竞赛？2021 年，由谷歌前首席执行官埃里克·施密特（Eric Schmidt）担任主席的一群美国科技和外交政策巨头发布了一份报告，预测"中国可能超越美国成为世界人工智能超级大国"。[2]

军事人工智能的概念让人联想到杀手机器人的形象，但在许多领域，应用机器学习可以使军事系统变得更好。预测性维护——了解机器何时需要修理，有助于保持飞机继续飞行、船舶继续航行。人工智能潜艇声呐或卫星图像可以更准确地识别威胁，可以更快地设计新的武器系统。炸弹和导弹可以更精确地瞄准目标，尤其是针对移动目标。空中、水下和陆地上的自动飞行器已经开始学习机动、识别和摧毁敌人。并非所有这些都像"人工智能武器"这类词语所暗示的那样具有革命性。例如，几十年来，人们已经拥有了发射后不管的自导导弹。但随着武器变得更智能、更自主，武器对计算能力的需求只会增长。

中国不能保证会赢得开发和部署人工智能系统的竞赛，部分原因是这场"竞赛"不是关于单一技术的，而是关于复杂系统的。值得记住的是，冷战军备竞赛并不是第一个将卫星发射到太空的国家赢了。但中国在人工智能系统方面的能力无疑令人印象深刻。[3]乔治敦大学的本·布坎南（Ben Buchanan）指出，利用人工智能需要数据、算法和计算能力的"三位一体"。[4]除了计算能力，中国的能力可能已经与美国相当。

在访问可输入人工智能算法的数据类型方面，中国和美国都没有明显的优势。中国的支持者认为，中国的国情让其能够搜集更多的数据，尽管搜集人口数据的能力在军事领域可能没有多大帮助。然而，中国在搜集与军事系统相关的数据方面没有内在优势。[5]

在设计聪明的算法时，我们很难说一方是否具有优势。以人工智能专家的数量来衡量，中国似乎拥有与美国相当的能力。一家专注于中国的智库麦克罗波洛（MacroPolo）的研究人员发现，在世界领先的人工智能研究人员中，有29%来自中国，而美国和欧洲的比例分别为20%和18%。但这些专家中有相当的一部分最终留在美国工作，美国雇用了59%的世界顶尖人工智能研究人员。[6]新的签证和旅行限制，加上中国在国内留住更多研究人员的努力，可能会抵消美国搜罗地缘政治对手最聪明头脑的历史技能。

在布坎南的"三位一体"的第三部分计算能力中，美国仍然占据着相当大的领先优势，尽管近年来美国的计算能力明显下降。中国仍然严重地依赖境外的半导体技术进行复杂的计算。依赖进口芯片的不仅仅是中国智能手机和个人电脑，大多数中国数据中心也是如此，这解释了为什么中国如此努力地从IBM和AMD等公司获得技术。例如，一项中国研究估计，在运行人工智能的中国服务器中，多达95%的GPU是由英伟达设计的。[7]英特尔、赛灵思、AMD和其他公司的芯片在中国数据中心至关重要。即使在最乐观的预测下，中国还需要五年时间才能设计出具有竞争力的芯片及其周围的软件生态系统，而要在境内大批量制造这些芯片的时间还要长得多。

但对于许多中国军事系统来说，获得美国设计、中国台湾制造的芯片并不困难。乔治敦大学的研究人员最近对343份公开的与人工智能相关的中国军方采购合同进行了研究，发现不到20%的合同涉及受美国出口管制的公司。[8]他们认为，中国军方可以从货架上购买美国最先进的芯片并将其用于军事系统。乔治敦大学的研究人员发现，中国军方供应商甚至在网站上宣传其使用美国芯片。如果美国出口限制没有重大改变，中国军方只需从硅谷购买芯片就能形成所需的大部分计算能力。

当然，中国军队并不是唯一一支试图将先进计算应用于武器系统的军队。随着中国军队战斗力的增长，五角大楼意识到自己需要一个新的战略。2015年左右，美国国防部部长查克·哈格尔（Chuck Hagel）等官员开始谈论需要一种新的抵消战略，这让人想起了20世纪70年代威廉·佩里、哈罗德·布朗和安德鲁·马歇尔为应对苏联数量优势所做出的努力。如今，美国面临着同样的困境：中国可以部署比美国更多的船只和飞机，尤其在重要的地域，比如中国的台湾海峡。美国国防部前副部长鲍勃·沃克（Bob Work）宣称："我们永远不会试图与我们的对手或竞争者进行坦克对坦克、飞机对飞机、人对人的较量。"他是这一新抵消战略的知识教父，这与20世纪70年代末的逻辑有明显的呼应。换句话说，美国军方只有在拥有决定性的技术优势的情况下才能取得成功。[9]

这种技术优势会是什么样子的呢？沃克认为，20世纪70年代的抵消是由"数字微处理器、信息技术、新传感器、隐身"驱动的。这一次，它将是"人工智能和自主性的进步"。美国军方已经部署了第一代新型自主运载工具，比如无人船（Saildrone）。这是一种可以在海上漫游数月，同时跟踪潜艇或拦截对手通信的无人帆板。这些装备的成本只相当于一艘典型海军舰艇的一小部分，可以让军方搭载许多装备，并为全球海洋的传感器和通信提供平台。自主水面舰艇、飞机和潜艇也正在开发和部署。这些自主平台将需要人工智能来指导并做出决策。可以使用的计算能力越多，这些平台就越会做出明智的决定。

DARPA开发的技术使20世纪70年代的抵消成为可能，现在它正在构想新的战场计算使能转型系统（computing-enabled transformations in warfare）。DARPA的负责人设想，"从最大的军舰到最小的无人机，分布在整个作战空间的计算机都可以相互通信和协调"。[10] 挑战不仅仅是将计算能力嵌入单个设备（比如导弹）中，而是将战场上成千上万的设备联网，让它们共享数据，使机器做出更多决策。DARPA 资助了关于"人机合作"的研究项目。[11] 例如，一架有人驾驶的战斗机与几架无人驾驶飞机并排飞行，这些无人驾驶飞机就是飞行员的另一组眼睛和耳朵。

正如冷战是由美国导弹制导计算机中的电子决定的一样，未来的战斗可能由电磁频谱决定。世界上的军队越是依赖电子传感器和通信，就越需要为获取发送信息或检测和跟踪敌人所需的频谱空间而战斗。我们已看到战时操控电磁频谱的例子。例如，在俄乌冲突中，俄罗斯使用了各种雷达和信号干扰器。据报道，俄罗斯政府还屏蔽了普京总统公务旅行周围的 GPS 信号，这可能是一项安全措施。[12] 并非巧合的是，DARPA 正在研究不依赖 GPS 信号或卫星的替代导航系统，以使美国导弹即使在 GPS 系统失灵时也能击中目标。[13]

对电磁频谱的争夺将是一场由半导体进行的无形的战争。雷达、干扰和通信都由复杂的射频芯片和数模转换器来管理，这些转换器可以调制信号，利用开放频谱空间向特定方向发送信号，从而试图干扰对手的传感器。同时，强大的数字芯片将在雷达或干扰机中运行复杂的算法，解析接收到的大量信号，并在几毫秒内决定发送什么信号。其中的关键在于，军队的视觉和沟通能力。[14] 如果无人机无法确定在哪里或要去哪里，它们就没什么价值。

未来的战争将比以往任何时候都更加依赖芯片，比如运行人工智能算法的强大处理器，处理数据的大存储芯片，以及感知和产生无线电波的完美调谐模拟芯片。2017 年，DARPA 启动了一个名为"电子复兴计划"的新项目，以帮助构建下一代与军事相关的芯片技术。[15] 在某些方面，DARPA 重新对芯片感兴趣源于其历史。DARPA 资助过加州理工学院的卡弗·米德等先驱学者，并推动了芯片设计软件、新光刻技术和晶体管结构的研究。[16]

　　但 DARPA 和美国政府发现，要塑造芯片行业的未来比以往任何时候都困难。DARPA 的预算为每年数十亿美元，低于大多数行业最大公司的研发预算。当然，DARPA 在遥远的研究理念上花费了更多的资金，像英特尔和高通这样的公司则将大部分资金花在了距离成果只有几年的项目上。但总的来说，美国政府购买的芯片在全球的份额比以往任何时候都要小。美国政府购买了仙童和 TI 在 20 世纪 60 年代早期生产的所有集成电路。到 20 世纪 70 年代，这一数字已降至 10%—15%。[17]现在，这一份额约占美国芯片市场的 2%。如今，作为芯片的买家，苹果首席执行官蒂姆·库克（Tim Cook）对该行业的影响比任何五角大楼官员都大。

　　制造半导体是如此昂贵，以致五角大楼都无法在内部完成。美国国家安全局（National Security Agency）过去在马里兰州米德堡的总部有一家芯片厂，但在 21 世纪初，美国政府认为按照摩尔定律规定的节奏进行升级太昂贵了。如今，即使是设计一款需要耗资数亿美元的尖端芯片，对于除了最重要的项目之外的其他所有项目来说，也太昂贵了。[18]

　　美国军方和政府的情报机构都将芯片的生产外包给"值得信赖的芯片制造厂"。这对于许多类型的模拟或射频芯片来说相对简单，因为美国拥有世界级的能力。但是，当涉及逻辑芯片时，这就形成了一个两难的局面。英特尔的生产能力已经不是最领先的了，尽管该公司主要为自己的个人电脑和服务器业务生产芯片。与此同时，台积电和三星保持着最尖端的制造能力。芯片组装和封装的工作很大一部分发生在亚洲。随着美国国防部试图使用更多现成组件来降低成本，它需从国外购买更多芯片。

　　美国军方担心，在国外制造或组装的芯片更容易被篡改，容易增加

"后门"或写入错误，但即使是在国内设计和生产的芯片也可能存在意外的漏洞。2018 年，研究人员在英特尔广泛使用的微处理器架构中发现了两个缺陷："幽灵"（Spectre）和"熔毁"（Meltdown）。这使得密码等数据的复制成为可能，这是一个巨大的安全漏洞。[19] 据《华尔街日报》报道，英特尔在通知美国政府之前，先向包括中国科技公司在内的客户披露了该漏洞，这一事实加剧了五角大楼官员对他们在芯片行业影响力下降的担忧。[20]

DARPA 正在投资开发新技术，以保证芯片不受篡改，或验证芯片的制造是否完全符合预期。美国军方依靠 TI 等公司设计、制造和组装尖端模拟和数字电子产品的日子早已一去不复返。如今，美国军方根本没有办法避免从国外购买一些东西。因此，DARPA 将赌注押在技术上，以实现微电子的"零信任"：不信任任何东西，并通过植入芯片上的微型传感器等技术来验证一切，这些传感器可以检测到对其进行的篡改。[21]

但所有这些利用微电子技术刺激新的"抵消"，并重建对中国和俄罗斯的决定性军事优势的努力，都建立在美国将保持其在芯片领域的领先地位的假设上。这看起来像是一个冒险的赌注。"跑得更快"战略的时代见证了美国在芯片制造过程中的某些部分是落后的，最显著的是对中国台湾制造先进逻辑芯片的日益依赖。30 年来，一直是美国芯片冠军的英特尔，现在明显地陷入了困境，业内许多人认为英特尔已经明显落后了。与此同时，中国正在向其芯片产业投入巨额资金。对于任何一家大型芯片公司来说，中国消费市场都是远比美国政府重要的客户。

中国努力获取先进技术，以及美国和中国电子产业之间的深度互联在美国看来都是问题。美国已经慢了下来，现在将其军队的未来押在某项主导地位正在下滑的技术上。五角大楼负责这一问题的官员马特·特平（Matt Turpin）辩称："如果中国人和我们在同一条船上，那么这种用抵消战略来赢得领先的观念，几乎是不可能成功的。"[22]

中国已将对外国芯片制造商的依赖视为一个关键弱点。中国制订了一项计划，通过收购外国芯片制造商来获取技术，并向中国芯片公司提供补贴，以重塑世界芯片产业。就美国而言，五角大楼在承认中国的军事现代化已经缩小了这两个超级大国军队的差距后，推出了自己的抵消战略。

第八部分

芯片瓶颈

49
"我们正在竞争的一切"

英特尔首席执行官布莱恩·克扎尼奇无法掩饰他对中国在全球芯片产业中占据更大份额的担忧。2015 年，作为美国芯片行业贸易组织半导体行业协会的主席，克扎尼奇肩负着与美国政府官员交流的任务。通常，这意味着要求减少税收或减少监管。这一次，话题不同了：说服美国政府对中国的大规模半导体补贴采取行动。美国的芯片公司都陷入了同样的困境。对于几乎每一家美国半导体公司来说，中国都是一个至关重要的市场，因为这些公司的芯片会被直接销售给中国客户，或者在中国被组装到智能手机或电脑上。

奥巴马政府的官员习惯了钢铁或太阳能电池板等行业对中国的抱怨。他们认为，高科技本应是美国的专长，美国在这个领域具有竞争优势。因此，当高级政府官员与克扎尼奇会面，并且感受到"他眼中明显的恐惧感"时，他们很担心。[1] 当然，英特尔的首席执行官们有很长一段偏执的历史。但现在，英特尔以及整个美国芯片行业比以往任何时候都更有理由感到担忧。中国使美国太阳能电池板制造业停业。中国

265

不能在半导体中做同样的事情吗？一位奥巴马政府的官员担心："这个2 500亿美元的巨额基金将埋葬我们。"[2] 他提到了中国中央和地方政府承诺支持本土芯片制造商的补贴。

到2015年左右，美国政府内部开始慢慢转变。美国政府的贸易谈判代表认为，中国的芯片补贴违反了国际协议。五角大楼紧张地注视着中国将计算能力应用于新武器系统的努力。美国情报机构和司法部认为，中国政府和其产业联手，试图赶走美国芯片公司。但美国科技政策的两大支柱（拥抱全球化和"跑得更快"）已经根深蒂固，不仅是因为行业的游说，也是因为华盛顿智库的共识。此外，华盛顿的大多数人不知道半导体是什么。一位参与这项工作的人士回忆道，奥巴马政府在半导体方面进展缓慢，因为许多高级官员根本不认为芯片问题是一个重要问题。[3]

因此，直到奥巴马政府的最后几天，美国政府才开始采取行动。2016年底，也就是当年美国总统大选前六天，美国商务部部长彭妮·普里茨克（Penny Pritzker）在华盛顿就半导体问题发表了高调演讲："半导体技术必须成为美国创造力的核心特征和经济增长的驱动力，我们不能放弃我们的领导权。"[4] 她谴责"不公平的贸易做法和大规模的、非市场化的国家干预"，并引用"中国基于政府利益而非商业目标收购公司和技术的新尝试"，这是当时紫光收购热潮引发的指控。

但由于奥巴马政府剩下的时间不多，普里茨克也无能为力。当时的目的是引发一场讨论，希望即将可能上任的希拉里·克林顿政府能够继续推进这场讨论。普里茨克还命令美国商务部对半导体供应链进行研究，并承诺"利用一切机会向中国领导人明确表示，我们不会接受旨在影响这个行业的1 500亿美元产业政策"。大约在同一时间，美国白宫委托一群半导体高管和学者研究该行业的未来。他们在奥巴马卸任前几天发表了一份报告，敦促美国加倍实施现有战略。[5] 他们的主要建议是"以更快的速度赢得比赛"，这是可以从 20 世纪 90 年代复制和粘贴的建议。保持创新的必要性显然很重要。摩尔定律的延续是竞争的必然。在过去的几十年里，华盛顿认为自己"跑得更快"，但其对手已经扩大了市场份额，整个世界可怕地依赖于少数几个脆弱的瓶颈，特别是中国台湾地区。

在华盛顿和芯片行业，几乎每个人都喝了自己关于全球化的"酷爱"（Kool-Aid）饮料。报纸和学者们说，全球化实际上是"全球性的"，技术扩散是不可阻挡的，其他国家不断进步的技术能力符合美国的利益。即使不符合美国利益，也没有什么可以阻止技术进步。奥巴马政府的半导体报告宣称："在半导体产业全球化的世界里，单边行动越来越无效。原则上，政策可以减缓技术的传播，但不能阻止技术的传播。"这些说法都没有证据支持，只是简单地被认为是真的。但芯片制造的"全球化"并未发生，取而代之的是"台湾化"。技术并未扩散，而是被少数不可替代的公司垄断。美国的科技政策被全球化的陈词滥调束缚，尽管这些陈词滥调很容易被证明是错的。

美国在芯片制造、光刻机和其他领域的技术领先地位已经消退，因为华盛顿认为公司应该竞争，但是需要政府提供一个公平的竞争环境。如果每个国家的政府都同意这么做，一个自由公平的系统就会起作用。许多政府，特别是亚洲的政府，都积极支持其芯片产业。但美国官员发现，他们更容易忽视其他国家攫取芯片行业宝贵份额的努力，而选择简单模仿关于自由贸易和开放竞争的陈词滥调。与此同时，美国的地位正在下降。

在华盛顿和硅谷的公司里，人们简单地重复"多边主义""全球化"和"创新"等概念就更容易了。因为这些概念太空洞，不会冒犯任何有权力的人。芯片行业本身将大量游说资源用于重复关于该行业"全球化"程度的虚假陈词。这些概念与美国单极时代指导两党官员的"自由国际主义"精神自然契合。当每个人都假装合作是双赢的时候，与外国公司和政府的见面会更加愉快。因此，华盛顿不断告诉自己美国正在加快步伐，盲目地忽视了美国地位的恶化、中国能力的提升以及美国对中国台湾和韩国的惊人依赖，而这种情况每年都变得更加突出。

但在美国政府内部，国家安全机构开始采纳不同的观点。美国政府的这一部分人被认为是偏执狂，因此美国安全官员对中国的科技产业和中国政府持怀疑态度就不足为奇了。许多美国官员担心，中国对世界关键技术的影响力正在增长。他们还认为，中国将利用其作为世界主要电子产品制造商的地位，给电子产品留"后门"，就像美国几十年来所做的那样。设计未来武器的五角大楼官员开始意识到他们对半导体的依赖程度。与此同时，他们关注的是电信基础设施，担心美国盟友减少从欧洲和美国购买电信设备，而更多地从中兴通讯和华为等中国公司购买。

多年来，美国情报部门一直对华为与中国政府的关系表示担忧，但直到 2015 年左右，华为及其规模较小的同行中兴通讯才开始引起公众的关注。这两家公司都销售有竞争力的电信设备，中兴通讯是国有企业，华为是私营企业，但美国官员指称华为与政府关系密切。这两家公司都花了几十年的时间来反驳有关它们贿赂多个国家的官员以赢得合同的指控。[6] 2016 年，在奥巴马政府的最后一年，两者都被指控违反了美国的制裁法令，向受美国制裁的国家提供产品。[7]

奥巴马政府考虑对中兴通讯实施金融制裁，这将切断该公司进入国际银行系统的渠道，但美国在 2016 年选择了惩罚该公司，限制美国公司向其出售产品。[8] 类似的出口管制以前主要针对军事目标。但美国商务部也有广泛的权力禁止民用技术的出口。中兴通讯高度依赖其系统中的美国部件，尤其是美国芯片。2017 年 3 月，在威胁实施限制之前，中兴通讯与美国政府签署了一项"认罪"协议，并支付了罚款，因此出口限制在生效之前就被取消了。[9] 几乎没有人知道，禁止一家大型中国科技公司购买美国芯片的反应会有多么激烈。

中兴通讯的"认罪"协议是在特朗普就职之际签署的。特朗普一再抨击中国 [10]，但他对政策细节几乎没有兴趣，对技术也没有兴趣。他的重点是贸易和关税，罗伯特·莱特希泽（Robert Lighthizer）等官员试图减少双边贸易逆差，减缓离岸外包。但在美国国家安全委员会的政治聚光灯下，由美国前记者、海军陆战队队员马特·波廷格（Matt Pottinger）领导的少数谨慎官员正在改变美国对中国的政策，在这一过程中放弃了几十年的技术政策。波廷格后来成为特朗普政府的副国家安全顾问。美国国家安全委员会的"对华鹰派"关注的不是关税，而是中国的地缘政治议程及其技术基础。他们认为，美国的地位已经被"危险地"削弱，华盛顿的不作为是罪魁祸首。在总统过渡期间，一位奥巴马政府的官员曾对特朗普任命的官员说："这真的很重要，但你无能为力。" [11]

美国新政府里的"中国团队"有不同意见。正如一位高级官员所说，他们得出的结论是，"我们在 21 世纪竞争的一切……都建立在对半导体掌握的基石上"。他们认为，不作为不是一个可行的选择，"跑得更快"也不是一个可行的选择，"跑得更快"是不作为的代名词。 [12] 一位美国国家安全委员会官员表示，"对于我们来说，跑得更快会很好"，但由于中国"在推动技术更替方面的巨大影响力"，这一战略没有奏效。美国新的国家安全委员会在技术政策上采取了一种更具战斗力的零和方法。从美国财政部投资审查部门的官员到五角大楼军事系统供应链的管理人员，美国政府的关键部门开始把重点放在半导体上，将其作为与中国打交道的战略的一部分。

这让半导体行业的领导者深感不安。他们想要得到政府的帮助，但害怕被报复。芯片行业很乐意降低税收或减少监管，这两者都会使芯片公司在美国做生意更有吸引力，但芯片行业不想改变跨国商业模式。

硅谷的许多人讨厌特朗普，这无济于事。英特尔首席执行官克扎尼奇在特朗普作为总统候选人时同意为他举行筹款活动，之后遭到了强烈反对。在加入美国白宫咨询委员会后，克扎尼奇随后辞去了该委员会的职务。[13] 即使行业高管忽视特朗普的美国国内政策，特朗普的易变也让他成了一个有问题的盟友。通过推特宣布关税从来不是一种能给首席执行官留下深刻印象的策略。

但来自芯片行业的信息并不比特朗普政府自相矛盾的信息泄露更加合乎逻辑。在公开场合，半导体首席执行官及其游说者敦促美国新政府与中国合作，并且鼓励中国遵守贸易协定。私下里，他们承认这一策略没有希望，并担心美国支持的中国竞争对手会通过牺牲其利益来攫取市场份额。整个芯片行业都依赖对中国的销售，无论是像英特尔这样的芯片制造商、高通这样的无晶圆厂设计公司，还是像应用材料这样的设备制造商。一位美国半导体高管讽刺地向一位白宫官员总结道："我们的根本问题是，我们的头号客户是我们的头牌竞争对手。"[14]

美国国家安全委员会的"对华鹰派"得出结论，美国的半导体产业需要自我拯救。任凭股东和市场力量的一时兴起，芯片公司都会慢慢不断地把员工、技术和知识产权转移到中国，直到硅谷被掏空。"对华鹰派"认为，美国需要一个更强有力的出口管制制度。这些人认为，华盛顿关于出口管制的讨论被该行业劫持了，让中国公司获得了太多先进的芯片设计软件和机器设备。美国政府官员列举了美国商务部与游说反对出口管制的芯片行业律师事务所之间的旋转门，尽管这些人也是美国政府中了解半导体供应链复杂性的少数人之一。特朗普政府官员认为，由于这扇旋转门，法规允许太多的技术泄漏，削弱了美国相对于中国的优势地位。[15]

在时任总统特朗普推特的火爆和愤怒中，大多数人没有注意到美国政府的不同部门（从国会到商务部，从白宫到五角大楼）正在以自20

世纪 80 年代末以来华盛顿从未见过的方式重新聚焦于半导体。媒体关注的焦点集中在特朗普与中国的贸易摩擦以及他谨慎宣布的关税上调上，他最大限度地提高媒体关注度。特朗普对许多产品征收关税，其中包括芯片，这使得一些分析师认为半导体问题主要是一个贸易问题。[16]但在美国政府的国家安全官僚机构中，总统的贸易摩擦和关税被视为对正在进行的高风险技术斗争的干扰。

2018 年 4 月，随着特朗普与中国的贸易摩擦升级，美国政府认定中兴通讯向美国官员提供虚假信息违反了其"认罪"协议中的条款。[17]据一位助手称，特朗普的商务部部长威尔伯·罗斯"非常个人"地处理此事，因为他在前一年参与了与中兴通讯的谈判。一位参与者表示，美国商务部开始重新对美国公司向中兴通讯销售产品施加限制，这一决定在"几乎没有人知道"[18]的情况下通过了官僚机构的审核。当这些规定重新出台时，中兴通讯购买美国半导体和其他产品的能力被再次切断。如果美国不改变政策，那么中兴通讯可能濒临破产。

但特朗普本人对贸易比对技术更感兴趣。他简单地把对中兴通讯的潜在打击当成与中国谈判的筹码。因此，当中国提议达成一份协议时，特朗普迫不及待地接受了这一提议，并在推特上表示，出于对中兴通讯"很多中国员工将失去工作"的担忧，他将找到一种方法让中兴通讯继续经营下去。[19]很快，中兴通讯同意支付另一笔"罚款"，以重新换取与美国供应商的联系。特朗普认为他在贸易摩擦中获得了影响力，尽管这被证明是虚幻的。华盛顿的"对华鹰派"认为，特朗普被美国财政部部长史蒂文·努钦（Steven Mnuchin）等官员骗了，努钦一再敦促特朗普向中国做出让步。重要的是，中兴通讯的传奇故事表明了世界上所有主要科技公司对美国芯片的依赖程度。正如一位美国政府官员所说的，半导体不仅仅是"我们正在竞争的一切"的"基石"，也可能是毁灭性的强大武器。

50 福建晋华

如今，三家公司主导着全球 DRAM 芯片市场，这三家公司是美光及其两个韩国竞争对手三星和 SK 海力士。20 世纪 90 年代和 21 世纪初，中国台湾的公司花费了数十亿美元试图打入 DRAM 业务，但从未成功建立盈利业务。DRAM 市场需要规模经济，因此小型生产商很难在价格上具有竞争力。尽管中国台湾从未成功建立起可持续的存储芯片产业，但日本和韩国在 20 世纪 70 年代和 80 年代首次进入芯片产业时，都专注于 DRAM 芯片。DRAM 需要专业知识、先进设备和大量资本投资。先进的设备通常可以从美国、日本和荷兰的大型工具制造商那里购买，但工艺菜单是最难的部分。三星在 20 世纪 80 年代末进入这一行业时，从美光获得了技术许可，在硅谷开设了一家研发中心，并雇用了数十名美国培养的博士。另一种更快地获取技术工艺菜单的方法是挖猎员工和搜集文件。

福建就在台湾对面，中间隔着台湾海峡。在福建，历史悠久的港口厦门湾坐落着金门岛。台湾和福建的关系很密切，在关系最紧张的时候，解放军曾多次炮击金门。但当福建省政府决定开设一家名为晋华的 DRAM 芯片制造商，并向其提供超过 50 亿美元的政府资金时，晋华断定与台湾的合作是其成功的最佳途径。[1] 台湾虽然没有任何领先的存储芯片公司，但拥有美光在 2013 年购买的 DRAM 设备。

美光不会向晋华提供任何帮助，因为美光认为晋华是一个危险的竞争对手。美光、三星和 SK 海力士这三家 DRAM 公司花了几十年时间投资超专业化的工艺技术，不仅创造了世界上最先进的存储芯片，还定期迭代优化和降低成本。它们的专业知识得到了专利的保护，但更重要的是，只有它们的工程师才拥有的专有技术。

为了竞争，晋华必须获得这种制造技术。芯片行业收购竞争对手技术的历史由来已久，可以追溯到 20 世纪 80 年代一系列关于日本知识产权盗窃的指控。

美光起诉联华电子和晋华侵犯其专利，联华电子和晋华在福建进行了反诉。福建一家法院裁定，美光侵犯联华电子和晋华的专利。为了惩罚美光，福州中级人民法院禁止美光在中国这个公司最大的市场销售 26 种产品。[2]

20 世纪 60 年代，当 TI 第一次进入台湾时，李国鼎曾嘲讽道，"知识产权是帝国主义者用来欺负欠发达国家和地区的东西"。[3] 但台湾最终得出结论，最好尊重知识产权规则，尤其是当台湾的公司开始开发自己的技术并拥有自己的专利时。许多知识产权专家预测，随着中国大陆公司生产更复杂的产品，中国大陆将很快开始重视知识产权。但这一论点的证据好坏参半。

当福建的法院可能将美光锁定在其最大的市场之外时，对于美光来说，在台湾或加利福尼亚州的法庭上胜诉将变得毫无意义。大约在同一时间，美国半导体制造设备制造商维易科（Veeco）在美国法院对中国竞争对手中微公司（AMEC）提起了知识产权诉讼，中微公司在美光的竞争对手所在地福建法院进行了反诉。纽约一名法官发布了有利于维易科的初步禁令。根据加州大学伯克利分校教授、中国法律专家马克·科恩（Mark Cohen）的研究，福建法院判决禁止维易科向中国进口机器，这一举动仅发生在 0.01% 的中国专利案件中。

美光似乎将面临类似的命运。一些分析人士认为，晋华只需几年时间就可以大规模生产 DRAM 芯片。此时，如果美光重回中国市场，那么美光也无关紧要了。如果此案发生在奥巴马执政时期，除了严正声明，不会有其他措施。美国的首席执行官们知道他们不能指望美国政府的大力支持，他们会试图与中国达成协议，以期重新进入中国市场。

美国国家安全委员会中的"对华鹰派"决心改变这种状态。他们认为，这个案件是特朗普承诺要解决的，尽管他对美光没有特别的兴趣。一些美国政府官员主张对晋华实施金融制裁，使用奥巴马总统在 2015 年签署的一项关于网络间谍的行政命令中规定的权力，尽管该命令并未针对任何一家大型中国公司。经过深思熟虑，特朗普政府决定使用它针对中兴通讯部署的相同"工具"针对晋华，理由是用贸易法规解决贸易争端更有意义。于是，晋华被禁止购买美国芯片制造设备。

应用材料、泛林和科磊等美国公司是寡头垄断公司的一部分，这些公司可以生产不可替代的机器设备，比如在硅片上沉积微观薄层材料或识别纳米级缺陷的工具。芯片公司如果没有这种大部分仍在美国制造的机器，就不可能生产出先进的芯片。只有日本有生产类似机器的公司，所以如果东京和华盛顿同意，那么它们可能会让任何国家的任何公司都无法生产先进的芯片。在与日本强大的经济产业省的官员进行了详细磋商后，特朗普政府确信东京支持对晋华采取强硬行动，并将确保日本公司不会削弱美国对晋华的限制。[4]这给了美国一个强大的"新工具"，可以让世界任何地方的任何芯片制造商破产。特朗普政府中的一些"鸽派"，比如财政部部长史蒂文·努钦，很紧张。但据一位助手说，有权实施出口管制的美国商务部部长威尔伯·罗斯（Wilbur Ross）在考虑"为什么我们不使用这个工具"。[5] 因此，在晋华向为其提供关键芯片制造工具的美国公司支付票据后，美国禁止设备出口。几个月后，晋华的生产停滞。[6]

51 打击华为

当被问及华为时，美国时任总统唐纳德·特朗普向他非常喜欢的电视节目《福克斯与朋友们》（*Fox & Friends*）的主持人解释道："我们不想让他们的设备出现在美国。"科技基础设施可能被用来获取机密信息，这几乎是一个不争的事实。[1] 2013 年，美国国家安全局前雇员爱德华·斯诺登逃到俄罗斯，同时公开了该机构的许多绝密信息。此后，美国网络间谍的能力在世界各地的报纸上经常被讨论。

在五角大楼和美国国家安全委员会内部，华为被视为一个挑战。五角大楼官员马特·特平曾致力于美国军方的新抵消战略，他认为华为是美国科技行业一个更广泛问题的症结：中国公司"实际上处于美国的系统内部"，因为它们使用美国软件设计芯片，使用美国机器生产，并经常将其用于为美国消费者制造的设备。有鉴于此，"美国不可能在创新方面'排除'中国，然后剥夺其创新的成果"。[2] 华为和中国其他公司在一些技术领域中扮演着核心角色，美国认为这些领域应该由美国主导，以保持对中国的军事和战略技术优势。另一位特朗普政府高级官员表示："华为真的成为我们在与中国的技术竞争中犯下的一切错误的代言人。"[3]

对华为的担忧不仅限于特朗普政府或美国。澳大利亚禁止华为进入其 5G 网络，因为其安全服务部门得出结论，即使华为开放了所有软件源代码和硬件的访问权，这种风险也无法减轻。澳大利亚总理马尔科姆·特恩布尔（Malcolm Turnbull）起初对全面禁令持怀疑态度。据澳大利亚记者皮特·哈彻（Peter Hartcher）称，特恩布尔买了一本 474 页的书《5G 安全综合指南》(*A Comprehensive Guide to 5G Security*)，以研究这个话题，这样他就可以向技术专家提出更好的问题。[4]最终，他确信自己别无选择，只能禁止这家公司。澳大利亚成为第一个正式切断华为 5G 网络设备的国家，日本、新西兰和其他国家也很快做出了类似决定。

并非每个国家都有相同的威胁评估。中国的许多邻国对华为持怀疑态度，不愿在网络安全方面冒险。相比之下，在欧洲，一些传统的美国盟友对特朗普政府说服其禁用华为的施压行动持谨慎态度。一些美国在东欧的亲密盟友公开禁用华为，比如波兰。法国也悄悄地实施了严格的限制。[5]其他欧洲大国试图找到一个中间立场。德国向中国出口了大量汽车和机械，中国驻德大使称，如果德国做出决定，导致华为被排除在德国市场之外，那将会有后果。"中国政府不会袖手旁观。"[6]

最终，特朗普政府预计会遭到德国的反对，因为特朗普政府认为德国在一系列问题上是搭便车的盟友。更令人惊讶的是，英国尽管与美国有着"特殊关系"，但拒绝了美国禁止华为进入英国 5G 网络，并从瑞典的爱立信或芬兰的诺基亚等替代供应商那里购买设备的请求。2019 年，英国政府的国家网络安全中心得出结论，华为系统的风险在不实施禁令的情况下可控。

澳大利亚和英国网络安全专家对华为风险的评估为何存在分歧？我们没有技术性分歧的证据。例如，英国监管机构对华为网络安全缺陷的评估是相当挑剔的。[7]这场辩论实质上是关于是否应该阻止中国在世界科技基础设施中发挥越来越大的作用。英国信息情报机构前负责人罗伯特·汉尼根（Robert Hannigan）认为，"我们应该接受中国在未来将成为一个全球科技强国，并从现在开始管理风险，而不是假装西方可以坐视中国的技术崛起"。[8]许多欧洲人认为，中国的技术进步是不可避免的，因此不值得试图阻止。

美国政府不同意这个观点。华为已经从20世纪80年代末的简单电话交换机向2019年最先进的电信和网络设备迈进了一步。华为年度研发支出现在可以与微软、谷歌和英特尔等美国科技巨头匹敌。在中国所有的科技公司中，华为是最成功的出口商，对国外市场有着详细的了解。华为不仅为手机基站生产硬件，还设计了尖端智能手机芯片。华为已经成为台积电的仅次于苹果的第二大客户。紧迫的问题是，美国能让这样的中国公司成功吗？

这样的问题让华盛顿的许多人感到不安。在一代人的时间里，美国精英欢迎中国的经济崛起。美国还鼓励了亚洲各地的科技公司，在日本快速发展的年代为索尼等日本公司提供市场准入，几十年后为韩国的三星提供了同样的机会。华为的商业模式与索尼或三星最初在世界科技生态系统中占据重要地位时的商业模式没有太大不同。多一点竞争不是一件好事吗？

但是，美国国家安全委员会与中国的竞争现在主要以零和博弈的形式出现。这些官员将华为解读为"战略挑战"，而不是"商业挑战"。索尼和三星是总部设在和美国结盟国家的科技公司。华为是美国主要地缘政治对手的国家冠军型企业。从这个角度来看，对于美国来说，华为的扩张是一种威胁。美国国会希望采取更强硬、更具战斗力的政策。美国共和党参议员本·萨瑟（Ben Sasse）在2020年宣布："美国需要扼杀华为。现代战争是用半导体打的，而我们还在让华为使用我们的设计。"⁹

华为提高了中国芯片设计和微电子技术的整体水平。中国生产的电子产品越先进，中国购买的尖端芯片就越多，世界半导体生态系统对中国的依赖也就越大。此外，瞄准中国知名度最高的科技公司将向全球发出一个信息，警告其他国家选边站队。崛起的华为成了美国政府一个固定的打击对象。

特朗普政府在首次决定对华为施加压力时，禁止向华为出售美国制造的芯片。考虑到英特尔芯片无处不在，以及美国许多其他公司制造的几乎不可替代的模拟芯片，单是这一限制就具有毁灭性。但在经历了几十年的离岸外包之后，美国的半导体生产比以前少了很多。例如，华为设计的芯片不是在美国生产的——美国缺乏制造先进智能手机处理器的工厂，而是在台积电生产的。限制向华为出口美国制造的产品无助于阻止台积电为华为制造先进芯片。

有人可能会认为，芯片制造的离岸外包降低了美国政府限制先进芯片制造的能力。如果世界上所有先进的芯片制造仍以美国为基础，那么切断华为的联系肯定会更容易。但是，美国仍然有牌可打。例如，芯片制造离岸外包的过程与芯片行业日益垄断的瓶颈相吻合。世界上几乎每一块芯片都使用至少一家美国公司的软件，这三家公司分别是楷登、新思和明导。明导为德国西门子所有，但其总部位于美国俄勒冈州。除英特尔内部制造的芯片外，所有最先进的逻辑芯片都是由三星和台积电两家公司制造的。此外，制造高级处理器需要荷兰阿斯麦公司生产的EUV光刻机，而阿斯麦依靠其位于圣地亚哥的子公司西盟（2013年收购）为其EUV光刻机提供不可替代的光源。当如此多的关键环节需要用少数公司生产的工具、材料或软件时，控制芯片制造过程中的瓶颈要容易得多。其中，许多瓶颈仍然掌握在美国人手中，就算那些没有在美国手中的，也在美国的亲密盟友手中。

大约在这个时候，两位学者亨利·法雷尔（Henry Farrell）和亚伯拉罕·纽曼（Abraham Newman）注意到，国际政治和经济关系越来越受到他们所称的"武器化的相互依赖"[10]的影响。他们指出，各国比以往任何时候都更加紧密地联系在一起，但相互依赖并没有化解冲突和鼓励合作，而是创造了新的竞争场所。将国家联系在一起的网络已成为冲突的领域。例如，在金融领域，美国利用其他国家依赖银行系统武器化来惩罚伊朗。这些学者担心，美国政府将贸易和资本流动用作政治武器，威胁到了全球化，并有可能造成危险的意外后果。相比之下，特朗普政府得出结论，美国拥有将半导体供应链武器化的独特力量。

2020 年 5 月，美国政府进一步收紧了对华为的限制。[11]美国商务部宣布，将"通过限制华为使用美国技术和软件在国外设计和制造半导体的能力来保护美国国家安全"。美国商务部的新规定并不仅仅是阻止向华为销售美国生产的产品，还限制将任何使用美国技术制造的产品出售给华为。在一个充满瓶颈的芯片行业，这意味着涉及几乎所有的芯片。如果没有美国的制造设备，台积电就无法为华为制造先进的芯片。如果没有美国生产的软件，华为就很难设计芯片。即使是中国最先进的芯片制造工厂中芯国际，也广泛依赖美国的工具。除了美国商务部授权华为购买的芯片外，华为与全球整个先进芯片制造工厂完全隔绝。

世界芯片行业很快开始实施美国的规定。尽管美国正试图割掉第二大客户的精华，但台积电董事长刘德音承诺，不仅要遵守"法律条文"，还要遵守"法律精神"。[12]他告诉记者："这不仅可以通过解释规则来解决，还与美国政府的意图有关。"此后，华为被迫剥离部分智能手机业务和服务器业务[13]，因为它无法获得必要的芯片[14]。中国5G电信网络的推出，是政府高度重视的优先事项，但因芯片短缺被推迟。[15]在美国实施限制后，其他国家，尤其是英国，决定禁用华为，理由是在没有美国芯片的情况下，华为将难以为其产品提供服务。

在华为被打击之后，其他多家中国科技公司被美国列入"黑名单"。在与美国讨论后，荷兰决定不批准向中国公司出售阿斯麦的EUV光刻机。[16] 2017年被AMD称为"战略合作伙伴"的超级计算机公司中科曙光于2019年被美国列入"黑名单"。根据《华盛顿邮报》的一篇报道，飞腾也被美国列入"黑名单"。美国官员称飞腾为用于测试高超音速导弹的超级计算机设计了芯片。飞腾的芯片使用美国软件设计，并在台积电生产。在进入半导体生态系统后，飞腾得以发展，但飞腾对外国软件和制造业的依赖使其极易受到美国的限制。

归根结底，美国对中国科技公司的打击是有限的。中国许多大的科技公司，比如腾讯和阿里巴巴，在购买美国芯片或让台积电生产半导体的能力方面仍然没有被限制。中芯国际是中国最先进的逻辑芯片生产商，在购买先进芯片制造工具方面面临新的限制，但它尚未停业。华为也被允许购买美国早期的半导体芯片，比如用于连接4G网络的半导体芯片。

中国全球化的科技公司因制裁而步履蹒跚，但令人惊讶的是，中国没有采取任何行动来报复。中国一再说要惩罚美国科技公司，但从未扣动扳机。中国起草了一份"不可靠实体清单"，列出危及中国安全的外国公司，[17]但似乎还没有将任何公司列入名单。①事实证明，在切断供应链方面，美国具有更大的优势。一名美国前高级官员在华为遭受打击后沉思自语道："武器化的相互依赖是一件好事。"[18]

---

①　2023年2月16日，中国商务部决定将洛克希德·马丁公司、雷神导弹与防务公司列入"不可靠实体清单"。——译者注

52

中国的人造卫星时刻？

2020年初，在新冠病毒肆虐被封控期间，武汉高速公路空无一人，人行道荒凉，机场和火车站关闭。除了医院和杂货店，几乎所有的营业场所都关闭了。

一家工厂除外，那就是位于武汉的长江存储（YMTC）。它是中国领先的NAND存储器生产商，这种芯片在智能手机和USB记忆棒等消费设备中随处可见。目前，世界上有五家公司生产具有竞争力的NAND芯片，但是没有一家公司的总部设在中国。许多行业专家认为，在所有类型的芯片中，中国实现世界级制造能力的最佳机会是NAND生产。紫光与中国国家"大基金"及省政府一道，为长江存储提供了至少240亿美元的资金支持。

据《日经亚洲》报道，中国政府对长江存储的支持力度如此之大，以至即使在新冠疫情封控期间，长江存储也在继续运作。[1]《日经亚洲》对中国芯片行业进行了一系列报道。经过武汉的列车搭载了专为长江存储员工设置的专用车厢，他们进入了武汉。长江存储甚至在

2020 年 2 月底和 3 月初完成了武汉职位的招聘。中国在抗击新冠疫情的斗争中愿意做任何事情,但建设半导体产业是当务之急。

人们普遍认为,对于中国政府来说,与美国不断升级的科技竞争就像是"人造卫星时刻"(Sputnik Moment)。这是指 1957 年苏联发射人造卫星后,美国担心自己落后于对手,迫使华盛顿投入大量资金用于科学技术。在美国禁止向华为等公司销售芯片后,中国无疑面临着"人造卫星"般规模的冲击。中国科技政策知名分析师王丹认为,美国的限制"推动了北京对科技主导地位的追求",推动了政府支持芯片产业的新政策。[2]

争论的焦点是,美国是否应该试图破坏中国不断增长的芯片生态系统,从而引发不可避免的反作用,或者干脆在美国国内投资,同时希望中国的芯片驱动力消失。哪一种更明智?美国的限制无疑催生了中国政府对芯片制造商的新一波支持。毫无疑问,中国正在花费巨额资金补贴芯片公司。[3]这笔资金能否产生新技术还有待观察。例如,武汉不仅是中国实现 NAND 芯片平等的最大希望的长江存储公司所在地,也是中国最近最大的半导体诈骗案的发生地。

武汉弘芯(HSMC)的案例表明,在没有充分论证的情况下,将资金投入半导体行业是有风险的。据中国互联网媒体报道,武汉弘芯是由一群骗子创建的,他们拿着假名片,上面写着"台积电副总裁",欺骗武汉地方政府投资他们的公司,然后用这笔资金聘请台积电前研发总监为首席执行官。在此人的帮助下,他们从阿斯麦获得了一台深紫外光刻机,然后利用这一"壮举"从投资者那里筹集了更多资金。当武汉弘芯破产时,该公司仍在努力生产第一款芯片。

失败的不仅仅是省级实验。紫光最近在全球收购热潮后耗尽了现金,并拖欠了部分债券。一名中国政府规划机构的官员公开感叹,中国的芯片行业"没有经验,没有技术,没有人才"[4],这是言过其实的。但很显然，中国在半导体项目上浪费了大量资金，这些项目要么显得不切实际，要么像武汉弘芯一样，是公然的欺诈。即使中国的"人造卫星时刻"激发了更多由国家支持的半导体项目，中国也不会因此走上技术独立的道路。

在这样一个拥有跨国供应链的行业中，技术独立一直是一个白日梦，美国也是如此。如今，美国仍然是世界上最大的半导体玩家。对于中国来说，从机械到软件，在供应链的许多部分缺乏竞争性企业，技术独立更为困难。为了实现技术完全独立，中国需要获得尖端的设计软件、设计能力、先进材料和制造技术等。毫无疑问，中国将在其中一些领域取得进展，但有些领域的成本太高，难以复制。

设想一下复制一台阿斯麦的 EUV 光刻机需要什么，这台机器花了近 30 年的时间来开发和商业化。EUV 光刻机具有多个部件，这些部件本身构成了极其复杂的工程挑战。在 EUV 光刻机系统中，复制光源需要完美识别和组装 457 329 个零件。一个单一的缺陷可能会导致严重的延迟或可靠性问题。即使已经获得了阿斯麦的设计规范，这种复杂的机器也不能像文件一样简单地复制和粘贴。即使有接触专业信息的机会，也需要一位熟悉科学的光学或激光博士。即使有这样的人才，可能仍然缺乏开发 EUV 光刻机的工程师们 30 年来积累的经验。

也许在十年内，中国可以成功建造自己的 EUV 光刻机。如果成功的话，该项目将耗资数百亿美元。但是，当该设备准备就绪时，它将不再是最先进的设备，这必然是令人沮丧的。到那时，阿斯麦将推出一种新一代工具——高孔径 EUV 光刻机，计划于 21 世纪 20 年代中期推出，每台机器的成本为 3 亿美元，是第一代 EUV 光刻机的两倍。[5]即使未来中国的 EUV 光刻机与阿斯麦目前的设备一样好，但考虑到美国将试图限制中国从其他国家获取部件的能力，中国芯片制造商将难以用该设备生产盈利。因为到 2030 年，台积电、三星和英特尔已经使用自己的 EUV 光刻机十年了。在此期间，这些公司将完善自己的使用方式，并且支付了这些工具的成本。到那时，相比使用中国制造的 EUV 光刻机的公司，它们能够以便宜得多的价格出售使用阿斯麦 EUV 光刻机生产的芯片。

EUV 光刻机只是通过跨国供应链制造的众多工具之一。将供应链的每一部分都国产化的代价将异常昂贵。全球芯片行业每年的资本支出超过 1 000 亿美元。除了补齐目前缺乏的专业知识和设施基础之外，中国还必须考虑这些支出。建立一个尖端的、全国范围内的供应链将需要至少十年的时间，这段时间内的成本将远超过 1 万亿美元。

这就是为什么中国实际上并没有追求全部国产化的供应链。中国认识到这根本不可能。中国希望建立一个非美国的供应链，但由于美国在芯片行业的影响力及其出口法规的域外权力，非美国的供应链也不现实，但在遥远的未来有可能实现。对于中国来说，在某些领域减少对美国的依赖，增加其在芯片行业中的整体影响力，尽可能多地摆脱瓶颈技术是可行的。

当今中国的核心挑战之一是，许多芯片要么使用 x86 架构（用于个人电脑和服务器），要么使用 Arm 架构（用于移动设备）。x86 由两家美国公司（英特尔和 AMD）主导。Arm 位于英国，Arm 授权其他公司使用其架构。但现在有一种新的指令集架构，叫作 RISC-V，它是开源的，因此任何人都可以免费使用。开源架构的想法吸引了芯片行业的许多公司。目前，任何必须向 Arm 支付许可证费用的人都会更喜欢免费的替代品。此外，开源架构安全缺陷的风险可能更低，因为像 RISC-V 这样的开源架构的开放性意味着更多的工程师将能够验证细节并识别错误。出于同样的原因，创新的步伐也可能更快。这两个因素解释了为什么 DARPA 资助了开发 RISC-V 相关的各种项目。中国公司也接受了 RISC-V，因为它们认为 RISC-V 在地缘政治上是中立的。2019 年，管理该架构的 RISC-V 基金会从美国迁至瑞士。[6]像阿里巴巴这样的公司正在设计基于 RISC-V 架构的处理器。

除了采用新兴架构外，中国还专注于使用旧工艺技术来制造逻辑芯片。智能手机和数据中心需要最尖端的芯片，但汽车和其他消费设备通常使用旧的工艺技术，这种技术足够强大，成本也低得多。包括中芯国际等公司在内的中国新晶圆厂的大部分投资集中在相对落后节点的生产能力上。中芯国际已经表明，中国拥有生产具有竞争力的相对落后节点的逻辑芯片的能力。即使美国的出口限制更加严格，美国也不太可能禁止出口几十年前的制造设备。中国还对碳化硅和氮化镓等新兴半导体材料进行了大量投资，这些材料不太可能取代大多数芯片中的纯硅，但可能在管理电动汽车的动力系统方面发挥更大的作用。在这里，中国也可能拥有必要的技术，因此政府补贴可能有助于中国在价格上赢得业务。[7]

其他国家担心的是，中国的大量补贴将使其在供应链的多个部分赢得市场份额，尤其是那些不需要最先进技术的部分。除非这些国家对外国软件和机器的使用施加更严格限制，否则中国在生产非尖端逻辑芯片方面可能会发挥更大的作用。此外，中国还将大量资金投至开发电动汽车电源管理芯片所需的材料上。与此同时，长江存储确实有机会赢得 NAND 存储器市场的一大块份额。在整个芯片行业，预计中国大陆制造业的份额将从 21 世纪初的 15% 增加到 2030 年的 24%，在数量上超过中国台湾和韩国。[8]几乎可以肯定的是，中国在技术上是有差距的。但如果更多的芯片产业转移到中国，那么中国将在要求技术转让方面拥有更大的影响力。美国和其他国家实施出口限制的成本将更高，而中国将有更广泛的劳动力资源可供吸引。几乎所有的中国芯片公司不仅面向商业目标，也面向国家目标。一位长江存储高管告诉《日经亚洲》："盈利和上市……不是长江存储的首要任务。"相反，长江存储专注于"打造中国自己的芯片，实现中国梦"。[9]

短缺和供应链

美国总统拜登向一大群首席执行官宣布："作为一个国家，我们已经很长时间没有做出超越全球竞争对手所需的非常大胆的投资。"拜登坐在白宫的特迪·罗斯福（Teddy Roosevelt）画像前，高举着一块 12 英寸的硅片，看着 Zoom 屏幕，告诉高管们"在研发和制造方面已经落后……我们必须加快步伐"。[1]在屏幕上的 19 名高管中，许多人表示同意。为了讨论美国对芯片短缺的反应，拜登邀请了台积电、英特尔等芯片制造商，以及遭受严重半导体短缺的知名半导体用户。福特和通用的首席执行官通常不会被邀请参加关于芯片的高层会议，一般他们也不会感兴趣。但在 2021 年，随着世界经济及其供应链在新冠疫情中引起的中断之间动荡，世界各地的人开始意识到他们的生活，通常是他们的生计，在多大程度上依赖半导体。

2020 年，正当美国开始对中国施加芯片扼制，切断一些领先科技公司获取美国芯片技术的渠道时，第二个芯片瓶颈开始扼杀世界经济的一部分。某些类型的芯片变得难以获得，尤其是广泛用于汽车的基本逻辑芯片。这两种芯片的瓶颈部分相关。华为等中国企业至少自 2019 年以来就一直在囤积芯片，为美国未来可能的制裁做准备，而中国的晶圆厂在尽可能多地购买制造设备，以防美国决定收紧芯片制造工具的出口限制。

但中国的库存只能解释新冠疫情时代芯片瓶颈的部分原因。更重要的原因是，疫情开始后芯片订单的大幅波动，因为公司和消费者调整了对不同商品的需求。2020 年，随着大量员工将电脑升级并居家工作，个人电脑需求激增。数据中心对服务器的需求也在增长，因为越来越多的人开始上网。汽车公司预计汽车销量会下滑，开始削减芯片订单。当需求迅速恢复时，汽车公司发现芯片制造商已经将产能重新分配给其他客户。根据行业组织美国汽车政策委员会的数据，世界上最大的汽车公司中的每辆车需要使用 1 000 多个芯片。如果少一个芯片，汽车就不能发货。汽车制造商在 2021 年的大部分时间里苦苦挣扎，而且往往无法获得芯片。据行业估计，这些公司在 2021 年生产的汽车数量比正常情况下少 770 万辆，这意味着集体收入损失 2 100 亿美元。[2]

拜登政府和大多数媒体将芯片短缺解释为供应链问题。美国白宫委托编写了一份 250 页的供应链漏洞报告，重点是半导体。但半导体短缺的主要原因并不是芯片供应链中的问题。尽管其中也出现了一些供应中断的情况，比如马来西亚的新冠疫情的防控措施，影响了那里的半导体封装业务。但研究公司 IC Insights 称，2021 年全球生产的半导体器件数量比以往任何时候都多，超过 1.1 万亿个，与 2020 年相比增长了 13%。[3] 半导体短缺的原因主要是需求增长，而非供应问题。这是由新的个人电脑、5G 手机、支持人工智能的数据中心以及我们对计算能力永不满足的需求驱动的。

因此，世界各地的政客都误判了半导体供应链的困境。问题并不是芯片行业的生产流程对新冠疫情和由此产生的封控处理得很差。很少有行业能在疫情期间如此顺利地渡过难关。出现的这些问题，尤其是汽车芯片的短缺，主要是由于汽车制造商在疫情初期疯狂而不明智地取消芯片订单，再加上它们几乎没有误差的准时制（Just-in-Time）生产方式。

对于汽车行业来说，其收入遭受了巨额的损失，有足够的理由促使它们重新思考该如何管理自己的供应链。但是，半导体行业迎来了辉煌的一年。除了大地震（一种低概率但非零概率的风险）之外，我们很难想象和平时期对供应链的冲击会比该行业自 2020 年初以来所经历的冲击更严重。2020 年和 2021 年，芯片产量的大幅增加并不是跨国供应链破裂的迹象，而是供应链成功的标志。

但政府应该比过去更加认真地考虑半导体供应链。过去几年，真正的供应链教训不是关于脆弱性的，而是关于利润和权力的。中国台湾的非凡崛起表明，一家有远见、有财政支持的公司可以重塑整个行业。与此同时，美国对中国大陆获取芯片技术的限制表明，芯片行业的瓶颈是多么强大。但过去十年，中国半导体行业的崛起提醒人们，这些瓶颈并不是无限持久的。国家和政府通常可以找到绕过瓶颈的方法，尽管这样做既费时又费钱，有时甚至非常昂贵。另外，技术变革也会削弱瓶颈的功效。

这些瓶颈只有在由少数几家公司控制的情况下才有效，理想情况是由一家公司控制。尽管拜登政府承诺"与业界、盟友和合作伙伴合作"[4]，但在芯片行业的未来问题上，美国及其盟友并没有完全结盟。美国希望扭转其芯片制造份额下降的局面，并保持其在半导体设计和制造设备领域的主导地位。但欧洲和亚洲国家希望在高价值芯片设计市场上占有更大的份额。与此同时，中国台湾和韩国没有放弃在制造先进逻辑芯片和存储芯片方面处于市场领先地位的计划。随着中国大陆将扩大自己的制造能力视为国家安全的需要，未来可以在美国、欧洲和亚洲之间共享的芯片制造业务数量有限。如果美国想要增加其市场份额，其他国家的市场份额就必须减少。美国含蓄地希望从拥有现代芯片制造工厂的其他领域抢占市场份额。但世界上所有先进的芯片厂都位于美国的"亲密盟友"所在的国家和地区，而不在中国大陆。

韩国计划保持其在制造存储芯片方面的领先地位，同时努力扩大其在制造逻辑芯片方面的作用。韩国时任总统文在寅（Moon Jae-in）表示："半导体企业之间的竞争现在已经开始吸引各国。我的政府还将与商界同心协力，使韩国保持半导体强国的地位。"[5] 韩国政府已向一个名为平泽（Pyeongtaek）的城市投入资金，平泽以前是美国军事基地的所在地，现在是三星一家大型工厂的所在地。从应用材料到东京电子，所有主要的芯片制造设备公司都在东京开设了办事处。三星表示，除了在存储芯片生产方面投入相当的资金外，还计划于 2030 年前在逻辑芯片业务上投入 1 000 多亿美元。2021 年，三星创始人李秉喆的孙子被假释出狱，之前因受贿在监狱服刑。韩国司法部援引"经济因素"为他获释辩护，媒体报道称，辩护内容包括对他将帮助公司做出重大半导体投资决策的期望。[6]

三星及其韩国竞争对手 SK 海力士受益于韩国政府的支持，但陷入了中美之间的两难境地，两国都试图劝导韩国的芯片巨头在自己国家建立更多的制造业基地。例如，三星最近宣布计划扩建和升级其在得克萨斯州奥斯汀生产高级逻辑芯片的工厂，预计投资 170 亿美元。但两家公司都面临着美国对其在华工厂升级提案的审查。据报道，美国要求限制向 SK 海力士位于中国无锡的工厂提供 EUV 光刻机，推迟了工厂的现代化进程，可能会给该公司带来巨额损失。[7]

用文在寅的话说，在芯片公司与当地政府"组队合作"方面，韩国并不唯一。中国台湾仍然强烈保护其芯片产业，认为芯片产业是其在国际舞台上最大的杠杆来源。表面上已完全从台积电退休的张忠谋，担任台湾地区贸易特使。他的首要任务是确保台积电在全球芯片产业中保持核心地位。台积电计划在 2022—2024 年投资 1 000 多亿美元，以升级其技术并扩大芯片制造能力。台积电的大部分资金将投资于台湾，尽管该公司计划升级其在南京的工厂，并在亚利桑那州开设一家新工厂。但这些新的晶圆厂都不会生产最先进的芯片，因此台积电最先进的技术将留在台湾。张忠谋继续呼吁半导体行业的"自由贸易"，并威胁说，否则"成本将上升，技术发展将放缓"。与此同时，台湾不断采取诸如压低汇率等措施来增加台积电的竞争力。[8]

　　欧洲、日本和新加坡是另外三个寻求新半导体投资的地区。一些欧盟领导人表示，欧洲大陆可以"大规模投资"，生产 3 纳米或 2 纳米芯片，使欧洲的晶圆厂处于领先地位。[9]鉴于欧洲大陆在先进逻辑芯片领域的市场份额较低，这是不可能的。更有可能的是，欧洲将说服像英特尔这样的大型外国芯片公司建立一个新工厂，为欧洲汽车制造商提供稳定的供应来源。新加坡则继续为芯片制造提供大量激励措施，最近赢得了总部位于美国的格芯对一家新工厂的 40 亿美元投资。与此同时，日本正在大力资助台积电与索尼合作建立一家新的芯片制造厂。[10]在盛田昭夫等高管离职后的几十年里，日本已经失去了大部分芯片制造业，但索尼仍保留着一个规模可观且盈利丰厚的业务——制造能够感知图像的半导体，并在许多消费设备的相机中使用。不过，日本决定补贴台积电的新工厂，其主要目的不是帮助索尼。日本政府担心，如果制造业继续向海外转移，那么日本在供应链中保持强势地位的部分，比如机械和先进材料，也会向海外转移。

　　虽然日本可能需要一个新的盛田昭夫，但美国急需一个新的安迪·格鲁夫。美国在芯片产业中仍然拥有令人羡慕的地位，对包括软件和机械在内的许多行业瓶颈的控制一如既往。像英伟达这样的公司，很可能在人工智能等计算趋势的未来扮演基础角色。此外，在芯片初创公司已经过时的十年之后，在过去几年里，硅谷向设计新芯片的无晶圆厂公司投入了大量资金，这些公司通常专注于为人工智能应用优化新架构。

但在制造这些芯片方面，美国目前已经落后了。美国先进制造业的主要希望是英特尔。经过多年的举棋不定，英特尔于2021年任命帕特·格尔辛格（Pat Gelsinger）为首席执行官。格尔辛格出生于美国宾夕法尼亚州小镇，在英特尔开始了他的职业生涯，并由格鲁夫指导。格尔辛格最终离开了两家担任高级职位的云计算公司，现在又被请回来扭转英特尔的局面。他制定了一个雄心勃勃、耗资巨大的战略。第一，英特尔要重获制造业的领导地位，超越三星和台积电。为了做到这一点，格尔辛格与阿斯麦达成协议，让英特尔购买第一台下一代EUV光刻机，预计将于2025年交付。如果英特尔能赶在竞争对手之前就学会如何使用这些新工具，英特尔就会拥有技术优势。

格尔辛格战略的第二个方面是推出一个与三星和台积电直接竞争的代工业务，为无晶圆厂公司生产芯片，从而帮助英特尔赢得更多的市场份额。英特尔在美国和欧洲的新工厂上投入巨资，以建设未来潜在代工客户所需的产能。但要使代工业务在财务上可行，英特尔可能需要赢得一些处于技术前沿的客户，这意味着英特尔的代工业务，只有在该公司减少与三星和台积电的技术差距的情况下才能发挥作用。英特尔的代工转型正值其在数据中心芯片市场份额持续下降之际，这既是因为英特尔与AMD和英伟达的竞争，也是因为亚马逊和谷歌等云计算公司正在设计自己的芯片。

英特尔的成功与否将取决于它能否执行格尔辛格的战略，以及三星或台积电是否会失误。摩尔定律要求这些公司每隔几年推出新技术，因此英特尔的一个或两个竞争对手很容易面临重大延误。但英特尔的战略有一个令人不安的第三方面：从台积电获得帮助。在公开场合，英特尔正在鼓励一股新的芯片民族主义浪潮，并对依赖亚洲生产感到紧张。英特尔正试图从美国和欧洲政府获得补贴，在美国建造晶圆厂。格尔辛格表示："世界需要一个更加平衡的供应链，上帝决定了石油储备的位置，我们决定了晶圆厂的位置。"[11] 但在试图解决内部芯片制造问题的同时，英特尔将越来越多设计的先进芯片外包给台积电在中国台湾最先进的工厂生产。

随着美国政府开始处理先进芯片制造在东亚的集中，英特尔说服了台积电和三星在美国开设新工厂，台积电计划在亚利桑那州新建一家工厂，三星计划在得克萨斯州奥斯汀附近扩建一家工厂。这些晶圆厂的部分目的是安抚美国政客，不过它们也将生产更喜欢"本土造"的美国国防和其他关键基础设施芯片。然而，台积电和三星都计划将其绝大多数生产能力和最先进的技术留在自己的土地上。即使有美国政府的补贴承诺，它们也不太可能改变这一点。

在美国国家安全官员中，关于是否利用芯片设计软件和制造设备出口管制的威胁，迫使台积电同时在美国和中国台湾推出其最新工艺技术的讨论越来越多。作为替代方案，台积电可能会被迫承诺，台积电的每一美元资本支出将与台积电在日本、亚利桑那州或新加坡的一家新工厂的一美元资本开支相匹配。这些举措可能会减少世界对台积电芯片制造的依赖。但目前，华盛顿不愿施加必要的压力。因此，全世界对台积电的依赖将继续增长。

54 台湾困境

台湾局势紧张时，一位金融分析师问台积电董事长刘德音："你的客户担心吗？"[1]首席执行官们习惯于在季度业绩电话会议上提出棘手的问题，但通常都是关于未达成利润目标或产品发布出错的问题。在2021年7月15日的电话会议上，台积电的财务状况看起来很好。台积电经受住了其第二大客户华为的考验，台积电的业绩几乎没有受到任何影响，其股价接近历史新高。全球半导体短缺使台积电的业务更加有利可图。在2021年的一段时间里，台积电是亚洲最有价值的上市公司，也是世界上十大最有价值的上市公司之一。

然而，台积电变得越不可或缺，风险就越大，不是针对台积电的财务，而是针对其工厂。即使是多年来选择忽视中美对立严重性的投资者，也开始紧张地看着台积电芯片厂的地图，这些芯片厂分布在台湾海峡东岸。台积电董事长坚称没有理由担心。他宣称："至于战争，让我告诉你，每个人都希望拥有一个和平的台湾海峡。"出生于中国台北，受教育于伯克利，经历过贝尔实验室的训练，刘德音拥有无可挑剔的芯片制造纪录。但他评估战争风险方面的技能尚未得到检验。他认为台湾海峡的和平"对大家都有利"，因为全世界都依赖"台湾的半导体供应链，没有人想破坏它"。

第二天，2021 年 7 月 16 日，05 式两栖装甲车围绕海上战术进行训练。尽管这些车辆看起来像坦克，但它们在海滩上行驶的能力与它们如同小船在水中快速行驶的能力一样。这些装甲车将有助于解放军两栖登陆作战。据中国大陆官方媒体报道，这些装甲车驶入大海后，数十辆驶向驻扎在海上的登陆船，从水面驶向船只，准备"长距离海上穿越"。登陆舰向目标驶去，到达后，船首的宽阔门打开，两栖装甲车驶入水中，冲向海滩，并在行进中开火。[2]

这只是一次演习。在接下来的几天里，解放军在台湾海峡南北入口处附近进行了其他演习。《环球时报》英文版援引一名营长的话说："我们必须像在实战中一样，在各种情况下努力训练，时刻做好战斗准备，坚决维护国家主权和领土完整。"《环球时报》英文版指出，演习距离东沙群岛只有 300 千米，东沙群岛是香港和台湾之间等距的一个小环礁，目前由台湾管辖。[3]

台积电董事长说得没错，没有人想"打断"横跨台湾海峡的半导体供应链。认为中国会毫不留情地摧毁台积电晶圆厂的想法是没有道理的，因为中国将和所有人一样遭受痛苦，尤其是因为美国及其盟友仍将有机会使用英特尔和三星的芯片厂。解放军进攻并直接夺取台积电的工厂，也是不现实的。中国很快就会发现，不可替代工具的关键材料和软件更新必须从美国、日本和其他国家获得。

然而，我们很容易想象，一场比如空中或海上碰撞的事故，就可能演变成一场世界都不愿意看到的灾难性的战争。人们认为，中国大陆可能会得出结论，如果不进行全面进攻，军事压力能决定性地破坏美国承诺的"安全保障"，并严重打击台湾地区的士气，这也是完全合理的。

中国大陆知道台湾地区的防务战略是，争取足够长的时间，让美国和日本抵达并提供帮助。相对于中国大陆来说，这个岛屿太小了，除了依靠他人别无选择。想象一下，如果中国大陆利用海军对进出台北的一小部分船只进行海关检查，那么美国将如何回应？封锁是一种战争行为，但没有人愿意开第一枪。如果美国什么都不做，那么美国对中国台湾地区战斗意愿的影响可能是毁灭性的。如果中国大陆随后要求台积电重启华为和其他公司的芯片制造，甚至向中国大陆转移关键人员和技术，那么台湾地区能拒绝吗？

这样的一系列举措对中国来说是有风险的，但并非不可想象。中国没有宣称比享有国家主权更高的目标。中国通过了一项《反分裂国家法》，设想在台湾海峡可能使用所谓的"非和平方式"。[4]分析人士一致认为，海峡两岸的军事平衡已经决定性地向中国大陆转变。与1996年的台海危机一样，美国可以简单地驾驶整个航母战斗群穿越台湾海峡迫使中国放弃的日子早已一去不复返了，现在这样的行动对美国军舰来说充满了风险。如今，解放军的导弹不仅威胁着美国在中国台湾地区周围的船只，还威胁着远至关岛和日本的基地。解放军越强大，美国为"保卫台湾"而冒战争风险的可能性就越小。如果解放军试图对中国台湾地区施加有限的军事压力，那么美国很可能会研究各种力量之间的相互关系，最后得出这样的结论：不值得冒反击这个风险。

如果中国大陆成功地向台湾地区施压，让中国大陆平等甚至优惠地使用台积电的代工，那么美国和日本肯定会做出回应，对主要来自这两个国家及其欧洲盟友的先进机械和材料的出口施加新的限制。但是，要想在其他国家复制中国台湾地区的芯片制造能力，还需要数年时间。与此同时，人们仍将依赖中国台湾地区。如果是这样的话，人们会发现自己还要依赖中国大陆来组装iPhone。可以想象，中国可能会影响或控制唯一拥有人们所依赖芯片的技术能力和生产能力的晶圆厂。

这种情况对美国的经济和地缘政治地位将是灾难性的。如果战争摧毁台积电的晶圆厂，情况就会变得更糟。世界经济和横贯亚洲和台湾海峡的供应链都是以这种不稳定的和平为基础的。从苹果到华为，再到台积电，每一家在台湾海峡两岸投资的公司都在暗中押注和平。从香港到新竹，有数万亿美元投资于台湾海峡附近的公司和工厂。世界芯片产业以及所有电子产品芯片的组装，更多地依赖台湾海峡两岸地区和华南沿海地区，而不是硅谷以外的其他任何地区。

对加利福尼亚州的科技中心来说，保持现状并没有那么令人担忧。硅谷的大部分知识可以在战争或地震的情况下轻易转移。这在新冠疫情期间进行了检验。当时，硅谷几乎所有员工都被要求居家，大型科技公司的利润甚至上升了。脸书的豪华总部如果沉入圣安德烈亚斯断层，可能都不会被人注意到。

但如果台积电的晶圆厂滑入车笼埔断层（其移动导致了1999年台湾的一次大地震），那么其影响将震撼全球经济。无论是故意的还是意外的，几次爆炸就会造成相当大的损害。一些简单的计算就能说明风险所在，中国台湾生产全球11%的存储芯片，更重要的是，它制造了世界上37%的逻辑芯片。电脑、手机、数据中心和大多数其他电子设备都离不开这些芯片。因此，如果台湾的晶圆厂被关闭，我们在接下来的一年中的计算能力将减少37%。

这对世界经济的影响将是灾难性的。新冠疫情后的半导体短缺提醒人们，芯片不仅需要用于手机和电脑，飞机、汽车、微波炉等各种产品也将面临毁灭性的延误。大约三分之一的个人电脑处理器将停产，包括苹果和AMD设计的芯片，直到在其他地方建造新的晶圆厂。数据中心容量的增长将大幅放缓，尤其是专注于人工智能算法的服务器，更依赖于英伟达和AMD等公司在台湾制造的芯片。其他数据基础设施将受到更大的打击。例如，新的 5G 无线电设备需要多家不同公司的芯片，其中许多是在台湾制造的。5G 网络的推出将几乎完全停止。

那时，停止升级手机网络会有意义，因为购买新手机会非常困难。大多数智能手机处理器是在台湾制造的，一个典型手机里有十多个芯片，其中大部分也是在台湾制造的。汽车通常需要数百块芯片才能工作，因此我们将面临比 2021 年的短缺更严重的延误。当然，如果冲突产生，那么我们需要考虑的不仅仅是芯片。中国庞大的电子组装工厂的供应可能会被切断，人们必须重新找地方来组装手机和电脑。

然而，与复制台湾的芯片制造工厂相比，找到同样有难度的新装配工人要容易得多。挑战不仅仅是建造新的晶圆厂，运营这些工厂还需要训练有素的工作人员。即便如此，新的制造厂也必须配备机械设备，比如阿斯麦和应用材料公司的工具。在 2021—2022 年的芯片短缺期间，阿斯麦和应用材料公司宣布，由于无法获得足够的半导体，它们在设备方面的生产面临延期。[5] 在台湾发生危机的情况下，这些公司将面临购买机器所需芯片的延期。

换句话说，如果台湾发生危机，那么总成本将以万亿美元来衡量。每年损失 37% 的计算能力，可能比疫情及其经济灾难性封锁的代价更高。重建失去的芯片制造能力至少需要五年时间。如今，当我们展望未来五年时，我们希望建立 5G 网络和元宇宙，但如果台湾发生危机，我们可能会发现自己连洗碗机都买不到。

台湾当局某领导人最近在《外交事务》（*Foreign Affairs*）上辩称，台湾的芯片产业是"硅盾"，可以让台湾"保护"自己。这是一种高度乐观的看待形势的方式。中国台湾的芯片产业无疑迫使美国更加重视对台湾地区的防御。但如果"硅盾"不能阻止解放军，台湾半导体生产的集中也会给世界经济带来风险。

在 2021 年的一项民意调查中，大多数台湾民众表示中国大陆和台湾之间的冲突不太可能（45%）或不可能（17%）。[6]

自苏联官员亚历山大·肖金的泽列诺格勒成立以来，俄罗斯的芯片产业一直落后于硅谷。自冷战结束以来，由于大多数俄罗斯客户选择停止从国内芯片制造商购买芯片，并将生产外包给台积电，俄罗斯芯片产业已经衰落。对于俄罗斯的芯片产业来说，剩下的唯一客户是俄罗斯的国防和航天行业，这些行业的芯片买家不足以为俄罗斯国内先进的芯片制造提供资金。结果，即使是俄罗斯的高优先级国防项目也难以获得所需的芯片。例如，由于半导体采购问题，相当于 GPS 的俄罗斯卫星定位系统格洛纳斯（GLONASS）面临着痛苦的延期。[7]

俄罗斯在制造和获取芯片方面的持续困难解释了该国在乌克兰上空被击落的无人机中使用了大量外国微电子芯片的原因。[8] 这也解释了俄罗斯军队继续广泛依赖非精确制导弹药的原因。最近，人们对俄罗斯在另一场战争的一项分析发现，多达 95% 的投掷弹药是非制导的。[9] 俄罗斯在进入乌克兰几周内就面临巡航导弹短缺的事实，部分原因是其半导体行业的糟糕状况。与此同时，乌克兰从西方获得了大量的制导弹药储备，如标枪反坦克导弹，每枚导弹依靠 200 多个半导体芯片瞄准敌方坦克。[10]

俄罗斯对外国半导体技术的依赖为美国及其盟友提供了一个强大的杠杆支撑点。俄乌冲突发生后，美国与欧洲、日本、韩国和中国台湾等国家和地区的合作伙伴协调，对俄罗斯科技、国防和电信领域某些类型芯片的销售实施了全面限制。从英特尔到台积电等关键芯片制造商现在已经切断了与克里姆林宫的联系。[11] 俄罗斯制造业面临着严重的混乱，俄罗斯汽车生产商中的很大一部分被迫停产。美国情报部门称，即使在国防等敏感领域，俄罗斯工厂也在采取规避行动，如将洗碗机芯片分拆到导弹系统中。[12] 除了削减芯片消耗外，俄罗斯别无选择，因为俄罗斯如今的芯片制造能力比太空竞赛全盛时期还要弱。

　　然而，考虑到中国对半导体行业的投资，以及美国所依赖的芯片制造能力大多在解放军导弹的射程之内，美国和中国之间的竞争在半导体领域将是一场不那么不平衡的较量。

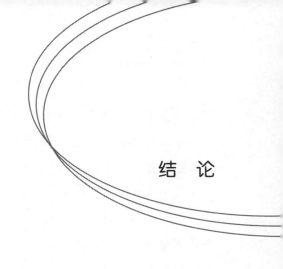

結　论

1958 年，在达拉斯闷热的夏天，杰克·基尔比向他的同事们展示了电路的所有零件（晶体管、电阻和电容）都可以用半导体材料制成。[1]四天后，杰伊·莱思罗普第一次进入 TI 的停车场。他已经申请了通过光刻技术制造晶体管的专利，但还没有获得能使他购买一辆新旅行车的美国军队奖。几个月前，张忠谋辞去了马萨诸塞州一家电子公司的工作，搬到了 TI，以其近乎神奇地消除公司半导体制造过程缺陷的能力而闻名。同年，帕特·哈格蒂被任命为 TI 总裁，董事会认为，为军事系统制造电子产品的愿景，比 TI 此前生产石油勘探仪器更好。哈格蒂已经组建了一支像韦尔登·沃德这样的天才工程师团队，他们正在制造"智能"武器和精确传感器所需的电子器件。[2]

得克萨斯州与中国台湾遥遥相对，但基尔比发明了他的集成电路并不是巧合。美国国防资金流入电子公司，美国军方依靠技术来保持其优势。随着苏联建立起大规模的军队，美国不能指望部署更大规模的军队或更多的坦克。但是，美国可以制造更多的晶体管、更精确的传感器和更有效的通信设备，所有这些最终将使美国的武器能力大大提高。

张忠谋在得克萨斯州而不是在天津寻找工作也不是巧合。在冷战的混乱和席卷世界的非殖民化破坏中，许多国家最优秀和最聪明的人试图前往美国。约翰·巴丁和沃尔特·布喇顿发明了第一个晶体管，但正是他们在贝尔实验室的同事穆罕默德·阿塔拉（Mohamed Atalla）和姜大元（Dawon Kahng），帮助设计了一种可以大规模生产的晶体管结构。与罗伯特·诺伊斯共同创立仙童的"八叛逆"工程师中有两个出生在美国境外。几年后，一位曾经叫安德拉斯·格鲁夫的匈牙利移民帮助仙童优化了芯片制造工艺，并踏上了成为首席执行官的道路。

当世界上大多数人从未听说过硅芯片，并且更没有人了解硅芯片工作原理的时候，美国的半导体生产中心正在把世界上最杰出的人才吸引到得克萨斯州、马萨诸塞州，尤其是加利福尼亚州。这些工程师和物理学家被这样一种信念驱使——微型晶体管可以真正改变未来。事实证明，一切远远超出了他们最疯狂的梦想。戈登·摩尔和加州理工学院教授卡弗·米德等有远见的人，预见了未来几十年，但摩尔在 1965 年对"家庭电脑"和"个人便携式通信设备"的预测，几乎没有涉及描述芯片在当今生活中的中心地位。[3] 硅谷的创始人发现，半导体行业每天生产的晶体管将超过人体内的细胞数量[4]，这是不可思议的。

随着产业规模的扩大和晶体管尺寸的缩小，全球广阔市场的需求比以往任何时候都更加大。如今，即使是五角大楼 7 000 亿美元的预算也不足以在美国领土上制造用于国防目的的尖端芯片。美国国防部专门为价值 10 亿美元的潜艇和价值 100 亿美元的航空母舰建立了造船厂，但其中的许多芯片都是从商业供应商那里购买的，通常是中国台湾地区的供应商。即使是设计一款尖端芯片（可能超过 1 亿美元），对于五角大楼来说，其成本也变得过于昂贵。制造最先进逻辑芯片的工艺设备成本是航空母舰的两倍，而且还需要数年时间才能达到尖端水平。

产生计算能力的惊人复杂性表明，硅谷的故事不仅仅是一个关于科学或工程的故事。技术只有在找到市场时才会进步。半导体的历史也是一个关于销售、营销、供应链管理和成本降低的故事。没有创业者，硅谷就不会存在。罗伯特·诺伊斯是麻省理工学院培养的物理学家，但他作为一名商人取得了成功，他当年意识到一种尚未存在的产品有着巨大的市场。正如戈登·摩尔在 1965 年发表的一篇著名文章中所说，仙童"将更多部件塞进集成电路"的能力不仅取决于该公司的物理学家和化学家，还取决于像查理·斯波克这样的精力充沛的制造业老板，他追求没有工会的晶圆厂，并向大多数员工提供股票期权，使生产效率持续提高。如今，晶体管的价格远低于 1958 年价格的百万分之一，这要归功于如今已被遗忘的仙童员工在离职调查中所表达的精神："我……要……发……财。"[5]

我们要反省一下，说芯片造就了现代世界太简单了，因为我们的社会和政治已经决定了芯片的研究、设计、制造、封装和使用方式。例如，五角大楼的研发部门 DARPA，通过资助现在最先进的逻辑芯片中使用的被称为 FinFET 的 3D 晶体管结构的关键研究，真正塑造了半导体。未来，无论中国能否实现其半导体主导地位的目标，中国的大量投入都将深刻重塑半导体供应链。

当然，我们不能保证芯片会像过去一样重要。我们对计算能力的需求不太可能减少，但我们可能会耗尽芯片的供应。戈登·摩尔著名的定律只是一个预测，不是物理事实。从英伟达首席执行官黄仁勋到斯坦福大学前校长兼字母表公司（Alphabet）董事长约翰·亨尼西（John Hennessy），业内知名人士都曾宣布摩尔定律已经死亡。[6] 在某种程度上，物理极限将使晶体管无法进一步缩小。即使在那之前，制造晶体管的成本也可能太高。如今，成本下降的速度已经明显放缓。制造使用更小晶体管的芯片所需的工具极其昂贵，没有比 EUV 光刻机更昂贵的了，每台光刻机的成本超过 1 亿美元。

摩尔定律的终结对半导体行业和整个世界都是毁灭性的。我们之所以每年生产越来越多的晶体管，只是因为这样做在经济上可行。但这并不是摩尔定律第一次被宣布濒临死亡。1988 年，IBM 备受尊敬的专家且后来担任美国国家科学基金会（National Science Foundation）主席的埃里希·布洛赫（Erich Bloch）曾宣布，当晶体管缩小到四分之一微米时，摩尔定律将停止，但这是该行业在那十年后就已克服的障碍。[7] 摩尔在 2003 年的一次演讲中也担心，"在未来十年左右半导体行业会遇到障碍"，但所有这些潜在障碍都已经被克服了。当时，摩尔认为 3D 晶体管结构是一个"激进的想法"[8]，但不到 20 年，我们已经生产了数万亿只的 3D FinFET 晶体管。加州理工学院教授卡弗·米德发明了"摩尔定律"一词。半个世纪前，他预测芯片最终可能每平方厘米包含 1 亿个晶体管，当年这一预测震惊了世界半导体科学家。如今，最先进的晶圆厂可以在芯片上制造出比当年米德预计的还要多得多的晶体管。[9]

换句话说，摩尔定律的生命力甚至让它的命名者和创造者都感到惊讶。这也可能让当下的悲观主义者大吃一惊。著名半导体设计师吉姆·凯勒曾在苹果、特斯拉、AMD 和英特尔的芯片上做出了革命性的工作，他表示，他看到了一条清晰的道路，可以将芯片上晶体管的密度提高 50 倍。[10] 首先，他认为，现在的鳍式晶体管可以做得更薄，可以提高三倍，这样可堆叠鳍数也提高到三倍。下一步，鳍式晶体管将被新的称为 GAA（Gate-All-Around 的简写，即"全环绕栅极晶体管"）的管式晶体管取代。这种线状晶体管可以从顶部、侧面和底部施加电场，从而更好地控制"开关"，以应对晶体管缩小带来的挑战。凯勒认为，这些微小的线状晶体管的密度可增加一倍。他预测将这些线状晶体管叠在一起可以使密度进一步增加八倍。这些技术突破，合起来将推动芯片上的晶体管数量增加大约 50 倍。凯勒说："我们没有耗尽原子，我们知道如何打印单层原子。"

尽管所有关于摩尔定律的讨论都结束了，但流入芯片行业的资金比以往任何时候都多。在过去的几年里，为人工智能算法设计优化芯片的初创公司筹集了数十亿美元，每个公司都希望自己能成为下一个英伟达。大型科技公司谷歌、亚马逊、微软、苹果、脸书、阿里巴巴和其他公司现在都在投入大量资金设计自己的芯片。显然，创新没有缺位。

支持摩尔定律即将结束这一论断的最佳论据是，所有这些针对特定用途，甚至是针对单个公司的活动，正在取代英特尔过去半个世纪不断推出的强大微处理器所带来的"通用"计算。尼尔·汤普森（Neil Thompson）和斯文贾·斯潘努斯（Svenja Spanuth）甚至认为，我们正在看到"计算机作为通用技术的衰落"。他们认为，未来的计算将分为"使用强大的定制芯片的'快车道'应用和使用通用芯片的'慢车道'应用，而通用芯片的进步会趋缓"。[11]

不可否认的是，微处理器作为现代计算的主力，正在被为特定目的而制造的专用芯片部分取代。不太清楚的是，这是否是一个问题。英伟达的 GPU 不像英特尔微处理器那样通用，从某种意义上说，它们是专为处理图形设计的，而且越来越多地是为人工智能设计的。但英伟达和其他提供针对人工智能优化芯片的公司，使得人工智能的实现成本更低，因此更容易被使用。如今，人工智能已经变得比十年前人们想象的更加"通用"，这主要归功于更新的、更强大的芯片。

亚马逊和谷歌等大型科技公司设计芯片的最新趋势，标志着与近几十年相比的另一个变化。亚马逊和谷歌都进入了芯片设计业务，以提高运行其公共云的服务器的效率。任何人都可以付费访问谷歌云上的谷歌 TPU 芯片。悲观者可能认为这是计算在分为"慢车道"和"快车道"。然而，令人惊讶的是，任何人都可以通过购买英伟达芯片或租用人工智能优化云很容易地接入快速车道。

此外，把不同类型的芯片集成在一起比以往任何时候都容易。[12] 以前的设备通常只有一个处理器芯片。但是，现在的设备可能有多个处理器，其中一些专注于一般操作，而另一些经过优化以管理相机等特定功能。这是可能的，因为新的封装技术使芯片更容易高效地连接，使人们能够在处理要求或成本考虑发生变化时轻松地将某些芯片替换到设备中。大型芯片制造商现在比以往任何时候都更加重视芯片运行的系统。因此，重要的问题不是我们是否最终达到了戈登·摩尔最初定义的摩尔定律的极限，而是我们是否已经达到一个芯片所能产生的计算能力的峰值。现在，数以万计的工程师和巨额资金都在打赌没有达到峰值。

回到 1958 年 12 月，寒冷的华盛顿特区举行了一次电子会议——就在同一年，张忠谋、帕特·哈格蒂、韦尔登·沃德、杰伊·莱思罗普和杰克·基尔比都在 TI 工作。张忠谋、戈登·摩尔和罗伯特·诺伊斯参加了会议，然后他们出去喝啤酒。夜深后，年轻而兴奋的他们迎着雪花，哼着歌儿，慢悠悠地回到酒店。[13] 在街上经过他们的人肯定都不会想到这是未来的三位科技巨头。他们不仅在海量的硅片上留下了持久的印记，而且在我们所有人的生活中留下了持久的印记。他们发明的芯片和他们建造的工业提供了看不见的电路，这些电路构成了我们的历史，并将塑造我们的未来。

致　谢

制造一个尖端芯片需要数百个工艺步骤和跨越多个国家的供应链。然而，写这本书只比制作芯片稍微简单一点。我感谢许多国家和地区的许多人，感谢他们在这一路上提供的帮助。

对于提供档案材料，特别是在新冠疫情的限制下，我感谢华盛顿国会图书馆的图书管理员和档案管理员、南卫理公会大学、斯坦福大学、胡佛研究所、俄罗斯科学院档案馆以及中国台湾的"中研院"。

我同样感谢有机会对工业界、学术界和政府的半导体专家进行的 100 多次采访。几十名采访对象要求书中不要透露姓名，以便他们可以自由地谈论自己的工作。然而，我要公开感谢一些人，他们分享了见解或帮助安排了采访：鲍勃·亚当斯（Bob Adams）、理查德·安德森、苏西·阿姆斯特朗（Susie Armstrong）、杰夫·阿诺德（Jeff Arnold）、大卫·阿特伍德（David Attwood）、维韦克·巴克希（Vivek Bakshi）、乔恩·巴斯盖特（Jon Bathgate）、彼得·比洛（Peter Bealo）、道格·贝廷格（Doug Bettinger）、迈克尔·布鲁克（Michael Bruck）、拉尔夫·卡尔文（Ralph Calvin）、戈登·坎贝尔、沃尔特·卡德威尔（Walter Cardwell）、约翰·卡拉瑟斯、里克·卡西迪（Rick Cassidy）、阿南德·钱德拉塞卡尔（Anand Chandrasekher）、张忠谋、蒋尚义、布莱恩·克拉克（Bryan Clark）、琳·康维、巴里·库图尔（Barry Couture）、安德烈亚·科莫（Andrea Cuomo）、阿特·古斯（Aart Geus）、塞斯·戴维斯（Seth Davis）、安尼如德·大卫根（Anirudh Devgan）、史蒂夫·迪雷克托（Steve Director）、格雷格·邓恩（Greg Dunn）、马克·德肯（Mark Durcan）、约翰·伊斯特（John East）、肯尼思·弗拉姆（Kenneth Flamm）、伊戈尔·弗门科夫（Igor Fomenkov）、吉恩·弗兰茨（Gene Frantz）、阿迪·富茨（Adi Fuchs）、麦克·格塞洛维茨（Mike Geselowitz）、兰斯·格拉瑟（Lance Glasser）、杰伊·古德伯格（Jay Goldberg）、彼得·戈登（Peter Gordon）、约翰·高迪（John Gowdy）、道格·格劳斯（Doug Grouse）、查克·格温（Chuck Gwyn）、雷内·哈斯（Rene Haas）、韦斯里·霍尔曼（Wesley Hallman）、大卫·汉克（David Hanke）、比尔·海伊（Bill Heye）、克里斯·希尔（Chris Hill）、大卫·霍奇斯（David Hodges）、桑德·霍夫曼（Sander Hofman）、特里斯坦·霍尔塔姆（Tristan Holtam）、埃里克·霍斯勒（Eric Hosler）、吉恩·伊里萨里（Gene Irisari）、尼娜·高（Nina Kao）、约翰·基巴里安（John Kibarian）、瓦莱里·科特金（Valery Kotkin）、迈克尔·克莱默（Michael Kramer）、列夫·拉普基斯（Lev Lapkis）、史蒂夫·莱比格（Steve Leibiger）、克里斯·麦克（Chris Mack）、克里斯·马拉科夫斯基、戴夫·马克尔（Dave Markle）、克里斯托弗·麦奎尔（Christopher McGuire）、马歇尔·麦克默伦（Marshall McMurran）、卡弗·米德、布鲁诺·穆雷利（Bruno Murari）、鲍勃·尼斯、丹尼尔·南尼（Dannel Nenni）、吉姆·内罗达（Jim Neroda）、罗恩·诺里斯（Ron Norris）、特德·奥德尔（Ted Odell）、谢尔盖·奥索金

（Sergei Osokin）、沃德·帕金森、吉姆·帕特里奇（Jim Partridge）、马尔科姆·佩恩（Malcolm Penn）、威廉·佩里、帕斯夸尔·皮斯托里奥（Pasquale Pistorio）、玛丽·安妮·波特、斯泰西·罗根（Stacy Rasgon）、格里夫·里索（Griff Resor）、沃利·莱茵（Wally Rhines）、戴夫·罗伯逊、史蒂夫·罗默曼（Steve Roemerman）、阿尔多·罗曼诺（Aldo Romano）、珍妮·罗塞尔（Jeanne Roussel）、罗布·鲁滕巴（Rob Rutenbar）、扎恩·赛丁（Zain Saidin）、阿尔贝托·桑乔瓦尼–文森泰利（Alberto Sangiovanni-Vincentelli）、罗宾·萨克斯比、布莱恩·雪莉（Brian Shirley）、彼得·西蒙、马科·斯卢萨楚克（Marko Slusarczuk）、兰迪·斯特克（Randy Steck）、谢尔盖·苏金（Sergey Sudjin）、威尔·斯沃普（Will Swope）、约翰·泰勒（John Taylor）、比尔·托比（Bill Tobey）、罗杰·范·阿特（Roger Van Art）、迪克·范·阿塔（Dick Van Atta）、吉尔·瓦内尔（Gil Varnell）、迈克尔·冯·博尔斯泰尔（Michael von Borstel）、斯蒂芬·韦尔比（Stephen Welby）、劳埃德·惠特曼（Lloyd Whitman）、帕特·温德汉姆（Pat Windham）、阿兰·沃尔夫（Alan Wolff）、斯蒂芬·乌尔姆（Stefan Wurm）、严涛南、罗斯·杨（Ross Young）、维克托·日尔诺夫（Victor Zhirnov）和安妮·周（Annie Zhou）。当然，他们都不对我得出的任何结论负责。

国际半导体产业协会（SEMI）总裁兼首席执行官阿吉特·马诺查（Ajit Manocha）提供了一系列非常有用的介绍。美国半导体行业协会的约翰·诺伊弗（John Neuffer）、吉米·古德里奇（Jimmy Goodrich）和梅根·比里（Meghan Biery）帮助我理解了他们对该行业的看法。特里·戴利（Terry Daly）是一位行业老手，他对自己的时间非常慷慨，我很感谢他的指导。麻省理工学院林肯实验室的鲍勃·洛因德（Bob Loynd）和克雷格·基斯特（Craig Keast）非常友好，带我参观了他们的微电子设施。我还受益于一位不愿透露姓名的业内技术评论员对 FinFET、High-K 电介质材料以及其他半导体基础科学细节方面的指导。

我对有关芯片和政治的交汇思考是由丹尼·克莱顿（Danny Crichton）与乔丹·施耐德（Jordan Schneider）的一系列引人入胜的对话形成的。乔丹和董燕（Dong Yan，音译）阅读了本书手稿，并帮助我强化了有关论点。凯文·徐（Kevin Xu）和他不可或缺的新闻稿提供了一些关于张忠谋的重要逸事，否则我会错过。与萨希尔·马塔尼（Sahil Mahtani）、菲利普·桑德斯（Philip Saunders）以及他们的团队进行的一系列对话，使我对中国芯片挑战的思考更加清晰。

这项研究的部分内容发表在耶鲁大学的国际安全研究上，我感谢保罗·肯尼迪（Paul Kennedy）和阿恩·韦斯塔德（Arne Westad）给我这个机会。我也感谢丽贝卡·利斯纳（Rebecca Lissner）的邀请，我才有机会在海军战争学院进行早期研究，这使我受益匪浅。此外，胡佛研究所的历史研讨会和美国企业研究所，为棘手的问题提供了交流论坛，打磨了我的论点。

本书大量借鉴了关于硅谷起源和计算历史的现有研究和新闻报道。我从学者和记者那里学到了很多，他们以前从不同角度研究过这个话题，注释中引用了他们的工作。我特别感谢莱斯利·柏林（Leslie Berlin）、杰弗里·凯恩（Geoffrey Cain）、道格拉斯·B. 富勒、斯拉瓦·格罗维奇（Slava Gerovitch）、保罗·吉莱斯皮（Paul Gillespie）、菲利普·汉森（Philip Hanson）、詹姆斯·F. 拉森（James F. Larson）、大卫·劳斯（David Laws）、李文怡（Wen-Yee Lee，音译）、史威利（Willy Shih）、丹尼斯·弗雷德·西蒙（Denis Fred Simon）、保罗·斯内尔（Paul Snell）、大卫·斯顿夫（David Stumpf）、大卫·塔尔博特（David Talbot）、扎卡里·沃瑟曼

（Zachary Wasserman）和德比·吴（Debby Wu）与我分享他们的研究和专业知识。乔治·利奥波德（George Leopold）一直是我在当代芯片和电子行业方面的有益向导。何塞·穆拉（Jose Moura）在这个项目的早期阶段慷慨地向他的同事们介绍。默里·斯科特（Murray Scott）经常提出想法并鼓励我。

感谢丹尼·戈特弗里德（Danny Gottfried）、雅各布·克莱门特（Jacob Clemente）、格蒂·罗宾逊（Gertie Robinson）、本·库珀（Ben Cooper）、克劳斯·宋（Claus Soong）、陈伟霆（Wei-Ting Chen，音译）、涂明迪（Mindy Tu，音译）、弗雷迪·林（Freddy Lin）、威尔·鲍姆加特纳（Will Baumgartner）、苏扬·奥（Soyoung Oh）、松山美娜（Miina Matsuyama）、马蒂亚斯·基西迪（Matyas Kisiday）、黄佐伊（Zoe Huang）、爱田千寻（Chihiro Aita）和萨拉·阿什鲍（Sara Ashbaugh）帮助搜集和翻译资料。阿什莉·泰斯（Ashley Theis）在各个方面都给予了极大的帮助。史密斯－理查森基金会和斯隆基金会的支持使这项研究成为可能。

我在弗莱彻学院的同事和学生为本书中的许多观点提供了反馈意见，特别是丹·德雷兹纳（Dan Drezner）在 2019 年举办的关于"武器化的相互依赖"的研讨会。在美国外交政策研究所（FPRI），罗莉·弗林（Rollie Flynn）、玛亚·奥塔拉什维利（Maia Otarashvili）和亚伦·斯坦（Aaron Stein）从最早的阶段就支持这项研究。科里·沙克（Kori Schake）、丹妮·普莱特卡（Dany Pletka）和哈尔·布兰兹（Hal Brands）在我对本书手稿进行最后润色时，帮助美国企业研究所成为一个知识之家。我在格林曼特（Greenmantle）的同事为技术、金融、宏观经济和政治的交汇思考提供了一个启发性的环境。我感谢尼尔·弗格森（Niall Ferguson）早期对这个项目的热情，皮尔保罗·巴比里（Pierpaolo Barbieri）提供了一系列有价值的介绍，爱丽丝·韩（Alice Han）帮助我理解中国的技术政策，斯蒂芬妮·彼得雷拉（Stephanie Petrella）在初期提出了敏锐的批评意见。

我与里克·霍根（Rick Horgan）和整个斯克里布纳出版社（Scribner）团队合作非常愉快。如果没有托比·蒙迪（Toby Mundy）早期对本书的信心，本书就不会出版。乔恩·希尔曼（Jon Hillman）做了一个早期的介绍，使这个项目启动。最后，也是最重要的一点，我的家人在整个项目中始终给予支持。我的父母对每一章都持严肃的批评态度。露西（Lucy）和弗拉德（Vlad）是我最好的保姆。莉亚、安东（Anton）和埃维（Evie）都能够容忍本书打断了早上、晚上、周末、假期和育儿假。我把本书献给他们。

注 释

引 言

1 《美国海军"马斯廷"号驱逐舰穿越台湾海峡》（USS Mustin Transits the Taiwan Strait），美国海军新闻稿（*Navy Press Releases*），2020年8月19日，https://www.navy.mil/Press-Office/Press-Releases/display-pressreleases/Article/2317449/uss-mustin-transits-the-taiwan-strait/#images-3。山姆·拉格隆（Sam LaGrone），《"马斯廷"号驱逐舰在与日本军舰完成任务后穿越台湾海峡》（Destroyer USS Mustin Transits Taiwan Strait Following Operations with Japanese Warship），美国国家情报局新闻（*USNI News*），2020年8月18日，https://news.usni.org/2020/08/18/destroyer-uss-mustin-transits-taiwan-strait-following-operations-with-japanese-warship。

2 刘煊尊（Liu Xuanzun），《解放军举行集中军事演习以遏制台湾分裂分子和美国》（PLA Holds Concentrated Military Drills to Deter Taiwan Secessionists，US），《环球时报》英文版（*Global Times*），2020年8月23日，https://www.globaltimes.cn/page/202008/1198593.shtml。

3 芯片扼制是由默里·斯科特创造的，他的《技术之禅》（*Zen on Tech*）通讯稿塑造了我对半导体地缘政治的思考。

4 安东尼奥·瓦纳斯（Antonio Varas）、拉·瓦拉达兰扬（Raj Varadarajan）、吉米·古德里奇（Jummy Goodrich）和法兰·尤格（Falan Yinug），《在不确定时代加强全球半导体供应链》（Strengthening the Global Semiconductor Supply Chain in an Uncertain Era），美国半导体行业协会，2021年4月，图表2，https://www.semiconductors.org/wp-content/uploads/2021/05/BCG-x-SIA-Strengthening-the-Global-Semiconductor-Value-Chain-April-2021_1.pdf。按美元计算，手机占半导体销售额的

26%。

5　《拆解iPhone 12和iPhone 12 Pro》（iPhone 12 and 12 Pro Teardown），*IFixit*，2020年10月20日，https://www.ifixit.com/Teardown/iPhone+12+and+12+Pro+Teardown/137669。

6　《现代世界所围绕的工厂内部》（A Look Inside the Factory Around Which the Modern World Turns），《经济学人》（*Economist*），2019年12月21日。

7　安杰莉克·查特曼（Angelique Chatman），《分析师称iPhone 12的销售已经达到一亿部》（Apple iPhone 12 Has Reached 100 Million Sales，Analyst Says），CNET，2021年6月30日。奥马尔·索海尔（Omar Sohail），《苹果A14仿生产品以118亿晶体管引人注目》（Apple A14 Bionic Gets Highlighted with 11.8 Billion Transistors），*WCCF Tech*，2020年9月15日。

8　伊思·哈斯（Isy Haas）、杰伊·拉斯特（Jay Last）、莱昂内尔·凯特纳（Lionel Kattner）和鲍勃·诺尔曼（Bob Norman），由大卫·劳斯主持，《关于仙童微型逻辑集成电路开发和推广小组的口述历史》（Oral History of Panel on the Development and Promotion of Fairchild Micrologic Integrated Circuits），美国计算机历史博物馆（Computer History Museum），2007年10月6日，https://archive.computerhistory.org/resources/access/text/2013/05/102658200-05-01-acc.pdf。采访大卫·劳斯，2022年。

9　戈登·摩尔，《把更多的元器件塞进集成电路》（Cramming More Components onto Integrated Circuits），《电子学》（*Electronics*），第38卷，第8期，1965年4月19日，https://newsroom.intel.com/wpcontent/uploads/sites/11/2018/05/moores-law-electronics.pdf。英特尔1103芯片的数据来自《自然·电子学》（*Nature Electronics*）于2018年6月13日发表的《记忆通道》（Memory Lane）一文，https://www.nature.com/articles/s41928-018-0098-9。

10　根据美国半导体行业协会的数据，2019年，37%的逻辑芯片在中国台湾生产。瓦纳斯等，《在不确定时代加强全球半导体供应链》。

11　马克·胡索普（Mark Fulthorpe）和菲尔·阿姆斯鲁德（Phil Amsrud），《全球轻型汽车生产的影响预计将持续到2022年》（Global Light Vehicle Production Impacts Now Expected Well into 2022），IHS市场，2021年8月19日，https://ihsmarkit.com/research-analysis/global-light-vehicle-production-impacts-now-expected-well-into.html。

12　瓦纳斯等，《在不确定时代加强全球半导体供应链》。

13　采访张忠谋，2022年。

1　从钢铁到硅片

1　关于盛田昭夫的详细信息来自《日本制造：盛田昭夫和索尼公司》（*Made in Japan: Akio Morita and Sony*），哈珀·柯林斯出版集团，1987年。

2　张忠谋，《张忠谋自传》（*The Autobiography of Morris C. M. Chang*），英联邦出版社，2018年。感谢涂明迪在翻译方面的帮助。

3　安迪·格鲁夫，《游向彼岸》（*Swimming Across*），华纳图书公司，2002年，第52页。

4　约翰·内森（John Nathan），《索尼的私人生活》（*Sony: A Private Life*），霍顿·米夫林出版公司，2001年，第16页。

5　张忠谋，《张忠谋自传》。

6　盛田昭夫，《日本制造》，第1页。

7　大卫·阿兰·格里尔（David Alan Grier），《当计算机是人类时》（*When Computers Were Human*），普林斯顿大学出版社，2005年，第13章。数学表格项目，《100 000到200 009的整数倒数表》（*Table of Reciprocals of the Integers from 100,000 through 200,009*），哥伦比亚大学出版社，1943年。

8　罗伯特·P. 佩特森（Robert P. Patterson），《美国战略轰炸调查：总结报告》（*The United States Strategic Bombing Survey: Summary Report*），美国原战争部，1945年，第15页，载于《美国战略炸弹调查》（*The United States Strategic Bombing Surveys*），美国空军大学出版社，1987年，https://www.airuniversity.af.edu/Portals/10/AUPress/Books/B_0020_SPANGRUD_STRATEGIC_BOMBING_SURVEYS.pdf。

9　T. R. 里德（T. R. Reid），《芯片》（*The Chip*），兰登书屋，2001年，第11页。

10　德里克·张（Derek Cheung）和埃里克·布拉奇（Eric Brach），《征服电子：构建我们电子时代的天才、幻想家、自大狂和无赖》（*Conquering the Electron: The Geniuses, Visionaries, Egomaniacs, and Scoundrels Who Built Our Electronic Age*），罗曼和利特尔菲尔德出版社，2011年，第173页。

2　开　关

1　乔尔·舒尔金（Joel Shurkin），《破碎的天才：电子时代创造者威廉·肖克利的兴衰》（*Broken Genius: The Rise and Fall of William Shockley, Creator of the Electronic Age*），麦克米伦出版公司，2006年。这本书是对肖克利最好的描述。另请参见：迈克尔·赖尔登和莉莲·霍德森（Lillian Hoddeson），《晶体之火：信息时代的诞生》（*Crystal Fire: The Birth of the Information Age*），诺顿出版社，1997年。

2　吉诺·德尔·古尔西奥（Gino Del Guercio）和伊拉·弗莱托（Ira Flatow），《晶体管化！》（Transistorized!），PBS，1999年，https://www.pbs.org/transistor/tv/script1. html。

3　里奥丹和霍德森，《晶体之火》，特别是第112—114页。

4　这篇关于晶体管的文章大量引用了里奥丹和霍德森所著的《晶体之火》，以及德里克·张和埃里克·布拉奇所著的《征服电子》。

5　德里克·张和埃里克·布拉奇，《征服电子》，第206—207页。

6　里奥丹和霍德森，《晶体之火》，第165页。《科学1948：小小脑细胞》（SCIENCE1948: Little Brain Cell），《时代》（*Times*），1948年，http://content. time.com/time/subscriber/article/0，33009，952095，00.html。

3　诺伊斯、基尔比和集成电路

1　德里克·张和埃里克·布拉奇，《征服电子》，第228页。

2　德里克·张和埃里克·布拉奇，《征服电子》，第214页。

3　采访拉尔夫·卡尔文，2021年。《杰伊·莱思罗普口述历史》（Jay W. Lathrop, an oral history conducted in 1996 by David Morton），IEEE历史中心，美国新泽西州皮斯卡塔韦市，大卫·莫顿（David Morton），1996年。

4　查尔斯·巴贝奇研究所（Charles Babbage Institute）的阿瑟·L. 诺伯格（Arthur L. Norberg）对杰克·基尔比的采访，1984年6月21日，第11—19页，https://conservancy. umn.edu/bitstream/handle/11299/r107410/oh074jk.pdf?index=1&isAllowed=y。

5　凯莱布·皮尔托（Caleb Ⅲ Pirtle），《工程世界：TI前75年的故事》（*Engineering the World:Stories from the First 75 Years of Texas Instruments*），南卫理公会大学出版社，2005年，第29页。

6　大卫·布罗克（David Brock）和大卫·劳斯，《微电路的早期历史》（The Early History of Microcircuitry），《IEEE计算史纪事》（*IEEE Annals of the History of Computing*），第34卷，第1期，2012年1月，https://ieeexplore.ieee.org/

document/6109206。T. R. 里德，《芯片》，兰登书屋，2001年。

7　乔尔·舒尔金，《破碎的天才》，第173页。《戈登·摩尔》（Gordon Moore），PBS，1999年，https://www.pbs.org/transistor/album1/moore/index.html。关于仙童的其他重要书籍包括阿诺德·萨克雷（Arnold Thackray）、大卫·布罗克和瑞秋·琼斯（Rachel Jones）所著的《摩尔神话：硅谷数字革命先驱的传奇人生》（*Moore's Law: The Life of Gordon Moore, Silicon Valley's Quiet Revolutionary*）（基础书籍出版社，2015年）以及莱斯利·柏林所著的《微芯片背后的人：罗伯特·诺伊斯和硅谷的发明》（*The Man Behind the Microchip: Robert Noyce and the Invention of Silicon Vally*）（牛津大学出版社，2005年）。

8　《1959年：实用单片集成电路概念获得专利》（1959:Practical Monolithic Integrated Circuit Concept Patented），美国计算机历史博物馆，https://www.computerhistory.org/siliconengine/practical-monolithic-integrated-circuit-concept-patented/。克里斯托夫·勒库尔（Christophe Lecuyer）和大卫·布罗克，《微芯片制造商》（*Makers of the Microchip*），麻省理工学院出版社，2010年。罗伯特·诺伊斯，"半导体器件和引线结构"（Semiconductor Device-and-Lead Structure），美国2981877号专利，1959年7月30日提交，1961年4月25日发布，https://patentimages.storage.googleapis.com/e1/73/1e/7404cd5ad6325c/US2981877.pdf。迈克尔·赖尔登（Michael Riordan），《二氧化硅解决方案》（The Silicon Dioxide Solution），《IEEE 综览》（*IEEE Spectrum*），2007年12月1日，https://spectrum.ieee.org/the-silicon-dioxide-solution。莱斯利·柏林，《微芯片背后的人》，第53—81页。

9　莱斯利·柏林，《微芯片背后的人》，第112页。

4　起　飞

1　《在旧金山上空看到卫星的报告》（Satellite Reported Seen over S. F.），《旧金山纪事报》，1957年10月5日，第1页。

2　罗伯特·迪万（Robert Divine），《人造卫星挑战》（*The Sputnik Challenge*），牛津大学出版社，1993年。我关于冷战对美国科学影响的思考，源于玛格丽特·奥马拉（Margaret O'Mara）撰写的《知识之城：冷战科学与寻找下一个硅谷》（*Cities of Knowledge: Cold War Science and the Search for the Next Silicon Valley*）（普林斯顿大学出版社，2015年），奥德拉·沃尔夫所著的《与苏联竞争：冷战时期美国的科学、技术和国家》（*Competing with the Soviets: Science, Technology, and the State in Cold War of America*）（约翰·霍普金斯大学出版社，2013），以及史蒂夫·布兰克（Steve Blank）于2008年11月20日在美国计算机历史博物馆的讲座《硅谷的秘密历史》（Secret History of Silicon Valley），https://www.youtube.com/watch?v=ZTC_RxWN_xo。

3　埃尔登·C. 霍尔（Eldon C. Hall），《月球之旅：阿波罗制导计算机的历史》（*Journey to the Moon: The History of the Apollo Guidance Computer*），美国航空学会，1996年，第xxi、2页。保罗·塞鲁兹（Paul Cerruzi），《摩尔定律的另一面：阿波罗制导计算机、集成电路和微电子革命，1962—1975年》（The Other Side of Moore's Law:The Apollo Guidance Computer, the Integrated Circuit, and the Microelectronics Revolution, 1962—1975），收录于R. 纳纽斯（R. Lanius）和H. 麦柯迪（H. McCurdy）所著的《美国国家航空航天局太空飞行》（*NASA Spaceflight*），帕尔格雷夫·麦克米伦出版公司，2018年。

4　埃尔登·霍尔，《月球之旅》，第80页。

5　埃尔登·霍尔，《月球之旅》，第xxi、2、4、19、80、82页。汤姆·沃尔夫（Tom Wolfe），《罗伯特·诺伊斯的修修补补》（The Tinkerings of Robert Noyce），《绅士》（*Esquire*），1983年12月。

6　罗伯特·诺伊斯，《军事设备中的集成电路》（Integrated Circuits in Military Equipment），《IEEE综览》，1964年6月。克里斯托夫·勒库尔，《工业用硅：1960—1967年的部件设计、规模生产和仙童半导体商业市场转移》（Silicon for Industry: Component Design, Mass Production, and the Move to Commercial Markets at Fairchild Semiconductor, 1960—1967），《历史与技术》（*History and Technology*），第16卷，第183页，1999年。迈克尔·赖尔登，《二氧化硅解决方案》（The Silicon Dioxide Solution），《IEEE综览》，2007年12月1日，https://spectrum.ieee.org/the-silicon-dioxide-solution。

7　埃尔登·霍尔，《月球之旅》，第83页。

8　查尔斯·菲普斯（Charles Phipps），《TI的早期集成电路历史：个人观点》（The Early History of ICs at Texas Instruments: A Personal View），《IEEE计算史纪事》，第34卷，第1期，2012年1月，第37—47页。

9　诺曼·阿舍（Norman Asher）和勒兰德·斯特罗姆（Leland Strom），《美国国防部在集成电路发展中的作用》（The Role of the Department of Defense in the Development of Integrated Circuits），美国国防分析研究所（Institute for Defense Analyses），1977年5月1日，第54页。

10　采访比尔·海伊，2021年。采访张忠谋，2022年。

11　帕特·哈格蒂，《战略、战术和研究》（Strategies, Tactics, and Research），《研究管理》（Research Management），第9卷，第3期，1966年5月，第152—153页。

12　马歇尔·麦克默伦，《实现精度：计算机和导弹的遗产》（Achieving Accuracy:A Legacy of Computers and Missiles），Xlibris US出版社，2008年，第281页。

13　采访鲍勃·尼斯、马歇尔·麦克默伦和史蒂夫·罗默曼，2021年。大卫·斯顿夫，《民兵：定义美国核战争的导弹技术史》（Minuteman:A Technical History of the Missile That Defined American Nuclear Warfare），阿肯色大学出版社，2020年，第214页。帕特·哈格蒂，《战略、战术和研究》，《研究管理》，第9卷，第3期，1966年5月，第152—153页。另请参见：鲍勃·尼斯和D. C. 亨德里克森（D. C. Hendrickson），《民兵制导和控制简史》（A Brief History of Minuteman Guidance and Control），洛克菲勒国防电子自动设备公司，1995年；以及马歇尔·麦克默伦，《实现精度：计算机和导弹的遗产》，第12章。感谢大卫·斯顿夫向我分享了尼斯和亨德里克森的论文。

14　诺曼·阿舍和勒兰德·斯特朗，《美国国防部在集成电路发展中的作用》，美国国防分析研究所，1977年5月1日，第83页。埃尔登·霍尔，《月球之旅》，第19页。《"民兵"导弹是顶级半导体用户》（Minuteman Is Top Semiconductor User），《航空周刊与空间技术》（Aviation Week & Space Technology），1965年7月26日，第83页。

5　迫击炮和规模生产

1　与杰伊·莱思罗普的通信，2021年。采访沃尔特·卡德韦尔，2021年。采访约翰·高迪，2021年。杰伊·莱思罗普和詹姆斯·纳尔，"半导体构造"（Semiconductor Construction），美国2890395A号专利，于1957年10月31日提交，1959年6月9日发布，https://patentimages.storage.googleapis.com/e2/4d/4b/8d90caa48db31b/US2890395.pdf。杰伊·莱思罗普，《钻石条例引信实验室的微电路光刻方法》（The Diamond Ordinance Fuze Laboratory's Photolithographic Approach to Microcircuits），《IEEE计算史纪事》，第35卷，第1期，2013年，第48—55页。

2　与杰伊·莱思罗普的通信，2021年。采访玛丽·安妮·波特，2021年。

3　采访玛丽·安妮·波特，2021年。玛丽·安妮·波特，《口述历史》（Oral

History），晶体管博物馆，2001年9月，http://www.semiconductormuseum.com/
Transistors/TexasInstruments/OralHistories/Potter/Potter_Page2.htm。

4   张忠谋，《张忠谋自传》。《斯坦福大学工程英雄讲座：张忠谋与约翰·亨尼西
     校长对话》（Stanford Engineering Hero Lecture:Morris Chang in Conversation with
     President John L. Hennessy），斯坦福大学在线，YouTube视频，2014年4月25日，
     https://www.youtube.com/watch?v=wEh3ZgbvBrE。

5   《张忠谋口述历史》（Oral History of Morris Chang），阿兰·佩特森（Allan
     Patterson）采访，美国计算机历史博物馆，2007年8月24日。采访张忠谋，2022年。

6   采访比尔·海伊和吉尔·瓦内尔，2021年。

7   《张忠谋口述历史》，阿兰·佩特森采访，美国计算机历史博物馆，2007年8月
     24日。

8   特克拉·佩里（Tekla Perry），《张忠谋：代工之父》（Morris Chang: Foundry
     Father），《IEEE综览》，2011年4月19日，https://spectrum.ieee.org/at-work/tech-
     careers/morris-changfoundry-father。

9   大卫·劳斯，《传奇公司：仙童半导体的遗产》（A Company of Legend: The Legacy
     of Fairchild Semiconductor），《IEEE计算史纪事》，第32卷，第1期，2010年1月，
     第64页。

10   查理·斯波克，理查德·莫莱（Richard Molay），《分拆：改变世界的行业个人
     史》（Spinoff: A Personal History of the Industry That Changed the World），Saranac
     Lake出版社，2001年，第71—72页。克里斯托夫·勒库尔，《工业用硅》，第
     45页。

6   "我……要……发……财"

1   诺曼·阿舍和勒兰德·斯特朗，《美国国防部在集成电路发展中的作用》，第
     74页。

2   罗伯特·诺伊斯，《军事设备中的集成电路》，《IEEE综览》，1964年6月，第
     71页。

3   托马斯·海因里希（Thomas Heinrich），《冷战兵工厂：硅谷军事合约》（Cold
     War Armory: Military Contracting in Silicon Valley），《企业与社会》（Enterprise &
     Society），第3卷，第2期，2002年6月，第269页。克里斯托夫·勒库尔，《工业用

硅》，第186页。

4　T. R. 里德，《芯片》，第151页。

5　德克·汉森（Dirk Hanson），《新炼金术士：硅谷与微电子革命》（*The New Alchemists: Silicon Valley and the Microelectronics Revolution*），雅芳图书出版社，1983年，第93页。

6　美国武装部队技术情报局（US Government Armed Services Technical Information Age），《电子设备微型化调查》（*Survey of Microminiaturisation of Electronic Equipment*），P. V. 霍顿（P. V. Horton）和T. D. 史密斯（T. D. Smith），AD269300，弗吉尼亚州阿灵顿，美国空军研究与发展司令部空军弹道导弹部（Air Force Ballistic Division Air Research Development Command, United States Air Force），1961年，第23、37、39页，https://apps.dtic.mil/sti/citations/AD0269300。

7　戈登·摩尔，《把更多的元器件塞进集成电路》，《电子学》，第38卷，第8期，1965年4月19日。

8　诺曼·阿舍和勒兰德·斯特朗，《美国国防部在集成电路发展中的作用》，第73页。赫伯特·克莱曼（Herbert Kleiman），《集成电路：电子工业产品创新案例研究》（*The Integrated Circuit:A Case Study of Product Innovation in the Electronics Industry*），乔治·华盛顿大学出版社，1966年，第57页。

9　克里斯托夫·勒库尔，《工业用硅》，特别是第189、194、222页。赫伯特·克莱曼，《集成电路》，第212页。厄恩斯特·布朗（Ernest Braun）和斯图尔特·麦克唐纳（Stuart MacDonald），《微型革命：半导体电子的历史和影响》（*Revolution in Miniature: The History and Impact of Semiconductor Electronics*），剑桥大学出版社，1982年，第114页。

10　诺曼·阿舍和勒兰德·斯特朗，《美国国防部在集成电路发展中的作用》，第64页。莱斯利·柏林，《微芯片背后的人》，第138页。克里斯托夫·勒库尔，《工业用硅》，第180、188页。

11　《查理·斯波克口述历史》（Oral History of Charlie Sporck），美国计算机历史博物馆，YouTube视频，2017年3月2日，https://www.youtube.com/watch?v=duMUvoKP-pk。诺曼·阿舍和勒兰德·斯特朗，《美国国防部在集成电路发展中的作用》，第73页。莱斯利·柏林，《微芯片背后的人》，第138页。

12　莱斯利·柏林，《微型芯片背后的人》，第120页。

13　迈克尔·马隆（Michael Malone），《英特尔三位一体》（*The Intel Trinity*），迈克尔·柯林斯出版社，2014年，第31页。

7 苏联硅谷

1 尤里·R. 诺索夫（Yury R. Nosov），*Tranzistor-Nashe Vse.K Istori Velikogo Otkrytiya*，Elektronika，2008年，https://www.electronics.ru/journal/article/363。特鲁特科，IREX文件，国会图书馆，华盛顿特区。关于"克罗瑟斯纪念馆"，请参见《斯坦福1960年鉴》。

2 美国中央情报局，《苏联半导体器件的生产》（Production of Semiconductor Devices in the USSR），CIA/RR，1959年11月，文件59—44。

3 采访列夫·拉普基斯、瓦莱里·科特金、谢尔盖·奥索金和谢尔盖·苏金，2021年。关于苏联对美国出版物的研究，请参见N. S. 西蒙诺夫（N. S. Simonov），*Nesostoyavshayasya Informatsionnaya Revolyutsiya*，Universitet Dmitriya Pozharskogo，2013年，第206—207页。《自动化老板办公室》（Automate the Boss' Office），《商业周刊》（*Business Week*），1956年4月，第59页。A. A. 瓦森科夫（A. A. Vasenkov），*Nekotorye Sobytiya iz Istorii Mikroelekroniki*，*Virtualnyi Kompyuternyi Muzei*，2010年，https://computer-museum.ru/books/vasenkov/vasenkov_3-1.htm。B. 马拉谢维奇（B. Malashevich），*Pervie Integralnie Skhmi*，*Virtualnyi Kompyuternyi Muzei*，2008年，https://www.computermuseum.ru/histekb/integral_1.htm。

4 采访列夫·拉普基斯、瓦莱里·科特金、谢尔盖·奥索金和谢尔盖·苏金。

5 A. A. 肖金，*Ocherki Istorii Rossiiskoi Elektroniki*，第6卷，Tehnosfera，2014年，第520页。

6 在苏联，萨兰特的名字是菲利普·斯塔罗斯（Philip Staros），巴尔的名字是约瑟夫·伯格（Joseph Berg）。有关他们的细节，请参见史蒂文·T. 乌斯丁（Steven T. Usdin）的《工程共产主义》（*Engineering Communism*），耶鲁大学出版社，2005年。

7 史蒂文·T. 乌斯丁，《工程共产主义》，第175页。N. S. 西蒙诺夫，*Nesostoyavshayasya Informatsionnaya Revolyutsiya*，第212页。俄罗斯微电子专家对巴尔和萨兰特的影响规模存在一些争论。巴尔和萨兰特并不是单枪匹马地创造了苏联的计算机产业，但他们显然发挥了重要作用。

8 史蒂文·T. 乌斯丁，《工程共产主义》，第203—209页。

9 A. A. 肖金，*Ocherki Istorii Rossiiskoi Elektroniki*，第6卷，第522、523、531页。

8　"复制"策略

1　N. S. 西蒙诺夫，*Nesostoyavshayasya Informatsionnaya Revolyutsiya*，第210页。另请参见：A. A. 瓦森科夫，*Nekotorye Sobytiya iz Istorii Mikroelekroniki*，Virtualnyi Kompyuternyi Muzei，2010，https://computer-museum.ru/books/vasenkov/vasenkov_3-1.htm。鲍里斯·马林档案，IREX文件，国会图书馆，华盛顿特区。A. A. 肖金，*Ocherki Istorii Rossiiskoi Elektroniki*，第6卷，第543页。

2　B. 马拉谢维奇，*Pervie Integralnie Shemi, Virtualnyi Kompyuternyi Muzei*，2008年，https://www.computer-museum.ru/histekb/integral_1.htm。N. S. 西蒙诺夫，*Nesostoyavshayasya Informatsionnaya Revolyutsiya*，第65页。《尤里·R. 诺索夫口述历史》（Oral History of Yury R. Nosov），罗斯玛丽·雷马克（Rosemary Remackle）采访，美国计算机历史博物馆，2012年5月17日，第22—23页。

3　罗纳德·阿曼（Ronald Amann）等，《苏联工业的技术水平》（*The Technological Level of Soviet Industry*），耶鲁大学出版社，1977年。

4　A. A. 瓦森科夫，*Nekotorye Sobytiya iz Istorii Mikroelekroniki, Virtualnyi Kompyuternyi*，2010年，https://computer-museum.ru/books/vasenkov/vasenkov_3-1.htm。B. V. 马林（B. V. Malin），Sozdanie Pervoi Otechestvennoi Mikroshemy，Virtualnyi Kompyuternyi Muzei，2000年，https://www.computer-museum.ru/technlgy/su_chip.htm。

5　采访谢尔盖·奥索金，2021年。

9　晶体管推销员

1　池田勇人此次访问的描述来源于日本的资料，由松山（Miina Matsuyanma）翻译。尼克·卡普耳（Nick Kapur），《安倍晋三之后十字路口的日本》（*Japan at the Crossroads After Anpo*），哈佛大学出版社，2018年，第84页。牛尾盐田（Shiota Ushio），*Tokyo Wa Moetalka*，讲谈社，1988年。池田慎太郎（Shiota Ushio），《池田政府对欧洲的外交和"三大支柱"理论》（The Ikeda Administration's Diplomacy Toward Europe and the "Three-Pillar" Theory），《广岛国际研究杂志》（*Hiroshima Journal of International Studies*），第13期，2007年。川村和彦（Kawamura Kazuhiko），《战后日本的回忆》（*Recollections of Postwar Japan, S25*），历史研

究小组，2020年。

2　美国国务院历史学家办公室（Office of the Historian, U. S. Department of State），《国家安全委员会报告》（National Security Council Report），大卫·W. 梅本（David W. Mabon）主编，《美国外交关系：1955—1957年，日本篇，第23卷，第1部分》（*Foreign Relations of the United States, 1955—1957, Japan, Volume XXIII, Part 1*），美国政府印刷局（United States Government Printing Office），1991年，https://history.state.gov/historicaldocuments/frus1955-57v23p1/d28。美国国务院历史学家办公室，《执行秘书向国家安全委员会提交的第588号说明》（No.588 Note by the Executive Secretary（Lay）to the National Security Council），载于大卫·W. 梅本和哈里特·D. 施瓦（Harriet D. Schwar）编辑的《美国外交关系：1952—1954年，中国和日本篇，第14卷，第2部分》，美国政府印刷局，1985年，https://history.state.gov/historicaldocuments/frus1952-54v14p2/d588。

3　美国国务院历史学家办公室，《国家安全委员会报告》（National Security Council Report）。

4　鲍勃·约翰斯通（Bob Johnstone），《我们在燃烧：日本企业家和电子时代的锻造》（*We Were Burning:Japanese Entrepreneurs and the Forging of the Electronic Age*），基础书籍出版社，1999年，第16页。菊池诚（Makoto Kikuchi），《威廉·阿斯普雷口述历史》（An Oral History Conducted in 1994 by William Aspray），1994年，IEEE历史中心，美国新泽西州皮斯卡塔韦市。

5　菊池诚，《在日本研发早期，物理学家是如何爱上硅的》（How a Physicist Fell in Love with Silicon in the Early Years of Japanese R&D），H. R. 赫夫（H. R. Huff），H. 苏雅（H. Tsuya）和U. 戈斯勒（U. Gosele）编辑，《硅材料科学和技术》，第1卷，电化学学会（The Electrochemical Society, Inc.），1998年，第126页。菊池诚，《威廉·阿斯普雷口述历史》，1994年，IEEE历史中心，美国新泽西州皮斯卡塔韦市。鲍勃·约翰斯通，《我们在燃烧》，第15页。

6　维基·戴奇（Vicki Daitch）和莉莲·霍德森（Lillian Hoddeson），《旷世奇才：巴丁传》（*True Genius: The Life and Science of John Bardeen: The Only Winner of Two Nobel Prizes in Physics*），约瑟夫·亨利出版社，2002年，第173—174页。

7　约翰·内森，《索尼的私人生活》，第13页。盛田昭夫，《日本制造》，第70—71页。

8　盛田昭夫，《日本制造》，第1页。

9　蔡衡燮（Hyungsub Choi），《运输中的制造知识：技术实践、组织变革和美国和日本半导体产业的崛起，1948—1960年》（Manufacturing Knowledge in Transit:Technical Practice, Organizational Change, and the Rise of the Semiconductor

Industry in the United States and Japan，1948—1960），博士论文，约翰霍普金斯大学，2007年，第113页。鲍勃·约翰斯通，《我们在燃烧》，第xv页。

10　西蒙·克里斯托弗·帕特纳（Simon Christopher Partner），《制造欲望：20世纪50年代的日本电器工业》（Manufacturing Desire: The Japanese Electrical Goods Industry in the 1950s），哥伦比亚大学博士论文，1997年，第296页。安德鲁·波拉克（Andrew Pollack），《索尼联合创始人、日本商业领袖盛田昭夫去世，享年78岁》（Akio Morita，Co-Founder of Sony and Japanese Business Leader，Dies at 78），《纽约时报》（New York Times），1999年10月4日。

11　凯莱布·皮尔托，《工程世界》，第73—74页。罗伯特·J. 西姆科（Robert J. Simcoe），《口袋里的革命》（The Revolution in Your Pocket），《美国遗产》（American Heritage），第20卷，第2期，2004年秋季。

12　约翰·E. 蒂尔顿，《国际技术扩散：半导体案例》（International Diffusion of Technology:The Case of Semiconductors），布鲁金斯学会，1971年，第57、141、148页。《江崎玲于奈事实》（Leo Esaki Facts），诺贝尔基金会，https://www.nobelprize.org/prizes/physics/1973/esaki/facts/。

13　鲍勃·约翰斯通，《我们在燃烧》，第1章，第40—41页。

14　肯尼思·弗拉姆，《半导体行业的国际化》（Internationalization in the Semiconductor Industry），载于约瑟夫·格兰瓦尔德（Joseph Grunwald）和肯尼思·弗拉姆所著的《全球工厂：国际贸易中的外国组装》（The Global Factory: Foreign Assembly in International Trade），布鲁金斯学会，1985年，第70页。山田丰道（Bundo Yamada），《日本电子公司的国际化战略：对亚洲新兴工业化经济体的影响》[Internationalization Strategies of Japanese Electronics Companies:Implications for Asian Newly Industrializing Economies（NIEs）]，经合组织发展中心（OECD Development Centre），1990年10月，https://www.oecd.org/japan/33750058.pdf。

15　蔡衡燮，《运输中的制造知识》，第191—192页。

16　《营销和出口：电子商务的现状》（Marketing and Export: Status of Electronics Business），《电子学》，1960年5月27日，第95页。

17　亨利·基辛格，《对话备忘录》（Memorandum of Conversation），华盛顿，1973年4月10日，11:13a.m.–12:18p.m.。布拉德利·林恩·科尔曼（Bradley Lynn Coleman）、大卫·戈德曼（David Goldman）和大卫·尼克尔斯（David Nickles）主编，《美国外交关系：1969—1976年，E-12卷，东亚和东南亚篇，1973—1976年》，美国政府印刷局，2010年，https://history.state.gov/historicaldocuments/frus1969-76ve12/d293。

18　采访比尔·海伊，2021年。采访张忠谋，2022年。J. 弗雷德·布奇，《躲避大象：J.

弗雷德·布奇的自传》（*Dodging Elephants: The Autobiography of J. Fred Bucy*），狗耳朵出版社，2014年，第92—93页。

19 鲍勃·约翰斯通，《我们在燃烧》，第364页。

10 "晶体管女孩"

1 保罗·丹尼尔斯，《晶体管女孩》（*The Transistor Girls*），1964年。

2 大卫·布罗克采访尤金·J. 弗拉思（Eugene J. Flath），科学史研究所，2007年2月28日。斯波克和莫莱，《分拆：改变世界的行业个人史》。

3 安德鲁·波拉克，《在芯片战争的壕沟里，为生存而奋斗》（In the Trenches of the Chip Wars, a Struggle for Survival），《纽约时报》，1989年7月2日。斯波克和莫莱，《分拆》，第63页。《查理·斯波克口述历史》，美国计算机历史博物馆。

4 格伦娜·马修（Glenna Matthew），《硅谷，女性与加州梦：二十世纪的性别、阶级与机遇》（*Silicon Valley, Women, and the California Dream: Gender, Class, and Opportunity in the Twentieth Century*），斯坦福大学出版社，2002年，第1—3章。

5 斯波克和莫莱，《分拆》，第87—88页。

6 斯波克和莫莱，《分拆》，第91—93页。威廉·F. 菲南（William F. Finan），《在质量上与日本并驾齐驱：美国领先的半导体公司如何赶上日本最好的半导体公司》（*Matching Japan in Quality: How the Leading U. S. Semiconductor Firms Caught Up with the Best in Japan*），麻省理工学院日本项目（MIT Japan Program），1993年，第61页。大卫·布罗克采访朱利叶斯·布兰克（Julius Blank），科学史研究所，2006年3月20日，第10页。《朱利叶斯·布兰克口述历史》（Oral History Interview with Julius Blank），克雷格·艾迪生（Craig Addison）采访，美国计算机历史博物馆，2008年1月25日。

7 约翰·亨德森（John Henderson），《高科技生产的全球化》（*The Globalisation of High Technology Production*），劳特利奇出版社，1989年，第110页。斯波克和莫莱，《分拆》，第94页。《哈里·塞洛口述历史》（Harry Sello Oral History），克雷格·艾迪生采访，SEMI，2004年4月2日。

8 斯波克和莫莱，《分拆》，第95页。《查理·斯波克口述历史》，美国计算机历史博物馆。

9 威廉·菲南，《通过美国公司的半导体技术国际转让》（The International Transfer of Semiconductor Technology Through U. S. -Based Firms），美国国家经济研究局

（NBER）工作论文，第118期，1975年12月，第61—62页。

10　《克莱门茨·鲍萨口述历史》（Oral History Interview with Clements E. Pausa），克雷格·艾迪生采访，2004年6月17日。

11　《查理·斯波克口述历史》，美国计算机历史博物馆。另请参见美国计算机历史博物馆对工会、工资谈判和国际劳工组织规定的广泛讨论，《仙童口述历史小组：制造和支持服务》（Fairchild Oral History Panel: Manufacturing and Support Services），2007年10月5日。

11　精准打击

1　采访比尔·海伊，2021年。

2　塞缪尔·J. 考克斯（Samuel J. Cox），《H-017-2：雷霆滚滚——简短概述》（H-017-2: Rolling Thunder-A Short Overview），美国海军历史与遗产司令部（Naval History and Heritage Command），2018年3月27日，https://www.history.navy.mil/aboutus/ leadership /director/directors-corner/h-grams/h-gram-017/h-017-2.html#~:text=These%20U.S.%20strikes%20dropped%20864%2C000, years%20of%20World%20War%20II。

3　巴里·瓦茨，《制导弹药和作战网络的60年：进展与前景》（*Six Decades of Guided Munitions and Battle Networks: Progress and Prospects*），战略与预算评估中心（Center for Strategic and Budgetary Assessments），2007年，第133页。

4　美国政府海军航空系统司令部，《1968年7月至11月空空导弹系统能力评估报告》（Report of the Air-to-Air Missile System Capability Review July-November 1968），AD-A955-143，海军历史与遗产司令部，2021年 4月23日，https://www.history.navy.mil/research/histories/naval-aviation-history/ault-report.html。巴里·瓦茨，《制导弹药和作战网络的60年：进展与前景》，第140页。

5　詹姆斯·E. 希基（James E. Hickey），《精确制导弹药与战争中的人类苦难》（*Precision-Guided Munitions and Human Suffering in War*），劳特利奇出版社，2016年，第98页。

6　采访史蒂夫·罗默曼，2021年。保罗·吉莱斯皮，《精确制导弹药：构建比原子弹更强大的炸弹》（Precision Guided Munitions: Constructing a Bomb More Potent Than the A-Bomb），美国理海大学博士论文，2002年。

7 采访史蒂夫·罗默曼，2021年。

8 同上。

9 《约瑟夫·戴维斯上校的讣告》（Obituary of Colonel Joseph Davis Jr.），《佛罗里达西北日报》（*Northwest Florida Daily News*），2014年8月24日至26日。保罗·吉莱斯皮，《精确制导弹药：构建比原子弹更强大的炸弹》，第117—118页。弗农·洛布（Vernon Loeb），《辉煌的爆发》（Bursts of Brilliance），《华盛顿邮报》，2002年12月15日。

10 保罗·吉莱斯皮，《精确制导弹药：构建比原子弹更强大的炸弹》，第116页。

11 保罗·吉莱斯皮，《精确制导弹药：构建比原子弹更强大的炸弹》，第125、172页。

12 威廉·比彻（William Beecher），《自动化战争在越南之后被威斯特摩兰将军预见》（Automated Warfare Is Foreseen by Westmoreland After Vietnam），《纽约时报》，1969年10月14日。然而，国防理论家已经意识到精确弹药将改变战争。请参见詹姆斯·F. 迪格比（James F. Digby），《精确制导弹药：能力和后果》（*Precision-Guided Munitions: Capabilities and Consequences*），兰德文件（RAND Paper）P-5257，1974年6月，以及《精确制导技术：改变武器优先级、新风险、新机遇》（*The Technology of Precision Guidance: Changing Weapon Priorities, New Risks, New Opportunities*），兰德文件P-5537，1975年11月。

12　供应链策略

1 《台湾半导体的发展并非一帆风顺》（Taiwan's Development of Semiconductors Was Not Smooth Sailing），克劳斯·宋翻译，《暴风传媒》（*Storm Media*），2019年6月5日，https://www.storm.mg/article/1358975?mode=whole.000。

2 《马克·谢泼德讣告》（Mark Shepherd Jr. Obituary），《达拉斯晨报》（*Dallas Morning News*），2009年2月6日至8日。阿什莉·万斯（Ashlee Vance），《电子领域的一支力量——马克·谢泼德，享年86岁》（Mark Shepherd, a Force in Electronics, Dies at 86），《纽约时报》，2009年2月9日。

3 《台湾半导体的发展并非一帆风顺》。采访张忠谋，2022年。

4 大卫·W. 张（David W. Chang），《美国援助与中国台湾经济进步》，《亚洲调查》（*Asian Survey*），第5卷，第3期，1965年3月，第156页。尼克·库拉瑟（Nick Cullather），《"好龙的燃料"：美国和中国台湾的产业政策，1950—1960年》，

《外交史》（*Diplomatic History*），第20卷，第1期，1996年冬季，第1页。

5　沃夫刚·萨克森（Wolfgang Saxon），《91岁的李国鼎去世，力主经济转型》，《纽约时报》，2001年6月2日。

6　《台湾半导体的发展并非一帆风顺》。

7　索菲娅·王（Sophia Wang），《李国鼎和台湾经验》（*K. T. LI and the Taiwan Experience*），台湾"清华大学"出版社，2006年，第216页。《TI台湾年表》（TI Taiwan Chronology），载于《远东简报书》（*Far East Briefing Book*），TI论文，南卫理公会大学图书馆，1989年10月18日。

8　亨利·基辛格，《对话备忘录》，华盛顿，1973年4月10日，11:13a.m.–12:18p.m.，布拉德利·林恩·科尔曼、大卫·戈德曼和大卫·尼克尔斯主编，《美国外交关系：1969—1976年，E-12卷，东亚和东南亚篇，1973—1976年》，美国政府印刷局，2010年，https://history.state.gov/historicaldocuments/frus1969-76ve12/d293。琳达·林（Linda Lim，音译）和潘恩方（Pang Eng Fong，音译），《新加坡的贸易、就业和工业化》（*Employment and Industrialisation in Singapore*），国际劳工局（International Labour Office），1986年，第156页。

9　约瑟夫·格兰瓦尔德和肯尼思·弗拉姆，《全球工厂：国际贸易中的外国组装》，布鲁金斯学会，1994年，第100页。

10　肯尼思·弗拉姆，《半导体行业的国际化》，载于约瑟夫·格兰瓦尔德和肯尼思·弗拉姆所著的《全球工厂》，第110页。琳达·林和潘恩方，《新加坡的贸易、就业和工业化》，第156页。《香港统计年鉴》（*Hong Kong Annual Digest of Statistics*），统计处，1984年，表3.12，https://www.censtatd.gov.hk/en/data/stat_report/product/B1010003/att/B10100031984AN84E0100.pdf。G. T. 哈里斯（G. T. Harris）和泰志友（Tai Shzee Yew，音译），《20世纪70年代马来西亚半岛的失业趋势》（Unemployment Trends in Peninsular Malaysia During the 1970s），《东盟经济公报》（*ASEAN Economic Bulletin*），第2期，1985年11月，第118—132页。

11　马克·谢泼德，《1977年9月23日在台北会见李国鼎，并接待巴菲特》，载于谢泼德的论文、通信、报告、演讲，1977年，南卫理公会大学图书馆，文件90-69。美联社，《马克·谢泼德领导TI》（Mark Shepherd Jr.; led Texas Instruments），《波士顿环球报》（*Boston Globe*），2009年2月9日。

13 英特尔的革命

1 玛吉·史康宁（Marge Scandling），《创始人中的两位离开仙童，组建自己的电子公司》（2 of Founders Leave Fairchild; Form Own Electronics Firm），《帕洛阿尔托时报》（*Palo Alto Times*），1968年8月2日。

2 卢西恩·V. 奥莱塔（Lucien V. Auletta）、赫伯特·J. 霍斯特（Herbert J. Hallstead）和丹尼斯·J. 沙利文（Denis J. Sullivan），《铁氧体磁芯平面和阵列：IBM的制造进化》（Ferrite Core Planes and Arrays: IBM's Manufacturing Evolution），《IEEE磁学汇刊》（*IEEE Transactions on Magnetics*），第5卷，第4期，1969年12月。约翰·马科夫（John Markoff），《IBM的罗伯特·H. 丹纳德和改变世界的芯片》（IBM's Robert H. Dennard and the Chip That Changed the World），IBM，2019年11月7日，https://www.ibm.com/blogs/think/2019/11/ibms-robert-h-dennardand-the-chip-that-changed-the-world/。

3 艾玛·内曼（Emma Neiman），《斯坦福大学计算机科学，第一部分：过去和现在》（A Look at Stanford Computer Science，Part I: Past and Present），《斯坦福大学日报》（*Stanford Daily*），2015年4月15日。《马西安·E. 霍夫访谈录》（Interview with Marcian E. Hof，Jr.，1995 March 03），1995年3月3日，斯坦福大学图书馆，1995年5月3日，https://exhibits.stanford.edu/silicongenesis/catalog/jj158jn5943。

4 罗伯特·诺伊斯和马西安·E. 霍夫，《英特尔微处理器发展史》（A History of Microprocessor Development at Intel），《IEEE微处理机与微型计算机杂志》（*IEEE Micro*），第1卷，第1期，1981年2月。大卫·劳斯采访泰德·霍夫和斯坦·麦卓尔（Stan Mazor），美国计算机历史博物馆，2006年9月20日。《泰德·霍夫：微处理器及其以后的诞生》（Ted Hof: The Birth of the Microprocessor and Beyond），《斯坦福大学工程》（*Stanford Engineering*），2006年11月。

5 莎拉·法伦（Sarah Fallon），《第一台微处理器的秘密历史》（The Secret History of the First Microprocessor），《连线》（*Wired*），2020年12月23日。肯·希里夫（Ken Shirriff），《第一代微处理器的惊人故事》（The Surprising Story of the First Microprocessors），《IEEE综览》，2016年8月30日。

6 莱斯利·柏林，《微芯片背后的人》，第205页。戈登·摩尔，《关于微处理器》（On Microprocessors），IEEE，1976年。罗斯·巴西特（Ross Bassett），《数字时代》（*To the Digital Age*），约翰·霍普金斯大学出版社，2002年，第281页。迈克尔·马隆，《英特尔三位一体》，第177—178页。吉恩·贝林斯基（Gene Bylinsky），《英特尔如何赢得内存芯片的赌注》（How Intel Won Its Bet on Memory Chips），《财富》（*Fortune*），1973年11月。莎拉·法伦，《第一台微处理器的秘密历史》。

7　采访卡弗·米德，2021年。

8　卡弗·米德，《计算机：把力量放在它应有的地方》（Computers That Put the Power Where It Belongs），《工程与科学》（Engineering and Science），第36卷，第4期，1972年2月。

9　吉恩·贝林斯基，《英特尔如何赢得在内存芯片上的赌注》（How Intel Won Its Bet on Memory Chips）。

14　五角大楼的抵消战略

1　罗素·赖利（Russell Riley）采访威廉·佩里，弗吉尼亚大学米勒中心，2006年2月21日。威廉·佩里，《我的核边缘之旅》（My Journey at the Nuclear Brink），载于《斯坦福大学安全研究》（Stanford Security Studies），2015年，第1—2章。

2　采访威廉·佩里，2021年。扎卡里·沃瑟曼，《发明创业资本主义》（Inventing Startup Capitalism），耶鲁大学博士论文，2015年。

3　安德鲁·克雷皮内维奇（Andrew Krepinevich）和巴里·瓦茨，《最后的勇士：安德鲁·马歇尔和现代美国国防战略的塑造》（The Last Warrior: Andrew Marshall and the Shaping of Modern American Defense Strategy），基础书籍出版社，2015年，第4、9、95页。

4　安德鲁·马歇尔，《与苏联的长期竞争：战略分析框架》（Long-Term Competition with the Soviets: A Framework for Strategic Analysis），兰德公司，R-862-PR，1972年4月，https://www.rand.org/pubs/reports/R862.html。

5　威廉·佩里的证词，美国参议院军事委员会，美国国防部，第79财年拨款授权，第8部分"研究与发展"，第96届美国国会，1979年，第5 506—5 937页。肯尼思·P.沃雷尔（Kenneth P. Werrell），《巡航导弹的演变》（The Evolution of the Cruise Missile），美国空军大学出版社，1985年，第180页。

6　理查德·范·阿塔、悉尼·里德（Sidney Reed）和西摩·J. 戴奇曼，（Seymor J. Deitchman），《DARPA技术成就第二卷》（DARPA Technical Accomplishments Volume II），美国国防分析研究所，1991年，第12—22页。

7　肯尼思·P.沃雷尔，《巡航导弹的演变》，第136页。

8　理查德·范·阿塔等，《DARPA技术成就第二卷》，第5—10页。

9 采访史蒂夫·罗默曼，2021年。艾尔弗雷德·戈德堡（Alfred Goldberg）采访威廉·佩里，美国国防部部长办公室，1981年1月9日。

10 弗雷德·卡普兰（Fred Kaplan），《巡航导弹：神奇武器还是"笨弹"？》（Cruise Missiles: Wonder Weapon or Dud?），《高科技》（High Technology），1983年2月。詹姆斯·法洛斯（James Fallows），《国防》（National Defense），兰登书屋，1981年，第55页。威廉·佩里，《法洛斯的谬误：评论文章》（Fallows' Fallacies: A Review Essay），《国际安全》（International Security），第6卷，第4期，1982年春季，179页。

11 罗素·赖利采访威廉·佩里，弗吉尼亚大学米勒中心，2006年2月21日。

15 "竞争很激烈"

1 采访理查德·安德森，2021年。迈克尔·马隆，《比尔和戴夫：惠普如何打造成为世界上最伟大的公司》（Bill and Dave: How Hewlett and Packard Built the World's Greatest Company），Portfolio Hardcover出版社，2006年。《半导体市场条件与国际贸易》（Market Conditions and International Trade in Semiconductors），美国众议院筹款委员会贸易小组委员会现场听证会，第96届国会，1980年4月28日。

2 迈克尔·马隆，《大比分》（The Big Score），Stripe出版社，2021年，第248页。约格·孔特雷拉斯（Jorge Contreras）、劳拉·汉德利（Laura Handley）和特伦斯·杨（Terrence Yang），《版权法的新突破》（Breaking New Ground in the Law of Copyright），《哈佛技术法律杂志》（Harvard Law Journal of Technology），第3期，1990年春季。

3 《罗森电子通讯》（Rosen Electronics Newsletter），1980年3月31日。

4 迈克尔·马隆，《英特尔三位一体》，第284页。弗雷德·沃肖夫斯基（Fred Warshofsky），《芯片战争：明日世界之战》（Chip War: The Battle for the World of Tomorrow），斯克里布纳出版社，1989年，第101页。

5 《TPS-L2：用户手册》（TPS-L2: User Manual），索尼公司，1981年，第24页。

6 《第20卷：随身听进入全球词汇》（Vol. 20:Walkman Finds Its Way into the Global Vocabulary），索尼公司，https://www.sony.com/en/SonyInfo/CorporateInfo/History/capsule/20/。

7　《查理·斯波克口述历史》，美国计算机历史博物馆。

16　"与日本的战争"

1　马克·西蒙（Mark Simon），《杰瑞·桑德斯/硅谷的硬汉》（Jerry Sanders/Silicon Valley's Tough Guy），《旧金山纪事报》，2001年10月4日。托马斯·斯科尔尼亚（Thomas Skornia），《实现美国梦的案例研究：桑德斯与先进微器件，1969年至1984年的前15年》（*A Case Study in Realizing the American Dream: Sanders and Advanced Micro Devices: The First Fifteen Years, 1969—1984*），1984年部分，https://archive.computerhistory.org/resources/access/text/2019/01/102721657-05-01-acc.pdf。

2　《查理·斯波克口述历史》，美国计算机历史博物馆。

3　迈克尔·马隆，《东京，加州》（Tokyo，Calif），《纽约时报》，1981年11月1日。《查理·斯波克口述历史》，美国计算机历史博物馆。

4　托马斯·C. 梅斯（Thomas C. Mayes），《美国联邦调查局钓鱼执法行动细节曝光》（American Posts Bail as Details of Operation by F.B.I. Unfold），《纽约时报》，1982年6月25日。

5　温德·A. 乌鲁贝（Wende A. Wrubel），《东芝孔斯伯格事件：巴统的不足，以及提高对东部区域出口管制效力的建议》（The Toshiba-Kongsberg Incident: Shortcomings of Cocom, and Recommendations for Increased Effectiveness of Export Controls to the East Bloc），《美国大学国际法评论》（*American University International Law Review*），第4卷，第1期，2011年。

6　斯图尔特·奥尔巴克（Stuart Auerbach），《美国中央情报局称东芝向苏联地区出售更多产品》（CIA Says Toshiba Sold More to Soviet Bloc），《华盛顿邮报》，1988年3月15日。

7　迈克尔·E. 波特（Michael E. Porter）和酒井真理子（Mariko Sakakibara），《日本的竞争》（Competition in Japan），《经济展望杂志》（*Journal of Economic Perspectives*），第18卷，第1期，2004年冬季，第36页。《政府目标对世界半导体竞争的影响》（*The Effect of Government Targeting on World Semiconductor Competition*），美国半导体行业协会，1983年，第69—74页。

8　酒井真理子，《从模仿到创新：日本超大规模集成电路项目》[From Imitation to

Innovation: The Very Large Scale Integrated（VLSI）Semiconductor Project in Japan]，工作论文，麻省理工学院斯隆管理学院，1983年10月，https://dspace.mit.edu/handle/1721.1/47985。

9 T. R. 里德，《芯片》，第224页。

10 《政府瞄准世界半导体竞争的影响》（*The Effect of Government Targeting on World Semiconductor Competition*），第67页。

11 杰弗里·A. 弗兰克尔（Jeffrey A. Frankel），《20世纪80年代的日本金融：调查》（*Japanese Finance in the 1980s: A Survey*），美国国家经济研究局，1991年。家庭储蓄、家庭消费和银行贷款占GDP的百分比数据来自data.worldbank.org。

12 P. R. 莫里斯（P. R. Morris），《世界半导体工业史》（*History of the World Semiconductor Industry*），IEEE，1990年，第104页。罗伯特·伯格曼（Robert Burgelman）和安迪·格鲁夫，《战略即命运：战略制定如何塑造公司的未来》（*Strategy Is Destiny: How Strategy-Making Shapes a Company's Future*），自由出版社，2002年，第35页。

13 斯科特·卡伦（Scott Callan），《日本，解散：竞争与冲突，日本高科技联盟的成功与失败》（Japan, Disincorporated: Competition and Conflict, Success and Failure in Japanese High-Technology Consortia），斯坦福大学博士论文，1993年，第188页，表7.14。克莱尔·布朗（Clair Brown）和格雷格·林登（Greg Linden），《芯片与变革：危机如何重塑半导体产业》（*Chips and Change: How Crisis Reshapes the Semiconductor Industry*），麻省理工学院出版社，2009年。

17 "运送垃圾"

1 克莱顿·琼斯（Clayton Jones），《计算机化激光快速制造微芯片电路》（Computerized Laser Swiftly Carves Circuits for Microchips），《基督教科学箴言报》（*Christian Science Monitor*），1981年3月10日。大卫·桑格（David Sanger），《对小GCA的巨大担忧》（Big Worries Over Small GCA），《纽约时报》，1987年1月19日。

2 莱斯利·柏林，《微芯片背后的人》，第94、119页。感谢克里斯·麦克给我指出这一点。

3 采访克里斯·麦克，2021年。采访戴夫·马克尔，2021年。珀金·埃尔默，

《Micralign投影掩模对准系统》（Micralign Projection Mask Alignment System），芯片历史中心，https://www.chiphistory.org/154-perkin-elmer-micralign-projection-mask-alignment-system。丹尼尔·P. 伯班克（Daniel P. Burbank），《制造几乎不可能的微芯片》（The Near Impossibility of Making a Microchip），《发明与技术》（*Invention and Technology*），1999年秋季。亚历克西斯·C. 马德里加尔（Alexis C. Madrigal），《最高机密：关于美国中央情报局冷战间谍卫星的简报》（TOP SECRET: Your Briefing on the CIA's Cold-War Spy Satellite, "Big Bird"），《大西洋》（*Atlantic*），2011年12月29日。马克，《光学光刻工具供应商的里程碑》（Milestones in Optical Lithography Tool Suppliers），http://www.lithoguru.com/scientist/litho_history/milestones_tools.pdf。

4　克雷格·艾迪生采访詹姆斯·E. 加拉赫（James E. Gallagher），SEMI，2005年3月9日。克雷格·艾迪生采访阿瑟·W. 扎菲罗普洛（Arthur W. Zafiropoulo），SEMI，2006年5月25日。GCA公司，《关于我们公司成员》（About Our Corporation Members），《美国气象学会公报》（*Bulletin American Meteorological Society*），1962年12月12日。克莱顿·琼斯，《计算机化激光快速制造微芯片电路》（Computerized Laser Swiftly Carves Circuits for Microchips）。

5　采访格里夫·里索，2021年。《格里夫·里索谈光刻》（Griff Resor on Photolithography），半导体历史，YouTube视频，2009年1月30日，https://www.youtube.com/watch?v=OKfdHZCEfmY。

6　《格里夫·里索谈光刻》，半导体历史，YouTube视频，2009年1月30日，https://www.youtube.com/watch?v=OKfdHZCEfmY。《光刻工具供应商的里程碑》，http://www.lithoguru.com/scientist/litho_history/milestones_tools.pdf。《截至1980年9月的GCA伯灵顿分部所有4800 DSW装运历史》（GCA Burlington Division Shipment History ofAll 4800 DSW's as of September 1980），第1页。

7　销售数据来自丽贝卡·玛尔塔·亨德森（Rebecca Marta Henderson），《老牌公司在技术变革面前的失败》（The Failure of Established Firms in the Face of Technical Change），哈佛大学博士论文，1988年，第217页；以及克莱顿·琼斯，《计算机化激光快速制造微芯片电路》（Computerized Laser Swiftly Carves Circuits for Microchips）。

8　采访彼得·比洛、罗斯·杨和比尔·托比，2021年。克雷格·艾迪生采访加拉赫，SEMI，2005年3月9日。

9　采访比尔·托比、吉姆·内罗达和彼得·比洛，2021年。罗斯·杨，《硅相扑》（*Silicon Sumo*），1994年，第279页。查尔斯·N. 皮朱纽斯基（Charles N. Pieczulewski），《领先制造商中半导体光刻设备开发和采购实践的基准》（Benchmarking

Semiconductor Lithography Equipment Development & Sourcing Practices Among Leading Edge Manufacturers），硕士论文，麻省理工学院，1995年，第54页。

10　采访格里夫·里索、比尔·托比、吉姆·内罗达和彼得·比洛，2021年。罗斯·杨，《硅相扑》，第279页。

11　采访格里夫·里索，2021年。

12　罗伯特·赖克，《下一个美国边疆》（The Next American Frontier），皇冠出版集团，1983年，第159页。

13　采访吉尔·瓦内尔，2021年。丽贝卡·玛尔塔·亨德森，《老牌公司在技术变革面前的失败》，第225页。美国商务部出口管理局、战略产业和经济安全办公室战略分析司，《美国半导体晶圆加工工业设备国家安全评估》（National Security Assessment of the U. S. Semiconductor Wafer Processing Industry Equipment），1991年，第4—10页。

14　亨德森，《老牌公司在技术变革面前的失败》，第220、221、222、227页。采访AMD前高管，2021年。

15　采访彼得·比洛和比尔·托比，2021年。丽贝卡·玛尔塔·亨德森，《老牌公司在技术变革面前的失败》，第222—225页。杰伊·斯托斯基（Jay Stowsky），《最薄弱的环节：半导体生产设备、联系和国际贸易的限制》（The Weakest Link: Semiconductor Production Equipment, Linkages, and the Limits to International Trade），工作论文，加州大学伯克利分校，1987年9月，第2页。

16　克雷格·艾迪生采访阿瑟·W. 扎菲罗普洛，SEMI，2006年5月25日。采访彼得·比洛和吉姆·内罗达，2021年。

18　20 世纪 80 年代的原油

1　托马斯·斯科尔尼亚，《桑德斯和AMD》（Sanders and Advanced Micro Devices），第138页。达里尔·萨维奇（Daryl Savage），《帕洛阿尔托：明氏餐厅将于12月28日关闭》（Palo Alto: Ming's Restaurant to Close Dec. 28），帕洛阿尔托在线网站，2014年12月18日，https://www.paloaltoonline.com/news/2014/12/18/mings-restaurant-to-close-dec-28。

2　阿瑟·L. 罗宾森（Arthur L. Robinson），《美国微电路制造商的危险时期》（Perilous Times for U. S. Microcircuit Makers），《科学》（Science），第208卷，

第4 444期，1980年5月9日，第582页。托马斯·斯科尔尼亚，《桑德斯和AMD》
（*Sanders and Advanced Micro Devices*），第140页。

3　马文·J. 沃尔夫（Marvin J. Wolf），《日本阴谋：主导全球工业的企图》（*The Japanese Conspiracy: The Plot to Dominate Industry Worldwide*），New English Library 出版社，1984年，第83页。

4　大卫·桑格，《对小GCA的巨大担忧》，《纽约时报》，1987年1月19日。

5　采访理查德·范·阿塔，2021年。

6　美国国防科学委员会（Defense Science Board），《关于国防半导体依赖性的报告》（*Report on Defense Semiconductor Dependency*），1987年2月，第1—2页。

7　《查理·斯波克口述历史》，美国计算机历史博物馆。

19　死亡螺旋

1　莱斯利·柏林，《微芯片背后的人》，第264页。

2　理查德·朗格卢瓦（Richard Langlois）和爱德华·斯坦穆勒（Edward Steinmueller），《战略与环境》（Strategy and Circumstance），工作论文，康涅狄格大学，1999年，第1166页。

3　克莱德·V. 普雷斯托维茨（Clyde V. Prestowitz），《超越自由主义》（Beyond Laissez Faire），《外交政策》（*Foreign Policy*），第87期，1992年夏季，第71页。2021年与迈克尔·博斯金（Michael Boskin）通过电子邮件交流。尽管这句话在许多文章中重复出现，但我没有发现任何证据表明他说过这句话。

4　莱斯利·柏林，《微芯片背后的人》，第262页。约翰·G. 劳赫（John G. Rauch），《我们时代的现实》（The Realities of Our Times），《福得汉姆知识产权，媒体和娱乐法律杂志》（*Fordham Intellectual Property, Media and Entertainment Law Journal*），第3卷，第2期，1993年，第412页。

5　马文·J. 沃尔夫，《日本阴谋：主导全球工业的企图》，第5、91页。采访阿兰·沃尔夫（Alan Wolff），2021年。莱斯利·柏林，《微芯片背后的人》，第270页。

6　道格拉斯·欧文（Douglas Irwin），《贸易政治与半导体产业》（Trade Politics and the Semiconductor Industry），美国国家经济研究局工作论文W4745，1994年5月。

7　罗斯·杨，《硅相扑》，第262—263页。

8　同上，第268—269页。采访借调到Sematech的英特尔员工，2021年。拉里·D. 布朗林（Larry D. Browning）和朱迪·C. 谢尔特（Judy C. Shetler），《Sematech：拯救美国半导体工业》（*Sematech: Saving the U. S. Semiconductor Industry*），得克萨斯农工大学出版社，2000年。

9　采访借调到Sematech的英特尔员工，2021年。

10　罗伯特·诺伊斯，1989年11月8日在美国国会委员会作证。彼得·顿（Peter Dunn），《GCA：产业政策的教训》（*GCA: A Lesson in Industrial Policy*），《固态技术》（*Solid State Technology*），第36卷，第2期，1993年12月。罗斯·杨，《硅相扑》，第270—276页。

11　采访彼得·西蒙，2021年。

12　同上。

13　采访严涛南、彼得·西蒙，2021年。罗斯·杨，《硅相扑》，第262、285页。

14　罗斯·杨，《硅相扑》，第286页。

15　莱斯利·柏林，《微芯片背后的人》，第304页。罗斯·杨，《硅相扑》，第294—295页。乔纳森·韦伯（Jonathan Weber），《芯片制造先锋GCA公司关闭工厂：6 000万美元政府资金未能使马萨诸塞州公司恢复财务健康》（*Chip Making Pioneer GCA Corp. Closes Factory: Technology: $60 Million in Government Funds Has Failed to Restore Massachusetts Firm to Financial Health*），《洛杉矶时报》（*Los Angeles Times*），1993年5月22日。

20　日本可以说"不"

1　盛田昭夫，《日本制造》，第73、110—120、134页。

2　约翰·内森，《索尼的私人生活》，第73页。

3　盛田昭夫，《日本制造》，第193、199、205页。

4　安·谢里夫（Ann Sherif），《速度的美学与政治的不合理：石原慎太郎的文学处女作》（The Aesthetics of Speed and the Illogicality of Politics: Ishihara Shintaro's Literary Debut），《日本论坛》（*Japan Forum*），第17卷，第2期，2005年，第185—211页。

5　马文·J. 沃尔夫，《日本阴谋：主导全球工业的企图》，第16页。

6　盛田昭夫和石原慎太郎，《日本可以说"不"》，Konbusha出版社，1996年。

7　塞缪尔·亨廷顿（Samuel Huntington），《为什么国际首要地位很重要》（Why

International Primacy Matters），《国际安全》，2009年1月，第75—76页。

8　史蒂文·L. 赫尔曼，《国会中的热门日本书籍的非法翻译》（Bootleg Translation of Japanese Book Hot Item in Congress），美联社，1989年11月11日。

9　詹姆斯·弗拉尼根（James Flanigan），《索尼首席执行官抨击美国的书让他失去了信誉》（U. S. Bashing Book by Sony's Chief Costs Him Credibility），《洛杉矶时报》，1989年10月11日。

10　哈罗德·布朗，《美国和日本：高科技是外交策略》（The United States and Japan: High Tech Is Foreign Policy），《高级国际研究学院评论》（SAIS Review），第9卷，第2期，1989年秋季。

11　美国中央情报局，《20世纪90年代东亚经济潜力推断》（East Asia's Economic Potential for the 1990s: A Speculative Essay），CREST数据库，1987年。

21　芯片之王

1　采访美光员工，2021年。乔治·安德斯（George Anders），《在土豆帝国，一位继承人放弃了多年的传统》（At Potato Empire, an Heir Peels Away Years of Tradition），《华尔街日报》，2004年10月7日。劳伦斯·朱克曼（Laurence Zuckerman），《从土豆先生到芯片先生，美光背后的土豆大亨》（From Mr. Spud to Mr. Chips; The Potato Tycoon Who Is the Force Behind Micron），《纽约时报》，1996年2月8日。安德鲁·E. 瑟沃（Andrew E. Serwer），《辛普劳传奇：美国的薯条大王如何在半导体领域赚几十亿美元》（The Simplot Saga: How America's French Fry King Made Billions More in Semiconductors），《财富》，2012年2月12日。

2　采访沃德·帕金森，2021年。卢克·奥利维尔·鲍尔（Luc Olivier Bauer）和马歇尔·怀尔德（Marshall Wilder），《微芯片革命》（The Microchip Revolution），独立出版，2020年，第279—280页。

3　采访埃尔默的工作人员，2021年。采访沃德·帕金森，2021年。

4　唐纳德·沃塔特（Donald Woutat），《独行侠芯片制造商改变了姿态：美光在发动价格战后支持保护主义》（Maverick Chip Maker Shifts Stance: Micron Backs Protectionism After Launching Price War），《洛杉矶时报》，1985年12月16日。彼得·伯罗斯（Peter Burrows），《美光的复出小子》（Micron's Comeback Kid），

《商业周刊》（*Business Week*），1997年6月14日。

5　大卫·桑格，《美国芯片制造商的前景似乎很黯淡》（Prospects Appear Grim for U. S. Chip Makers），《纽约时报》，1985年10月29日。

6　大卫·斯塔茨（David Staats），《一位高管的吹风机如何拯救了记忆芯片——美光40年的故事》（How an Executive's Hair Dryer Saved the Memory Chips：Tales of Micron's 40 Years），《爱达荷政治家报》（*Idaho Statesman*），2021年7月21日。

7　唐纳德·沃塔特，《独行侠芯片制造商改变了姿态》。

8　大卫·桑格，《日本芯片"倾销"被发现》（Japan Chip "Dumping" Is Found），《纽约时报》，1985年8月3日。

9　采访沃德·帕金森、布赖恩·雪莉和马克·德肯，2021年。唐纳德·沃塔特，《独行侠芯片制造商改变了姿态》。

10　采访布赖恩·雪利和马克·德肯，2021年。冈田义高，《日本半导体产业的衰落》（Decline of the Japanese Semiconductor Industry），《日本半导体产业发展》（*Development of Japanese Semiconductor Industry*），2006年1月，第41页。鲍尔和怀尔德，《微芯片革命》，第301—302页。

11　卢克·奥利维尔·鲍尔和马歇尔·怀尔德，《微芯片革命》，第286、302页。

12　采访马克·德肯、沃德·帕金森、布赖恩·雪利，2021年。

22　颠覆英特尔

1　詹姆斯·奥尔沃斯（James Allworth），《英特尔的颠覆现在已经完成》（Intel's Disruption Is Now Complete），*Medium*，2020年11月11日，https://jamesallworth. medium.com/intels-disruption-is-now-complete-d4fa771f0f2c。

2　阿诺德·萨克雷和大卫·布罗克采访克雷格·巴雷特，加利福尼亚州圣克拉拉，2005年12月14日和2006年3月23日，费城，化学遗产基金会（Chemical Heritage Foundation），口述历史记录0324。

3　安迪·格鲁夫，《只有偏执狂才能生存》，Currency出版社，1999年，第117—118页。

4　安迪·格鲁夫，《只有偏执狂才能生存》，第88—90页。罗伯特·伯格曼，《褪色的记忆：动态环境中战略企业存在的过程理论》（Fading Memories: A Process Theory of Strategic Business Exist in Dynamic Environments），《行政科学季刊》

（*Administrative Science Quarterly*），第39卷，第1期，1994年3月，第41页。

5　格里·帕克，《英特尔赢得IBM个人电脑合同》（Intel's IBM PC Design Win），格里·帕克的Word Press博客（*Gerry Parker's Word Press Blog*），2014年7月20日，https://gerrythetravelhund.wordpress.com/tag/ibm-pc/。吉米·马赫，《IBM个人电脑的完整历史，第一部分：世纪交易》（The Complete History of the IBM PC, Part One: The Deal of the Century），*ars TECHNICA*，2017年6月30日，https://arstechnica.com/gadgets/2017/06/ibm-pc-history-part-1/。

6　《IBM个人电脑的诞生》（The Birth of the IBM PC），https://www.ibm.com/ibm/history/exhibits/pc25/pc25_birth.html。《IBM个人电脑发布》（IBM Personal Computer Launch），华尔道夫–阿斯托利亚，2019年1月23日。

7　阿诺德·萨克雷和大卫·布罗克采访克雷格·巴雷特，加利福尼亚州圣克拉拉，2005年12月14日和2006年3月23日。

8　安迪·格鲁夫，《只有偏执狂才能生存》，第88—92页。

9　伊丽莎白·科克兰，《英特尔首席执行官安迪·格鲁夫靠边站》（Intel CEO Andy Grove Steps Aside），《华盛顿邮报》，1998年3月27日。采访英特尔前员工，2021年。

10　克里斯托夫·勒库尔，《面对日本挑战：英特尔制造业的复兴》（Confronting the Japanese Challenge: The Revival of Manufacturing at Intel），《商业史评论》（*Business History Review*），2019年7月。莱斯利·柏林，《微芯片背后的人》，第180页。

11　勒库尔，《面对日本挑战：英特尔制造业的复兴》，第363—364页。阿诺德·萨克雷和大卫·布罗克采访克雷格·巴雷特，加利福尼亚州圣克拉拉，2005年12月14日和2006年3月23日。理查德·S. 特德洛（Richard S. Tedlow），《安迪·格鲁夫：美国商业偶像的生活与时代》（*Andy Grove: The Life and Times of an American Business Icon*），企鹅出版社，2007年，第203页。

12　克里斯托夫·勒库尔，《面对日本挑战：英特尔制造业的复兴》，第363、364、369、370页。阿诺德·萨克雷和大卫·布罗克采访克雷格·巴雷特，加利福尼亚州圣克拉拉，2005年12月14日和2006年3月23日，第65、79页。

13　特蕾泽·泼莱蒂（Therese Poletti），《关键错误：IBM的困境为微软、英特尔打开了大门》（Crucial Mistakes: IBM's Stumbles Opened Door for Microsoft, Intel），《芝加哥论坛报》（*Chicago Tribune*），2001年8月13日。

23 "敌人的敌人"：韩国的崛起

1 杰弗里·凯恩，《三星崛起》（*Samsung Rising*），澳大利亚柯伦西出版社（Currency Press），2020年，第33页。

2 杰弗里·凯恩，《三星崛起》，第33—41页。

3 乔东升（Dong-Sung Cho，音译）和约翰·A. 马修斯，《虎式技术》（*Tiger Technology*），剑桥大学出版社，2007年，第105—106页。杰弗里·凯恩，《三星崛起》，第40、41、46页。关于李秉喆的财富，请参见《通过收入和股价看韩国财阀半个世纪的兴衰》（Half a Century of Rise and Fall of the Korean Chaebol in Terms of Income and Stock Price），韩国联合通讯社（Yohap News Agency），2006年11月7日，https://www.yna.co.kr/view/AKR20110708154800008。

4 朴世安（Si-on Park，音译），《像李秉喆那样》（*Like Lee Byung-chul*），第71页。乔东升和约翰·A. 马修斯，《虎式技术》，第112页。丹尼尔·勒里和唐·丁吉，《移动解锁》（*Mobile Unleashed*），*SemiWiki*，2015年。金东元和斯图尔特·W. 莱斯利，《赢得市场还是赢得诺贝尔奖？韩国科学技术院与后期工业化的挑战》（Winning Markets or Winning Nobel Prizes? KAIST and the Challenges of Late Industrialization），*Osiris*，第 13卷，1998年，第167—170页。唐纳德·L. 贝内迪克特（Donald L. Benedict）、郑根莫（Kun Mo Chung，音译）、富兰克林·A. 隆（Franklin A. Long）、托马斯·L. 马丁（Thomas L. Martin）和弗雷德里克·E. 特曼（Frederick E. Terman）为美国国际开发署（US Agency for International Development）编写的《韩国科学技术院成立调查报告》（Survey Report on the Establishment of the Korea Advanced Institute of Science），1970年12月，http://large.stanford.edu/history/kaist/docs/terman/summary/。关于三星早期的困难，请参见韩泰半导体公司（Hankook Semiconductor），例如，三星新闻室（Samsung Newsroom），《半导体将是我最后的生意》（Semiconductor Will Be My Last Business），三星公司，2010年3月30日，https://news.samsung.com/kr/91。

5 朴世安，《像李秉喆那样》，第399、436页。

6 欧明（Myung Oh，音译）和詹姆斯·F. 拉森，《韩国数字发展：构建信息社会》（*Digital Development in Korea: Building an Information Society*），劳特利奇出版社，2011年，第54页。朴世安，《像李秉喆那样》，第386页。乔东升和约翰·A. 马修斯，《虎式技术》，第105、119、125页。李杰国（Lee Jae-goo，音译），《我们为什么要做半导体产业》（Why Should We Do the Semiconductor Industry），ZDNET 韩国，1983年3月15日，https://zdnet.co.kr/view/?no=20110328005714。

7 理查德·S. 特德洛，《安迪·格鲁夫》，第218页。罗伯特·W. 克兰德尔（Robert

W. Crandall）和肯尼思·弗拉姆，《改变规则》（*Changing the Rules*），布鲁金斯学会，1989年，第315页。苏珊·齐纳（Susan Chira），《韩国芯片制造商奋起直追》（Korea's Chip Makers Race to Catch Up），《纽约时报》，1985年7月15日。《公司新闻：英特尔芯片协议》（Company News: Intel Chip Pact），《纽约时报》，1987年6月26日。

8   理查德·E. 鲍德温（Richard E. Baldwin），《1986年美日半导体协议的影响》（The Impact of the 1986 US-Japan Semiconductor Agreement），《日本与世界经济》（*Japan and the World Economy*），第6卷，第2期，1994年6月，第136—137页。道格拉斯·欧文，《贸易政策与半导体产业》（Trade Policies and the Semiconductor Industry），摘自安妮·O. 克鲁格（Anne O. Krueger）编辑，《美国贸易政策的政治经济学》（*The Political Economy of American Trade Policy*），芝加哥大学出版社，1994年，第46—47页。

9   金林洙（Linsu Kim，音译），《模仿到创新：韩国技术学习的动力》（Imitation to Innovation: The Dynamics of Korea's Technological Learning），哥伦比亚大学东亚中心，1997年，第89页，引用了佐泰克（Zyrtek）以210万美元的费用转让先进生产知识的例子。采访沃德·帕金森，2021年。安德鲁·波拉克，《美韩芯片关系增长》（U. S. -Korea Chip Ties Grow），《纽约时报》，1985年7月15日。

24   "这就是未来"

1   费德里科·法金，《第一个微处理器的制造》（The Making of the First Microprocessor），IEEE，2009年。费德里科·法金，《硅》（*Silicon*），Waterline出版社，2021年，特别是第3章。

2   霍内森和米德，《微电子的基本限制——第一部分 MOS技术》（Fundamental Limitations in Microelectronics：I. MOS Technology），《固态电子学》（*Solid State Electronics*），第15卷，第7期，1972年7月，https://authors.library.caltech.edu/54798/。

3   采访琳·康维，2021年。她对约翰·盖迪斯（John Gaddis）的细节了解让我感到惊讶，《历史的风景》（*The Landscape of History*），牛津大学出版社，2004年。

4   戴安·林奇，《连线女性：工程师琳·康维的秘密》（Wired Women: Engineer Lynn Conway's Secret），ABC新闻，2006年1月7日。

5   采访琳·康维，2021年。

6 《Lambda杂志为大规模电路设计指明了方向》（Lambda Magazine Lights the Way for VLSI Design），IEEE硅谷历史视频，YouTube视频，2015年7月27日，00:01:40，https://www.youtube.com/watch?v=DEYbQiXvbnc。《超大规模集成电路的历史—卡弗·米德—2011年2月1日》（History of VLSI-C.Mead-2/1/2011），加州理工学院，YouTube视频，2018年5月29日，https://www.youtube.com/watch?v=okZBhJ-KvaY。

7 《1981年电子成就奖》（1981 Electronics AWARD FOR ACHIEVEMENT），密歇根大学，https://ai.eecs.umich.edu/people/conway/Awards/Electronics/ElectAchiev.html。采访琳·康维和卡弗·米德，2021年。

8 理查德·范·阿塔等，《DARPA技术成就：DARPA资助项目的历史回顾II》（DARPA Technical Accomplishments: An Historical Review of Selected DARPA Projects II），1990年2月，AD-A239925，第17页。

9 采访保罗·洛斯本（Paul Losleben），2021年。理查德·范·阿塔等，《DARPA技术成就》，第17页。

10 采访大卫·霍奇斯、史蒂夫·迪雷克托、阿特·古斯、阿尔伯特·文森特尼（Alberto Vincentelli）和罗布·鲁滕巴。《1984年年度报告》（1984 Annual Report），半导体研究公司，1984年，https://www.src.org/src/story/timeline。

11 采访欧文·雅各布斯，大卫·莫顿，IEEE历史中心，1999年10月29日。

12 丹尼尔·J. 科斯特洛（Daniel J. Costello, Jr.）和大卫·福尼（David Forney, Jr.），《信道编码：信道容量之路》（Channel Coding: The Road to Channel Capacity），《IEEE会议文集》（Proceedings of the IEEE），第95卷，第6期，2007年6月。O. 阿芙塔（O. Aftab）、P. 张（P. Cheung）、A. 金（A. Kim）、S. 萨卡（S.Thakkar）和N. 叶丹纳普蒂（N. Yeddanapudi），《信息理论与数字时代》（Information Theory and the Digital Age），6.933项目历史，麻省理工学院，https://web.mit.edu/6.933/www/Fall2001/Shannon2.pdf。采访安德鲁·戈尔茨坦（Andrew Goldstein），大卫·福尼（David Forney Jr.），电气工程历史中心，1995年5月10日。丹尼尔·南尼，《高通公司的详细历史》（A Detailed History of Qualcomm），SemiWiki，2018年3月19日，https://semiwiki.com/general/7353-a-detailed-history-of-qualcomm/。

25　克格勃 T 局

1　维特罗夫的生活细节很大程度上来自谢尔盖·科斯汀（Sergei Kostin）和埃里克·雷诺德（Eric Raynaud）的《告别：二十世纪最伟大的间谍故事》（Farewell: The Greatest Spy Story of the Twentieth Century），亚马逊跨文化出版事业部，2011年。

2　美国中央情报局，《苏联情报局的技术获取工作》（The Technology Acquisition Efforts of the Soviet Intelligence Services），1982年6月18日，第15页，https://www.cia.gov/readingroom/docs/DOC_0000261337.pdf。菲利普·汉森，《苏联工业间谍》（Soviet Industrial Espionage），英国皇家国际事务研究所（Royal Institute of International Affairs），1987年。

3　谢尔盖·切尔托普鲁德（Sergey Chertoprud），*Naucho-Tekhnicheskaia Razvedka*，Olma出版社，2002年，第283页。丹尼娜·拉科罗（Daniela Iacono），《一个跳楼身亡的英国银行家》（A British Banker Who Plunged to His Death），国际联合出版社，1984年5月15日。迈克尔·马隆，《硅谷地下化》（Going Underground in Silicon Valley），《纽约时报》，1982年5月30日。

4　杰伊·塔克（Jay Tuck），《高科技间谍》（*High-Tech Espionage*），圣马丁出版社，1986年，第107页。N. S. 西蒙诺夫，*Nesostoyavshayasya Informatsionnaya Revolyutsiya*，第34页。

5　埃德加·乌尔萨默（Edgar Ulsamer），《莫斯科的技术寄生虫》（Moscow's Technology Parasites），《空军杂志》（*Air Force Magazine*），1984年12月1日。

6　美国中央情报局，《苏联获取军事上重要的西方技术：更新版》（Soviet Acquisition of Militarily Significant Western Technology: An Update），1985年9月，第25页，http://insidethecoldwar.org/sites/default/files/documents/CIA%20Report%20on%20Soviet%20Acquisition%20of%20Militarily%20Significant%20Western%20Technology%20September%201985.pdf。

7　谢尔盖·科斯汀和埃里克·雷诺德，《告别》。

8　美国中央情报局，《苏联的计算机技术：追赶的前景渺茫》（Soviet Computer Technology: Little Prospect of Catching Up）。谢尔盖·科斯汀和埃里克·雷诺德，《告别》。蒂里·沃尔顿（Thierry Wolton），《在法国的克格勃》（*Le KGB en France*），Club Express出版社，1986年。

9　美国中央情报局，《苏联计算机技术：追赶的前景渺茫》（Soviet Computer Technology: Little Prospect of Catching Up），国家安全档案馆，1985年3月，第4页，https://nsarchive.gwu.edu/document/22579-document-02-central-intelligence-agency-soviet。布鲁斯·B. 威劳奇（Bruce B. Weyrauch），《出埃及记行动》（Operation

Exodus），《计算机/法律杂志》（*Computer/Law Journal*），第7卷，第2期，1986年秋季。乔恩·佐德曼（Jon Zonderman），《高科技出口管制》（Policing High-Tech Exports），《纽约时报》，1983年11月27日。

26　"大规模毁灭性武器"：抵消战略的影响

1　戴尔·罗伊·赫斯普林（Dale Roy Herspring），《苏联最高司令部，1967—1989年》（*The Soviet High Command, 1967—1989*），普林斯顿大学出版社，2016年，第175页。

2　克里斯托弗·安德鲁（Christopher Andrew）和奥列格·戈尔迪耶夫斯基（Oleg Gordievsky），《1983年KAL航班坠落显示苏联缺乏虚构007的技巧》（1983 Downing of KAL Flight Showed Soviets Lacked Skill of the Fictional 007），《洛杉矶时报》，1990年11月11日。

3　布莱恩·A.达文波特（Brian A. Davenport），《罢免奥加科夫》（The Ogarkov Ouster），《战略研究杂志》（*Journal of Strategic Studies*），第14卷，第2期，1991年，第133页。美国中央情报局和国防部，《美苏战略力量：联合网络评估》（US and Soviet Strategic Forces: Joint Net Assessment），美国国防部，1983年11月14日，https://nsarchive2.gwu.edu/NSAEBB/NSAEBB428/docs/1.US%20and%20Soviet%20Strategic%20Forces%20Joint%20Net%20Assessment.pdf。

4　海军分析中心，《奥加科夫元帅关于现代战争：1977—1985年》（Marshal Ogarkov on Modern War: 1977—1985），AD-A176138，第27页。迪马·P.阿达姆斯基（Dima P. Adamsky），《透过镜子：苏联军事技术革命和美国军事革命》（Through the Looking Glass: The Soviet Military-Technical Revolution and the American Revolution in Military Affairs），《战略研究杂志》，第31卷，第2期，2008年。

5　大卫·伯巴赫（David Burbach）、布伦登·格林（Brendon Green）和本杰明·弗里德曼（Benjamin Friedman）撰写的《军事革命的技术》（The Technology of the Revolution in Military Affairs），对抵消战略进行了极好的概述，所有这些战略基本上都依赖于半导体。哈维·萨波尔斯基（Harvey Sapolsky）、本杰明·弗里德曼和布伦登·格林编辑，《冷战以来的美国军事创新：创造而不毁灭》（U. S. Military Innovation Since the Cold War: Creation Without Destruction），劳特利奇出版社，2012年，第14—42页。美国中央情报局，《苏联国防工业：应对军事技术挑战》（Soviet Defense Industry: Coping with the Military-Technological Challenge），美国中央情报局历史回顾计划，1987年7月，第17页，https://www.cia.gov/readingroom/docs/DOC_0000499526.pdf。迪马·P. 阿达姆斯基，《透过镜子》，第260页。

6 阿纳托利·克里沃诺索夫（Anatoly Krivonosov），《哈尔科夫：火箭制导系统的计算机》（Khartron: Computers for Rocket Guidance Systems），载于鲍里斯·马林诺夫斯基（Boris Malinovsky）所写的《乌克兰计算机科学与技术史》（History of Computer Science and Technology in Ukraine），转自斯拉瓦·格罗维奇所著的《苏联太空计划中的计算机》（*Computing in the Soviet Space Program*），2002年12月16日，https://web.mit.edu/slava/space/essays/essay-krivonosov.htm。唐纳德·麦肯齐（Donald MacKenzie），《苏联与战略导弹制导》（The Soviet Union and Strategic Missile Guidance），《国际安全》，第13卷，第2期，1988年秋季。斯拉瓦·格罗维奇采访乔吉·普里斯（Georgii Priss），《苏联太空计划中的计算》，2002年5月23日，https://web.mit.edu/slava/space/interview/interview-priss.htm#q3。

7 唐纳德·麦肯齐，《苏联与战略导弹制导》，第30—32页、第35页。

8 唐纳德·麦肯齐，《苏联与战略导弹制导》，第52页，引用了0.06海里的圆概率误差（CEP）。帕维尔·波德维格（Pavel Podvig），《失去的机会之窗：20世纪70年代的苏联军事建设》（The Window of Opportunity That Wasn't: Soviet Military Buildup in the 1970s），《国际安全》，2008年夏季，第129页，引用了0.35~0.43千米的圆概率误差。我们可以比较导弹的其他参数，包括导弹所携带弹头的大小和数量，以及导弹发射或重新瞄准的速度，由此看到美国拥有准确率优势的基本趋势仍然存在。98%的数字来自约翰·G. 海恩斯（John G. Hines）、埃利斯·M. 米舒洛维奇（Ellis M. Mishulovich）和约翰·F. 沙尔（John F. Shull），《苏联意图，1965—1985年》（*Soviet Intentions, 1965—1985*），第2卷，BDM Federal公司，1995年，第46、90页。注意，98%的数字可能大大夸大了美国的能力，但仍然是足以让苏联担忧的证据。请参见布伦登·格林和奥斯丁·朗（Austin Long），《狂人不在：苏联对冷战后期核平衡的反应》（The MAD Who Wasn't There: Soviet Reactions to Late Cold War Nuclear Balance），《安全研究》（*Security Studies*），第26卷，第4期，2017年7月7日。

9 欧文·R. 寇特（Owen R. Cote, Jr.），《第三次战役：美国海军与苏联潜艇无声冷战斗争中的创新》（The Third Battle: Innovation in the U. S. Navy's Silent Cold War Struggle with Soviet Submarines），纽波特论文集，美国海军战争学院，2003年。乔·S. 维特（Joel S. Wit），《反潜战的进展》（Advances in Antisubmarine

Warfare），《科学美国人》（*Scientific American*），第244卷，第2期，1981年2月，第31—41页。D. L. 斯洛利克（D. L. Slotnick），《并行处理器的概念和发展：个人回忆录》（The Conception and Development of Parallel Processors: A Personal Memoir），《计算史纪事》（*Annals of the History of Computing*），第4卷，第1期，1982年1—3月。理查德·范·阿塔等，《DARPA技术成就第二卷》。克里斯多弗·A. 福特（Christopher A. Ford）和大卫·A. 卢森堡（David A. Rosenberg），《里根海上战略的海军情报基础》（The Naval Intelligence Underpinnings of Reagan's Maritime Strategy），《战略研究杂志》，第28卷，第2期，2005年4月，第398页。约翰·G. 海恩斯、埃利斯·M. 米舒洛维奇和约翰·F. 沙尔，《苏联意图，1965—1985年》，第1卷，BDM Federal公司，1995年，第75页。布伦登·格林和奥斯丁·朗，《狂人不在》，第607、639页。20世纪80年代，苏联SSBN导弹的可靠性也存在重大问题，参见史蒂文·J. 扎洛加（Steven J. Zaloga），《克里姆林宫的核剑：1945—2000年俄罗斯战略核力量的兴衰》（*The Kremlin's Nuclear Sword: The Rise and Fall of Russia's Strategic Nuclear Forces 1945—2000*），Smithsonian Books出版社，2014年，第188页。

10　布伦登·格林和奥斯丁·朗，《狂人不在》，第617页。

11　达尼列维奇引用了约翰·G. 海恩斯、埃利斯·M. 米舒洛维奇和约翰·F. 沙尔的话，《苏联意图，1965—1985年》，第1卷，第57页。戴尔·罗伊·赫斯普林，《尼古拉·奥加科夫与苏联军事中的科学技术革命》（Nikolay Ogarkov and the Scientiic-Technical Revolution in Soviet Military Affairs），《比较战略》（*Comparative Strategy*），第6卷，第1期，1987年。玛丽·C. 菲茨杰拉德（Mary C. Fitzgerald），《苏联对未来战争的看法：新技术的影响》（Soviet Views on Future War: The Impact of New Technologies），《国防分析》（*Defense Analysis*），第7卷，第2–3期，1991年。苏联官员对指挥控制和通信系统的生存能力深表关切，参见约翰·G. 海恩斯、埃利斯·M. 米舒洛维奇和约翰·F. 沙尔，《苏联意图，1965—1985年》，第1卷，第90页。1983年，托马斯·M. 尼科尔斯（Thomas M. Nichols）在《神圣的事业：关于苏联国家安全的军民冲突，1917—1992年》（*The Sacred Cause: Civil-Military Confict over Soviet National Security，1917—1992*）（NCROL出版社，1993年，第117页）一书中，引用了瓦西里·彼得罗夫元帅（Marshal Vasili Petrov）的话，他认为北约计划创造并利用"解除武装"的第一次（常规）打击。玛丽·C. 菲茨杰拉德，《奥加科夫元帅关于现代战区行动》（Marshal Ogarkov on the Modern Theater Operation），《海军战争学院评论》（*Naval War College Review*），第39卷，第4期，1986年。玛丽·C. 菲茨杰拉德，《奥加科夫元帅与苏联军事事务的新革命》

（Marshal Ogarkov and the New Revolution in Soviet Military Affairs），《国防分析》，第3卷，第1期，1987年。

12　米哈伊尔·戈尔巴乔夫，*Zasedanie Politbyuro Tsk Kpss 30 Iiulia Goda*，载于*Sobranie Sochinenii*第9本，Ves'Mir出版社，2008年，第339—343页，此处为作者意译。

13　采访谢尔盖·奥索金，2021年。

14　N. S. 西蒙诺夫，*Nesostoyavshayasya Informatsionnaya Revolutsiya*，第70页。西莫·古德曼和威廉·K. 麦克亨利，《苏联计算机工业：两个部门的故事》（The Soviet Computer Industry: A Tale of Two Sectors），《ACM通讯》（*Communications of the ACM*），1991年1月，第32页。

15　V. V. 祖尔金（V. V. Zhurkin），*Ispolzovanie Ssha Noveishhikh Dostizhenii Nauki i Tekhniki v Sfere Vneshnei Politiki*，科学院档案馆（Academy of Sciences Archive），1987年8月7日。

16　查尔斯·S. 梅尔（Charles S. Maier），《解除》（*Dissolution*），普林斯顿大学出版社，1999年，第74—75页。

27　战争英雄

1　罗伯特·D. 麦克法登（Robert D. McFadden），《海湾战争中的美国指挥官诺曼·施瓦茨科夫将军逝世，享年78岁》（Gen. H. Norman Schwarzkopf, U. S. Commander in GulfWar, Dies at 78），《纽约时报》，2012年12月27日。

2　里克·阿特金森（Rick Aktinson），《十字军东征：海湾战争中不为人知的故事》（*Crusade: The Untold Story of the Persian Gulf War*），水手出版社，1994年，第35—37页。

3　《公开表演》（The Theater's Opening Act），《华盛顿邮报》，1998年。里克·阿特金森，《十字军东征》，第37页。

4　"宝石路"制导炸弹电子装置的细节，来自对史蒂夫·罗默曼的采访，2021年。

5　斯蒂芬·P. 罗森（Stephen P. Rosen），《军事革命中净评估办公室对美国军队的影响》（The Impact of the Office of Net Assessment on the American Military in the Matter of the Revolution of Military Affairs），《战略研究杂志》，第33卷，第4期，2010年，第480页。

6　采访史蒂夫·罗梅曼，2021年。

7　博比·R. 英曼（Bobby R. Inman）、约瑟夫·S. 奈（Joseph S. Nye Jr.）、威廉·佩里和罗杰·K. 史密斯（Roger K. Smith），《海湾战争的教训》（Lessons from the Gulf War），《华盛顿季刊》（*Washington Quarterly*），第15卷，第1期，1992年，第68页。本杰明·兰贝斯，《沙漠风暴及其意义》（*Desert Storm and Its Meaning*），兰德公司，1992年。

8　威廉·J. 布罗德（William J. Broad），《海湾战争：高科技；电脑芯片可能成为战争英雄》（War in the Gulf: High Tech; War Hero Status Possible for the Computer Chip），《纽约时报》，1991年1月21日。巴里·瓦茨，《制导弹药和作战网络的60年：进展与前景》，美国战略与预算评估中心（Center for Strategic and Budgetary Assessments），2007年，第146页。采访史蒂夫·罗梅曼。

9　玛丽·C. 菲茨杰拉德，《苏联军队和海湾新的技术行动》（The Soviet Military and the New "Technological Operation" in the Gulf），《海军战争学院评论》，第44卷，第4期，1991年秋季，第16—43页，https://www.jstor.org/stable/44638558。斯图尔特·考夫曼（Stuart Kaufman），《1991年海湾战争的教训和军事理论》（Lessons from the 1991 Gulf War and Military Doctrine），《斯拉夫军事研究杂志》（*Journal of Slavic Military Studies*），第6卷，第3期，1993年。格雷厄姆·E. 富勒（Graham E. Fuller），《莫斯科与海湾战争》（Moscow and the Gulf War），《外交事务》，1991年夏季。吉尔伯托·维拉赫莫萨（Gilberto Villahermosa），《沙漠风暴：苏联观点》（Desert Storm: The Soviet View），美国外国军事研究办公室（Foreign Military Studies Office），2005年5月25日，第4页。

28　"冷战结束了，你们赢了"

1　迈克尔·佩蒂斯（Michael Pettis），《伟大的再平衡》（*The Great Rebalancing*），普林斯顿大学出版社，2013年。

2　冈田义高（Yoshitaka Okada），《日本半导体产业的衰落》（Decline of the Japanese Semiconductor Industry），载于冈田义高主编的《为生存而奋斗》（*Struggles for Survival*），斯普林格出版社，2006年，第72页。

3　玛丽·安克多古伊（Marie Anchordoguy），《重编程日本》（*Reprogramming Japan*），康奈尔大学出版社，2005年，第192页。

4　猿山纯夫（Sumio Saruyama）和徐鹏（Peng Xu，音译），《产能过剩和退出困难：来自日本电子行业的证据》（*Excess Capacity and the Difficulty of Exit: Evidence from Japan's Electronics Industry*），斯普林格出版社新加坡分部，2021年。《决心推动了CCD"探测器"的发展》（Determination Drove the Development of the CCD "Electric Eye"），索尼公司，https://www.sony.com/en/SonyInfo/CorporateInfo/History/SonyHistory/2-11.html。

5　肯基·霍耳（Kenji Hall），《舛冈富士雄：感谢存储器》（Fujio Masuoka: Thanks for the Memory），彭博社，2006年4月3日。法兰·永（Falan Yinung），《闪存市场的崛起：对企业行为和全球半导体贸易模式的影响》（The Rise of the Flash Memory Market: Its Impact on Firm Behavior and Global Semiconductor Trade Patterns），《国际商业与经济杂志》（*Journal of International Commerce and Economics*），2007年7月。

6　安德鲁·波拉克，《美国芯片的收益就是日本的损失》（U. S. Chips' Gain Is Japan's Loss），《纽约时报》，1991年1月3日。冈田义高，《日本半导体产业的衰落》，第41页。《半导体行业的趋势》（Trends in the Semiconductor Industry），日本半导体历史博物馆，https://www.shmj.or.jp/english/trends/trd90s.html。

7　日本外务省，《海湾危机是如何开始和结束的》（How the Gulf Crisis Began and Ended），《外交蓝皮书1991》（*Diplomatic Bluebook 1991*），https://www.mofa.go.jp/policy/other/bluebook/1991/1991-2-1.htm。日本外务省，《日本对海湾危机的反应》（Japan's Response to the Gulf Crisis），《外交蓝皮书1991》，https://www.mofa.go.jp/policy/other/bluebook/1991/1991-2-2.htm。肯特·E. 考尔德（Kent E. Calder），《美国、日本和海湾地区》（The United States, Japan, and the Gulf Region），笹川和平财团（The Sasakawa Peace Foundation），2015年8月，第31页。T. R. 里德，《日本的新挫折》（Japan's New Frustration），《华盛顿邮报》，1991年3月17日。

8　《G-Day：苏联领导人戈尔巴乔夫访问斯坦福大学商学院》（G-Day: Soviet President Gorbachev Visits Stanford Business School），斯坦福大学商学院，1990年9月，https://www.gsb.stanford.edu/experience/news-history/history/g-day-soviet-president-gorbachev-visits-stanford-business-school。大卫·雷姆尼克（David Remnick），《在美国，戈尔巴乔夫试图推销一个梦想》（In U. S., Gorbachev Tried to Sell a Dream），《华盛顿邮报》，1990年6月6日。

9　莱斯利·H. 盖尔布在1992年首次讲述了这个故事，我引用了他在2011年关于这个话题的文章。莱斯利·H. 盖尔布，《外交：谁赢得了冷战？》（Foreign Affairs: Who Won the Cold War?），《纽约时报》，1992年8月20日。莱斯利·H. 盖尔布，《被遗忘的冷战：20年后，关于美国胜利的神话依然存在》（The Forgotten Cold War:

20 Years Later，Myths About U. S. Victory Persist），《野兽日报》（*Daily Beast*），2017年7月14日。

10 采访彼得·戈登，2021年。

29 "台湾想要一个半导体产业"

1 索菲娅·王，《李国鼎和台湾经验》，第217页。《张忠谋口述历史》，阿兰·佩特森采访，2007年8月24日，美国计算机历史博物馆。

2 特克拉·佩里，《张忠谋：代工之父》，《IEEE综览》，2011年4月19日。《斯坦福大学工程英雄讲座：张忠谋与约翰·亨尼西校长对话》，斯坦福大学在线，YouTube视频，2004年4月25日，约第36分钟，https://www.youtube.com/watch?v=wEh3ZgbvBrE。

3 《1978年TI董事会赴台湾地区考察》，TI特别收藏，德戈里尔图书馆（DeGolyer Library），南卫理公会大学。

4 《张忠谋口述历史》，美国计算机历史博物馆。

5 《张忠谋的最后一次演讲》（Morris Chang's Last Speech），凯文·徐翻译，*Interconnected Newsletter*，2021年 9月12日，https://interconnected.blog/morris-changs-last-speech。关于拒绝工作机会，请参见索菲娅·王主编的《李国鼎口述历史》（*K. T. Li Oral History*），2001年第2版，第239—240页，感谢涂明迪的翻译。《斯坦福大学工程英雄讲座：张忠谋与约翰·亨尼西校长对话》，约第34分钟，https://www.youtube.com/watch?v=wEh3ZgbvBrE。关于张忠谋的得克萨斯人身份来自2022年对张忠谋的采访。

6 《张忠谋口述历史》，美国计算机历史博物馆。

7 《1976年张忠谋规划文件》（1976 Morris Chang Planning Doc），TI特别收藏，弗雷德·布西（Fred Bucy）的文件，德戈里尔图书馆，南卫理公会大学。

8 林玲菲（Ling-Fei Lin，音译）采访施钦泰，美国计算机历史博物馆，2011年2月21日。美国国家研究委员会，《附录A3：台湾工业技术研究院》（Appendix A3: Taiwan's Industrial Technology Research Institute），《21世纪制造业》（*21st Century Manufacturing*），美国国家学术出版社，2013年。《张忠谋口述历史》，美国计算机历史博物馆。

9 道格拉斯·B. 富勒，《中国台湾高科技产品的产业政策》，工作论文，麻省理工学院，2002年。

10　瑞尼·雷吉梅克，（Rene Raaijmakers），《阿斯麦的建筑师》（*ASML's Architects*），Techwatch Books出版社，2018年，第57章。关于飞利浦的知识产权转让（A Silicon Valley of the East），请参见约翰·A. 马修斯，《东方硅谷》（A Silicon Valley of the East），《加利福尼亚管理评论》（*California Management Review*），1997年，第36页。丹尼尔·南尼，《台积电简史》（A Brief History of TSMC），*SemiWiki*，2012年8月2日。

11　《斯坦福大学工程英雄讲座：张忠谋与约翰·亨尼西校长对话》。罗伯·沃克（Rob Walker）采访唐·布鲁克斯，斯坦福大学图书馆，2000年2月8日，1:45，https://exhibits.stanford.edu/silicongenesis/catalog/cj789gh7170。

12　《台积电宣布唐·布鲁克斯辞职》（TSMC Announces Resignation of Don Brooks），《电子工程专辑》英文版（*EE Times*），1997年3月7日。罗伯·沃克采访唐·布鲁克斯，1:44。《1995年年报》（1995 Annual Report），台积电，1995年。

13　安纳李·萨克森尼安（AnnaLee Saxenian），《区域优势：硅谷和128号公路的文化与竞争》（*Regional Advantage: Culture and Competition in Silicon Valley and Route 128*），哈佛大学出版社，1994年。安纳李·萨克森尼安，《新阿尔戈英雄：全球经济中的区域优势》（*The New Argonauts:Regional Advantage in a Global Economy*），哈佛大学出版社，2006年。

30　"所有人都必须制造半导体"

1　乔纳森·波拉克，《转型中的中国电子工业》（The Chinese Electronics Industry in Transition），兰德公司，N-2306，1985年5月。大卫·多尔曼（David Dorman），《中国经济改革中的军事要务：电子政治， 1949—1999年》（The Military Imperative in Chinese Economic Reform: The Politics of Electronics， 1949—1999），马里兰大学帕克分校博士论文，2002年。

2　朱贻玮，《中国集成电路产业发展论述文集》，2006年，第140–144页。

3　《人民日报》于1969年10月9日发表的《上海工人阶级大力发展电子工业》，载于《中国大陆调查》（Survey of the Chinese Mainland Press），第4 520期，1969年10月21日，第11—13页。

4　美国国家研究委员会，《中国的固体物理》，1976年，第151页。

5　维基·戴奇和莉莲·霍德森，《旷世奇才》，第277页。

6　理查德·鲍姆，DOS ex Machina，第347—348页。美国国家研究委员会，《中国的固体物理》，第52—53页。

7　丹尼斯·弗雷德·西蒙和德尼夫·雷恩，《中国的技术创新：上海半导体工业案例》，第17、27、48页。

31　"与中国人分享上帝的爱"

1　伊夫林·伊里塔尼（Evelyn Iritani），《中国的下一个挑战：掌握微芯片》（China's Next Challenge: Mastering the Microchip），《洛杉矶时报》，2002年10月22日。

2　安德鲁·罗斯（Andrew Ross），《开往中国的快船》（Fast Boat to China），维塔奇书局，2007年，第250页。

3　安东尼奥·瓦纳斯、拉·瓦拉达兰扬、吉米·古德里奇和法兰·尤格，《政府激励与美国半导体制造业的竞争力》（Government Incentives and US Competitiveness in Semiconductor Manufacturing），波士顿咨询集团和美国半导体行业协会，2020年9月，第7页。

4　约翰·A.马修斯，《东方硅谷》，《加利福尼亚管理评论》，1997年。

5　采访三星高管，2021年。

6　关于信贷补贴，请参见S.兰·金（S. Ran Kim，音译），韩国创新体系和半导体行业（The Korean System of Innovation and the Semiconductor Industry），《工业和企业变革》（Industrial and Corporate Change），第7卷，第2期，1998年6月1日，第297—298页。

7　采访中国科技分析师，2021年。

8　彼得·克拉克（Peter Clarke），《ST工艺技术是张汝京下一个中国代工厂的基础》（ST Process Technology Is Base for Chang's Next Chinese Foundry），EE News Analog，2020年2月24日。《财经人物周刊："中国半导体之父"——张汝京》，中央电视台，YouTube视频，2019年4月29日，https://www.youtube.com/watch?v=NVHAyrGRM2E.http://magazine.sina.com/bg/southernpeopleweerkly/2009045/2009-12-09/ba80442.html。https://www.coolloud.org.tw/node/6695。

9　道格拉斯·B.富勒，《纸老虎，隐藏的龙》（Paper Tigers, Hidden Dragons），牛津大学出版社，2016年，第122—126页。约翰·维威（John VerWey），《中国半导体产业政策：过去和现在》（Chinese Semiconductor Industrial Policy: Past and

Present），美国国际贸易委员会《国际商业与经济杂志》（*Journal of International Commerce and Economics*），2019年7月，第11页。

10　这是中国芯片产业的一流分析专家道格拉斯·B.富勒在《纸老虎，隐藏的龙》第122页中的判断。

11　道格拉斯·B.富勒，《纸老虎，隐藏的龙》，第125页。李寅，《从经典失败到全球竞争对手：中国半导体行业的商业组织与经济发展》（From Classic Failures to Global Competitors: Business Organization and Economic Development in the Chinese Semiconductor Industry），马萨诸塞大学洛威尔分校硕士论文，第32—33页。

12　楚明青（Ming-chin Monique Chu，音译），《东亚计算机芯片战争》（*The East Asian Computer Chip War*），劳特利奇出版社，2013年，第212—213页。关于宏力的困难，请参见道格拉斯·B.富勒，《纸老虎，隐藏的龙》，第5章。迈克尔·S.蔡斯（Michael S. Chase）、凯文·L.波尔皮特（Kevin L. Pollpeter）和毛文杰（James C. Mulvenon），《上海：海峡两岸信息技术和投资流动的经济和政治影响（技术报告）》[Shanghaied: The Economic and Political Implications for the Flow of Information Technology and Investment Across the Taiwan Strait（Technical Report）]，兰德公司，2004年7月26日，第127—135页。

13　安德鲁·罗斯，《开往中国的快船》，第250页。

14　迈克尔·S.蔡斯等，《上海》（Shanghaied），第149页。

15　《张汝京和他的中芯国际团队》（Richard Chang and His SMIC Team），《快乐工作人》（*Cheers Magazine*），2000年4月1日，https://www.cheers.com.tw/article/article.action?id=5053843。

16　道格拉斯·B.富勒，《纸老虎，隐藏的龙》，第132、134、135页。约翰·维威，《中国半导体产业政策：过去和现在》（Chinese Semiconductor Industrial Policy），第11—12页。李寅，《从经典失败到全球竞争对手》，第45—48页。安德鲁·罗斯，《开往中国的快船》，第248页。

17　陈茵茵（Yin-Yin Chen，音译），《上海半导体产业发展的政治经济学，1956—2006年》（The Political Economy of the Development of the Semiconductor Industry in Shanghai, 1956—2006），论文，台湾大学，2007年，第71—72页。陆尔浩，《中国半导体产业发展模式，2000—2005年》，第75—77页。感谢克劳斯·宋翻译这些资料。

18　李寅，《从经典失败到全球竞争对手》，第45—48页。

19　道格拉斯·B.富勒，《纸老虎，隐藏的龙》，第132、136页。《半导体制造国际公司宣布拟在港交所和纽交所双重上市》（Semiconductor Manufacturing International Corporation Announces Proposed Dual Listing on SEHK and NYSE），中芯国际，2004

年3月7日，https://www.smics.com/en/site/news_read/4212。《芯片制造商中芯国际首次亮相》（Chip maker SMIC falls on debut），CNN，2004年3月18日。

32 光刻战争

1   采访约翰·卡拉瑟斯，2021年。本章受益于采访维韦克·巴克希、克里斯·麦克、查克·格温、大卫·阿特伍德、弗里茨·范霍特、约翰·泰勒、约翰·卡拉瑟斯、比尔·西格尔（Bill Siegle）、斯蒂芬·乌尔姆、严涛南、蒋尚义以及其他不愿透露姓名的光刻专家，专家均不对结论负责。

2   马克·L. 斯查腾贝格（Mark L. Schattenburg），《三束会议的历史，信息的诞生和石版印刷战的时代》（History of the "Three Beams" Conference, the Birth of the Information and the Era of Lithography Wars），https://eipbn.org/2020/wp-content/uploads/2015/01/EIPBN_history.pdf。

3   彼得·范登赫克（Peter Van Den Hurk），《告别一个由顶级人士组成的大家庭》（Farewell to a "Big Family of Top Class People"），阿斯麦，2021年4月23日，https://www.asml.com/en/news/stories/2021/frits-van-hout-retires-from-asml。

4   采访弗里茨·范霍特，2021年。

5   勒内·莱基马克斯（Rene Raiijmakers），《技术所有权不是与生俱来的权利》（Technology Ownership Is No Birthright），*Bits&Chips*，2021年6月24日。

6   采访弗里茨·范霍特，2021年。《光刻战争（中）：台积电的大火是如何拯救光刻巨头阿斯麦的？》（Lithography Wars (Middle): How Did TSMC's Fire Save the Lithography Giant ASML?），*iNews*，2022年2月5日，https://inf.news/en/news/562036 5e89323be681610733c6a32d22.html。

7   查尔斯·克劳塞默（Charles Krauthammer），《单极时代》（The Unipolar Moment），《外交事务》，1990年9月18日。

8   大前研一（Kenichi Ohmae），《管理无国界的世界》（Managing in a Borderless World），《哈佛商业评论》（*Harvard Business Review*），1989年5–6月。

9   根据彭博社的数据。

10 采访约翰·泰勒，2021年。

11 查克·格温和斯蒂凡·乌尔姆（Stefan Wurm），《EUV LLC：历史视角》（EUV LLC: A Historical Perspective），载于巴克希（Bakshi）编辑的《EUV光刻》（EUV

Lithography），国际光学工程学会，2008年。采访约翰·卡拉瑟斯和约翰·泰勒，
2021年。

12　采访肯尼斯·弗拉姆和理查德·范·阿塔，2021年。

13　大卫·拉默斯，《美国在EUV上同意阿斯麦》（U. S. Gives Ok to ASML on EUV），
《电子工程专辑》英文版，1999年2月24日。该媒体报道援引了阿斯麦与美国政府达
成的一项协议，根据该协议，阿斯麦承诺在美国生产其部分机器。我无法从美国官
员或阿斯麦那验证这种承诺的存在，尽管多名美国前官员表示，该协议听起来似乎
合理，但它可能是非正式的。现在，阿斯麦在康涅狄格州的一家制造厂生产EUV工
具的一部分，因此，如果事实上阿斯麦做出过这样的承诺，那么阿斯麦看起来是在
遵守协议。

14　在我的采访对象中，没有人认为外交政策考虑对这一决定至关重要。许多人表示，
他们不记得对这个话题的任何讨论。

15　唐·克拉克（Don Clark）和格伦·辛普森（Glenn Simpson），《硅谷集团的出售让
荷兰的反对者担心外国竞争》（Opponents of SVG Sale to Dutch Worry About Foreign
Competition），《华尔街日报》，2001年4月26日。采访光刻行业专家，2021年。采
访理查德·范·阿塔，2021年。采访美国商务部前官员，2021年。

16　唐·克拉克和格伦·辛普森，《硅谷集团出售给荷兰的反对者担心外国竞争》
（Opponents of SVG Sale to Dutch Worry About Foreign Competition）。

17　采访约翰·泰勒，2021年。

33　创新者的困境

1　《第一台英特尔Mac（2006年1月10日）》[First Intel Mac （10 Jan 2006）]，
Steve Jobs.com，YouTube视频，2009年9月18日，https://www.youtube.com/
watch?v=cp49Tmmtmf8。

2　采访英特尔资深高管，2021年。

3　亚历克西斯·C. 马德里加尔，《保罗·欧德宁的英特尔：创造未来的公司能活下来
吗？》（Paul Otellini's Intel: Can the Company That Built the Future Survive It?），《大
西洋》（Atlantic），2013年5月16日。采访四位英特尔前高管，2021年。

4　采访迈克尔·布鲁克，2021年。

5　库尔特·舒勒（Kurt Shuler），《半导体减速？投资！》（Semiconductor Slowdown?

Invest!)，《半导体工程》（*Semiconductor Engineering*），2012年1月26日。

6　采访罗宾·萨克斯比，2021年。《罗宾·萨克斯比先生：Arm架构的发明》（Sir Robin Saxby: The Arm Architecture Was Invented Inside Acorn Computers），阿鲁·帕莎（Anu Partha），YouTube视频，2017年6月1日，https://www.youtube.com/watch?v=jxUT3wE5Kwg。唐·丁吉（Don Dingee）和丹尼尔·南尼，《移动释放：我们设备中Arm处理器的起源和发展》（*Mobile Unleashed: The Origin and Evolution of Arm Processors in Our Devices*），*SemiWiki*，2015年，特别是第42页。《校友获得IEEE授予的最高荣誉》[Alumnus Receives Top Honour from Institute of Electrical and Electronics Engineers （IEEE）]，利物浦大学，2019年5月17日。

7　采访英特尔前高管，2021年。

8　采访特德·奥德尔，2020年。威尔·斯沃普，2021年。

9　亚历克西斯·C.马德里加尔，《保罗·欧德宁的英特尔》。

10　乔尔·鲁斯卡（Joel Hruska），《英特尔如何失去移动市场，第2部分：原子的崛起与忽视》（How Intel Lost the Mobile Market，Part 2: The Rise and Neglect of Atom），《极限科技》（*Extreme Tech*），2020年12月3日。鲁斯卡，《英特尔如何损失100亿美元和移动市场》（How Intel Lost $10 Billion and the Mobile Market），《极限科技》（*Extreme Tech*），2020年12月3日。马克·里帕西斯（Mark Lipacis）等，《半导体：计算中的第四次构造转变，到并行处理/物联网模型》（Semiconductors: The 4th Tectonic Shift in Computing: To a Parallel Processing / IoT Model），《杰弗里斯研究笔记》（*Jeffries Research Note*），2017年7月10日。与迈克尔·布鲁克和威尔·斯沃普的对话有助于阐明这一点。瓦纳斯等，《在不确定时代加强全球半导体供应链》。

11　采访英特尔前高管，2021年。

34　跑得更快？

1　安迪·格鲁夫，《安迪·格鲁夫：美国如何创造就业》（Andy Grove: How America Can Create Jobs），《商业周刊》，2010年7月1日。

2　同上。

3　乔恩·斯托克斯（Jon Stokes），《20亿晶体管怪兽：POWER 7和Niagara 3》（Two

Billion-Transistor Beasts: POWER7 and Niagara 3），*Ars Technica*，2010年2月8日。

4　沃利·莱茵，《电子设计自动化行业的竞争动态》（Competitive Dynamics in the Electronic Design Automation Industry），*SemiWiki*，2019年8月23日。

5　马克·维韦加（Mark Veverka），《中国台湾地震发出了警钟，但影响可能很短暂》，《巴伦周刊》（*Barron's*），1999年9月27日。

6　乔纳森·摩尔（Jonathan Moore），《芯片快，地震后的清理恢复更快》（Fast Chips, Faster Cleanup），《商业周刊》，1999年10月11日。

7　贝克·李（Baker Li），道琼斯通讯社，《中国台湾地震后部件短缺似乎消退》，《华尔街日报》，1999年11月9日。

8　采访无晶圆厂半导体公司高管，2021年。《世界上最大的20次地震》（20 Largest Earthquakes in the World），美国地质调查局（USGS），https://www.usgs.gov/natural-hazards/earthquake-hazards/science/20-largest-earthquakes-world?qt-science_center_objects=0#qt-science_center_objects。

9　罗伯特·佐利克演讲，2005年9月21日，《中国去哪里？从成员资格到担负责任》（Whither China? From Membership to Responsibility），美中关系全国委员会（National Committee on U. S. China Relations）。

10　亚当·西格尔（Adam Segal），《实际参与：为美中贸易画一条细线》（Practical Engagement: Drawing a Fine Line for U. S.-China Trade），《华盛顿季刊》，第27卷，第3期，2010年1月7日，第162页。

11　《中芯国际获得美国政府认证为"经验证最终用户"》（SMIC Attains Validated End-User Status for U. S. Government），中芯国际，2007年10月19日，https://www.smics.com/en/site/news_read/4294。

12　体现这一共识的最佳历史描写是，雨果·梅杰（Hugo Meijer）撰写的《与敌人交易》（*Trading with the Enemy*），牛津大学出版社，2016年。

13　理查德·范·阿塔等，《全球化与美国半导体产业》（Globalization and the US Semiconductor Industry），美国国防分析研究所，2007年11月20日，第2—3页。

35　"真正的男人要有晶圆厂"

1　克雷格·艾迪生，《硅盾》（*Silicon Shield*），Fusion PR出版社，2001年，第77页。

2　彼得·J. 斯库滕（Peter J. Schuyten），《推销员的变形》（The Metamorphosis of a

Salesman），《纽约时报》，1979年2月25日。

3　瓦纳斯等，《在不确定时代加强全球半导体供应链》，第18页。

4　瓦纳斯等，《在不确定时代加强全球半导体供应链》，第17页。

5　彼得·克拉克，《2020年十大模拟芯片制造商》（Top Ten Analog Chip Makers in 2020），*eeNews*，2021年6月3日。

6　康俊宇（Joonkyu Kang，音译），《DRAM行业研究》（A Study of the DRAM Industry），硕士论文，麻省理工学院，2010年，第13页。

7　田口弘子（Hiroko Tabuchi），《在日本，个人电脑芯片制造商的破产》（In Japan, Bankruptcy for a Builder of PC Chips），《纽约时报》，2012年2月27日。

8　瓦纳斯等，《在不确定时代加强全球半导体供应链》，第18页。

9　小柳健（Ken Koyanagi），《SK与Intel的NAND交易表明芯片行业将发生更广泛的动荡》（SK-Intel NAND Deal Points to Wider Shake-Up of Chip Sector），《日经亚洲》，2020年10月23日。《三星电子在平泽增设NAND闪存生产线》（Samsung Electronics Adds NAND Flash Memory Line in Pyeongtaek），*Pulse*，2020年6月1日。

10　约翰·伊斯特，《真正的男人有晶圆厂，杰瑞·桑德斯、T. J. 罗杰斯和AMD》（Real Men Have Fabs. Jerry Sanders, TJ Rodgers, and AMD），*SemiWiki*，2019年7月29日。

36　"无晶圆厂的革命"

1　保罗·麦克莱伦（Paul McLellan），《芯片和技术公司简史》（A Brief History of Chips and Technologies），*SemiWiki*，2013年3月19日，https://semiwiki.com/eda/2152-a-brief-history-of-chips-and-technologies/。采访戈登·坎贝尔，2021年。

2　采访克里斯·马拉科夫斯基，2021年。

3　史蒂夫·亨（Steve Henn），《科技先驱为硅谷的成功提供了艰辛的教训》（Tech Pioneer Channels Hard Lessons into Silicon Valley Success），NPR，2012年2月20日，https://www.npr.org/sections/alltechconsidered/2012/02/20/147162496/tech-pioneer-channels-hard-lessons-into-silicon-valley-success。

4　《黄仁勋》（Jen-Hsun Huang），斯坦福大学在线，YouTube视频，2011年6月23日，https://www.youtube.com/watch?v=Xn1EsFe7snQ。

5　伊恩·巴克（Ian Buck），《通用计算GPU的发展》（The Evolution of GPUs for

General Purpose Computing），2010年9月20日至23日， https://www.nvidia.com/content/GTC-2010/pdfs/2275_GTC2010.pdf。唐·克拉克，《为什么一家24岁的芯片制造公司是科技行业的热门之一》（Why a 24-Year-Old Chipmaker Is One of Tech's Hot Prospects），《纽约时报》，2017年9月1日。普拉迪普·古普塔（Pradeep Gupta），《CUDA回顾：GPU计算的起源评论》（CUDA Refresher: Reviewing the Origins of GPU Computing），英伟达，2020年4月23日，https://developer.nvidia.com/blog/cuda-refresher-reviewing-the-origins-of-gpu-computing/。

6　本·汤普森（Ben Thompson），《苹果自己设计GPU，GPU的进化，苹果及通用GPU》（Apple to Build Own GPU, the Evolution of GPUs, Apple and the General-Purpose GPU），*Stratechery Newsletter*，2017年4月12日。本·汤普森，《英伟达的整合梦想》（Nvidia's Integration Dreams），*Stratechery Newsletter*，2020年9月15日。

7　王晓文（Hsiao-Wen Wang，音译），《台积电与三星的较量》（TSMC Takes on Samsung），《天下杂志》（*Common Wealth*），2013年5月9日。蒂莫西·B. 李（Timothy B. Lee），《高通公司如何撼动手机行业近20年》（How Qualcomm Shook Down the Cell Phone Industry for Almost 20 years），*Ars Technica*，2019年5月30日。

8　采访苏西·阿姆斯特朗，2021年。

9　丹尼尔·南尼，《高通公司的详细历史》（A Detailed History of Qualcomm），*SemiWiki*，2018年3月9日。乔伊尔·韦斯特（Joel West），《高通之前：Linkabit和圣地亚哥电信业的起源》（Before Qualcomm: Linkabit and the Origins of San Diego's Telecom Industry），《圣地亚哥历史杂志》（*Journal of San Diego History*），https://sandiegohistory.org/journal/v55-1/pdf/v55-1west.pdf。

10　采访高通公司两位高管，2021年。

37　张忠谋的大联盟

1　迈克尔·卡内洛斯（Michael Kanellos），《时代的终结：AMD的桑德斯靠边站》（End of Era as AMD's Sanders Steps Aside），CNET，2002年4月24日。彼得·布赖特（Peter Bright），《AMD退出芯片制造业》（AMD Completes Exit from Chip Manufacturing Biz），《连线》，2012年3月5日。

2　采访蒋尚义，2021年。

3 马克·拉皮杜斯（Mark LaPedus），《格芯是成功还是失败？》（Will GlobalFoundries Succeed or Fail?），《电子工程专辑》英文版，2010年9月21日，https://www.eetimes.com/will-globalfoundries-succeed-or-fail/。

4 克莱尔·孙（Claire Sung）和杰西·沈（Jessie Shen），《台积电40纳米产量问题重新浮出水面，首席执行官承诺年底前修复》（TSMC 40nm Yield Issues Resurface, CEO Promises Fix by Year-End），《电子时报》（Digitimes），2009年10月30日。拉皮杜斯，《台积电承认40纳米良率问题，并给出预测》（TSMC Conirms 40nm Yield Issues, Gives Predictions），《电子工程专辑》英文版，2009年4月30日。

5 采访里克·卡西迪，2022年。

6 罗素·弗兰纳里（Russell Flannery），《无与伦比的无晶圆厂时代》（Ageless and Peerless in an Era of Fabless），《福布斯》，2012年12月9日。王晓文，《台积电与三星的较量》，《天下杂志》，2013年5月9日。

7 王晓文，《台积电与三星的较量》，《天下杂志》，2013年5月9日。

8 罗素·弗兰纳里，《无与伦比的无晶圆厂时代》。

9 王丽莎（Lisa Wang，音译），《台积电重组震惊分析师》（TSMC Reshuffle Stuns Analysts），《台北时报》（Taipei Times），2009年6月12日。吴迎春和吉米·熊（Jimmy Hsiung），《我愿意从头开始》（I'm Willing to Start from Scratch），《天下杂志》，2009年6月18日。

10 邝彦晖（Robin Kwong），《产能过大比产能不足好》（Too Much Capacity Better Than Too Little for TSMC），《金融时报》，2010年6月24日。

11 罗素·弗兰纳里，《无与伦比的无晶圆厂时代》。

38 苹果硅

1 达格·斯派塞（Dag Spicer），《史蒂夫·乔布斯：从车库到世界上最有价值的公司》（Steve Jobs: From Garage to World's Most Valuable Company），美国计算机历史博物馆，2011年12月2日。史蒂夫·切尼（Steve Cheney）在《1980年：史蒂夫·乔布斯关于硬件和软件融合》（1980: Steve Jobs on Hardware and Software Convergence）一文中向我介绍了这一点，《史蒂夫·切尼——技术、商业与战略》（Steve Cheney: Technology, Business, and Strategy），2013年8月18日。

2　有关第一代iPhone拆解的详细信息，请参见乔纳森·兹亚尔斯基，《第二章，了解 iPhone》（Chapter 2. Understanding the iPhone），欧·内尼（O'Reilly）， https:// www.oreilly.com/library/view/iphoneforensics/9780596153588/ch02.html.《拆解第一 代iPhone》（iPhone 1st Generation Teardown），*IFIXIT*，2007年6月29日。

3　布莱恩·加德纳（Bryan Gardiner），《苹果购买PA Semi的四个原因》（Four Reasons Apple Bought PA Semi），《连线》，2000年4月23日。布拉德·斯通 （Brad Stone）、亚当·萨塔里亚诺（Adam Satariano）和格温·阿克曼（Gwen Ackerman），《你从未听说过的最重要的苹果高管》（The Most Important Apple Executive You've Never Heard Of），彭博社，2016年2月18日。

4　本·汤普森，《苹果的差异化转变》（Apple's Shifting Differentiation）， *Stratechery*，《苹果宣布推出苹果硅 M1：放弃x86——基于A14的预期》（Apple Announces the Apple Silicon M1: Ditching x86—What to Expect, Based on A14），阿南 德（*AnandTech*），2020年11月10日。

5　哈拉尔德·鲍尔（Harald Bauer）、费利克斯·格雷维特（Felix Grawert）和塞 巴斯蒂安·辛克（Sebastian Schink），《无线通信用半导体：行业的增长引擎》 （Semiconductors for Wireless Communications: Growth Engine of the Industry），麦肯 锡公司，2012年秋季，图表2。

6　哈里森·雅各布斯（Harrison Jacobs），《在"iPhone城"里，世界上一半iPhone都 是在这里生产的》（Inside "iPhone City", the Massive Chinese Factory Town Where Half of the World's iPhones Are Produced），《商业内幕》（*Business Insider*），《日 经亚洲》，2018年5月7日。

7　中村优（Yu Nakamura），《富士康计划在印度生产iPhone 12，从中国转移》 （Foxconn Set to Make iPhone 12 in India, Shifting from China），《日经亚洲》， 2021年3月11日。

39　EUV 光刻机

1　迪伦·麦克格斯（Dylan McGrath），《英特尔再次减持阿斯麦股份》（Intel Again Cuts Stake in ASML），《电子工程专辑》英文版，2018年10月12日。

2　采访约翰·泰勒，2021年。

3　采访两位通快高管，2021年。

4　《通快激光放大器》（TRUMPF Laser Amplifier），通快，https://www.trumpf.com/en_US/products/laser/euv-drive-laser/。

5　采访通快两位高管，2021年。马克·劳里（Mark Lourie），《II-VI 公司扩大EUV光刻机通快高功率CO2激光器的金刚石窗口的制造能力》（II-VI Incorporated Expands Manufacturing Capacity of Diamond Windows for TRUMPF High Power CO2 Lasers in EUV Lithography），世通社，2018年12月19日，https://www.globenewswire.com/newsrelease/2018/12/19/1669962/11543/en/II-VI-Incorporated-Expands-Manufacturing-Capacity-of-Diamond-Windows-for-TRUMPF-High-Power-CO2-Lasers-in-EUV-Lithography.html。

6　C. 蒙特卡姆（C. Montcalm），《极紫外线光刻的多层反射涂层》（Multilayer Relective Coatings for Extreme-Ultraviolet Lithography），能源部科学技术信息办公室，1998年3月10日，https://www.osti.gov/servlets/purl/310916。

7　《彼得·库兹博士访谈："击中月球上的高尔夫球"》（Interview with Dr. Peter Kurz: "Hitting a Golf Ball on the Moon"），《光子学世界》（*World of Photonics*），https://world-of-photonics.com/en/newsroom/photonics-industryportal/photonics-interview/dr-peter-kuerz/。《蔡司——为明天的微芯片开辟新天地》（ZEISS: Breaking New Ground for the Microchips of Tomorrow），蔡司集团，YouTube视频，2019年8月2日，https://www.youtube.com/watch?v=XeDCrlxBtTw。

8　《负责任的供应链：为高科技行业设置更高的标准》（Responsible Supply Chain: Setting the Bar Higher for the High-Tech Industry），阿斯麦，https://www.asml.com/en/company/sustainability/responsible-supplychain。采访弗里茨·范霍特，2021年。

9　新闻稿：《蔡司和阿斯麦将在21世纪20年代初加强下一代EUV光刻的合作关系》（Press Release: ZEISS and ASML Strengthen Partnership for Next Generation of EUV Lithography Due in Early 2020s），阿斯麦，2016年11月3日，https://www.asml.com/en/news/press-releases/2016/zeiss-and-asmlstrengthen-partnership-for-next-generation-of-euv-lithography。

10　采访阿斯麦供应商高管，2021年。

11　伊戈尔·弗门科夫等，《批量制造EUV光源：技术、性能和功率放大》（Light Sources for High-Volume Manufacturing EUV Lithography: Technology, Performance, and Power Scaling），《先进光学技术》（*Advanced Optical Technologies*），第6卷，第3-4期，2017年6月8日。

12　这里对计算光刻的描述借鉴吉姆·凯勒，《摩尔定律没有死》（Moore's Law Is Not Dead），加州大学伯克利分校电子工程和计算机科学系活动，YouTube视频，2019年

9月18日，https://www.youtube.com/watch?v=oIG9ztQw2Gc。

13 《通快通过激光交易整合EUV光刻供应链》（Trumpf Consolidates EUV Lithography Supply Chain with Access Laser Deal），2017年10月4日，https://optics.org/news/8/10/6。

40 "没有B计划"

1 严涛南，《为大批量制造开发EUV光刻技术——个人旅程》（Developing EUV Lithography for High Volume Manufacturing—A Personal Journey），《IEEE技术简报》（*IEEE Technical Briefs*），https://www.ieee.org/ns/periodicals/EDS/EDS-APRIL-2021-HTML-V2/InnerFiles/LandPage.HTML。

2 采访蒋尚义，2021年。

3 王丽莎，《台积电史丹威任职中芯国际》（TSMC Stalwart Takes SMIC Role），《台北时报》，2016年12月22日。吉米·熊，《蒋尚义：集结军队》（Shang-yi Chiang: Rallying the Troops），《天下杂志》，2007年12月5日。采访蒋尚义和严涛南，2021年。

4 蒂莫西·P. 摩根（Timothy P. Morgan），《AMD的格芯收购对手特许半导体》（AMD's GlobalFoundries Consumes Chartered Semi Rival），*Register*，2010年1月14日。

5 采访IBM前高管，2021年。

6 采访两位半导体高管，2021年。

7 《苹果在2015年推动了台积电的整个代工销售增长》（Apple Drove Entire Foundry Sales Increase at TSMC in 2015），*IC Insights*，2016年4月26日。

8 《三星、台积电在可用晶圆制造能力方面保持领先地位》（Samsung, TSMC Remain Tops in Available Wafer Fab Capacity），*IC Insights*，2016年1月6日。该数字计算出每月等效于200毫米的晶圆数。当时，该行业的前沿正在转向300毫米晶圆，每个晶圆可以容纳大约两倍的芯片。因此，以300毫米晶圆为基础的每月晶圆数要少一些。

9 彼得·布赖特，《AMD完成从芯片制造业的退出》（AMD Completes Exit from Chip Manufacturing Biz），《连线》，2012年3月5日。

10 采访三名格芯前高管，其中一人关注EUV光刻机，2021年。关于研发支出，请参见格芯的IPO（首次公开募股）招股说明书，美国证券交易委员会（Security and Exchange Commission），2021年10月4日，第81页，https://www.sec.gov/Archives/edgar/data/0001709048/000119312521290644/d192411df1.htm。另请参见马克·吉尔伯特（Mark Gilbert），《第四季度就业保持强劲前景，以准备2019年第一季度》（Q4 Hiring Remains Strong Outlook for Q1 2019），*SemiWiki*，2018年11月4日，https://semiwiki.com/semiconductor-manufacturers/globalfoundries/7749-globalfoundries-pivot-explained/q。

41　英特尔如何遗忘创新

1　尼克·弗莱厄蒂（Nick Flaherty），《全球晶圆产能排名前五的芯片制造商》（Top Five Chip Makers Dominate Global Wafer Capacity），*eeNews*，2021年2月11日。

2　奥尔·撒尼尔（Or Sharir）、巴拉克·皮莱格（Barak Peleg）和雅夫·索姆（Yoav Shoham），《NLP模型的培训成本：简明概述》（The Cost of Training NLP Models: A Concise Overview），AI21实验室，2020年4月。

3　瓦纳斯·维寇斯基（Wallace Witkowski），《按市值计算，英伟达超越英特尔成为美国最大的芯片制造商》（Nvidia Surpasses Intel as Largest U. S. Chip Maker by Market Cap），市场观察网（Market Watch），2020年7月8日。

4　《云TPU定价》（Cloud TPU Pricing），谷歌云，https://cloud.google.com/tpu/pricing。截至2021年11月5日的价格。

5　克里斯·纳托尔（Chris Nuttall），《酷似前辈者掌舵英特尔》（Chip Of the Old Block Takes Helm at Intel），《金融时报》，2013年5月2日。

6　采访英特尔代工前高管，2021年。

7　迪伦·麦克格斯，《英特尔确认为第二家FPGA初创公司的代工》（Intel Conirmed as Foundry for Second FPGA Startup），《电子工程专辑》英文版，2月21日，2012年。

8　乔尔·鲁斯卡，《英特尔承认其10纳米计划"过于激进"》（Intel Acknowledges It Was "Too Aggressive" with Its 10nm Plans），《极限科技》（*Extreme Tech*），2019年7月18日。

9　彭博社专访格尔辛格，2021年1月19日，https://www.bloomberg.com/news/videos/2022-01-19/intel-ceo-gelsinger-on-year-ahead-for-global-business-video。

10　伊恩·卡特里斯（Ian Cutress），《台积电：我们拥有50%的EUV装机量，60%的晶圆产量》（TSMC: We Have 50% of All EUV Installations，60% Wafer Capacity），阿南德网（AnandTech），2020年8月27日。

42　中国制造

1　几乎所有个人电脑中的CPU芯片都是由美国的英特尔或AMD设计的，尽管两家公司都在其他国家和地区制造芯片。

2　参见联合国贸易委员会关于集成电路和石油的数据。

3　《张忠谋口述历史》，美国计算机历史博物馆。

43　"把冲锋号吹起来"

1　安娜·布鲁斯–洛克哈特（Anna Bruce-Lockhart），《2017达沃斯论坛上中国国家主席习近平的主要讲话》（Top Quotes by China President Xi Jinping at Davos 2017），世界经济论坛，2017年1月17日，https://www.weforum.org/agenda/2017/01/chinas-xi-jinping-at-davos-2017-top-quotes/。

2　《全文：2017年唐纳德·特朗普就职演说实录》（Full Text: 2017 Donald Trump Inauguration Speech Transcript），*Politico*，2017年1月20日。

3　伊恩·布雷默，"习近平听起来更像领导人，而美国新当选的总统则不像"（Xi sounding rather more presidential than US president-elect），推特，2017年1月17日，https://twitter.com/ianbremmer/status/821304485226119169。

4　贾米尔·安德里尼（Jamil Anderlini）、王峰（Wang Feng，音译）和汤姆·米切（Tom Mitchell），《习近平发表了对全球化的有力支持》（Xi Jinping Delivers Robust Defence of Globalisation at Davos），《金融时报》，2017年1月17日。

5　马克思·埃伦弗朗德（Max Ehrenfreund），《世界领导人在达沃斯民粹主义动荡中找到全球化的希望》（World Leaders Find Hope for Globalization in Davos Amid Populist Revolt），《华盛顿邮报》，2017年1月17日。

6　艾萨克·斯通·菲什（Isaac Stone Fish），《达沃斯论坛上的共产党领袖》（A

369

Communist Party Man at Davos），《大西洋》，2017年1月18日。

7　http://politics.people.com.cn/n1/2016/0420/c1001-28291806.html。罗吉尔·克里默斯编辑，《习近平在网络安全和信息化工作座谈会上的讲话》。

8　中国国务院报告，《国家集成电路产业发展推进纲要》（Outline for Promoting the Development of the National Integrated Circuit Industry），http://www.csia.net.cn/Article/ShowInfo.asp?InfoID=88343。

9　赛义夫·M. 康（Saif M. Khan）、亚历山大·曼（Alexander Mann）和戴利亚·彼得森（Dahlia Peterson），《半导体供应链：评估国家竞争力》（The Semiconductor Supply Chain: Assessing National Competitiveness），美国安全与新兴技术中心，2021年1月，第8页，https://cset.georgetown.edu/wp-content/uploads/The-Semiconductor-Supply-Chain-Issue-Brief.pdf。

10　赛义夫·M. 康和亚历山大·曼，《AI芯片：它们是什么和为什么重要》（AI Chips: What They Are and Why They Matter），美国安全与新兴技术中心，2020年4月，第29—31页，https://cset.georgetown.edu/publication/ai-chips-what-they-are-and-why-they-matter/。

11　《周子学博士获任中芯国际董事长》（Dr. Zixue Zhou Appointed as Chairman of SMIC），新闻稿，中芯国际，2015年3月6日，http://www.smics.com/en/site/news_read/4539。道格拉斯·B. 富勒所著的《纸老虎，隐藏的龙》（牛津大学出版社，2016年）描绘了政府影响力增加的早期阶段。

12　2021年采访中国一家代工厂的前首席执行官。道格拉斯·B. 富勒，《纸老虎，隐藏的龙》。

13　采访欧洲半导体执行官，2020年。

14　巴里·诺顿（Barry Naughton），《中国产业政策的崛起，1978—2020年》（Rise of China's Industrial Policy, 1978 to 2020），2021年，第114页。

15　阿瑟·克罗伯（Arthur Kroeber），《风险资本国家》（The Venture Capitalist State），GaveKal Dragonomics，2021年3月。

16　迪特尔·厄恩斯特（Dieter Ernest），《从追赶到奋进：中国的半导体政策》（From Catching Up to Forging Ahead: China's Policies for Semiconductors），美国东西方中心，2015年，第19页。

17　鲁飞·刘（Luffy Liu），《倒计时：中国离40%的芯片自给自足有多近？》（Countdown: How Close Is China to 40% Chip Self-Sufficiency?），《电子工程专辑》英文版，2019年4月11日。

18　https://www.cw.com.tw/article/5053334。https://www.twse.com.tw/ch/products/publication/download/0003000156.pdf。感谢陈伟霆翻译这些文档。

44　技术转让

1　大卫·沃尔夫（David Wolf），《当中国免费获得IP时，为什么要购买硬件？》（Why Buy the Hardware When China Is Getting the IP for Free?），《外交政策》，2015年4月24日。

2　IBM否认向美国国家安全局提供任何客户数据。凯恩·米勒，《美国国家安全局间谍活动的揭露使美国科技公司付出了代价》（Revelations of N. S. A. Spying Cost U. S. Tech Companies），《纽约时报》，2014年3月21日。山姆·古斯廷（Sam Gustin），《IBM：我们没有给NSA提供任何客户数据》（IBM: We Haven't Given the NSA Any Client Data），《时代周刊》，2014年3月14日。

3　马修·米勒，《IBM首席执行官访问中国，与政府领导人进行建立信任会谈》（IBM's CEO Visits China for Trust-Building Talks with Govt Leaders: Sources），路透社，2014年2月12日。

4　参见2016年罗睿兰与李克强的会晤，《IBM的罗睿兰会见中国总理李克强》（Ginni Rometty of IBM Meets Chinese Premier Li Keqiang），《福布斯》，2016年10月22日。

5　马修·米勒，《IBM首席执行官访问中国，与政府领导人进行建立信任会谈》。

6　中国副总理会见IBM总裁（Chinese Vice Premier Meets IBM President），2014年11月13日，http://en.people.cn/n/2014/1113/c90883-8808371.html。

7　蒂莫西·P.摩根，《X86服务器目前主宰数据中心》（X86 Servers Dominate the Datacenter—for Now），*Next Platform*，2015年6月4日。

8　保罗·莫祖尔，《IBM在中国的风险投资引发关注》（IBM Venture with China Stirs Concerns），《纽约时报》，2015年4月19日。

9　《中国交易挤压了高通的版税削减》（China Deal Squeezes Royalty Cutsfrom Qualcomm），《电子工程专辑》英文版，2015年2月10日。

10　陈青青（Chen Qingqing，音译），《内部人士称，高通失败的合资企业揭示了竞争加剧中的糟糕芯片组战略》（Qualcomm's Failed JV Reveals Poor Chipset Strategy Amid Rising Competition: Insiders），《环球时报》英文版，2019年4月22日。阿兰·蒂利（Aaron Tilley）、韦恩·马（Wayne Ma）和大沢寿郎（Juro Osawa），《高通在中国的投资显示了中国的科技野心》（Qualcomm's China Venture Shows Risks of Beijing's Tech Ambition），*Information*，2019年4月3日。李涛（Li Tao，音译），《高通表示将结束与中国贵州省政府的芯片合作关系》（Qualcomm Said to End Chip Partnership with Local Government in China's Rural Guizhou Province），《南华早报》（*South China Morning Post*），2019年4月19日。

11　《服务器和云领导者合作创建基于中国的绿色计算联盟》（Server and Cloud Leaders

Collaborate to Create China-BasedGreen Computing Consortium），Arm官网，2016年4月15日，https://www.arm.com/company/news/2016/04/server-and-cloudleaders-collaborate-to-create-china-based-green-computingconsortium。

12 参见李威（Li Wei，音译）在LinkedIn（领英）上的自我介绍，https://www.linkedin.com/in/wei-li-8b0490b/?originalSubdomain=cn。

13 《AMD和南通富士通微电子有限公司关闭半导体组装和测试合资企业》（AMD and Nantong Fujitsu Microelectronics Co., Ltd. Close on Semiconductor Assembly and Test Joint Venture），AMD，2016年4月29日。

14 与AMD合资的投资者之一是中国科学院。参见伊恩·库特内斯和温德尔·威尔森（Wendell Wilson），《测试中国x86 CPU：深入研究基于Zen架构的海光禅定处理器》（Testing a Chinese x86 CPU: A Deep Dive into Zen-Based Hygon Dhyana Processors），阿南德网，2020年2月27日。

15 采访芯片行业内部人士，2021年。

16 采访斯塔西·罗根宫，2021年。

17 采访一位业内人士和一位美国前官员，2021年。唐·克拉克，《AMD将芯片技术许可给中国芯片创业公司》（AMD to License Chip Technology to China Chip Venture），《华尔街日报》，2016年4月21日。乌斯曼·皮尔扎达（Usman Pirzada），《不，AMD没有出售通向x86王国的钥匙——中国合资企业是如何运作的》（No, AMD Did Not Sell the Keys to the x86 Kingdom—Here's How the Chinese Joint Venture Works），*Wccftech*，2019年6月29日。库特内斯和威尔森，《测试中国x86 CPU》。斯图尔特·兰德尔（Stewart Randall），《AMD真的放弃了"王国钥匙"吗？》（Did AMD Really Give Away "Keys to the Kingdom"?），动点科技（*TechNode*），2019年7月10日。

18 凯特·奥基夫（Kate O'Keeffe）和布莱恩·斯佩格尔（Brian Spegele），《一家大型美国芯片商如何为中国提供了"王国钥匙"》（How a Big U. S. Chip Maker Gave China the "Keys to the Kingdom"），《华尔街日报》，2019年6月27日。

19 《随着腾讯和京东的数据中心启动，AMD EPYC（霄龙）处理器势头不断增长，中科曙光和联想的新产品细节》（AMD EPYC Momentum Grows with Datacenter Commitments from Tencent and JD.com, New Product Details from Sugon and Lenovo），新闻稿，AMD，2017年8月23日，https://ir.amd.com/news-events/press-releases/detail/788/amd-epyc-momentum-grows-with-datacenter-commitments-from。采访美国前官员，2021年。

20 美国商务部工业和安全局（Industry and Security Bureau），《实体清单中实体的增加和实体清单条目的修订》（Addition of Entities to the Entity List and Revision of

an Entry on the Entity List），《联邦公报》（*Federal Register*），2019年6月24日，https://www.federalregister.gov/documents/2019/06/24/2019-13245/addition-of-entities-to-the-entity-list-and-revision-of-an-entry-on-the-entity-list。迈克尔·康（Michael Kan），《美国试图通过阻止出口来阻挠中国百亿亿次超级计算机上的工作》（US Tries to Thwart China's Work on Exascale Supercomputer by Blocking Exports），《个人电脑杂志》（*PC Mag*），2021年4月8日。

21　《埃尔莎·卡尼亚的声明》（Statement of Elsa Kania），载于《关于技术、贸易和军民融合的听证会：针对中国对人工智能、新材料和新能源》（Hearing on Technology, Trade, and Military-Civil Fusion: China's Pursuit of Artiicial Intelligence, New Materials, and New Energy），美中经济与安全审查委员会，2019年6月7日，第69页，https://www.uscc.gov/sites/default/files/2019-10/June%207, %202019%20 Hearing%20Transcript.pdf。

22　安东·希洛夫，《中国服务器制造商中科曙光拥有自己的Radeon本征MI50计算卡（更新版）》[Chinese Server Maker Sugon Has Its Own Radeon Instinct MI50 Compute Cards（Updated）]，汤姆硬件网（Tom's Hardware），2020年10月15日，https://www.tomshardware.com/news/chinese-server-maker-sugon-has-its-own-radeon-instinct-mi50-compute-cards。AMD的一位代表没有回应我关于其与中科曙光关系的询问。

23　亚历山德拉·阿尔珀（Alexandra Alper）和格雷格·鲁美里欧迪斯（Greg Roumeliotis），《独家：美国清算软银对GM Cruise的22.5亿美元投资》（Exclusive: U. S. Clears SoftBank's $2.25 Billion Investment in GM-Backed Cruise），路透社，2019年7月5日。丹·普里马克（Dan Primack），《软银的CFIUS解决方案》（SoftBank's CFIUS Workaround），*Axios*，2018年11月29日。希瑟·萨默维尔（Heather Somerville），《软银选择与美国国家安全委员会的斗争》（SoftBank Picking Its Battles with U. S. National Security Committee），路透社，2019年4月11日。

24　程廷方（Cheng Ting-Fang，音译）、劳利·李（Lauly Li）和米歇尔·陈（Michelle Chan），《软银出售Arm中国如何播下不和的种子》（How SoftBank's Sale of Arm China Sowed the Seeds of Discord），《日经亚洲》，2020年6月16日。《Arm中国之争》（Inside the Battle for Arm China），《金融时报》，2020年6月26日，。

25　程廷方和德比·吴，《Arm在中国的合资企业，帮助培育"安全"芯片技术》（Arm in China Joint Venture to Help Foster "Secure" Chip Technology），《日经亚洲》，2017年5月30日。

45 "并购势必发生"

1   广冈信孝（Nobutaka Hirooka），《透视紫光集团，中国芯片战略的关键参与者》
    （Inside Tsinghua Unigroup, a Key Player in China's Chip Strategy），《日经亚洲》，
    2020年11月12日。

2   伊娃·窦（Eva Dou），《中国最大的芯片制造商可能以50亿美元的价格与惠普旗下
    的价值部门结盟》（China's Biggest Chip Maker's Possible Tie-Up with H-P Values Unit
    at Up to $5 Billion）。

3   萨比拉·乔杜里（Saabira Chaudhuri），《展讯通信同意以17.8亿美元的收购价》
    （Spreadtrum Communications Agrees to $1.78 Billion Takeover），《华尔街日报》，
    2013年7月12日。

4   《英特尔和紫光集团合作，加速开发和采用基于英特尔的移动设备》（Intel and
    Tsinghua Unigroup Collaborate to Accelerate Development and Adoption of Intel-Based
    Mobile Devices），新闻稿，英特尔新闻室，2014年9月25日，https://newsroom.intel.
    com/news-releases/intel-and-tsinghua-unigroup-collaborate-to-accelerate-development-
    and-adoption-of-intel-based-mobile-devices/#gs.7y1hjm。

5   伊娃·窦和韦恩·马，《英特尔为中国芯片制造商投资15亿美元》（Intel Invests
    $1.5 Billion for State in Chinese Chip Maker），《华尔街日报》，2014年9月26日。程
    廷方，《英特尔与中国芯片制造商的5G联盟结束》（Intel's 5G Modem Alliance with
    Beijing-Backed Chipmaker Ends），《日经亚洲》，2019年2月26日。

6   保罗·麦克莱伦，《中国内存：XMC》（Memory in China: XMC），*Cadence*，
    2016年4月15日，https://community.cadence.com/cadence_blogs_8/b/breakfast-bytes/
    posts/china-memory-2。《中国紫光集团斥资300亿美元建设南京芯片厂》（China's
    Tsinghua Unigroup to Build $30 Billion Nanjing Chip Plant），路透社，2017年1月
    19日。依娃·窦，《紫光集团在中国芯片交易中收购XMC的控制权》（Tsinghua
    Unigroup Acquires Control of XMC in Chinese-Chip Deal），《华尔街日报》，2016年
    7月26日。

7   依娃·窦，《中国最大的芯片制造商可能以高达50亿美元的价格与惠普旗下的价值
    部门结盟》。

8   约瑟芬·利恩（Josephine Lien）和杰西·沈，《联华电子前首席执行官加入紫
    光集团》（Former UMC CEO to Join Tsinghua Unigroup），《电子时报亚洲》
    （*Digitimes Asia*），2017年1月10日。马修·富尔科（Matthew Fulco），《台湾地
    区芯片制造商眼中的大陆市场》，《台湾商业话题》（*Taiwan Business Topics*），
    2017年2月8日，https://topics.amcham.com.tw/2017/02/taiwan-chipmakers-eyechina-

market/。

9　德比·吴和程廷方，《紫光集团与矽品的交易因政策担忧而解除》（Tsinghua Unigroup-SPIL Deal Axed on Policy Worries），《日经亚洲》，2016年4月28日。

10　彼得·克拉克，《紫光集团对联发科感兴趣》（China's Tsinghua Interested in MediaTek），*eeNews*，2015年11月3日。

11　西蒙·蒙迪（Simon Mundy），《台湾地区芯片制造商推动大陆解冻》，《金融时报》，2015年12月6日。邹驰，关键评论网媒体集团（TNL Media Group），2015年11月3日，https://www.thenewslens.com/article/30138。

12　程廷方，《如果价格合理，芯片制造商将向中国出售股份》（Chipmaker Would Sell Stake to China "If the Price Is Right"），《日经亚洲》，2015年11月7日。

13　J. R. 吴，《台湾地区的联发科表示愿意与大陆在芯片领域进行合作》，路透社，2015年11月2日。

14　本·布兰德（Ben Bland）和西蒙·芒迪（Simon Mundy），《台湾地区考虑解除大陆半导体禁令》，《金融时报》，2015年12月22日。

15　依娃·窦和唐·克拉克，《中国国有芯片制造商紫光集团出价230亿美元收购美光》（State-Owned Chinese Chip Maker Tsinghua Unigroup Makes $23 Billion Bid for Micron），《华尔街日报》，2015年7月14日。

16　采访两名前高级官员，2021年。

17　依娃·窦和唐·克拉克，《中国紫光集团收购西数15%的股份》，《华尔街日报》，2015年9月30日。

18　依娃·窦和罗伯特·麦克米兰，《中国紫光集团收购美国芯片制造商莱迪思的少量股份》（China's Tsinghua Unigroup Buys Small Stake in U. S. Chip Maker Lattice），《华尔街日报》，2016年4月14日。

19　艾德·林（Ed Lin），《中国公司退出莱迪思半导体》（China Inc. Retreats from Lattice Semiconductor），《巴伦周刊》，2016年10月7日。

20　吉田俊子，《中国拥有Imagination公司了吗？》（Does China Have Imagination?），《电子工程专辑》英文版，2020年4月14日。

21　尼克·弗莱彻（Nick Fletcher），《中国公司购买3%的股份，Imagination公司股票上升13%》（Imagination Technologies Jumps 13% as Chinese Firm Takes 3% Stake），《卫报》（*Guardian*），2016年5月9日。

22　《凯桥收购Imagination公司的交易让英国政府满意》（Canyon Bridge Conident Imagination Deal Satisies UK Government），《金融时报》，2017年9月25日；特纳（Turner）等，《凯桥拟对分拆美国部分后的Imagination公司进行出价》

（Canyon Bridge Is Said to Ready Imagination Bid Minus U. S. Unit），彭博社，2017年9月7日。

46　华为的崛起

1　威廉·柯比（William Kirby）等，《华为：数字冷战交火中的全球科技巨头》（Huawei: A Global Tech Giant in the Crossire of a Digital Cold War），哈佛商学院案例N1-320-089，第2页。

2　威廉·柯比等，《华为》。杰夫·布莱克（Jeff Black）、艾伦·万（Allen Wan）和朱琳（Zhu Lin，音译），《中国的科技奇境遭遇逆风》，彭博社，2020年9月29日。

3　纳撒尼尔·阿伦斯（Nathaniel Ahrens），《中国的竞争力》（China's Competitiveness），美国国际战略研究中心（Center for Strategic and International Studies），2013年2月，https://csis-website-prod.s3.amazonaws.com/s3fs-public/legacy_files/files/ publication/130215_competitiveness_Huawei_casestudy_Web.pdf。

4　田涛和吴春波，《华为的故事》（The Huawei Story），赛吉出版公司，2016年，第53页。

5　采访曾是IBM顾问的华为员工，2021年。

6　雷蒙德·钟（Raymond Zhong），《华为的"狼性文化"帮助它成长，并使它陷入困境》（Huawei's "Wolf Culture" Helped It Grow, and Got It into Trouble），《纽约时报》，12月18日，2018年。

7　《斯坦福工程英雄讲座：张忠谋与约翰·亨尼西校长对话》，斯坦福大学在线，YouTube视频，2014年4月25日，https://www.youtube.com/watch?v=wEh3ZgbvBrE$。

8　采访曾是IBM顾问的华为员工，2021年。

9　程廷方和劳利·李，《美国收紧限制后，台积电暂停华为新订单》（TSMC Halts New Huawei Orders After US Tightens Restrictions），《日经亚洲》，2020年5月18日。

47　5G 未来

1　采访肯·汉克勒（Ken Hunkler），2021年。

2　采访戴夫·罗伯逊，2021年。

3　斯潘塞·钦（Spencer Chin），《拆解揭示特斯拉S汽车类似于智能手机》（Teardown Reveals the Tesla S Resembles a Smartphone），电力电子网（Power Electronics），2014年10月28日。

4　雷·梅斯特（Ray Le Maistre），《英国电信的麦克雷：华为是"目前唯一真正的5G供应商"》（BT's McRae: Huawei Is "the Only True 5G Supplier Right Now"），《轻阅读》（Light Reading），2018年11月21日。

5　松本诺夫（Norio Matsumoto）和渡边直树（Naoki Watanabe），《华为基站拆解显示出对美国制造部件的依赖》（Huawei's Base Station Teardown Shows Dependence on US-Made Parts），《日经亚洲》，2020年10月12日。

48　下一个抵消战略

1　哈伦·W. 詹克斯（Harlan W. Jencks），《中国对"沙漠风暴"的评估：对中国安全的影响》（Chinese Evaluations of "Desert Storm"：Implications for PRC Security），《东亚事务杂志》（Journal of East Asian Affairs），第6卷，第2期，1992年，第447—477页。

2　《最终报告》（Final Report），美国人工智能国家安全委员会（National Security Commission on Artificial Intelligence），第25页。

3　埃尔莎·卡尼亚，《中国军事创新中的"人工智能技术"》，全球中国，布鲁金斯学会，2020年4月。

4　本·布坎南，《人工智能三位一体及其对国家安全战略的意义》（The AI Triad and What It Means for National Security Strategy），美国安全与新兴技术中心，2020年8月。

5　马特·希汉（Matt Sheehan），《关于数据的困扰：美国和中国如何叠加》（Much Ado About Data: How America and China Stack Up），麦克罗波洛智库（MacroPolo），2019年7月16日，https://macropolo.org/ai-data-us-china/?rp=e。

6　《全球人工智能人才追踪》（The Global AI Talent Tracker），麦克罗波洛智库，

https://macropolo.org/digital-projects/the-global-ai-talent-tracker/。

7　《中国算力发展指数白皮书》（White Paper on China's Computing Power Development Index），中国信息通信研究院，2021年9月，https://docs.google.com/document/d/1Mq5vpZQe7nrKgkYJA2-yZNV1Eo8swh_w36TUEzFWIWs/edit#，中文资料来源为 http://www.caict.ac.cn/kxyj/qwfb/bps/202109/t20210918_390058.html。

8　费瑞安（Ryan Fedasiuk）、詹妮弗·梅洛（Jennifer Melot）和本·墨菲（Ben Murphy），《利用闪电》（Harnessed Lightning），*CSET*，2021年10月，https://cset.georgetown.edu/publication/harnessed-lightning/，特别是第84页。

9　吉安·金泰尔（Gian Gentile）、M. 苏尔金、A. T. 伊万斯（A. T. Evans）、米歇尔·格蕾丝（Michelle Grise）、马克·维达（Mark Hvizda）和丽贝卡·金森（Rebecca Jensen），《第三次抵消的历史，2014—2018年》（A History of the Third Offset, 2014—2018），兰德公司，2021年。《副部长关于第三次抵消战略的讲话》（Remarksby Deputy Secretary Work on Third Offset Strategy），美国国防部，2016年4月28日。

10　《DARPA将马赛克战的愿景拼接在一起》（DARPA Tiles Together a Vision of Mosaic Warfare），DARPA，https://www.darpa.mil/work-with-us/darpa-tiles-together-a–vision-of-mosiac-warfare。

11　《设计敏捷人机团队》（Designing Agile Human-Machine Teams），DARPA，2016年11月28日，https://www.darpa.mil/program/2016-11-28。

12　罗杰·N. 麦克德莫特（Roger N. McDermott），《俄罗斯到2025年的电子战能力》（Russia's Electronic Warfare Capabilities to 2025），国际国防与安全中心（International Centre for Defence and Security），2017年9月。《研究表明"广泛的俄罗斯GPS欺骗"》（Study Maps "Extensive Russian GPS Spooing"），BBC新闻，2019年4月2日。

13　《自适应导航系统（ANS）（存档）》[Adaptable Navigation Systems（ANS）（Archived）]，DARPA，https://www.darpa.mil/program/adaptable-navigation-systems。

14　布莱恩·克拉克和丹·帕特（Dan Patt），《美国需要一种战略来确保微电子技术，而不仅仅是资金》（The US Needs a Strategy to Secure Microelectronics—Not Just Funding），哈德逊研究所，2021年3月15日。

15　《DARPA电子复兴倡议》（DARPA Electronics Resurgence Initiative），DARPA，2021年6月28日，https://www.darpa.mil/work-with-us/electronics-resurgence-initiative。

16　关于FinFET，请参见特克拉·佩里，《FinFET之父如何帮助拯救摩尔定律》（How the Father of FinFETs Helped Save Moore's Law），《IEEE综览》，2020年4月21日。

17　诺曼·阿舍和勒兰德·斯特朗，《美国国防部在集成电路发展中的作用》，美国国防分析研究所，1977年5月，第74页。

18　埃德·斯伯琳（Ed Sperling），《芯片的成本是多少？》（How Much Will That Chip Cost?），《半导体工程》，2014年3月27日。

19　凯德·梅茨（Cade Metz）和妮可·佩尔罗斯（Nicole Perlroth），《研究人员发现计算机中的两个主要缺陷》（Researchers Discover Two Major Flaws in the World's Computers），《纽约时报》，2018年1月3日。

20　罗伯特·麦克米兰（Robert McMillan）和莉莎·林（Liza Lin），《英特尔向美国政府警告中国公司芯片漏洞》（Intel Warned Chinese Companies of Chip Flaws Before U. S. Government），《华尔街日报》，2018年1月28日。

21　塞格·利夫（Serge Leef），《电子防御（SHIELD）供应链硬件完整性（存档）》[Supply Chain Hardware Integrity for Electronics Defense（SHIELD）（Archived）], DARPA，https://www.darpa.mil/program/supply-chain-hardware-integrity-for-electronics-defense#:~:text=The%20goal%20of%20DARPA's%20SHIELD,consuming%20to%20be%20cost%20effective。《DARPA可信微电子的方法》，https://www.darpa.mil/attachments/ATrustthroughTechnologyApproach_FINAL.pdf。

22　采访美国前官员，2021年。吉安·金泰尔、M. 苏尔金、A. T. 伊万斯、米歇尔·格蕾丝、马克·维达和丽贝卡·金森，《第三次抵消的历史，2014—2018年》。

49　"我们正在竞争的一切"

1　采访美国前高级官员，2021年。

2　同上。

3　同上。

4　《美国商务部部长彭妮·普里茨克在国际战略研究中心发表了关于半导体的重大政策演讲》（U. S. Secretary of Commerce Penny Pritzker Delivers Major Policy Address on Semiconductors at Center for Strategic and International Studies），美国商务部部长彭妮·普里茨克的演讲，2016年11月2日。

5　《确保美国在半导体领域的长期领导地位》（Ensuring Long-Term U. S. Leadership in Semiconductors），2017年1月提交给总统科学技术顾问委员会主席的报告。

6　迈克·罗杰斯和D. 鲁佩斯贝格尔，《由中国电信公司华为和中兴通讯带来的对美国国家安全问题的调查报告》（Investigative Report on the U. S. National Security Issues Posed by Chinese Telecommunications Companies Huawei and ZTE），美国众议院，2012年10月8日。

7　大沢寿郎和依娃·窦，《美国对中兴通讯施加贸易限制》（U. S. to Place Trade Restrictions on China's ZTE），《华尔街日报》，2016年3月7日。

8　采访两名奥巴马政府官员，2021年。大沢寿郎和依娃·窦，《美国对中兴通讯施加贸易限制》。

9　美国商务部工业和安全局，《从实体名单中删除某些人员；向实体名单中添加个人；以及EAR（欧盟授权代表）一致性变更》（Removal of Certain Persons from the Entity List; Addition of a Person to the Entity List; and EAR Conforming Change），《联邦公报》，2017年3月29日，https://www.federalregister.gov/documents/2017/03/29/2017-06227/removal-of-certain-persons-from-the-entity-list-addition-of-a-person-to-the-entity-list-and-ear。

10　维罗妮卡·斯特拉库乌尔西（Veronica Stracqualursi），《特朗普10次攻击中国及其与美国的贸易关系》（10 Times Trump Attacked China and Its Trade Relations with the US），ABC新闻，2017年11月9日。

11　采访四名美国前高级官员，2021年。

12　采访美国前高级官员，2021年。

13　露辛达·沈（Lucinda Shen），《唐纳德·特朗普的推特引发了英特尔首席执行官退出商业委员会》（Donald Trump's Tweets Triggered Intel CEO's Exit from Business Council），《财富》，2017年11月9日。道恩·契米尔鲁斯基（Dawn Chmiellewski）和艾娜·弗里德（Ina Fried），《英特尔首席执行官计划取消唐纳德·特朗普的募款活动》（Intel's CEO Planned, Then Scrapped, a Donald Trump Fundraiser），CNBC，2016年6月1日。

14　采访美国前高级政府官员，2021年。

15　采访三位美国前高级官员，2021年。

16　查德·鲍恩（Chad Bown）、尤金·荣格（Euijin Jung）和路志尧（Zhiyao Lu，音译），《特朗普、中国和关税：从大豆到半导体》（Trump, China, and Tarifs: From Soybeans to Semiconductors），*VoxEU*，2018年6月19日。

17　史蒂夫·斯特克劳（Steve Stecklow）、卡伦·弗雷费尔德（Karen Freifeld）和蒋思佳（Sijia Jiang），《随着紧张局势升级，美国禁止向中国中兴通讯销售开辟新的战线》（U. S. Ban on Sales to China's ZTE Opens Fresh Front as Tensions Escalate），路透社，2018年4月16日。

18　采访美国高级政府官员，2021年。

19 丹·斯特伦普（Dan Strumpf）和约翰·麦金农（John McKinnon），《特朗普将生命线延伸到受制裁的科技公司中兴通讯》（Trump Extends Lifeline to Sanctioned Tech Company ZTE），《华尔街日报》，2018年5月13日。

50　福建晋华

1 叶春伟（Chuin-Wei Yap，音译）和久保田洋子（Yoko Kubota），《美国禁令威胁到中国作为科技强国的雄心壮志》，《华尔街日报》，2018年10月30日。

2 叶春伟，《美光被禁止在中国销售某些产品》。

3 https://www.storm.mg/article/1358975?mode=whole，陈伟霆翻译。

4 2019—2021年在华盛顿和东京采访五名政府官员。

5 采访美国前高级官员，2021年。

6 詹姆斯·波利蒂（James Politi）、艾米丽·冯（Emily Feng）和凯瑟琳·希勒（Kathrin Hille），《美国出于安全考虑瞄准中国芯片制造商》（US Targets China Chipmaker over Security Concerns），《金融时报》，2018年10月30日。

51　打击华为

1 丹·斯顿夫（Dan Strumpf）和凯蒂·费利克（Katy Stech Ferek），《美国加强了对华为获取芯片的限制》，《华尔街日报》，2020年8月17日。

2 马特·特平引用伊丽莎白·C. 伊科诺米（Elizabeth C. Economy）所写的《依中国的世界》（The World According to China），威利出版社，2021年。

3 采访特朗普政府两位高级官员，2021年。

4 彼得·哈彻，《红色地带：中国的挑战和澳大利亚的未来》（RedZone: China's Challenge and Australia's Future），澳大利亚布莱克出版公司（Black Inc.），2021年，第18—19页。

5 马修·罗斯梅恩（Mathieu Rosemain）和格文拉尔·巴尔齐克（Gwenaelle Barzic），《独家：在2028年前法国对华为5G设备的限制相当于事实上的禁令》（Exclusive:

French Limits on Huawei 5G Equipment Amount to De Facto Ban by 2028），路透社，2020年7月22日。

6　凯特琳·本霍尔德（Katrin Bennhold）和杰克·尤因厄文（Jack Ewing），《在华为之战中，中国有德国必须考量的重要筹码——"汽车制造商"的市场》，《纽约时报》，2020年1月16日。

7　戈登·科雷拉（Gordon Corera），《华为"未能提高至英国安全标准"》（Huawei "Failed to Improve UK Security Standards"），BBC新闻，2020年10月1日。

8　罗伯特·汉尼根，《对华为等中国科技公司的全面禁令毫无意义》（Blanket Bans on Chinese Tech Companies like Huawei Make No Sense），《金融时报》，2019年2月12日。

9　詹姆斯·波利蒂和基兰·斯泰西（Kiran Stacey），《美国加强对华为的控制加剧中美紧张局势》（US Escalates China Tensions with Tighter Huawei Controls），《金融时报》，2020年5月15日。

10　亨利·法雷尔和亚伯拉罕·纽曼，《武器化的相互依赖：全球经济网络如何塑造国家胁迫》（Weaponized Interdependence: How Global Economic Networks Shape State Coercion），《国际安全》，第44卷，第1期，2019年，第42—79页。

11　《美国商务部应对华为破坏实体清单：限制使用美国技术设计和生产的产品》（Commerce Addresses Huawei's Efforts to Undermine Entity List, Restricts Products Designed and Produced with U. S. Technologies），美国商务部，2020年5月15日，https://2017-2021.Commerce.gov/news/press-releases/2020/05/commerce-addresses-huaweis-efforts-undermine-entity-list-restricts.html。

12　凯瑟琳·希勒和基兰·斯泰西，《台积电遵循美国对华为的出口管制》（TSMC Falls into Line with US Export Controls on Huawei），《金融时报》，2020年6月9日。

13　《华为说因为进入美国的黑名单而要出售关键服务器部门》（Huawei Said to Sell Key Server Division Due to U. S. Blacklisting），彭博社，2021年11月2日。

14　克雷格·史密斯（Craig Smith），《华为的斗争如何改变5G的面貌》（How the Huawei Fight Is Changing the Face of 5G），《IEEE综览》，2021年9月29日。

15　劳利·李和川濑健二，《华为和中兴通讯放缓中国5G的推出，美国的限制措施开始生效》（Huawei and ZTE Slow Down China 5G Rollout as US Curbs Start to Bite），《日经亚洲》，2020年8月19日。

16　亚历山德拉·阿尔珀、托比·斯特林（Toby Sterling）和斯蒂芬·内利斯（Stephen Nellis），《消息称特朗普政府向荷兰施压，要求其取消对中国的芯片设备销售》（Trump Administration Pressed Dutch Hard to Cancel China Chip-Equipment Sale:

Sources），路透社，2020年1月6日。

17　钟山，中华人民共和国商务部令2020年第4号，公布《不可靠实体清单规定》，2020年9月19日，http://english.mofcom.gov.cn/article/policyrelease/questions/202009/20200903002580.shtml。

18　采访美国前高级官员，2021年。

52　中国的人造卫星时刻？

1　程廷方和劳利·李，《中国芯片产业如何面对新冠疫情封控》（How China's Chip Industry Deied the Coronavirus Lockdown），《日经亚洲》，2020年3月18日。

2　王丹，《中国的人造卫星时刻？》（China's Sputnik Moment?），《外交事务》，2021年7月29日。

3　黄天磊（Tianlei Huang，音译），《中国政府引导基金：国家产业政策的融资工具》（Government-Guided Funds in China: Financing Vehicles for State Industrial Policy），彼得森国际经济研究所（PIIE），2019年6月17日，https://www.piie.com/blogs/china-economic-watch/government-guided-funds-china-financing-vehicles-state-industrial-policy。

4　邱晓芬和苏建勋的武汉弘芯调查，杨轩编辑，《十亿美元抢劫：骗子如何驾驭中国的芯片热潮致富》（Billion Dollar Heist: How Scammers Rode China's Chip Boom to Riches），ChinaTalk，2021年3月30日，https://chinatalk.substack.com/p/billion-dollar-heist-how-scammers。此新闻的中文版为《深度调查:千亿芯片大骗局》——译者注。

5　托比·斯特林，《英特尔为寻求芯片制造优势订购了3.4亿美元以上的阿斯麦系统》（Intel Orders ASML System for Well Over $340 mln in Quest for Chipmaking Edge），路透社，2022年1月19日。

6　大卫·曼内斯（David Manners），《RISC-V基金会迁往瑞士》（RISC-V Foundation Moves to Switzerland），《电子周刊》（Electronics Weekly），2019年11月26日。

7　迪伦·帕特尔（Dylan Patel），《中国已经建立了世界上最昂贵的碳化硅晶圆厂》（China Has Built the World's Most Expensive Silicon Carbide Fab, but Numbers Don't Add Up），SemiAnalysis，2021年9月30日，https://semianalysis.com/china-has-built-the-worlds-most-expensive-silicon-carbide-fab-but-numbers-dont-add-up/。

8　瓦纳斯等，《政府激励与美国在半导体制造业的竞争力》。

9 程廷方和劳利·李，《中国芯片产业如何面对新冠疫情封控》，《日经亚洲》，
2020年3月18日。

53 短缺和供应链

1 《拜登总统在半导体和供应链韧性虚拟首席执行官峰会上的讲话》（Remarks
by President Biden at a Virtual CEO Summit on Semiconductor and Supply Chain
Resilience），白宫，2021年4月12日。亚力克斯·方（Alex Fang）和于逸凡，《拜
登在半导体峰会上告诉首席执行官们，美国将再次引领世界》（Remarks by President
Biden at a Virtual CEO Summit on Semiconductor and Supply Chain Resilience），《日
经亚洲》，2021年4月13日。

2 《美国汽车政策委员会（AAPC）提交给美国商务部工业与安全局（BIS）半导体供
应链审查》（AAPC Submission to the BIS Commerce Department Semiconductor Supply
Chain Review），2021年4月5日。迈克尔·韦兰（Michael Wayland），《芯片短缺
预计将使汽车行业在2021年损失2 100亿美元的收入》（Chip Shortage Expected to
Cost Auto Industry $210 Billion in Revenue in 2021），CNBC，2021年9月23日。

3 《预计2021年生产的半导体器件将再次超过1万亿个》（Semiconductor Units Forecast
to Exceed 1 Trillion Devices Again in 2021），*IC Insights*，2021年4月7日，https://
www.icinsights.com/news/bulletins/Semiconductor-Units-Forecast-To-Exceed-1-Trillion-
Devices-Again-In-2021/。

4 《概况：拜登–哈里斯政府宣布成立供应链中断工作组》（Fact Sheet: Biden-Harris
Administration Announces Supply Chain Disruptions Task Force），2021年6月8日，
https://www.whitehouse.gov/briefing-room/statements-releases/2021/06/08/fact-sheet-
biden-harris-administration-announces-supply-chain-disruptions-task-force-to-address-
short-term-supply-chain-discontinuities/。

5 细川浩太郎（Kotaro Hosokawa），《三星将韩国驻军城市变成芯片制造的新兴城
市》（Samsung Turns South Korea Garrison City into Chipmaking Boom Town），《日
经亚洲》，2021年6月20日。

6 孙志瑛（Jiyoung Sohn），《三星将在芯片、生物技术领域投资2 050亿美元扩张》
（Samsung to Invest $205 Billion in Chip, Biotech Expansion），《华尔街日报》，
2021年8月24日。宋京雅（Song Jung-a）和爱德华·怀特（Edward White），《韩

国总统支持赦免的三星掌门人李在镕早日重返工作岗位》（South Korean PM Backs Early Return to Work for Paroled Samsung Chief Lee Jae-yong），《金融时报》，2021年8月30日。

7　斯蒂芬·内利斯、乔伊斯·李（Joyce Lee）和托比·斯特林，《独家：美中科技战争乌云下SK海力士的关键芯片厂计划》（Exclusive: U. S.–China Tech War Clouds SK Hynix's Plans for a Key Chip Factory），路透社，2021年11月17日。

8　布拉德·W. 塞特塞尔（Brad. W. Setser），《影子外汇干预中国台湾：解决1 000多亿美元的谜团（第一部分）》，美国外交关系协会（Council on Foreign Relations），2019年10月3日。

9　《蒂里·布雷顿专员在汉诺威展览数字日的演讲》（Speech by Commissioner Thierry Breton at Hannover Messe Digital Days），欧盟委员会（European Commission），2020年7月15日。

10　程廷方和劳利·李，《台积电表示将与索尼合作建立第一家日本芯片厂》（TSMC Says It Will Build First Japan Chip Plant with Sony），《日经亚洲》，2021年11月9日。

11　克里斯蒂安·赫茨纳（Christiaan Hetzner），《英特尔首席执行官表示，计划在欧洲建立的"大霍金晶圆厂"将是世界上最先进的》（Intel CEO Says "Big, Honkin' Fab" Planned for Europe Will Be World's Most Advanced），《财富》，2021年9月10日。利奥·克里昂（Leo Kelion），《英特尔首席执行官帕特·格尔辛格：亚洲制造的芯片太多》（Intel Chief Pat Gelsinger: Too Many Chips Made in Asia），BBC新闻，2021年3月24日。

54　台湾困境

1　《编辑后的业绩报告：2330.TW–2021年第二季度台积电电话财报会议》（Edited Transcript: 2330.TW-Q2 2021 Taiwan Semiconductor Manufacturing Co Ltd Earnings Call），*Refinitiv*，2021年7月15日，https://investor.tsmc.com/english/encrypt/files/encrypt_file/reports/2021-10/44ec4960f6771366a2b992ace4ae47566d7206a6/TSMC2Q21transcript.pdf。

2　刘煊尊，《解放军在美国军用飞机降落台湾岛后举行海滩突击演习》（PLA Holds Beach Assault Drills After US Military Aircraft's Taiwan Island Landing），《环球时报》

英文版，2021年7月18日。

3　刘煊尊，《在美国连续军事挑衅下，解放军在中国所有主要海域举行演习》（PLA Holds Drills in All Major Chinese Sea Areas Amid Consecutive US Military Provocations），《环球时报》英文版，2021年7月20日。

4　迈克尔·J. 格林（Michael J. Green），《美国的"一个中国"政策是什么，为什么重要？》（What Is the U. S. "One China" Policy, and Why Does it Matter?），美国国际战略研究中心，2017年1月13日。

5　德比·吴，《芯片业关键公司阿斯麦进入了汽车厂商警告的芯片恶性循环》（Chip Linchpin ASML Joins Carmakers Warning of Vicious Cycle），彭博社，2022年1月19日。

6　雪莉·萧（Sherry Hsiao，音译），《民调显示大多数人认为两岸冲突不太可能》，《台北时报》，2020年10月21日。

7　伊万·切伯科（Ivan Cheberko），Kosmichelkii Mashtab Importozameshcheniia，*Vedomosti*，2020年9月27日。

8　杰克·沃特林（Jack Watling）和尼克·雷诺兹（Nick Reynolds），《Z行动：帝国错觉的死亡之痛》（Operation Z: The Death Throes of an Imperial Delusion），英国皇家联合服务研究所（Royal United Services Institute），2022年4月22日，第10—12页。

9　迈克尔·辛普森（Michael Simpson）等，《大马士革之路：俄罗斯在叙利亚的空战》（Road to Damascus: The Russian Air Campaign in Syria），兰德公司，RR-A1170-1，2022年，第80页。

10　丽贝卡·沙巴德（Rebecca Shabad），《拜登在阿拉巴马武器制造厂之旅中强调需要继续武装乌克兰》（Biden Emphasizes the Need to Keep Arming Ukraine in Tour of Alabama Weapons Plant），CNBC，2022年5月3日。

11　塞巴斯蒂安·莫斯（Sebastian Moss），《英特尔和AMD停止向俄罗斯出售芯片，台积电加入制裁》（Intel and AMD Halt Chip Sales to Russia, TSMC Joins in on Sanctions），Data Center Dynamics，2022年2月28日，https://www.datacenterdynamics.com/en/news/intel-and-amd-halt-chip-sales-to-russia-tsmc-joins-in-on-sanctions/。

12　珍妮·惠伦（Jeanne Whalen），《迫使俄罗斯在军事装备中使用家用电器部件的制裁》（Sanctions Forcing Russia to Use Appliance Parts in Military Gear），《华盛顿邮报》，2022年5月11日。

结　论

1　杰克·基尔比，《集成电路的发明》（Invention of the Integrated Circuit），《IEEE 电子器件汇刊》（*IEEE Transactions on Electron Devices*），第23卷，第7期，1976年 7月，第650页。

2　保罗·吉莱斯皮，《精确制导弹药：制造比原子弹更强大的炸弹》，美国理海大学 博士论文，第115页。根据韦尔登·沃尔德的LinkedIn主页，他似乎于1953年开始在 TI工作，但我无法证实这一点。

3　戈登·摩尔，《把更多的元器件塞进集成电路》，《电子学》，第38卷，第8期， 1965年4月19日。

4　丹·哈奇森（Dan Hutcheson），《图表展示：晶体管的生产已达到天文数字》 （Graphic: Transistor Production Has Reached Astronomical Scales），《IEEE综览》， 2015年4月2日。

5　迈克尔·马隆，《英特尔三位一体》，Michael Collins出版社，2014年，第31页。

6　约翰·亨尼西，《摩尔定律的终结和更快的通用处理器，以及新的前进道路》 （The End of Moore's Law and Faster General-Purpose Processors，and a New Path Forward），美国国家科学基金会，计算机与信息科学工程（CISE）杰出讲座，2019 年11月22日，https://www.nsf.gov/events/event_summ.jsp?cntn_id=299531&org=NSF。

7　安德瑞·欧亚尼科夫（Andrey Ovsyannikov），《英特尔更新：英特尔高性能计 算和人工智能创新洞察》（Update from Intel: Insights into Intel Innovations for HPC and AI），英特尔，2019年9月26日，https://www2.cisl.ucar.edu/sites/default/files/ Ovsyannikov%20-%20MC9%20-%20Presentation%20Slides.pdf。

8　戈登·摩尔，《指数增加不会是永远的：但"永远"可以推迟！》（No Exponential Is Forever: But "Forever" Can Be Delayed!），IEEE国际固态电路会议，2003年。

9　霍内森和米德，《微电子的基本限制》（Fundamental Limitations on Microelectronics），第819—829页。斯科滕·琼斯（Scotten Jones），《台积电和三 星5纳米制程比较》（TSMC and Samsung 5nm Comparison），*SemiWiki*，2019年5月3 日，https://semiwiki.com/semiconductor-manufacturers/samsung-foundry/8157-tsmc-and- samsung-5nm-comparison/。

10　吉姆·凯勒，《摩尔定律没有死》，加州大学伯克利分校电子工程和计算机科 学系活动，YouTube视频，2019年9月18日，22:00，https://www.youtube.com/ watch?v=oIG9ztQw2Gc。

11　尼尔·汤普森和斯文贾·斯潘努斯，《计算机作为通用技术的衰落：为什么深度 学习和摩尔定律的终结正在使计算碎片化》（The Decline of Computers as a General

Purpose Technology: Why Deep Learning and the End of Moore's Law Are Fragmenting Computing），工作论文，麻省理工学院，2018年11月，https://ide.mit.edu/wp-content/uploads/2018/11/SSRN-id3287769.pdf。

12 《异构计算：无人谈论的范式转变》（Heterogeneous Compute: The Paradigm Shift No One Is Talking About），*Fabricated Knowledge*，2020年2月19日，https://www.fabricatedknowledge.com/p/heterogeneous-compute-the-paradigm。

13 凯文·徐，《张忠谋的最后一次演讲》，Interconnected博客，2021年9月12日，https://interconnected.blog/morris-changs-last-speech/。